国家出版基金项目
NATIONAL PUBLICATION FOUNDATION
“十三五”国家重点图书出版规划项目

中国史学思想会通

主编 吴怀祺
副主编 汪高鑫 向燕南 周少川

经史关系论卷

汪高鑫 著

海峡出版发行集团
THE STRAITS PUBLISHING & DISTRIBUTING GROUP
福建人民出版社

图书在版编目(CIP)数据

中国史学思想会通. 经史关系论卷/汪高鑫著. --福州：福建人民出版社，2018.9（2021.11 重印）

ISBN 978-7-211-07814-1

Ⅰ. ①中… Ⅱ. ①汪… Ⅲ. ①史学思想—中国②经学—关系—史学—研究—中国 Ⅳ. ①K092②Z126

中国版本图书馆 CIP 数据核字（2017）第 239933 号

中国史学思想会通·经史关系论卷

ZHONGGUO SHIXUE SIXIANG HUITONG · JINGSHI GUANXILUN JUAN

作　　者：汪高鑫

责任编辑：魏清荣　陶　璐　史霄鸿

美术编辑：陈培亮　王　玮

出版发行：福建人民出版社　　**电　　话：**0591-87533169(发行部)

网　　址：http：//www.fjpph.com　　**电子邮箱：**fjpph7211@126.com

地　　址：福州市东水路 76 号　　**邮政编码：**350001

印　　刷：深圳市彩美印刷有限公司

地　　址：深圳市龙岗区坪地街道高桥社区盛佳道 2 号

开　　本：700 毫米×1000 毫米　1/16

印　　张：22

字　　数：332 千字

版　　次：2018 年 9 月第 1 版　　2021 年 11 月第 2 次印刷

书　　号：ISBN 978-7-211-07814-1

定　　价：78.00 元

出版说明

中国是个具有重史传统的国家，史学思想博大精深。纵观史学思想的内涵，主要包括两方面内容，一是对客观历史的认识，二是对史学本身的认识。对客观历史的认识是指历史观，其认识主体主要是史学家和思想家；对史学本身的认识是指史学观，其认识主体主要是史学家。对客观历史的认识主要考察历史的变易过程，以及历史变易的动因；对史学本身的认识则主要包括对于历史理论、历史教育、历史文献学、历史编纂学和历史文学观等的认识，以及对于史学价值论和史学社会功能的认识。

史学思想的发生与发展并不是孤立进行的，史学思想的研究也必须是多维度、多层次的。探讨史学思想，必须要与社会现实相联结，必须考察其与时代哲学思潮的关系，必须考察史学思想本身的渊源流变，必须考察史学思想各部分之间的辩证关系。从学术史的角度而言，史学与经学、玄学、理学、事功之学、经世之学、实学等有着密切的联系，需要具有四部思维意识去进行史学思想的研究，重视探讨经史、子史、文史之间的关系。研究近代史学时，我们还要努力把握近代史学思潮的发展与走向，关注马克思主义在中国的传播及其对近代史学与史学思想发展的影响。

中国史学思想最鲜明的特色是会通精神，这也是中华文化的重要特征。《周易》讲通变精神，所谓“《易》穷则变，变则通，通则久”；司马迁讲“通古今之变”，重视对于历史盛衰之理的探究；《通志·总序》说：“百川异趋，必会于海，然后九州无浸淫之患；万国殊途，必通诸夏，然后八荒无壅滞之忧，会通之义大矣哉！”突显了郑樵对历史与文化会通思考所具有的大视野。

近年来，以吴怀祺教授为代表的学术群体本着会通精神，对中国史学思想史展开了长时段的系统而深入的研究，发掘中华传统史学思想特性，思考传统史学思想的当代价值，展现中国史学优秀的民族精神，取得了一批学术成果，其中最具代表性的，是两套大型系列学术著作的问世：10 卷本《中国史学思想通史》和 6 卷本《中国史学思想通论》，前者时间上跨越了从先秦时期到 1949 年的漫长历史，后者内容上涵盖了历史思维、经史关系、历史盛衰、历史文献学思想与历史编纂学思想等方面专题。

10 卷本《中国史学思想通史》是从纵向对中国史学思想展开的研究，而 6 卷本《中国史学思想通论》则是从横向来专论中国史学思想的相关问题，这种多维研究恰恰体现了会通的思想与方法。从两套系列著作的整体布局来看，前者作为对史学思想史的贯通研究，主要体现“通”的意识；后者作为对史学思想各类专题的研究，则主要彰显了“会”的思想。然而，这种“会”与“通”又是相互包含的，“会”中有“通”，“通”中有“会”。10 卷本《中国史学思想通史》关于每一阶段史学思想的论述，既是中国史学思想通史的重要一环，又有对这一阶段史学思想多维度的探究，体现了“会”的意识；同样，6 卷本《中国史学思想通论》虽然是专题式的研究，而其中每一专题的研究，又都是采取贯通的方法，重视溯源探流，重视发展过程，体现了“通”的意识。

为了更好地体现《中国史学思想通史》与《中国史学思想通论》所蕴含的会通思想，我们将两套大型学术著作合编在一起，以“中国史学思想会通”为总书名，进行再版。

这样做首先是满足弘扬中国传统史学、回应西方学人扭曲中国传统史学的需要。中国史学源远流长，史学思想丰富深邃。然而很多西方史家以傲慢的态度鄙薄中国史学，否定中国传统史学的价值。如何回应？我们不能只是简单地去展示中国传统史学，而是要把历时性的研究和共时性的研究结合起来，从理论的高度上，概括出中国传统史学思想的特点与要义，并且结合时代的变化，从振兴中华文化的总目标出发，讨论传统史学如何走向世界，思考传统史学思想在当代的价值。

其次是把握中国史学优良传统与时代性的需要。传统史学有很多精华需要我们去总结，如历史运动的通变观、天人相关的思想、见盛观衰思想、民为邦本与民贵君轻思想、传统历史编纂理论与方法论等。史学的时代性同样不可忽视。当前我们正处在全球化的时代，全球化要求我们必须把中国史学与世界史学联系起来进行思考，讨论中国史学的进程，认识中国史学的发展大趋势，讨论历史学科建设问题。

当然，合编与再版不是简单的重印，而是有内容的提升与结构的整合。从内容来讲，各卷作者对原有内容普遍进行了一定程度的修订和补充，有些卷补充的内容较多，有些卷调整了篇章。从结构来讲，原来两套书各自的总论部分，被整合成一卷新的《总论卷》，起到了对全书的统领作用。

16卷本《中国史学思想会通》大型学术著作的出版，既表达了学人们对于中国史学会通思想的继承，也充分体现了该书纵横论说中国史学思想的会通特点。传承历史文化，建设时代文化，是当今时代的主题和任务。我们希望这套著作的推出，有助于加强人们对于中国传统史学的认识，深入挖掘中华传统史学所蕴含的优秀思想观念、人文精神；有助于学界结合时代要求继承创新，推动当代具有中国特色的马克思主义史学的发展；有助于当前的文化传承与时代文化建设，树立文化自信，推动文化大发展。

2017年10月

本卷作者简介

汪高鑫，安徽休宁人。北京师范大学历史学院、史学理论与史学史研究中心教授、博士生导师。长期从事中国史学史、中国思想史、中国学术史与中国儒学史的研究。出版学术著作《中国史学思想史散论》《中国经史关系史》《二十四史的民族史撰述研究》《中国史学思想通史·秦汉卷》《中国史学思想通论·经史关系论卷》《董仲舒与汉代历史思想研究》等近 30 部，发表学术论文 200 余篇。主持或参与主持国务院、国家社科基金、教育部重点研究基地重大项目基金和教育部人文规划基金等各类项目近 20 项。科研成果曾获得教育部高等学校科学研究优秀成果奖二等奖、第四届中华优秀出版物（图书）奖等各种奖项 10 余项。

目　　录

题　　记

吴怀祺

中国传统典籍分为经史子集四部，是民族文化特有的形态。这不仅仅是图书目录的分类，对这个问题的理解，涉及对中国民族文化特点的思考，成为解读传统史学意蕴的切入点。四部是怎样形成的，四部之间有怎样的关系，经与史、子与史的内在联系是什么，经史因缘形成过程中又有怎样的变化，等等。这些问题不研究，要认识史学的民族特点，理解传统史学中深邃的史学思想，非常困难。

西方很多学人所以对中国传统史学有误判，这也是重要原因之一。他们看不到中国史部典籍各个部分凝聚的观点、思想是有理论的，更不理解中国的史中有经、有子，经、子之中又有史。他们只说自己的历史书中有理论，在哲学著作中阐释了历史观念、历史意识，但是不理解中国古代史家“寓论断于序事”的表述方式，更想不到，也做不到，或者不愿对中国传统的经、子内在的史学思想进行发掘。由此，他们做出错误的论断：中国历史典籍丰富，但史学思想贫乏。

本卷写作的意图，就是想在这方面进行探索，提出几点想法。我们讨论经史关系，讨论子史关系，一方面是寻找发掘中国丰富的史学思想的路径，另一方面是看中西史学相异与相通处。

进入 20 世纪，中国传统文化的形态发生变化，四部之学被重组，成为哲学、史学、文学、社会学、政治学、民族学、经济学以及美学、逻辑学等现代学科，而此时的史学与古代的史有着直接联系，却又不完全是一回事。四部的经、子，成为史学的因子，特别是论及史学思想，更是如此。

所谓经、子与史，本来就是搅在一起的，经成为“学”，史也成了“学”，又与子学在一起，形成学术潮流，这是汉代学术发展的结果，也是汉代学术的进步与成就。这后面有它深层次的政治文化背景。汉代诸子学的变化促成了经学的产生与繁荣，也导致了中国的古代史学走向成熟。这种成熟有历史编纂方面的，更重要的是史学思想的发展。崔述说：“夫经史者，自汉以后分别而言之耳，三代以上所谓经者，即当日之史也。《尚书》，史也，《春秋》，史也，经与史恐未可分也。”[1]

目录四部分类，反映这一时期的学术走向。史部作为与其他门类的文献相独立的门类，经过了一个很长的阶段。汉之刘向、刘歆父子作《七略》，即集略、六艺略、诸子略、诗赋略、兵书略、术数略、方技略，除集略（《汉志》作“辑略”）为总汇各篇旨意的文字外，实分天下图与书为六类。曹魏秘书郑默作《中经》，荀勖因《中经》而作《新簿》，分图书为四部，第三部是丙部，《史记》入此部，但别的门类中也有史部书。东晋李充作《晋元帝四部目录》（以经、史、子、集为序）、南朝的谢灵运作《元嘉八年秘阁四部目录》（主要作者应为殷淳），无所变化。王俭作《七志》，分图书为“经典志”“诸子志”等七部分，《史记》是入“经典志”的。南朝梁的阮孝绪作《七录》，史也没有单独的“录”。直到《隋书·经籍志》，史书始真正成为独立的门类，并且固定下来。“自后，唐宋以下，皆不能移”。[2]

最初，史为经之源，到混沌相错，然后再到成为独立的门类，它从一个侧面反映了史学的发展。而史书在文献著录中成为一个独立的门类后，成为传统文化的一大宗。从有利的方面来说，这样可以更好地发挥史部文献在研究历史和史学中的作用。史部成为传统文化的一大门类，

---

[1] 崔述：《洙泗考信余录》卷三，见《崔东壁遗书》，上海古籍出版社 1983 年 6 月版，第 395 页。

[2] 见《隋书·经籍志序》及王鸣盛《十七史商榷》卷六七《经史子集四部》。

但史与经、子相互联系、相互影响，分而不可分。

经史关系是在中国传统文化发展中形成的，在这一过程中又发生变化。经学的经，意义可以有多种视角的解喻。从文本意义上说，在古代不多的文献中，经是有重大社会影响文献的原始文本，它和以后派生出来的各种相关文本构成了体系，原始文本则成了经。特别重要的是，它是为适应政治统治、道德垂训和风化教育的需要，经过“圣人”删定、编纂出来的文献。此后，对这些文本的研究、增删、诠释，形成了经学；更由于观点差异，在形式和内容上反映出来，因此产生了经学上的各种流派。儒、道、墨等诸子各家大都有自己的经。儒家的经的组成，在不同时代也不尽相同，有“五经”“六经”“七经”“九经”“十经”“十二经”“十三经”等各种本子。[1] 但我们重点是就儒家的“六经”与史的关系来展开讨论。

《礼记·经解》篇中有一段文字对儒家经籍的意义做了说明：“温柔敦厚而不愚，则深于《诗》者也；疏通知远而不诬，则深于《书》者也；广博易良而不奢，则深于《乐》者也；挈静精微而不贼，则深于《易》者也；恭俭庄敬而不烦，则深于《礼》者也；属辞比事而不乱，则深于《春秋》者也。”这是从意蕴上、从风格上说“六经”的。

“六经”是不是史呢？或者说“六经”是不是史书？这里我们有自己的看法。从严格意义上说，从历史编纂学的角度看，除《书》《春秋》外，其他几部经书《易》《诗》《礼》《乐》，要说就是史书，不是很贴切。但是经即是史，甚至还可以说经与史为一体，这主要不是从历史编纂学上说的，也不是着重从史料学上说的，应当从历史意识上、从史学思想上来理解这个问题。

中国的史学思想的主要思潮，溯源探流，都可以追寻到“六经”那里。“六经”的每部经书不是孤立地、简单地阐述一种见解，反映一种历史意识，因而情况比较复杂。但每一部经书，相对地说，比较集中地表达了一类的历史见解、一类的史学观念，同时其中又有相关的史学思想。从这个意义上，我们完全有理由说经是史。

---

[1] 可参见刘师培《经学教科书》第一课《经学总述》，章太炎《国学讲演录·经学略说》，蒋伯潜、蒋祖怡《经与经学》第一章，何耿镛《经学概说》等。

把“六经”作为一个整体看待，其困难之处，除“六经”内容的真伪外，还有一个重要问题，这就是“六经”反映的时代背景时间跨度大，其主要内容涉及的历史时期包括通常称的三代，即夏、商、周。“六经”基本形成在春秋战国时代，它以文字形式反映人们对历史的看法，相对地说它已经是成熟的历史观念、历史意识。传说孔子删《诗》《书》，定《礼》《乐》，如果把孔子作为一个时代的代表来看，这个说法就有它的合理性，说明“六经”在那个时代已经基本形成，这反映先秦时期中国的历史意识已经成熟。

这里说关于“六经”（实为“五经”）与史的关系。我们看到，每一部经书，容纳的史学思想是相当丰富的，同时，又突显一种史学思想。这是多样性、包容性与具体性的结合。也就是说，一部经书，内中有不同的史学思想；每一个重大的史学理论，在不同的经书中，大都能找到相关的解说。经中有史，有史之“义”，即史学思想。如：

——关于天人关系的观念，“人”的历史运动总是与“天”的影响联系在一起。

——关于历史发展的通变论。

——关于民本论、德刑论在历史变动中的意义。

——关于史之记时、书事的规则以及史书编纂中褒贬议论的规定。

——关于礼制在维系社会秩序的意义方面的论说。

还有通经致用、经世致用、道德垂训等诸多方面的认识。

可以说，通常说的历史运动过程、历史动力论、历史反映论、历史学编纂方法论乃至历史研究方法论，在我们的古代经籍中，都能总结出系统理论来。

《尚书》突出的是历史盛衰总结的意识，在安邦治理社稷方面有系统的理论。

《周易》的大部分内容是出自史官、史家之手，明显体现出通变的历史见解。朱熹说:“《易》本为卜筮之书。”先秦时期史官兼掌卜筮，史官是作《易》者，又是保存《周易》的人，预言历史前途。

《周礼》反映出来的是政教礼治的观念。“三礼”的意义在于它提供了一套等级礼制的模式，并阐释这一模式的依据与价值，为制度的因袭与变革的必要性做了说明。

《诗经》在歌颂先王、总结历史盛衰的同时，又突出一种文化风俗史的观念。

《春秋》突出的是历史编纂思想，其深义在于“属辞比事”。孔颖达疏曰：“属辞比事，《春秋》教也者。属，合也；比，近也。《春秋》聚合会同之辞，是属辞；比次褒贬之事，是比事也。”这表明《春秋》的编纂方式与历史观点合一，成为后世史书编纂的范式。《春秋》的起止、系年书事的书法等，都有深义的。《春秋》是史事、史文、史义三者的结合。《孟子·离娄下》中说：“王者之迹熄而《诗》亡，《诗》亡然后《春秋》作，晋之《乘》，楚之《梼杌》，鲁之《春秋》，一也。其事则齐桓、晋文，其文则史，孔子曰：‘其义则丘窃取之矣。’”《春秋》写242年间的历史，展示“世衰道微”的变化全局，写出“政自天子出”“政自诸侯出”“政自大夫出”各个阶段的变动。《春秋》对历史人物、历史事件的态度明朗，对242年间发生的一系列史事、人物的是非功过作了评判。

但也必须指出，中国传统史学毕竟没有成为经学的婢女。史学家在一定的限度内能够坚持走史学自身发展的路径，坚持求实的实录要求。司马光修史，没有完全按天理论的标准来编年系事，理学家因此称司马光学术“不纯”。有些史学家不满意经学家离开事实，对历史事件和历史人物任情褒贬议论。如郑樵称以“灾祥论”解说历史的变动是“欺天之学”，至于鼓吹《春秋》中字字有褒贬，更是“欺人之学”。

总体上看，经、子对史学都产生影响，但最重要的还是经学。经史相通在“义”、在经。“六经皆史”，与史之“义”在经，是一个问题的两个方面。

再者，史学变化的根源在于社会变动，但如果从文化因素的相互影响上说，史学发生变化，特别是史学思想发生变化，与经学及经学的演变紧密联系。同时，史学思想的变化又影响到经学的发展。

经学与史学之间有联系又有区别，相互作用，相互影响，构成时代学术思潮。可以说，不研究经学就不可能理解史学，特别是不可能理解那个时代的史学思想；同样，不研究史学思想，也不可能认识那个时代的经学形成及其特有的风貌。从这个意义上，才可以理解“经史岂有二学哉”[1]的认识。

我们还要指出，子学与史学是相关联的，子学与史学思想也密不可分。古代史学家往往是一身多任，历代优秀的史家也是思想家，是子学中有贡献者，从而彰显出经史、子史的直接联系。

《汉书·艺文志》的《诸子略》说：“道家者流，盖出于史官，历记成败存亡祸福古今之道。”老子为柱下史，周守藏室之史，这不只从文献保存的意义上说，更是立足于史学的根本理念。论变化之大道，说天地社会的消息盈虚，是《老子》最重要的观念，也是后世史的根本特性。古代的史与子，原是分不开的，司马迁当年写《太史公书》是作为“成一家之言”提出来的。《史记·太史公自序》中论“六家之要旨”，对先秦诸子作了总结，表明司马氏父子的作史是融会诸子以形成“一家之言”的，也就是史家之言。史之成“家”，始自司马迁。

司马光是史家，又是北宋“六子”之一，是周、二程、张、邵“五子”之外的又一“子”，《宋元学案》中特别为司马光立了《涑水学案》。在《资治通鉴》中，司马光的史论，可以看到他受到荀子、扬雄的影响。清人龚自珍在《古史钩沉论》中说:“五经者，周史之大宗也”，“诸子者也者，周史之小宗也”；在《尊史》中说：治史要“出乎史，入乎道，欲知大道，必先为史”。

“六经皆史”，同样，“六经”的原生态，也是子。诸子争鸣的很大一部分，也是史学思想的争鸣，是史学思想发展的动力之一，而史学思想的发展，又丰富了一个时代子学的内涵。只看到经学对文化其他部分的影响，而忽视子学的影响，是不全面的。明末清初的傅山说过：“经、子之争末矣。只因儒者知六经之名，遂以为子不如六经之尊，习见之鄙可见。孔子、孟子不称孔经、孟经，而必曰孔子、孟子，可见有子而后有经者也。”[2]具体一点说：

第一，子学为史学思想提供了历史观点的素材和思考模式。诸子关于上古、中古、近古的历史阶段的划分，直接影响史家对历史进程的

[1] 钱大昕为《廿二史札记》写的序，见《廿二史札记校证》（下）“附录二”，中华书局 1984 年版，第 886 页。

[2] 傅山：《霜红龛集》卷三八《杂记三》，山西人民出版社 1985 年版。

思考。

第二，诸子百家对历史的源头、对人类的起源以及对初民社会的描述，内中有接近真理的因素，这些都影响到史学家的历史观念。

第三，诸子中关于历史大势的论述，关于历史盛衰变动的讨论，如民本思想、忧患意识等，直接影响到史家治史、论史。

第四，诸子书是时代的思想史的资料，即使有些相关材料可以考订为“伪”，也反映了特定时代的思潮，对研究那个时代的思想史、思潮史，又是“真”实的材料。

第五，诸子的历史知识的运用，体现为历史教育思想，是“畜德致用”的重要内容。

一个多世纪来，中国史学近代化过程中，经、子对史学的变化产生了重要的影响。“古史辨”时对诸子的讨论成为热门话题，也是当时新史学思潮的一大景观。据说，罗根泽为编《古史辨》，写下的诸子研究的文字有 40 多万字。[1] 章太炎、梁启超、刘师培、钱穆等在经子与史学关系的研究上有不同见解，但都是有成就的。这方面有不少成果，全面总结只能俟之日后。

老一辈的马克思主义史学家在对传统史学的研究上有重要成就，为传统的经学、子学的研究开辟了新天地。郭沫若的《中国古代社会研究》，从思维定式上论述了古代易学的成就，沟通了《周易》辩证思维与黑格尔的辩证思维。对先秦诸子的研究是郭沫若史学的重要组成部分，其《管子集校》在《郭沫若全集·历史编》中占了相当大的篇幅。侯外庐一生四度对老子进行研究，前后经历 20 多年。[2] 范文澜的经学研究成果是突出的，他的史学思想反映出他的经学风格。

讨论经史关系时，对子史关系问题多说几句，是必要的，因为它体现了中国民族史学的特点，也是丰富史学思想的内在根据。

今天，我们的中国史学思想研究，既展示民族史学思想是丰富的，又表明了中西史学相异又相通。以偏见评价中国史学思想，没有任何根据。发展当代史学的原则，还应是章学诚总结浙东学术得出的认识：学

---

[1] 周勋初：《罗根泽说诸子·前言》，上海古籍出版社 2001 年版，第 14 页。

[2] 侯外庐：《韧的追求》，三联书店 1985 年版，第 276、277 页。

者不可无宗主，而必不可有门户。[1] 看中国的经史子之学，看世界上不同流派的史学，要有这样的态度；西方学人看中国史学，也应当有这样的胸襟。

《经史关系论卷》是由汪高鑫教授撰写的。他多年研究经学，不断有新的成果推出。在论说董仲舒与司马迁的经学史学之异同等问题上，辨析细微，阐发新见；讨论近代经学与史学的关系，是作者近年经史之学研究的又一关注点。本卷在中国学术发展过程中，论说经史的联结，梳理几千年经史关系的变动。从历史观念、历史编纂学和史学社会功能等方面，解析经史的因缘关系。本卷从独特的视角展示了中华民族史学的特点和活力之所在。

[1] 章学诚：《文史通义》内编五《浙东学术》，叶瑛校注本，中华书局1994年版。

绪　　论

汉武帝独尊儒术以后，中国经学由此兴起。这种通过阐释和研究儒家经典得以建立起来的经学，不但在中国传统文化研究中长期居于统治地位，同时也是中国古代直至近代前期[1]社会的百科全书之学，举凡这两千年社会的政治、历史、思想、文化与礼仪制度等等，无一不包含于其中。从一定程度而言，研究中国经学，其实就是对中国传统文化进行总体研究。

中国又是个重视历史记录，因而史学极其发达的国度。我们不但有举世无匹的数千年延绵不绝的文明史，我们同时还重视传承这一伟大的文明，因而有着记录这数千年文明史的史籍，二十四史便是其中的杰出代表，人们通常用“浩如烟海”“汗牛充栋”来形容这些浩繁的史籍。

作为中国传统学术的两大显学——经学和史学，它们之间的因缘颇深。一方面，经学作为中国古代社会的统治思想，对于不同历史时期的史学与史学思想的发展和演变有着重要的影响和指导作用；另一方面，史学也为经学的建构和发展提供了具体的历史素材，人们关于经义的探求不能离开具体的古今历史的发展变化，不能缺少历史的说明和验证。

[1] 鸦片战争后至五四运动前的近代前期，经学虽然一直处在嬗变过程中，并呈现逐渐衰落的态势，以至最终走向了史学，但这种转变是有一个过程的，经学在一段时间内依然处于统治地位。具体内容参见本书第六章。

学术史上有“六经皆史”的说法，虽然人们对其中含义的解释不尽相同，却颇能说明经史之间这种特殊和密切的关系。而正是这种非同寻常的因缘，经史关系自然也就成了历代学者津津乐道的问题。

第一节 源远流长的经史因缘

中国的经学因汉武帝接受董仲舒“罢黜百家，独尊儒术”的建议、提倡尊孔读经而兴起，与此同时，中国的史学也因汉武帝时期司马迁撰成《史记》而成就史家的“一家之言”。以此计算，经史之学的历史已有两千余年之久。然而追根溯源，经学与史学又皆肇端于先秦，而且二者有着共同的渊源。由于孔子创立儒学，整理“六经”，后世才得以据此为经典，训释传记，从而逐渐形成经学；而经过孔子整理的“六经”，作为上古三代时期的“先王政典”，本身就是重要的史料，其蕴含的丰富的历史观点对于后世史学与史学思想的发展有着重要的影响，而《尚书》《春秋》等典籍还是中国史籍的直接源头。“六经”亦经亦史的特点，表明早在先秦经史起源时期二者就结下了不解之缘。以此观之，则中国古代的经史因缘至少要追溯到孔子整理“六经”的春秋时期。

一、经史之学的兴起与史学的崇经意识

从先秦到两汉，是中国经史之学发端和逐渐兴起的时代。先秦时期不但产生了汉代以后中国经学的基本典籍——“六经”，而且也产生了一批重要的史籍；汉代是儒家学说被确立为统治思想、经学由此而兴起的时代，同时也是中国史学的成长时期，司马迁提出“成一家之言”而成为“中国史上以历史家著称的第一人”[1]。由于汉代经学的官方意识形态地位和经史之间的同源关系，汉代史学表现出了浓厚的崇经意识。

(一) 先秦的经籍与史籍

作为后世儒家经典专称的“经”，在先秦时期它的含义有一个演变和

---

[1] 白寿彝主编：《中国史学史教本》，北京师范大学出版社2000年版，第43页。

发展过程。“经”字最早见于周代金文，其本义按照《说文解字》的说法，“经，织从丝[1]也”。清人段玉裁注曰：“织之从丝谓之经。必先有经，而后有纬。”[2] 因而“经”是指编织的纵丝，只不过是一个纺织工艺的概念。春秋战国时期，“经”开始用来指称官府和诸子百家的基本典籍，如《释名·释典艺》所谓“经，径也，常典也”，像《墨子》的《经》《经说》，《管子》的《经言》等即属此类。作为典籍的“经”，在这一时期并不局限于对儒家经典的指称。不过，能够得到普遍尊崇的经典，还属《诗》《书》《礼》《乐》《易》《春秋》。把这六部经典并称为“六经”，始见于战国文献《庄子·天运》。[3] 此外，像《庄子·天下》《商君书·农战》和《荀子·儒效》等篇亦有记载。20 世纪 90 年代出土的荆门郭店楚墓竹简，称此“六经”为“六德”，而且排序如同《庄子·天运》，[4] 更是打消了人们对于先秦是否存在“六经”的疑虑。但是，在《庄子》一书看来，“六经”只是有关古圣先贤的经籍，是诸家皆称引的天下道术。[5]

“六经”后来之所以逐渐演变成为儒家学派的基本经典，追根求源，与孔子对它的整理和传习有着密切的关系，正如周予同所说，“六经”“无疑经过孔子整理，也因此而成为儒家学派的‘经典’”[6]。关于孔子与“六经”的关系，最早做出明确记载的，当属《史记》的《孔子世家》和《太史公自序》。按照司马迁的说法，孔子编次了《尚书》，删订了《诗经》，编定或修订了《礼》《乐》，作了《周易》的一部分，因鲁史而编写了《春秋》。对于这一说法，周予同认为“值得人们重视”，但又指出它“显然受到董仲舒的影响。因而后来的经学家，并不都以为他的说

[1] “从丝”二字原文脱，清人段玉裁据《太平御览》卷八二六补。

[2] 段玉裁：《说文解字注》，上海古籍出版社 1981 年版，第 644 页。

[3] 《庄子·天运》说：“孔子谓老聃曰：‘丘治《诗》《书》《礼》《乐》《易》《春秋》六经，自以为久矣。’”

[4] 参见荆门市博物馆编：《郭店楚墓竹简·六德释文注释》，文物出版社 1998 年版。

[5] 《庄子·天下》说：“《诗》以道志，《书》以道事，《礼》以道行，《乐》以道和，《易》以道阴阳，《春秋》以道名分，其数散于天下而设于中国者，百家之学时或称而道之。”

[6] 朱维铮编：《周予同经学史论著选集》，上海人民出版社 1996 年版，第 802 页。

法可信”[1]。清季以来，甚至出现了根本对立的观点，有认为“六经”皆孔子所作，亦有认为“六经”与孔子无关。[2]对此，我们的看法是：“六经”绝非一时一人之作，这从“六经”所反映的具体内容便可了然；“六经”是经过孔子整理的上古三代历史文化典籍，孔子以“六经”作为教材教授弟子，[3]出于教学的需要而对古老的“六经”传本有所删编，是完全合乎情理的；如果没有孔子对古老的“六经”传本的整理，也就不可能有我们今天所谓的儒家学派的“六经”经典和经学了。当然，后世儒家基本经典，还有一个从先秦“六经”到汉代“五经”，再到唐代“十二经”，最后到宋明“十三经”的发展和演变过程，[4]不过经过孔子整理的“六经”一直是其中的核心经典。

先秦时期的“史”字出现很早，最初的含义是指史官，赋予其史籍之义则是较晚的事情。白寿彝先生说：“从用以称史官的‘史’，到用以称历史记载的‘史’，不知要经过多少年代。”[5]关于“史”乃史官之义，前贤已有详论，[6]此不赘言。而古人何时赋予“史”以史籍之义，史界则有不同的说法。有一种观点认为，《论语·卫灵公》中孔子所谓“吾犹及史之阙文”，《孟子·离娄下》所谓“其事则齐桓、晋文，其文则

[1] 朱维铮编：《周予同经学史论著选集》，上海人民出版社1996年版，第796页。

[2] 前者代表人物如皮锡瑞，参见其《经学历史》；后者代表人物如钱玄同，参见其《答顾颉刚先生书》。

[3] 《史记》不但记载了孔子删编“六经”，而且认为孔子是以其作为开办私学的教材，如《史记·孔子世家》说：“孔子以《诗》《书》《礼》《乐》教，弟子盖三千焉，身通六艺者七十有二人。”

[4] 汉代设“五经”博士，其“五经”是指《诗》《书》《礼》《易》《春秋》，没有《乐经》。关于《乐经》的亡佚有两种不同说法，一是认为亡于秦火，一是认为《乐》本无经，只是附于《诗经》的乐谱。不过，荆门郭店楚墓竹简已有与《庄子》所记完全相同的“六经”之名，可以证明后一说法并不正确。到了唐代后期，儒家“五经”扩大为“十二经”，除了《易》《书》《诗》外，《礼》分《周礼》《仪礼》《礼记》三种，《春秋》有《公羊》《穀梁》和《左传》“三传”，外加《论语》《孝经》和《尔雅》。宋明时期，随着孟子儒学地位的提高，又增添了《孟子》一书，于是有了“十三经”之说。

[5] 白寿彝：《中国史学史》第一册，上海人民出版社1986年版，第6页。

[6] 参见王国维《观堂集林》卷六《释史》（中华书局1959年版），金毓黻《中国史学史》第一章《古代史官概述》（商务印书馆2003年版）等。

史”，其中的“史”应该是指史籍。[1] 不过，秦汉时期人们通常是以“史记”来称呼史籍的，如司马谈就说：“自获麟以来四百有余岁，而诸侯相兼，史记放绝。”[2] 这里所谓“史记放绝”，显然是指《春秋》问世以来400年间再也没有记载历史的史籍出现。

当然，我们这里的关注点并不是古人什么时候赋予了“史”字以史籍的含义，而是先秦时期的史籍究竟从什么时候开始有了，最初的史籍又有哪些，它们与经籍有何关系。从逻辑上说，有了史官，便有了历史记录。《尚书·多士》说：“惟殷先人，有册有典。”这里所谓“册”“典”，便是商代史官记录下的历史文献资料。实际上在春秋以前，由于学在官府，大凡典章故事和礼法度数，皆为官司所守，而这些内容，无不是一种历史记录。像左史倚相“能读三坟、五典、八索、九丘”[3]，申叔时所谓“故志、训典”[4] 等，这些典籍恐怕都是春秋以前史官留下的重要史料。不过，史官们留下的历史记载，从严格意义上讲还不能完全等同于史籍。金毓黻按照章学诚的记注与撰述两分法，将先秦历史记载分为史料和史籍两类，肯定先秦“史官所掌，属于史料之科，即章氏所谓记注也”，明确提出先秦史籍始于《尚书》和《春秋》，“故榷论吾国古代之史籍，应自《尚书》《春秋》二书始”。同时，他认为“六经”之为史，是有着史著与史料之分的：“是故谓《尚书》《春秋》为史，可也。谓《易》《诗》《礼》《乐》为史，不可也。谓《易》《诗》《礼》《乐》为史料，可也。径谓为史著，不可也。”[5] 刘家和先生则在肯定金氏观点的基础上进一步认为，“六经”当中的《周易》“固可以视为史料，然其意义恐有甚于作为史料者在，即《易》之思想实与中国传统史学之通变思想相通，甚至若和符节”[6]。实际上，“六经”对于后世史学的影响，主要还是表现为对史学思想的影响。刘先生已经指出了《周易》的思想

[1] 不过，也有人认为此二处“史”字仍是指史官，《四书章句集注》的作者即持此观点，参见《孟子集注·离娄下》注文。

[2] 《史记》卷一三〇《太史公自序》，中华书局1959年版。

[3] 《左传·昭公十二年》，《十三经注疏》本，中华书局1980年影印版。

[4] 《国语·楚语上》，上海古籍出版社1995年版。

[5] 金毓黻：《中国史学史》，商务印书馆2003年版，第310页、28页、311页。

[6] 刘家和：《史学经学与思想》，北京师范大学出版社2005年版，第78页。

对于传统史学的通变思想有影响，而《尚书》的历史借鉴思想、《诗经》的天命王权思想、《礼经》的改制思想和《春秋》的史义与史法，等等，其实对于传统史学都有巨大的影响。吴怀祺先生明确指出："《经》即是'史'，甚至还可以说《经》是后世'史'的渊源，这主要不是从历史编纂学上说，也不是着重从史料学上说，应当从历史意识上、从史学思想上来理解这个问题。"[1] 在"六经"之后问世的《竹书纪年》《世本》《左传》《战国策》和《国语》等，则是战国时期撰成的、流传于后世的重要的先秦史籍。其中的《左传》和《国语》与"六经"有着密切的关系：《左传》一般被认为是左丘明所作的解释《春秋》的著作，为《春秋》"三传"之一。而《国语》则被称作是《春秋》外传。[2] 唐代史评家刘知幾曾将古史流派分为《尚书》《春秋》《左传》《国语》《史记》和《汉书》六家，[3] 六派中有四个属于经传。

综上所述可知，先秦时期的经籍与史籍，皆须溯源到经过孔子整理而成的"六经"。"六经"不单是先秦时期重要的儒家典籍，作为"先王之政典"、上古三代的历史文献，它们也或为史料，或为史籍。而随着后来"六经"地位的提高，它们内蕴的思想更是对后世史学思想产生了巨大的影响。从学科分类的角度，"到春秋时期，反映各种文化知识的文献已经有了一定的积累；不过在这些文化知识之间还没有严格的学科区分，当然也没有经史之分。从春秋后期起，儒家典籍逐渐形成，史学也随着《春秋》《左传》的出现而开始出现；不过当时仍然无所谓经史之分"[4]。

(二) 汉代经学的兴起与史学的崇经意识

先秦"六经"得到汉代学者的重视和传承，只是"六经"在西汉初年是被称作"六艺"的。贾谊在《新书·六术》中说："是故内本六法，外体六行，以与《诗》《书》《易》《春秋》《礼》《乐》六者之术，以为大义，谓之六艺。"司马谈的《论六家要指》则说："夫儒者以六艺为法，

[1] 吴怀祺：《中国史学思想史》，安徽人民出版社 1996 年版，第 15 页。

[2] 《国语》的《春秋外传》之名，始见于《汉书·律历志》所引刘歆《三统历谱》，说明这是西汉所传的一个古说。不过，学术界对此有不同的看法，有些学者认为《左传》和《国语》都是独立的史书，并不是为解释《春秋》而作。

[3] 刘知幾：《史通》卷一《六家》，浦起龙注释本，上海古籍出版社 2009 年版。

[4] 刘家和：《史学和经学》，《北京师范大学学报》1985 年第 3 期。

六艺经传以千万数。”董仲舒在《天人三策》中也说：“愚以为诸不在六艺之科、孔子之术者，皆绝其道，勿使并进。”他们所谓“六艺”，当然是指孔子整理的属于儒家之术的“六经”，而司马迁《史记》中所谓“六艺”也是如此。

西汉还有“五经”之说，这主要是由于秦火的缘故，《乐经》已经散佚，“六经”（或“六艺”）有名无实，于是便有了《诗》《书》《礼》《易》《春秋》之“五经”的说法。[1] 汉武帝建元五年（前136年）所设置的经学博士便称作“五经博士”，《史记·儒林列传》对这五经博士的具体系统作了叙述：

> 及今上（汉武帝）即位，赵绾、王臧之属明儒学，而上亦乡之，于是招方正贤良文学之士。自是之后，言《诗》于鲁则申培公，于齐则辕固生，于燕则韩太傅。言《尚书》自济南伏生。言《礼》自鲁高堂生。言《易》自菑川田生。言《春秋》于齐鲁自胡毋生，于赵自董仲舒。

西汉经学的兴起，当以建元元年（前140年）汉武帝接受董仲舒“罢黜百家，独尊儒术”的建议，开始确立儒家思想作为官方统治思想作为标志。此后，汉武帝不但大力提倡研读儒家经书，设置“五经博士”，而且“延文学儒者数百人，而公孙弘以《春秋》白衣为天子三公”，由此“公卿大夫士吏斌斌多文学之士矣”。[2] 读经与利禄之途相联结，天下学士自然会“靡然乡（向）风”，经学由此兴起。

纵观汉代，特别是西汉的经学，其中最受尊崇的莫过于属于今文经学系统的董仲舒的公羊学。汉武帝的“独尊儒术”，其实就是“独尊”公羊学。西汉末年经学家刘歆提出立《左传》《古文尚书》《毛诗》等古文

---

[1] 今人王葆玹认为汉初有“六艺”和“五经”的说法，二者含义不同，“六艺”是指“诗”“书”“礼”“乐”“易”“春秋”六种学科或学术，而“五经”则是指《诗》《书》《礼》《易》《春秋》五部儒家经典，所以陆贾《新语·道基》才说后圣“定五经，明六艺”。参见王葆玹：《今古文经学新论》，第一章《六艺五经系统的形成》，中国社会科学出版社1997年版。

[2] 《史记》卷一二一《儒林列传》，中华书局1959年版。

经，中国经学史上的今古文之争由此发端。[1] 东汉以后，一方面尽管今文经学依然被立于学官，而古文经学却在民间和学者中间大行其道，盛极一时，出现了贾逵、许慎、马融等一大批古文经学大家；另一方面，今古文学派之间的斗争不断，这种争斗的结果表现为一种学术思想方法的趋同性，今文家开始打破师法、家法的藩篱，出现了像东汉末年何休这样研习古文的公羊学集大成者，而古文家也注意吸收今文学，从而出现了像东汉末年郑玄“括囊大典，网罗众家”[2]、融合今古文的“郑学小一统”的经学新局面。

儒学是汉代官方统治思想和意识形态，因而经学拥有至高无上的学术地位，它对于这一时期各家学术与学术思想都有着重要的影响，史学作为与经学有着同源关系的学术，更是表现出了明显的崇经意识。

首先从汉代的学术分类来看。从《汉书·艺文志》可知，汉代史籍在目录分类上尚未形成独立的部类，而是主要依附于经书“六艺略”的《春秋》经下。汉代目录学上出现的“史附于经”的现象，究其原因，主要是因为秦火之后，先秦史籍大量被焚毁，以至于数量太少而不能形成独立的部类。可问题是为何要以“史附于经”，而不是将其附于其他部类之下呢？这主要还是由经史之间的密切关系所决定的。前已述及，先秦时期经史同源、亦经亦史的现象是一种客观存在，而司马迁等汉代史家在说明亦经亦史的《春秋》与史书之间的关系时，也往往还是难以加以割裂的。

[1] 汉代今古文学派之间的斗争主要有四次：第一次是西汉末年刘歆争立《左传》《古文尚书》《毛诗》等古文经，为今文博士和执政大臣所责让，而王莽当政托古改制，古文经得以立学官，古文学派取得暂时的胜利；第二次是东汉建武初年，光武帝诏论立古文经，古文家陈元与今文家范升互相辩难，光武帝采纳陈元的建议立古文，后迫于舆论而作罢，古文经仍为私学；第三次是汉章帝时期，章帝好古文，于建初四年（79 年）在白虎观讲议“五经”异同，今文博士李育“以《公羊》义难贾逵”，汉章帝让诸儒各选高才生受业学习《左传》《公羊传》《穀梁传》《古文尚书》《毛诗》，古文经学取得了一定的胜利；第四次是东汉末年古文家郑玄与今文家何休争论《公羊》与《左传》孰优孰劣的问题，郑玄博通今古，何休感叹地说：“康成入吾室，操吾矛，以伐我乎！”（《后汉书·郑玄列传》）郑学由此确立了在汉末经学中的优势地位。

[2] 《后汉书》卷三五《郑玄列传》，中华书局 1965 年版。

其次从汉代史家的经学态度来看。司马迁写《史记》提出要成史家“一家之言”，说明已经在学术实践中开始了经史的分离过程。不过，司马迁作史，又明确提出要“正《易传》，继《春秋》，本《诗》《书》《礼》《乐》之际”[1]，以“继《春秋》”为其撰述旨趣，以“六经”来统帅其史著；同时，他的评判史实与选取史料的原则还是“折中于夫子”[2]、“考信于六艺”[3]。东汉史家班固更是具有浓厚的崇经意识，他的“史公三失”论，直斥司马迁“论大道则先黄老而后六经”，“是非颇缪于圣人”，[4] 显然是用儒学神圣化时代的正统观念去衡量司马迁的儒学观，同时也表明他著《汉书》要以“六经”挂帅的思想。班固推崇有“汉代孔子”之称的董仲舒，为其独立设传，特别是将系统反映董仲舒天人感应思想的《天人三策》全文载录，其中的用意是不言而喻的。

最后从汉代经学对于汉代史学与史学思想的影响来看。汉代经学无论是处于官学地位的今文经学还是在民间学者中流行的古文经学，都对这一时期的史学与史学思想的发展和演变有着较大的影响。汉武帝独尊公羊学，作为公羊宗师的今文经学家董仲舒，当属汉代经学的标志性人物。董仲舒虽然没有写过专门的史著，然而他的“见之于行事”之作——《春秋繁露》，其中蕴含的历史思想却是非常丰富的。纵观董仲舒的天人感应理论、“三统”历史变易学说和“大一统”理论，对于有汉一代史学思潮的发展、演变及其走向都有着重要的影响。西汉末年的刘向、刘歆，不但是杰出的经学家，也是杰出的史学家，虽然他们父子在经学上分属于今文与古文之不同派别，然而他们辨章学术，考镜源流，整理古文献，由此成为中国目录学、文献学的开山鼻祖。刘歆作《三统历谱·世经》，以五行相生来解说古史，其所提出的古史系统以及内蕴的历史思想为史学家班固所全盘接受，对于班固以后中国正统史学的确立和发展有着重要的影响。值得一提的是，汉代今古文经学之于史学的影响，从总体上来看，其侧重点还是有所不同的，今文经学重视阐发义理，讲究

[1] 《史记》卷一三〇《太史公自序》，中华书局1959年版。

[2] 《史记》卷四七《孔子世家》，中华书局1959年版。

[3] 《史记》卷六一《伯夷列传》，中华书局1959年版。

[4] 《汉书》卷六二《司马迁传》，中华书局1962年版。

微言大义，其对史学的影响重在历史观念与历史思想；古文经学重视章句训诂，其对史学的影响重在文献注疏与历史考证。

二、经史之学的玄化、分立与总结

魏晋南北朝隋唐时期的经史之学，几乎是同步经历了一个从魏晋时期的玄化到南北朝时期的分立，再到隋唐时期的大总结这样一个过程。

（一）魏晋南北朝经史之学的玄化与分立

随着东汉后期官方经学的衰落和私学的兴起，到了魏晋时期，经学出现了一个明显的变化：一方面，从汉末郑玄之学到魏晋王肃之学，再到东晋郑玄之学的复兴，依然承继了汉代训诂经学的传统；另一方面，曹魏正始年间开始出现了以何晏、王弼为代表的玄学，这种玄学经学重在义理，不拘章句，表现出了反传统的风貌，并作为一种学术思潮流播于世。

郑玄是博通今古文经的经学通家，“郑学小一统”出现于东汉后期至曹魏时期。随着魏晋政权的嬗变，出现了反郑玄之学的王肃之学，并且很快成为西晋占统治地位的经学学派。其实王肃也是一位兼采今古文的经学通家，与郑玄颇为相似。王学与郑学之间的斗争，不是经学观点与治经方法之争，而是具有鲜明的政治色彩。清代今文经学家皮锡瑞就说，王肃驳斥郑学，往往“或以今文说驳郑之古文，或以古文说驳郑之今文”[1]。也就是说，王肃并没有开辟出一条经学新路子来。王学作为司马氏集团的思想工具，它代替郑玄之学，是政治上司马氏势力代替曹魏势力在经学思想上的一种反映。也正因此，东晋以后，随着政权的南渡，郑学又重新取得了对王学的胜利。不过，魏晋时期的王郑经学之争在学术思想史上还是有意义的，这“主要在于动摇了郑玄在人们心中的至上权威，使人们对旧的章句之学发生怀疑，从而为玄学经学的顺利成长创造了独立思考、自由竞争的思想环境”[2]。魏晋时期的传统经学，除去

[1] 皮锡瑞：《经学历史》五《经学中衰时代》，中华书局 1959 年版，第 155 页。

[2] 任继愈主编：《中国哲学发展史》（魏晋南北朝），人民出版社 1988 年版，第 627 页。

郑、王等传统章句训诂经学外，其他著名的经学家还有西晋的杜预和东晋的范宁，他们皆治《春秋》，杜预长于左氏学，著有《春秋左传集解》《春秋释例》；范宁长于穀梁学，著有《春秋穀梁传集解》。他们的经学研究在当时也颇有影响。

相对于郑、王等传统章句训诂经学，魏晋时期兴起的玄学经学，则是一种义理经学。玄学义理经学的兴起，与传统训诂经学的衰落有密切关系。正如学者所指出的，汉末经学衰落后，“郑玄虽然暂时成功地综合整理了汉末经学（相对地），却不能挽回整个汉代经学的颓势。一个重要原因是郑玄经学属于训诂经学，缺乏哲学高度的整体思考”。而玄学之所以能取代训诂经学成为时代的主潮，是因为玄学“其特征是用老庄思想解释儒经，并且只把儒经作为一种凭借，重点不在疏通经义，而在发挥注释者自身的见解。这样，它就与郑王的训诂经学有了根本性的差别，使经学发生划时代的变化”。[1] 魏晋玄学研习的主要经典是《周易》《老子》和《庄子》，即所谓“三玄”；其学术主旨是调和儒道关系；其主要学术观点有以何晏、王弼为代表的正始玄学所提出的“名教本于自然”观，以阮籍、嵇康为代表的竹林玄学所提出的“越名教而任自然”观，以及以向秀、郭象为代表的西晋末年玄学所提出的“名教即自然”观。

南北朝时期的经学，皮锡瑞的《经学历史》一书将其称作“经学分立的时代”。从总体上看，北朝经学受汉末郑玄之学影响较大，重视章句训诂，而不尚玄谈，而南朝经学不拘守一家，善谈玄理，且深受佛学的影响。对于南北朝经学的不同风格，《北史·儒林传》有一个概述：“南人约简，得其英华；北学深芜，穷其枝叶。”当然，我们不应该将南北朝经学的差异性绝对化。其实在北学中不但有习郑学、有习王学，也有讲王弼《易》注的；同样，南学中不但重玄、重佛，也有兼习郑、王之学的，只是南北学的主要倾向不同罢了。

魏晋南北朝时期史学的发展，与这一时期经学的发展和变化、特别是玄学经学的兴起和发展是有着密切关系的。

首先是重视人物品评。魏晋玄谈不但重视人物品评，而且其品评人

[1] 任继愈主编：《中国哲学发展史》（魏晋南北朝），人民出版社 1988 年版，第 621 页、628 页。

物的标准与汉代也是大相径庭的，如果说汉代的人物品评崇尚儒家道德规范的话，那么魏晋玄学的人物品评则更重视于才性。“注重考核人物的精神，深入研究人物的个性，亦即重视人物的性情”[1]。也正因此，“才性之辩成为清谈的重要品题”[2]。玄学经学对人物品评的重视，对于这一时期的史学产生了很大的影响，逯耀东将其视为魏晋史学发展变化的重要思想根源：“所谓思想根源，也就是在魏晋玄学思想发展的影响下所形成的率真自然人格，扬弃儒家烦琐、古板、矫揉造作的礼俗，而自由自在地寻求个人心灵上的乐趣。于是率性而行，回归自然，使得在传统压抑下的个人的个性和感情，同时获得解放，于是出现许多儒家道德规范以外的个性新类型。这种个性的新类型，给当时史学家对人物的评论，树立了新的标准。”[3] 在魏晋南北朝的历史撰述中，陈寿《三国志》的人物品评颇具代表性。《三国志》的人物品评几乎涉及所记载的每一个历史人物，以局量才识和风度容貌为视角。应该说这样的人物品评并不完全等同于人物历史评价，但它毕竟是对人事作用的一种肯定，还是有一定的进步意义的。

其次是重视历史评论。魏晋玄学的清谈当然不限于人物。“当时名士欢聚一起，清谈品题有名理，有历史，有人物”[4]。玄学清谈历史、名理之风影响到这一时期的史学，则表现为重视历史评论，并且这种历史评论明显地打上了玄学的思想烙印。在魏晋时期的史家当中，袁宏及其所著《后汉纪》最具代表性。袁宏既是一位玄学化的史学家，也是一位颇具史识的玄学家，援玄入史、玄儒合一，是其学术思想与方法的基本特征。所著《后汉纪》，不但重视历史评论，而且具有明显的玄化倾向。如他强调立国须尊三代以前圣王古制，然而在他心目中的古圣王政治却是“君臣穆然”，乃一种无为政治，与此相对应的五霸、秦、汉以后的君

[1] 任继愈主编：《中国哲学发展史》（魏晋南北朝），人民出版社 1988 年版，第 334 页。

[2] 孔繁：《魏晋玄学和文学》，中国社会科学出版社 1987 年版，第 7 页。

[3] 逯耀东：《魏晋史学的思想与社会基础·导言》，台湾东大图书有限公司 2000 年版，第 4—5 页。

[4] 孔繁：《魏晋玄谈》，辽宁教育出版社 1991 年版，第 138 页。

臣则是“瞿然”，乃一种有为政治；[1] 他主张为政贵在安静，反对因统治者的“多欲”而导致“民疲”；[2] 他提出处世智在顺势，应该“顺势有为”而不能“过其才”，要善于明哲保身。[3] 如此等等，都具有浓厚的玄学味道。

再次是与南北朝经学分立相一致的南北朝史学风格的迥异。“南人约简，得其英华；北学深芜，穷其枝叶”，这样一种南北经学不同的特点，也同样反映在这一时期的南北史学撰述上。我们以南朝范晔《后汉书》、沈约《宋书》和北朝魏收《魏书》作比，便能清晰地看到。南朝史学无论是范晔的《后汉书》，还是沈约的《宋书》，都普遍重视评论，而且他们所写的序、论、赞确实体现了南方玄学经学“清通简要”“得其英华”的特点，反映了史家的一种历史洞察力。周一良认为：“范晔的史识，正是南方学术倾向的特征在史学方面的体现。”而“沈约《宋书》的序或论，不如范晔之精辟，但也时时可以看出南朝史学如牖中窥日，对历史发展的洞察能力”。“范沈之书的序和论确实体现出‘清通简要，得其英华’的精神”。[4] 反观以魏收所撰《魏书》为代表的北朝史学，“相比之下的突出感受，是就事论事为主，拘泥于一人一事论其功过”。表现出明显的记事分散、烦琐，历史评论只是就事论事，缺乏全局观、发展观、联系性和思辨性，“看不到敏锐深刻的高见卓识，给人以识暗之感”[5]，反映了北学“渊综广博”“穷其枝叶”的特点。

（二）隋唐经史之学的大总结

随着隋唐大一统政治的建立和魏晋南北朝分裂局面的结束，隋与唐初的经学也开始由南北朝时期的分立局面逐渐走向了统一，而隋唐经学走向统一的标志则是孔颖达等人编定《五经正义》。

隋朝经学的代表性人物是人称“二刘”的刘焯和刘炫，刘焯著有

---

[1] 袁宏：《后汉纪》卷四《光武帝纪》，见《两汉纪》下册，中华书局 2002 年版。

[2] 参见袁宏：《后汉纪》卷一四《和帝纪》、卷一八《顺帝纪》。

[3] 袁宏：《后汉纪》卷八《光武帝纪》，见《两汉纪》下册，中华书局 2002 年版。

[4] 周一良：《略论南朝北朝史学之异同》，见《魏晋南北朝史论集》，北京大学出版社 1997 年版。

[5] 周一良：《略论南朝北朝史学之异同》，见《魏晋南北朝史论集》，北京大学出版社 1997 年版。

《五经述义》，该书虽已散佚，但其弟子孔颖达在《五经正义》中多有引述；刘炫的经学著作有《五经正名》《尚书述义》《毛诗述义》等，今有辑佚本。二刘的经学不拘一家之说，对于南北朝时期的南学和北学作了某些折中，他们的经学贡献主要表现为对唐代群经正义有重要影响，清人皮锡瑞说："隋之二刘，冠冕一代。唐人作疏，《诗》《书》皆本二刘。"[1] 唐初，经学家陆德明著《经典释文》，对唐初以前的经学汉学系统作了初步总结，奏出了隋唐统一经学的先声。此后，唐太宗先是诏命颜师古考定"五经"，完成了关于"五经"的文字统一工作；数年后又诏命孔颖达等人撰修《五经正义》，从而最终完成了对"五经"经义的统一疏解，它们分别是：《周易正义》用魏王弼、韩康伯注，《尚书正义》用伪孔安国传，《毛诗正义》用汉毛公传、郑玄笺，《礼记正义》用汉郑玄注，《春秋左传正义》用晋杜预注。

由于《五经正义》坚守的解经原则是"注不驳经，疏不破注"，因而在它宣告"五经"经义实现历史性的统一的同时，也就意味着儒学的被禁锢，儒学的发展因此失去了活力。一些经学家意识到了经学发展的危机，于是大胆地站出来疑经惑传，从而掀起了一股疑经之风。如经学家王元感撰写《尚书纠谬》《春秋振滞》《礼记绳愆》三书上表，此三书虽已散佚，然顾名便可思义，是对传统经说的怀疑和纠谬。经史学家刘知幾是这一时期疑古惑经的重要代表人物，他在《史通》这部史评著作中专辟《疑古》《惑经》二篇，其中《疑古》篇疑《尚书》《论语》，《惑经》篇批《春秋》。对于《春秋》"三传"，他主要站在古文学派的立场上（其实也就是史学的立场），赞美《左传》，而贬低《公羊传》和《穀梁传》，提出"《左氏》之义有三长，而二传之义有五短"[2] 之论。唐中叶后，更是出现了经学家啖助、赵匡、陆淳等人为代表的《春秋》学派，对《春秋》传注提出批评，而直接以己意去取"三传"，倡导以经为本、舍传求经的经学之风，开宋学经学风气之先。无独有偶，宋学"四书"系统也由唐中后期的韩愈、李翱先发其端。韩愈的"道统说"推本《大

[1] 皮锡瑞：《经学历史》七《经学统一时代》，中华书局 1959 年版，第 196 页。

[2] 详论参见刘知幾：《史通》卷一四《申左》，浦起龙注释本，上海古籍出版社 2009 年版。

学》、尊崇《孟子》，其弟子李翱承继师说，着重表彰《中庸》《大学》《论语》《孟子》和《易传》，宣扬“复性”之说，他们实为宋学的开路先锋。

隋唐时期的经史关系，首先表现为由于统治者对于经史的重视而出现了经史同步大总结的现象。当盛唐的经学经过总结，逐渐由分立走向统一之时，无独有偶，这一时期的史学也迎来了大总结的时期。如果说隋唐经学总结的标志是孔颖达等人编纂的《五经正义》颁行，那么这一时期史学总结的标志则是唐初八部正史——《梁书》《陈书》《北周书》《北齐书》《隋书》《晋书》《南史》《北史》和杰出的史评专著《史通》的问世。毫无疑问，盛唐出现的经史大总结的局面，是与统治者重视经史之学分不开的。唐朝开国后，唐太宗崇尚儒学，兴学读经，却深感儒学多门、经学繁杂，不利于经学的发展，于是便有了诏令整理经学典籍的举动和《五经正义》的撰成，从而最终实现了经学的统一。而唐初统治者对于史学也是异常重视的，为了保存史籍以“贻鉴今古”，唐朝立国不久，唐高祖就下达《命萧瑀等修六代史诏》，至唐太宗时撰成梁、陈、北齐、北周、隋等五史；后来唐太宗又下达《修〈晋书〉诏》，修成《晋书》。这六部史书与李延寿的《南史》《北史》一起构成了“唐初八史”。唐高宗还专门下达《简择史官诏》，提出了对史官的素质要求问题。值得一提的是，唐初的修史工作是在史馆中进行的，而设馆修史是中国史学史上的一件大事，它充分反映了唐朝统治者对于修史工作的高度重视。颇为有趣的是，史评家刘知幾曾经“三为史臣”，“再入东观”，然而他的史学总结性名作《史通》，却是因不满于史馆修史的做派退而自撰成的。唐初统治者对于经史之学的重视，还表现在唐朝的科举考试中，即明令“五经”与“三史”[1]皆为应试科目。

其次，在隋唐经史之学的发展过程中，很多卓有成就的学者往往是经史兼通的。许凌云就说过：“陆德明撰《经典释文》，是对‘汉学’系统的初步总结，奏出了隋唐时代统一经学的先声。陆氏是隋唐间经学家，又是史学家。孔颖达受诏与颜师古等撰定《五经正义》，标志经学的汉学

[1] 指西汉司马迁的《史记》、东汉班固的《汉书》和南朝范晔的《后汉书》这三部史书。

系统的统一，对封建社会后半期的思想学术和文化，具有极其重大的影响。颜师古是名儒颜之推之孙，唐初著名经学家、史学家，以自己考定《五经正本》为底本与孔颖达撰定《五经正义》。他还是研究《汉书》的专家，有《汉书注》传世，对两汉以来的经学史亦十分熟悉。”[1] 除此之外，唐代开疑经之风的主要代表人物之一刘知幾，不但是一位倾向于古文学派的经学家，对于唐代疑古惑经之风的兴起和经学由汉学向宋学的转变有着重要的影响，更是一位杰出的史学家，他撰写的《史通》是中国史学史上第一部史学评论专著，也是盛唐史学大总结的代表之作。

三、“会归一理之纯粹”经学思潮下的史学

宋、元、明时代，是中国经学走向宋学的时代，这是一个有别于汉唐训诂经学的义理经学。而在讲究义理之学的宋学当中，又以视天理为本原和中心的理学派影响最大。在这种“会归一理之纯粹”的时代经学思潮之下，宋明时期的史学也明显地呈现出了义理化的倾向，打上了理学的深深烙印。

（一）经学的理学化倾向

由于隋唐时期经学奉行的是“注不驳经，疏不破注”的原则，这势必束缚经学本身的发展，导致经学的僵化。而经学所出现的这样一种局面，是不利于与盛行于唐代的佛、道之学相抗衡的。也正因此，自盛唐特别是唐中期以后，便出现了一股疑古惑经、舍传求经之风，经学风气发生了重大变化。而这也正是宋学兴起的时代背景。到了宋代，先是经学家刘敞著《七经小传》，破除汉魏训诂传统，并以己意改经，由此开创了宋代经学家根据己意解释经义的先河；接着有欧阳修著《易童子问》和《问进士策三首》，力辨《系辞》非孔子所言，对《周礼》提出怀疑；再有孙复著《春秋尊王发微》，舍弃“三传”而以己意解释《春秋》经义。于是乎，疑经改经、疑传舍传遂成为一种时代风气，一个有别于汉唐训诂之学的义理之学——宋学时代由此到来。

经学史上所谓宋学，是指以讲求义理为主的经学学派。人们往往将

[1] 许凌云：《经史关系略论》，见《经史因缘》，齐鲁书社 2002 年版。

重义理还是重训诂，作为区分宋学还是汉学的重要标志。其实，无论是作为一个学派，还是具体的经学家，其经学研究都不可能是纯粹的。汉学或汉学中人也有重义理、注重阐发经典的微言大义的，同样，宋学或宋学中人也有重训诂、注重考辨经典的。因此，宋、汉之分，只是就其大体而言的，切不可无限夸大二者之间的区别。

从宋学的内部派别而言，其实也是纷繁复杂的。主要以宋明理学各派为主体，其中又包含了客观唯心主义的理学派和主观唯心主义的心学派。前者以周敦颐的濂学、张载的关学、二程的洛学和朱熹的闽学，即所谓宋代理学四大学派为代表；后者以南宋陆九渊、明代王阳明为代表；此外还有一些“出入于朱陆之间”的理学人士。在理学之外，还有王安石的新学、苏氏的蜀学等各家经学学派，他们也是讲求义理之学的。仅从上述理学、心学、新学和苏学等宋学各派来看，它们之间的学术思想就存在着很大的差别，只在提倡义理和道德性命之学上是一致的。

作为宋学主干的宋明理学，既是这一时期占统治地位的官方哲学思潮，也是这一时期经学发展的重要表现形式。就本质而言，理学是一种以传统儒家思想为基干，同时糅合了道家的天体论和佛学的思辨思想于其中，并以“性与天道”为中心论题，以“存天理，灭人欲”为学术旨归的新儒学。理学哲学体系的构建，标志着中国经学发展进入了一个新的高峰。

（二）史学“会归一理之纯粹”

与宋明理学高度发达相对应，这一时期的史学（特别是宋元时期）也进入了中国史学发展史上的黄金时代，取得了空前的成就。值得注意的是，这种经史并行发展的状况，一方面是社会现实影响的结果，正是社会现实的矛盾，驱动着理学家和史学家们的学术研究，同时也决定着他们学术研究的价值取向或思想走向；另一方面，大凡宋代重要的史学家如欧阳修、司马光、范祖禹等，本身都是理学先驱、理学家或理学中人，反之，像理学的集大成人物朱熹，也是颇有建树的史学家，这充分反映了这一时期经史之学的相互影响。

从史学对于理学发展的影响来讲，主要表现为史学思想中的历史观本身就是时代哲学的重要组成部分，因而它会直接影响到理学思想体系的形成。道理很简单，理学的求理，理学家要证明纲常名教是天理的体现，是永恒不变的，就必须要从历史当中求得说明和验证，否则不可能有说服力，也不可能为人们所接受。换句话说，“史学的理学化是理学发展的需要”[1]。吴怀祺先生曾经以二程理学与朱熹理学作比较，说明史学义理化对于理学体系构建的重要性，他说：“二程奠定理学的根基，却不是理学的集大成者，一个十分重要的原因，是他们论历史兴衰之‘理’，却对史学的价值认识不足，至少是在史学的领域内没有作什么工作，这影响到二程对理学的建构。朱熹成为理学的集大成者，不但因为他能集理学诸家之说，镕铸成朱学的基本的内容，而且还在于他十分重视史学，努力把包括史学在内的各个学术门类，纳入到他的理学的体系中去。他在史学方面所作的工作，一个很重要的方面是使史学‘会归理之纯粹’。”[2]

宋明理学对于史学的影响，更主要的是表现在对史学思想的指导上。具体而言，主要有以下几个方面：一是具有贯通意识。理学的“求理”思维特征之一是通天通地、贯古贯今，对于史学的影响，则表现为一种通识意识。如胡宏的《皇王大纪》、苏辙的《古史》等著作，论及宇宙的运动、生命的起源和社会的产生与发展，他们通过贯通天地来对这些问题做出思考；又如司马光的《资治通鉴》和《稽古录》、郑樵的《通志》等，都是在通识意识指导下写成的名著；而明代史学家胡应麟也以“淹博”“会通”为旨趣，他自述曰：“大而皇王帝霸之事功，显而贤哲圣神之谟训，曲而稗官野史之纪录，葩而墨卿文士之撰述，奥而竺乾柱下之宗旨，亡弗涉其波流，咀其隽永。”[3] 二是以“天理”作为历史阶段划分的标准。理学家的最高境界是天理流行，而这也成了其划分历史阶段的标准。在宋明理学家中，较为普遍的历史阶段划分是三代以前和三代以后（或先王和后王）两个阶段。在他们看来，三代及其以前是天理流行，而三代以后则是人欲横流；三代及其以前是以道治天下，而三代以后则是以法把持天下。理学家的这种思想，对于这一时期的史学家是有重要影响的，如司马光等人就明显地表现出了一种对于三代的推崇。三

[1] 许凌云：《经史关系略论》，见《经史因缘》，齐鲁书社 2002 年版。
[2] 吴怀祺：《中国史学思想史》，安徽人民出版社 1996 年版，第 214 页。
[3] 胡应麟：《少室山房集》卷九〇《二酉山房记》，《四库全书》本。

是从“天理”的角度来总结历史的治乱盛衰。在理学家们看来，决定历史存亡兴衰的是天理，因此，人们必须要从天理的角度来总结历史的兴衰。这种理学思想同样影响了宋代史学家的历史意识，如司马光就认为，维护纲常名分的等级制度，是使“上下相保而国家治安”的根本办法。“出入朱陆之间”的明代史家薛应旂，在所著《宋元通鉴》一书的序言中，也明确将“身心性命之微”和“奸良邪正之辨”作为史之大义，而认为南宋的灭亡即是“小人多至显融”所致。这一时期的各种史书论赞，大多都是以天理为标准来评论历史事件和历史人物功过的。四是讲究正统。理学家于儒学要讲道统，于史学则讲正统，他们的道统、正统观念，对于这一时期的史学是有很大影响的。如朱熹的《资治通鉴纲目》就是一部讲究正统的史著；范祖禹的《唐鉴》，就援引“公在乾侯”例而不以武则天为正统；即使如司马光这样不囿于正统的史家，也还是要为三国曹魏争正统。五是提倡《春秋》褒贬笔法。如欧阳修的《新五代史》、朱熹的《资治通鉴纲目》和范祖禹的《唐鉴》，都既是史学著作，又是言理的著作，非常重视运用《春秋》笔法褒贬史事。

四、考据学的得失与经史之学的转向

自清代至近代经史之学的发展，大致经历了从明清之际实学思潮的出现，到乾嘉考据学的兴盛，再到近代经史之学的转向这样一个过程。明清之际实学思潮的主旨是反对宋明理学空疏学风，提倡经世致用的经史之学；乾嘉考据学继承了由实学开启的重视训诂考据的方法，却没有彰显其经世致用的学风；近代经史之学的转向，一是由经学走向史学，二是由传统史学走向近代新史学。

(一) 明清之际的实学思潮

从政治史角度而言，明清之际是一个“天崩地解”的时代，满族入关与明清易鼎，不但使得天下百姓蒙受颠沛流离之苦和涂炭之灾，而且深深地刺痛了汉族士大夫的心灵，他们中间一部分颇具民族气节的有识之士，不但亲身参加了清初的抵抗运动，而且在抵抗运动失败后痛定思痛，对国破家亡历史惨剧的发生进行着深刻的反思。而从学术发展史的角度来看，中国的经学经过汉唐训诂之学和宋明义理之学，或者换句话说，中国的儒学经过了汉唐经学与宋明理学两个高峰之后，也到了进行学术思想总结的时候了。因而，这是一个学术思想大总结的时代，也是一个产生思想巨人的时代。而在明清之际这股对学术思想进行反思与总结的风潮当中，黄宗羲、顾炎武和王夫之等人无疑是最具有代表性的思想家和经史学家。

黄宗羲、顾炎武和王夫之作为明清之际杰出的思想家和经史学家，他们的学术思想旨趣各有偏重，或者说是学术研究的着眼点有所不同，如黄宗羲重视对历史与学术的批判与总结，顾炎武开一代朴学之风气，王夫之则有别开生面的史论。然而，相似的经历，和所面临的共同的时代思想主题，使得他们的学术研究与学术思想总结又表现出了更多的相同点。如他们都对当时的空疏学风提出批评，倡导经世致用；他们学术研究的着眼点虽然不尽相同，但都是以解决当时之急务作为出发点的；作为经史学家，他们的学术研究内容都是既重经也重史。一言以蔽之，他们所大力倡导的是一种与王学末流空疏学风迥然不同的实学思想。

作为经学家，黄宗羲、顾炎武和王夫之通过对传统经学发展历史的反思与总结，表现出的基本思想是反对宋明理学的空疏学风，倡导穷经经世的实学精神。

黄宗羲明确提出“穷经以经世”的经学思想。所谓“穷经”，就是通过泛观博览和认真穷究，以此求得经书之理。泛观博览就得通经而不能专于一经，认真穷究就得摆脱历代传注的束缚而直入虎穴。“穷经”的目的当然在于“经世”，认为“儒者之学，经纬天地”，而不是“以《语录》为究竟”。[1] 值得注意的是，黄宗羲讲求训诂考证的实学学风的同时，又倾向于兼采宋明义理之长，秉持的是一种汉宋兼采的态度。

顾炎武重视对造成明末王学末流“束书不观，游谈无根”空疏学风的原因进行考察，认为这一方面与科举之兴有密切的关系：“今之经义、论策，其名虽正，而最便于空疏不学之人。”[2] 一方面则是“坠于禅学”的结果，人们“终日言性与天道，而不自知其堕于禅学也”[3]。空疏学

[1] 黄宗羲：《南雷文定》后集卷三《赠编修弁玉吴君墓志铭》，《四部丛刊》本。
[2] 顾炎武：《日知录》卷一六《经义论策》，秦克诚点校本，岳麓书社 1994 年版。
[3] 顾炎武：《日知录》卷七《夫子之言性与天道》，秦克诚点校本，岳麓书社 1994 年版。

风的一个重要表现形式就是清谈，顾炎武对明末清谈之风深恶痛绝，直斥其清谈误国有过于当年的西晋。顾炎武强调学术研究应当以经世为宗旨，而讲求经世之学，就需要有扎实、朴实的学风与训诂考据的方法，换言之，即是要以训诂考据为通经致用的手段。正是由于顾炎武开一代朴学风气之先，宋明奢谈义理之风因此发生了转变。当然，清乾嘉时期的朴学走向“专门汉学”的为考据而考据的狭隘之路，则是顾炎武所始料不及的。

王夫之治经，一方面是以儒家“六经”为依据，对经学发展的历史进行了全面的总结，正如他自己所说的，“六经责我开生面”，于儒家“六经”多有发明。另一方面，王夫之与顾炎武、黄宗羲的治经方法又有所不同，他反对宋明空疏学风，主要表现为从哲学上对宋明理学进行系统的清算。宋明理学其实是一个哲理化的经学学派，王夫之便从自然观、天理观等方面对于宋明义理之学进行了批评，如在自然观上，王夫之明确提出气先理后、理不离气，器在道先、道不离器，表现出了与程朱理学截然相反的观点；在社会观上，王夫之提出了天理寓于人欲之中的观点，这与理学提倡的“存天理、灭人欲”的主张也是针锋相对的。王夫之从哲学上对宋明理学的清算，为明清之际实学的兴起奠定了哲学基础。

作为史学家，黄宗羲、顾炎武和王夫之不但关注历史的发展，探寻历史发展之“理”，而且重视史学及其作用，并对经史关系提出自己的看法。

黄宗羲的学术特点是重视对历史与学术的批判与总结。他对历史的批判与总结，就是要站在时代的思想高度，总结历史的盛衰之理与经验教训，而做出对历史前途的思考，《明夷待访录》便是其中的代表作；他对学术的批判与总结，则强调“学要有宗旨，但不可有门户”，反对学术定于一尊，这与他的兼采汉宋的经学思想是相一致的，《明儒学案》便是在这样一种思想指导下撰成的学术史名著。在经史关系上，黄宗羲认为“学必原本于经术而后不为蹈虚，必证明于史籍，而后足以应务”[1]，也

[1] 全祖望：《甬上证人书院记》，见朱铸禹：《全祖望集汇校集注》之《鲒埼亭集外编》卷一六，上海古籍出版社2000年版。

就是说，经学的经世需要通过史学来加以体现，所以二者不可偏废。黄宗羲还提出了“国可灭，史不可灭”[1]的见解，体现了他对史学社会价值的充分认识。

顾炎武少年时期就喜欢史学，广泛阅读了《左传》《国语》《战国策》《史记》和《资治通鉴》等史书；后来为写作《天下郡国利病书》，他又阅读了二十一史及郡县志书等正史、方志之书。在顾炎武看来，“引古筹今，亦吾儒经世之用”[2]，作史的目的在于“鉴往所以训今”[3]，史学乃经世之学，应该给予高度的重视。顾炎武所撰写的实学名著《天下郡国利病书》，也是一部历史地理名著，它以历史地理为研究中心，把历史与现实、考证与经世紧密结合，其历史撰述的经世之义是显而易见的。

王夫之不离气言理的经学观，反映在他的史学上，则是重视通过发表历史评论，来探寻历史治乱兴衰之理，所著《读通鉴论》和《宋论》便是这样的历史评论名著。在王夫之看来，历史治乱兴衰，自有其治乱兴衰之理，人们只有知其理，才能兴利除害。又认为历史乃“述往以为来者师也”[4]，史学的意义就在于总结历史治乱兴衰的经验教训，让人们从中求得历史借鉴。当然，师古又需不拘泥于古，要有变通的思想，将历史借鉴与现实条件和需要紧密结合起来，也就是王夫之说的“时”的重要性。纵观中国古代史学思想史，“从《尚书》的殷鉴思想，到司马迁的‘见盛观衰’的思想，再到司马光的鉴盛衰的编纂史书的主张，到了明末清初王夫之的通变和历史兴亡论，中国论历史兴衰的史学思想也发展到了自己的高峰”[5]。

（二）清代考据学的得失与今文经学的兴起

明清之际顾炎武、黄宗羲、王夫之的经学思想，虽然各自的侧重点有所不同，但其基本精神都是反对宋明理学的空虚学风，推崇一种经世

[1] 参见《黄宗羲全集》第十册之《户部贵州清吏司主事兼经筵日讲官次公董公墓志铭》和《旌表节孝冯母郑太安人墓志铭》，浙江古籍出版社1993年版。

[2] 顾炎武：《亭林文集》卷四《与人书》，见《顾亭林诗文集》，中华书局1983年版。

[3] 顾炎武：《亭林文集》卷六《答徐甥公肃书》，见《顾亭林诗文集》，中华书局1983年版。

[4] 王夫之：《读通鉴论》卷六《光武帝》，中华书局1998年版。

[5] 吴怀祺：《中国史学思想史》，安徽人民出版社1996年版，第275—276页。

的实学之风，并以训诂考据为通经致用的手段。而这样一种朴学之风的开启，对于有清一代经学的发展产生了重要影响。到了乾嘉时期，清代朴学经过一百余年的发展，已经出现了“家谈许郑，人说贾马”（指许慎、郑玄、贾逵、马融，都是汉朝著名的古文经学家）的空前盛况。这一学派反对空谈，重视考据，主张论必有据，“实事求是”，其治学以经学为中心，旁及小学、音韵、史学、典制、校勘等多种学科。这种朴学之风笼罩着乾嘉时期的整个学术界，人们因此称其为乾嘉之学，将它与先秦诸子学、汉代经学、魏晋玄学、隋唐佛学、宋明理学等量齐观。由于这一学派的经学研究尊崇汉代经学，反对宋明理学，故而又被称为汉学；又因其学风朴实、重视考据，也被称为朴学或考据学。

清代汉学内部有吴派与皖派之别。吴派的代表人物是惠栋，清代汉学公开与宋学分庭抗礼始于惠氏。惠栋经学的特点，梁启超用八个字来概括，叫“凡古必真，凡汉皆好”[1]。吴派主要学者还有江声、钱大昕、王鸣盛、江藩等人。皖派的出现稍晚于吴派，它的代表人物是戴震。如果说吴派的出现是清代汉学兴起的开始，那么皖派的出现则是清代汉学兴盛的标志。虽然吴、皖两派汉学都尊古崇汉，有着许多共同的特点，两派学者之间也互为师友，关系密切，但是二者又是各具特色的。两派不但治经的侧重点有所不同，而且治经的方法也颇有差异，吴派唯汉是尊、唯汉是好，而皖派则强调求真，甚至敢于突破汉人成说。也正因此，所以梁启超说惠栋吴派是汉学，而“戴派则确为清学而非汉学”[2]。皖派的重要学者尚有开皖派经学风气之先的江永以及段玉裁、王念孙、王引之等人。如果说吴派汉学的出现与程朱理学形成了对峙的局面，那么皖派戴学的出现则标志着清代理学的衰落。

乾嘉考据学以尊汉求是为旗帜，从学术研究来讲，其在名物考证、章句注疏、声韵训诂和校勘辑佚等方面，为整理儒家经典做出了重要贡献；而从学术思想来讲，正是乾嘉汉学的兴起，引领人们对宋学的怀疑之风，才最终导致了宋明空疏理学的衰落。但是，乾嘉汉学各派在承继清初顾炎武等人朴学学风的同时，却并不去领会和把握顾炎武等人通经

[1] 梁启超：《清代学术概论》，东方出版社 1996 年版，第 29 页。
[2] 梁启超：《清代学术概论》，东方出版社 1996 年版，第 40 页。

致用的精神实质；他们把自己的经学研究局限于对儒家经典的考据、注疏、章句、训诂和辑佚等狭窄的范围之中，却并不关心现实的社会政治，缺乏清初实学人士的爱国热情。其结果，他们的经学研究只能是为考据而考据，走向了狭隘、烦琐和僵化的死胡同，无法肩负起时代赋予士人的历史使命。

正是在这样一种乾嘉之学笼罩着整个学术界的局面下，一部分具有忧患意识的士人开始起来打破这种风气。他们从汉学崇汉疑宋的逻辑出发，进而提倡盛行于西汉时期的今文经学，企图通过今文经学擅长微言大义和援经议政的特点，来关注和议论现实政治，寄希望于对现实政治有所补救，常州学派正是在这样一种背景之下崛起的清代今文学派。常州学派的代表人物主要有庄存与、刘逢禄、宋翔凤等人。庄存与是与戴震同时代的经学家，但他治经能破除门户之见，汉宋兼采；同时又倡导今文经学，重视发挥经文微言大义，是清代今文经学开风气之先的学者。随后的刘逢禄、宋翔凤等人更是高举常州今文学派的旗帜，张大清代今文经学。刘逢禄为庄存与的外孙，是常州今文学派的真正奠基人。他治经专守今文，并且继承了汉代今文学家推崇《公羊传》而反对《左传》的传统，重视申明董仲舒、何休等公羊先师“大一统”“张三世”“通三统”“异内外”和“王鲁”等学术旨义，注重社会的政治变革。宋翔凤也是庄存与的外孙，他于今文经学重视于对《论语》的研究，可谓另辟蹊径；同时他也与刘逢禄一样，崇《公羊传》而贬《左传》，认为《左传》不是传《春秋》之作，注重阐发经文微言大义。由于宋翔凤曾问学于汉学家段玉裁，故而也治训诂。因此，宋氏的今文学没有刘氏纯粹。

乾嘉时期的经学以考据见长，而乾嘉时期的史学则既有深受时代汉学影响而以考据方法研究历史的考证史学流派，也有重视承继清初黄宗羲等人实学思想、倡导史学变革的经世史学流派等等。正如学者所指出：“乾嘉时期的史学相当丰富，有考证史学、考信史学，经世史学，也有一种史学着重从理论上说明史学变革的必然与必要。把这时期的史学笼统称之‘乾嘉史学’，并且又把‘乾嘉史学’视为考证史学，是不恰当的，至少不全面。”[1]

---

[1] 吴怀祺：《中国史学思想史》，安徽人民出版社1996年版，第288页。

开乾嘉考证史学先声的当属清初的阎若璩、胡渭和毛奇龄等人，他们的经学思想都是倾向于尊汉抑宋的，他们从反对宋明空疏学风出发，强调历史研究必须博证材料，其中阎若璩的贡献最大，他不但撰成《尚书古文疏证》，考证出《古文尚书》乃是伪作，而且还创立了考证辨伪的通例。

到了乾嘉时期，随着汉学的兴盛，考史也蔚然成风，并且取得了很大成就。这一时期考证史学的代表人物有王鸣盛、赵翼和钱大昕等人，王鸣盛、赵翼和钱大昕并称为乾嘉三大考史家，而他们的考史著作——王鸣盛的《十七史商榷》、赵翼的《廿二史札记》和钱大昕的《廿二史考异》则被并称为乾嘉三大考史名著。值得注意的是，王鸣盛和钱大昕都是乾嘉汉学的代表人物，他们都是由经学而入史学，所以他们的经学对于他们的史学有着很大的影响；只有赵翼是由文入史的，这也使得赵氏史学的经学气味较淡，前人已经注意到了他们同为考证史学其中的差异性。作为经史学家的王鸣盛和钱大昕，不但重视运用汉学的方法来治史，而且对于经史之间的关系有着较深的认识。在为赵翼《廿二史札记》所写的序中，钱大昕对宋明理学"经精史粗""经正史杂"的重经轻史的观点提出批评，他说："彼之言曰：经精而史粗也，经正而史杂也。予谓经以明伦，虚灵玄妙之论，似精实非精也。经以致用，迂阔刻深之谈，以正实非正也。"王鸣盛一方面在其《十七史商榷序》中认为经书不可驳，而史书若有失则不妨针砭之；一方面又说"读史之难，与治经等也"[1]。三大考史家的治史还有一个特点，那就是重视正史，肯定正史的史料价值，反对使用正史以外的材料进行考史。

如果说乾嘉考证史学从方法到思想还是受到乾嘉汉学的藩篱所囿，那么乾嘉时期以浙东史学为代表的史学流派则是很好地继承了明清之际经世史学思想，代表人物便是杰出的史学家章学诚。梁启超说："清代史学开拓于黄梨洲、万季野，而昌明于章实斋。"[2] 这就将清代浙东经世史学从黄宗羲、经弟子万斯同、再到乾嘉时期章学诚的发展轨迹作了叙

[1] 王鸣盛：《十七史商榷》卷五四《徐傅两人官名连书互异》，上海古籍出版社 2013 年版。

[2] 梁启超：《中国近三百年学术史》，东方出版社 1996 年版，第 331 页。

述。章学诚的《文史通义》是中国古代史学理论名著，标志着中国古代史学理论达到了它的顶峰。该书开篇就着力阐释了“六经皆史”这一中国古代学术史、史学史、当然也是经学史上著名的命题：“六经皆史也。古人不著书，古人未尝离事而言理，六经皆先王之政典也。”[1] 章氏这段名言寓意深刻，其一，它打着“复古学”的旗号，即是要复“六经”的精神，其中则浸透着一种强烈的史学变革的思想。其二，这种理事之论反映了章氏关于经史关系的认识是站在了一种哲理的高度。其三，肯定了作为“先王之政典”的“六经”，在经世致用上与史是相一致的。[2] 针对乾嘉汉学狭隘的考据学风，章学诚提出了史学的层次之分：独断之学的撰述之作与考索之功的比次之作，前者为高明者所为，后者为沉潜者所尚，同时二者又是相互联系的。

值得注意的是，在清代乾嘉考据学的背景下，东汉以后一直作为潜流的今文经学开始重新崛起。从治学角度来讲，清代中期今文经学的重新兴起，与这一时期汉学的崇古尊汉倾向与烦琐治学路径有很大的关系；若从致用角度而言，今文学是要继承汉代今文学援经议政的传统，以打破考据学为考据而考据、学术远离政治的倾向。正是常州学派打破狭隘、烦琐的汉学考据风气，发扬今文学援经议政的传统，由此开启了近代今文学重视经世致用的学术风气；而这种经世致用的经学风气，也深深影响了近代史学的研究。

(三) 近代经史之学的转向

鸦片战争以后的晚清，中国开始进入近代社会。这一时期经史之学的总体特点，一是经史之学在救亡图存的时代背景下，经学提倡社会变革，史学重视边疆史地和外国历史的研究，它们都积极地以学术经世；二是今文经学因紧密与时代政治变革联系在一起，由此得到了空前的发展，继汉代之后再次出现了兴盛的局面；三是传统经学逐渐走向衰落，并最终转向史学，传统史学也开始走向近代资产阶级新史学。

近代最早倡导经世致用的学者，当以龚自珍、魏源为代表，他们是鸦片战争前后最为杰出的经史学家。作为经学家，龚自珍和魏源都以治

---

[1] 章学诚：《文史通义》卷一《易教上》，叶瑛校注本，中华书局 1994 年版。

[2] 吴怀祺：《中国史学思想史》，安徽人民出版社 1996 年版，第 295—298 页。

《公羊》而著称。龚自珍为段玉裁外孙，从小受到汉学考据的熏陶，后来却又师从今文学家刘逢禄，转而信奉公羊学，成为一代公羊学大家。由于身处“大乱将起”的衰世，龚自珍推崇公羊学的“三统”“三世”学说和因革损益思想，却又不拘泥于今文“家法”，而以是否能经世作为取舍标准，如他对今文家的天人感应说、谶纬之说都是持否定甚至批判态度的；他注重发挥今文经学援经议政的传统，抨击现实腐朽的政治，倡言社会变革。也正是由于所处时代不同，与清代常州学人相比，龚自珍能够更加深刻地领会到《公羊》“三世”说重视“变”的精髓，由此改造何休宣扬的“据乱——升平——太平”之“三世”说为“治世——乱世——衰世”（或早时——午时——昏时）之新“三世”说，[1] 旨在揭示封建社会的逐渐没落，以对清朝统治做出警示；同时作为其积极倡导社会变革的理论依据，以挽救社会危机，寻求社会出路。魏源也曾师从刘逢禄学公羊学，并由此推崇今文学，而斥责汉学和宋学为脱离实际的空疏无用之学。魏源对西汉以降经学逐渐背离经世致用的传统深以为忧，主张应该回到重视经世致用的西汉经学去。[2] 他重视发挥公羊学的历史变易思想和援经议政的传统，肯定历史的变化发展，强调要顺应时代来更改不合时宜的法度，着力阐发变易救弊的思想。值得注意的是，魏源经学并非一味排斥汉学，而是强调一切要从经世出发，因而对于汉学他是既有批判，也有所汲取的。

作为史学家，龚自珍著有《尊史》《古史钩沉论》等史文，肯定史学的重要性，强调“尊史”旨意。他说：“欲知大道，必先为史”[3]，“灭人之国，必先去其史”[4]，肯定历史记载蕴含着治国“大道”，且关系到国家的生死存亡。又说：“智者受三千年史氏之书，则能以良史之忧忧天下……探世变也，圣之至也。”[5] 在经史关系上，龚自珍则提出了“六经”乃“周史之宗子”[6] 的思想，反对重经轻史的传统观点，肯定了史

[1] 龚自珍：《尊隐》，见《龚自珍全集》上册，中华书局1959年版。
[2] 魏源：《两汉经师今古文家法考叙》，见《魏源集》上册，中华书局1976年版。
[3] 龚自珍：《尊史》，见《龚自珍全集》上册，中华书局1959年版。
[4] 龚自珍：《古史钩沉论二》，见《龚自珍全集》上册，中华书局1959年版。
[5] 龚自珍：《乙丙之际箸议第九》，见《龚自珍全集》上册，中华书局1959年版。
[6] 龚自珍：《古史钩沉论二》，见《龚自珍全集》上册，中华书局1959年版。

学在社会政治中的重要地位。魏源的史学代表作有《圣武记》《海国图志》和《元史新编》等，其中纪事本末体史书《圣武记》描述清初盛世，旨在激励国人奋起抵抗外国侵略、维护国家统一的信心和志气；《海国图志》的主题是“师夷长技以制夷”，对近代社会与史学都有重大影响；《元史新编》作为魏源晚年最后一部史学著作，虽然是对明修《元史》的补作、改作，却与乾嘉考据学的旨趣大不相同，它是要通过对元朝兴亡原因的总结，告诫清朝统治者应当以元为鉴，其间浸透了作者的经世思想。

很显然，以龚自珍、魏源为代表的鸦片战争前后宣扬公羊学的经学家们，都是这一时期经世致用史学的重要代表，他们的经学思想与其史学思想是相互一致的。

龚自珍、魏源之后的近代中国，随着社会危机的不断加深，经史之学与经史关系在不断嬗变的过程中出现了新的变化。

首先，经史之学更加自觉地服务于救亡图存的时代主题，发挥了积极的历史作用。从这一时期的经学来看，经学家们普遍重视利用经学宣传维新变法思想，积极投身于维新变法活动之中，特别是以康有为为代表的今文学家，更是成为1898年戊戌变法这场伟大政治运动的领袖。康有为通过撰述《新学伪经考》和《孔子改制考》，指责刘歆古文“新学”为伪经，打出“孔子改制”的旗号，旨在打击恪守祖制的保守观念，宣传他的社会改制思想。康有为还依据今文公羊学的传统“三世”朴素进化观，结合西方资产阶级进化论，而提出了自己关于社会进化的新“三世”说——由封建专制的“据乱世”，中经君主立宪的“升平世”，最终以达民主共和的“太平世”。正是这些今文学理论，成为戊戌政治变法运动的指导思想。

从这一时期的史学来看，主要呈现出两个特点：其一是随着边疆地区危机的不断加深，史学家们普遍关注于边疆史地的研究，像姚莹的《康辎纪行》、张穆的《蒙古游牧记》、何秋涛的《朔方备乘》和丁谦的《蓬莱轩地理学丛书》等，都堪称这一时期研究边疆史地的代表之作。史学家们通过对边疆史地的研究，积极服务于维护国家边防的需要，发挥史学的经世致用功能。其二是面临外国列强的不断侵略，史学家们迫切希望了解西方与世界，普遍重视外国史地的研究，像徐继畬的《瀛寰志略》、王韬的《法国志略》和《普法战纪》、黄遵宪的《日本国志》等，堪称这一时期研究外国史地的代表之作，它们体现了这一时期史家重视变革与学习西方的思想。

其次，经史关系发生变化，其突出表现是经学的逐渐衰落和史学地位的高涨，以致最终经学走向了史学。自经学兴起以来，它一直是作为一种占统治地位的意识形态，统帅着各门具体学科，史学自然也一直受到经学的羁绊。然而到了近代，这种传统的经史关系发生了重大变化，一方面是传统经学的逐渐衰落，一方面则是史学逐渐摆脱经学的羁绊。而促成近代经史关系发生变化的具体原因，主要有三个方面：第一是对于史学的愈益重视。鸦片战争前后，随着中国社会危机的不断加深，救亡图存成为时代主题，社会上的有识之士越来越重视历史，人们普遍认为要爱国，就必须先了解历史，因为史亡即是国亡；要救亡图存，就必须依靠史学，因为史学是经世的实学。从龚自珍“灭国必先去史”和“欲知大道，必先为史”论，到梁启超《新史学》所谓史学者“研究人群进化之现象，而求其公理公例之所在”论，无不充分肯定了史学的重要性和具体经世价值。与此同时，在人们看来，经学是愈来愈不足以经世了，因而对它的重视程度也愈益降低。从晚清科举考试废八股改试策论，特别是废除科举考试后，在士子正规学习所读的书籍中，经学已经变得无足轻重，而史学的分量则越来越重，从中也可看出近代经史地位的变化。周予同曾经对历史上经史地位变化过程作如是说：“史由附于经，而次于经，而等于经，以至现在的经附于史。”[1] 周氏的说法有值得商榷的地方，然他所说的“以至现在的经附于史”，这种现象确实是在近代形成的。

第二是经学自身的衰落。近代经学不足以经世，不等于经学家们不重视利用经学经世，通经致用的经学传统在这一时期不但没有被削弱，反而得到发扬光大。有趣的是，近代经学的衰落，竟然是在经学家重视利用经学为政治服务的过程中逐渐成为现实的，而具体标志便是康有为

[1] 朱维铮编：《周予同经学史论著选集》，上海人民出版社 1996 年版，第 695 页。

借经学谈政治、宣传维新思想。康有为宣传维新思想的代表作是《新学伪经考》和《孔子改制考》,《新学伪经考》指责古文经为伪经,否定整个古文经系统,其政治用意是希望从意识形态上打击那些抱残守缺、顽固守旧的汉、宋之学士人,为维新变法进行思想启蒙。殊不知这种对于整个古文经的否定,也就使得在政治上封建统治赖以存在的思想基础动摇了,在学术思想上人们由疑古文经进而形成了疑古风气。而《孔子改制考》公然宣称孔子作"六经"是托古改制,由此否定"六经"的史料价值,否定"六经"记载的上古三代历史,否定尧、舜、禹这些上古三代古圣人的历史真实性,于是乎,被儒家视为上古三代的盛世,竟然成了一部虚构的历史,这种托古改制论当然在政治上对于当时宣传维新思想是有利的,但在学术思想上带来的震撼却是巨大的,人们因此对儒家经典由盲目崇信到彻底的怀疑,这在客观上促使了经学的衰落。与此同时,人们由开始对古代历史产生怀疑,进而开始重新审查古代历史、研究古代历史,由此推动了近代史学的发展。

第三是西方进化论逐渐被人们所接受。在近代经史之学的嬗变过程中,西学无疑起到了重要影响作用。人们在开始接受西学的过程中,也逐渐接受了进化史观。从经学来看,这一时期的经学家,无论是今文学派还是古文学派,都普遍接受了西方的进化论。今文学家康有为等人掀起的戊戌变法,就是以公羊学"三世"朴素进化观与西方资产阶级进化论相糅合来作为指导思想的。而从这一时期的史学来讲,以梁启超、章太炎、夏曾佑、刘师培为代表,在他们所构建的新史学中,都普遍以进化论作为思想指导,自觉运用社会进化的观点来解说历史。而这种进化论思潮的出现,不但加速了经学和旧史学的衰落,而且直接促成了新史学的构建,也可以说是新史学诞生的一个重要标志。

在上述诸因素的合力作用下,近代经学最终走向了史学。当然这种史学,已经不是传统意义上那种旧史学,而是近代资产阶级新史学。这种新史学至少呈现出以下特点:在历史观上,以西方进化论为指导思想;在史书体裁上,普遍采用章节体;在叙述内容上,反对君史、提倡民史,重视对政治、经济、典制、学术、宗教等等内容的贯通。而在新史学的确立过程中,梁启超、章太炎、夏曾佑和刘师培等人做出了突出的贡献。

第二节　经史尊卑的学术纷争

经学与史学是中国传统学术的两个重要门类。由于经史之学涉猎广泛，古代又没有严格的学科区分，特别是经与史之间特殊的渊源关系，以及经学在中国传统学术中的正宗地位，由此引发出了人们关于经史关系的种种争论，成为中国传统学术的一大特色。从学术发展史的角度来讲，经史尊卑的学术纷争，不仅涉及经与史之间的地位高低与相互关系，而且还直接涉及史学的自主独立问题。这里仅就有关经史尊卑的长期纷争中涉及的《汉书·艺文志》“史附于经”现象、宋代“荣经陋史”观和明清与近代“六经皆史”说三个论题展开讨论。

一、《汉书·艺文志》“史附于经”问题

提到中国古代经史尊卑问题，就不得不从班固《汉书·艺文志》(依据刘歆《七略》而成）目录分类中的“史附于经”现象说起。学界有一种较为流行的说法，即认为两汉时期史学尚未从经学当中分离出来，并非一门独立的学科，而是“史附于经”，为经学之附庸。[1] 持这一观点者的主要依据便是在东汉班固《汉书·艺文志》的群书目录分类中，《战国策》《史记》等史书没有独立成类，而是依附于经书“六艺略”的《春秋》类下。[2]

---

[1] 如周予同在《有关中国经学史的几个问题》一文中认为：“两汉以前，史学不是一门独立学科，而是隶属于经。”见朱维铮编：《周予同经学史论著选集》，上海人民出版社 1996 年版，第 695 页。许凌云也认为：“在汉代，经学占统治地位，而史学是经学的附庸。”见许凌云：《经史关系略论》，《经史姻缘》，齐鲁书社 2002 年版，第 3 页。

[2] 有些史书著录于“诸子略”儒家类和“数术略”历谱类等类别之下，如《高祖传》13 篇、《孝文传》11 篇都著录于儒家类下，《帝王诸侯世谱》《古来帝王年谱》等书则被著录于历谱类下，等等。之所以出现这种分类不规范的现象，主要是因为《汉志》没有单独设立“史部”的缘故。不过，像《国语》《世本》《战国策》《楚汉春秋》《史记》等重要的、具有代表性的东汉以前史籍，还是被著录于“六艺略”的《春秋》类下的。

曹魏时秘书郎郑默依据皇家图书馆藏书撰写《中经》，西晋秘书监荀勖因《中经》而作《中经新簿》，将书籍分为甲、乙、丙、丁四部，其中丙部即为史书，“史”至此才独立成类。而唐初撰成《隋书·经籍志》，则正式有了经、史、子、集四部群书目录分类。

上述说法反映了这样一种客观事实：至少在目录分类上，迟至汉代时史籍尚未形成一大类别，而是主要依附于“六艺”，魏晋以后才独立成类。但是，这种目录学上的分类，并没有真正反映出先秦至两汉时期史学发展的实际情况，没有反映出两汉时期在学科分类上经史已经分离而不是“史附于经”的客观事实。首先，先秦已有源远流长的史的传统。我们说先秦时期经与史没有出现明确的分离，这是事实，但这不等于说先秦无史。实际上，先秦时期不但史官名称繁多、分工细致，而且史官通过记事，流传下了丰富而宝贵的史籍。《尚书·多士》说：“惟殷先人，有册有典”，这里所谓“册”“典”，便是指商代史官记录下的历史文献资料。像左史倚相“能读三坟、五典、八索、九丘”[1]，申叔时所谓“故志、训典”[2]等，这些典籍大致可以被看作是春秋以前史官留下的重要史料。至于“六经”，其中《尚书》和《春秋》自当为史，其他诸经不但具有重要的史料价值，而且对于后世史学与史学思想都有重要影响。在“六经”之后问世的《竹书纪年》《世本》《左传》《战国策》和《国语》等，都是战国时期撰成的、流传于后世的重要的先秦史籍。因此，实际上先秦已有源远流长的史的传统。

其次，汉代司马迁撰写《史记》而成史家“一家之言”，是中国古代史学已经与经学相分离，开始成为一门独立学科的重要标志。对于司马迁的“成一家之言”，白寿彝先生明确认为这是史家的一家之言，“是在史学领域里第一次提出了‘家’的概念”[3]。刘家和先生也认为：“经学是在汉代正式产生的，史学也随着《史记》《汉书》等巨著的出现而开始

---

[1]《左传·昭公十二年》，《十三经注疏》本，中华书局1980年影印版。

[2]《国语·楚语上》，上海古籍出版社1995年版。

[3] 白寿彝：《说‘成一家之言’》，见《中国史学史论集》，中华书局1999年版，第99页。

崭露头角，正是在汉代开始了经史分离的过程。”[1] 这就是说，西汉时期中国史学已经开始与经学相脱离而成为一门独立的学科。值得注意的是，古代经史学科的形成颇为相似，史学开始独立于西汉时期，却是以先秦源远流长的史的传统为基础的；同样，经学作为一门学科也形成于汉代，可是如果没有先秦“六经”典籍的形成，汉代经学的兴起也就无从谈起。

现在的问题是，既然西汉时史学已经逐渐与经学分离而成为独立的学科，为何东汉初年成书的《汉志》还要在目录分类上以史附经呢？深究其原因，主要有两条：其一，秦火对先秦史籍的毁灭，致使汉代史籍稀少而形不成部类。先秦史官撰述成的种种史书，到了汉代，流传下来的已经是屈指可数了。《汉志》共著录图书 13000 余篇，汉人所能见到的历史书籍仅有 34 种 1300 余篇。与此相比，被《汉志》著录的“六艺”“诸子”“诗赋”和“兵书”“数术”“方技”诸略（后三略在后来《隋志》的经史子集四部分类当中被归并到子部）著作，其总数多达近 600 家、近 12000 篇之多。若以后来的经史子集四部分类观之，汉代的历史书籍与当时的经、子、集相比，确实是过于稀少，当时最少的经书也有 103 家、3123 篇（包括《春秋》类下一部分史书共 500 余篇在内），无怪乎《汉志》只能将其主要附录于“六艺略”《春秋》类之下了。那么，先秦经史之籍为何经书多能流传到汉代而史籍却留存甚少呢？对此，司马迁在《史记·六国年表序》中说得很清楚：“秦既得意，烧天下《诗》《书》，诸侯史记尤甚，为其有所刺讥也。《诗》《书》所以复见者，多藏人家；而史记独藏周室，以故灭。惜哉！惜哉！”这就是说，先秦史籍大量失传是秦火所致，而汉以后《诗》《书》得以复见而史籍不能，是因为《诗》《书》藏于民间而史籍藏于周室易遭毁灭；至于秦始皇为何要毁灭史籍，是因为这些史籍“有所刺讥”。正是由于秦火对先秦史籍造成的毁灭，才致使司马迁在写作《史记》时，不得不面临史料匮乏的问题。据统计，《史记》一书引用的先秦史书及档案只有 24 种。[2]

[1] 刘家和：《史学和经学》，《北京师范大学学报》1985 年第 3 期。
[2] 大略统计，其他还引用了经书 25 种、子书 50 种、文学 7 种。

其二，经史之间的密切关系，决定了《汉志》采取“史附于经”的目录分类方法。即使汉代时史籍在群书分类上构不成一个部类，为何《汉志》要将其附录于“六艺略”的《春秋》类下呢？即为何要“史附于经”呢？我们认为这是由经史之间的密切关系所决定的。先秦时期，经史相兼是一种普遍存在的现象。“六经”中的《尚书》《春秋》被后人也当作史书来看待，而《诗经》的史料价值、《周易》的历史思想，同样引起治史者的高度重视，而在“十三经”当中，《左传》和“三礼”也都是重要的先秦史书。即使是到汉代经史开始分离之后，我们从《史记》《汉书》等汉代史籍中依然能够看到经史之间的密切关系，司马迁写《史记》就明确说过，他是要“正《易传》，继《春秋》，本《诗》《书》《礼》《乐》之际”[1]。正是这种经史之间的密切关系，决定了《汉志》的“史附于经”的目录分类。

由此可以得出结论，《汉志》的群书目录分类之所以要以“史附于经”，完全是汉代史籍太少形成不了一个部类，同时史籍又与经传关系密切所致，也可以说它是一种技术处理或权宜之计。那种依据《汉志》“史附于经”的目录分类现象，而认为汉代史学依附于经学，经与史尚未实现学科分离的看法，无疑是一种主观臆测，不符合史学发展的客观实际。同时，《汉志》“史附于经”的目录分类现象，虽然反映了经史之间的密切关系，但并不能因此说二者之间存在着先后、尊卑和主从依附等关系。换句话说，汉代并不存在一个所谓经史地位之争的问题。

二、宋代“荣经陋史”观问题

汉代经史分离现象的出现，标志着经与史都开始成为一门独立的学科。但是，这种学科的分离发展，并不表示经史之间因缘关系的割断或结束。由于经籍本身具有史料与史学价值，经学在汉代兴起以后又成为中国封建时代的统治思想而对各门学术具有普遍的指导作用，因此它对汉代以后史学的发展有着重大的影响；同时，经学的发展也离不开史学

[1]《史记》卷一三〇《太史公自序》，中华书局 1959 年版。

的解读与论证，史学是经学赖以发展的主要凭借。也正因此，人们在讨论汉代以后中国学术发展史时，经史关系总是永恒的话题。

从经史尊卑角度而言，一种观点认为，在中国古代学术发展史上，出现尊经卑史的现象当自宋代开始。清代史家钱大昕堪为此论代表人物，他在为赵翼《廿二史札记》所作的序中，就明确提出了“荣经陋史”观念始于宋儒的观点，这是一个在学术史上很有影响、颇为流行的说法。钱大昕通过对经史关系的历史考察，认为：“初无经史之别。厥后兰台、东观，作者益繁，李充、荀勖等创立四部，而经史始分，然不闻陋史而荣经也。自王安石以猖狂诡诞之学要君窃位，自造《三经新义》，驱海内而诵习之，甚至诋《春秋》为断烂朝报。章、蔡用事，祖述荆舒，屏弃《通鉴》为元祐学术，而十七史皆束之高阁矣。嗣是道学诸儒，讲求心性，惧门弟子之泛滥无所归也，则有呵读史为玩物丧志者，又有谓读史令人心粗者。此特有为言之，而空疏浅薄者托以借口，由是说经者日多，治史者日少。彼之言曰，经精而史粗也，经正而史杂也。”

在这段话中，钱大昕从目录学入手，认为从李充、荀勖等创立四部后，经史开始分途，我们认为这与经史之学在实际发展过程中的分离情况不相符合。同时他又认为，无论是经史未分之际还是经史已分以后，很长时间里并没有“陋史而荣经”这样的说法，直到宋儒王安石废汉唐注疏之学，倡义理新学，直斥《春秋》为“断烂朝报”，开始贬损史学。加之后来的道学人士大力提倡心性之学，担心门下弟子读史玩物丧志，于是有了“经精史粗”“经正史杂”的训诫。而那些空疏浅薄者更是以道学诸儒的训诫为托词，只说经而不治史，宋代“荣经陋史”的风气由此兴起。我们认为，钱大昕提出“经精史粗”“经正史杂”之“荣经陋史”之风是随着宋代王安石新学和理学的兴起而开始出现的，说明他看到了中国学术史上经史观念在宋代出现的明显变化。不过，钱大昕以“荣经陋史”来概说宋代的经史之学则未免失之偏颇。众所周知，宋代文风昌盛，学术发达，学派众多，经学由理学的兴起而盛，其史学的发达程度在中国古代也是空前绝后的。与王安石义理新学、二程理学并行于世的有司马光史学；与朱熹理学同时的有袁枢的史学，有以吕祖谦、程亮、叶适为代表的提倡经世的浙东史学，有蜀中二李（李焘、李心传）史学

(李心传稍晚于诸贤)，这些都是在中国史学史上很有地位、很有影响的史家与学派。也许有人会认为，钱氏此说主要是针对宋代义理之学的经史观念而言的。对此，我们的理解是：如果钱氏此说只是反映了宋代义理之学的一种普遍的荣经风气的话，那么无疑是正确的；如果认为宋代义理之学都是“荣经”而“陋史”的，这一提法是否全面、准确，则值得商榷。

宋代义理之学的代表学派无疑要数程朱理学，分析他们的经史观念，将有助于我们对于宋代义理之学经史观念的整体把握。二程的经史观是通过其理学思想而得以阐发的。二程理学以“天理”为其最高范畴，明确认为“天下只有一理”[1]。理是唯一的绝对，是物质世界之外的永恒的存在；同时理又是万物的本源，支配着万物，万物的变化都是“天理”的体现。与这种天下绝对之理相对应，万物又各有情形，各有其理，这叫“理一分殊”。人们从万物具体的理，去推究“天下一理”之理。从这种天理观出发，二程一方面从求理的角度肯定史学的作用，认为要识理，识得历史治乱兴衰之理，就必须要“考古今，察物情，揆人事，反复研究而思索之”[2]；另一方面，二程又认为经书是教人道理的，必须先通过读经识得道理，然后才能读史。二程说：“尝语学者，且先读《论语》《孟子》，更读一经，然后看《春秋》，先识得个义理，方可看《春秋》。”[3] 又说：“凡读史，不徒要记事迹，须要识治乱安危兴废存亡之理。”[4]《上蔡先生语录》[5] 卷中记载弟子谢良佐“记闻甚博”“举史文成诵”，程颢却批评他是“玩物丧志”，意思是说他只知道“记诵博识，而不理会道理”。在二程的理学思想中，以经为本、经先史后的观点是非常明确的。

南宋朱熹继承并发扬了二程理学思想，是宋代理学的集大成者和宋代义理之学体系的建立者。在对待经史关系问题上，朱熹也承继了二程

---

[1] 《程氏遗书》卷一八，见《二程集》，中华书局 1981 年版。
[2] 《程氏粹言》卷一，见《二程集》，中华书局 1981 年版。
[3] 《程氏遗书》卷一五，见《二程集》，中华书局 1981 年版。
[4] 《程氏遗书》卷一八，见《二程集》，中华书局 1981 年版。
[5] 谢良佐：《上蔡先生语录》，中华书局 1985 年版。

的先经后史的经史观。朱熹从万物一理、理一分殊的角度肯定古今历史与事物中存在着天理，要想明理，就必须要读书、读史，朱熹说："是其粲然之迹，必然之效，盖莫不具于经训史册之中，欲穷天下之理而不即是而求之，则是正墙面而立尔，此穷理所以必在乎读书也。"[1] 但是，朱熹又明确指出，对于明理而言，经相对于史更为重要，更加强调读经对于明理的重要性。究其原因，一是经书全是天理，而史书则不尽然。朱熹说："《六经》是三代以上之书，曾经圣人手，全是天理，三代以下文字有得失，然而天理却在这边自若也。"[2] 既然史书是三代以下文字，并非全是天理，人们读书明理，就必须要以经为本、先经后史；二是既然史书并非全是天理，如果不以经为本、先经后史，就容易为史所坏。他批评同时代的学者吕祖谦说："伯恭（吕祖谦字）于史分外子细，于经却不甚理会。""缘他先读史多，因所以看粗着眼。读书须是以经为本，而后读史"。[3] 朱熹强调要站在天理的高度来认识历史、学习历史，才能做到"陶镕历代之偏驳，会归一理之纯粹"[4]。因此，他一再指出："故程夫子教人先读《论》《孟》，次及诸经，然后看史，其序不可乱也。"[5] 值得注意的是，相比较于二程，朱熹理学更加强调"格物致知"的穷理功夫，而史学正是这种为"格物致知"而努力并且能够从中获得启发的一种学问。正是基于这种认识，朱熹在史学上下的气力更大，并且取得了非凡的成就。

从以上所述可知，作为宋代义理之学的代表，程朱理学主张先经后史、以经为本的经史观念，表现出了明显的重经、崇经、荣经的思想倾向，而这种经史观念的哲学基础，则是其万物一理、理一分殊、理在事先的理学思想。在程朱理学看来，"天下只有一理"，理在事先，而经学是理，史学是事，故而明理必须崇经、荣经，经先史后。由于程朱理学大力宣扬以经为本、先经后史的经史观，这在客观上确实有助于此后经

[1] 《朱熹集》卷一四，四川教育出版社 1996 年版。
[2] 《朱子语类》卷一一，岳麓书社 1997 年版。
[3] 《朱子语类》卷一二二，岳麓书社 1997 年版。
[4] 李方子：《资治通鉴纲目·后序》，见朱熹：《资治通鉴纲目》，《四库全书》本。
[5] 《朱熹集》卷三五，四川教育出版社 1996 年版。

学风气的兴盛，我们从唐宋时期科举考试内容上唐人考诗赋而宋代易之以经义的变化，也可看出这种风气的转变。但问题的关键是程朱理学"荣经"是否就"陋史"？答案是否定的。我们认为程朱理学宣扬以经为本、经先史后是实，但这并不等于就是轻视史学。程朱理学还有一个重要哲学思想是宣扬理在事中、格物穷理，认为万物皆有其理，史事之中有历史兴衰之理，明理既离不开"经训"，同样也离不开"史册"，所以朱熹一再申明，他叫人读经并不等于不要人去读史，他说："昨日有人问看史之法，熹告以当且治经，求圣贤修己治人之要，然后可以及此，想见传闻又说不教人看史矣。"[1] 朱熹本人既是理学家，也是史学家，他在史学上所取得的卓越成就，就是他重视史学的一个最好注脚。[2] 由此得出结论，以程朱为代表的宋代义理之学的以经为本、先经后史的经史观念，由于程朱理学的特殊地位，对于宋代以后荣经轻史之风的兴起无疑是有着重要影响的，至于宋学末流则更是只知空谈性命道理。但是，就程朱理学本身的经史观念而言，说他们"荣经"是实，"陋史"则不确，尊经是实，卑史则不尽然。

三、明清与近代的"六经皆史"说问题

"六经皆史"说是明清与近代时期学术史、经学史与史学史上一个重要命题。从明代王阳明的"五经亦史"说，到王世贞的"六经，史之言理者"、李贽的"六经皆史"说，再到清代章学诚的"六经皆史"说，直至近代龚自珍的"六经者，周室之宗子也"和章太炎的"夷六艺于古史"论，人们关于经史关系的论述也随之而不断地深入。然而，关于明清与近代诸贤"六经皆史"说所反映的经史观念，特别是是否有经史尊卑问题，迄今为止学界还存在着较大的分歧。

谈到明清与近代的"六经皆史"命题，人们往往要追溯到隋朝的王

---

[1] 《朱熹集》卷四四，四川教育出版社 1996 年版。

[2] 朱熹的史学成就斐然，他与学生赵师渊合写的《资治通鉴纲目》，创立了中国古代史学的纲目体体裁；他撰述的《伊洛渊源录》一书，则是古代学案体史书的滥觞之作；他还有大量的历史评论与史学批评散见于其文集和语录之中。

通，学界一般认为他是最早提出“以经为史”的人。[1] 王通说：“昔圣人述史三焉：其述《书》也，帝王之制备矣，故索焉而皆获；其制《诗》也，兴衰之由显，故究焉而皆得；其述《春秋》也，邪正之迹明，故考焉而皆当。此三者，同出于史而不可杂也，故圣人分焉。”[2] 在此，王通提出了“六经”中的《尚书》《诗经》《春秋》“同出于史”的观点。在王通看来，《尚书》《诗经》和《春秋》的立意有别于其他经书，圣人分此三经以述史，旨在“备帝王之制”“显兴衰之由”和“明邪正之迹”。很显然，述史述经，只是圣人的一种分说，本身并不体现经与史孰尊孰卑的问题；同时，“三经亦史”说可能在形式上对后来明清时期“六经皆史”命题的提出有启发作用，但二者之间存在着本质的区别。

明代心学宗师王阳明在批判与继承宋儒经史关系论的基础上，明确提出来了“五经亦史”的观点，成为中国古代学术史上“六经皆史”说最早的系统阐述者之一。王阳明一方面从“心即理”“心理无二”的心学观点出发，反对宋代理学家们将理看作超然之物、绝对观念；一方面又继承了宋儒从理事、道器的哲理高度探讨经史关系的传统。王阳明认为，经史之间的关系，“以事言谓之史，以道言谓之经。事即道，道即事，《春秋》亦经，五经亦史。《易》是包牺氏之史，《书》是尧舜以下史，《礼》《乐》是三代史，其事同，其道同，安有所谓异？”又说：“五经亦只是史。史以明善恶，示训戒。善可为训者，时存其迹以示法；恶可为

[1] 也有一些学者不同意这一说法，如钱锺书就认为此说与先秦道家有关系，他说：“《庄子·天运》篇记老子曰：‘夫六经，先王之陈迹也，岂其所以迹哉’；《天道》篇记，桓公读圣人之书，轮扁谓书乃古人糟粕，道之精微，不可得传。《三国志·荀彧传》注引何劭为《荀粲传》，记粲谓：‘孔子言性与天道，不可得闻，六籍虽存，固圣人之糠秕’云云。是则以六经为存迹之书，乃道家之常言，六经皆史之旨，实肇端于此。”（钱锺书:《谈艺录》，中华书局 1984 年版，第 265 页）周予同则认为：“古代‘经’、‘史’不分，隋朝王通也不能说是‘以经为史’的最早者。如果上溯的话，孔子即曾说过：‘《春秋》其文则史，其义则丘窃取之矣！’那么，孔子就是以《春秋》为史了。”（朱维铮编：《周予同经学史论著选集》，上海人民出版社 1996 年版，第 716 页）我们认为，先秦道家和孔子的“以经为史”，是经史未分时代的一种说法，与经史已分时代的隋朝王通的“三经亦史”说及其以后的“五经亦史”“六经皆史”说所谈论的经史关系还不是一个概念。

[2] 王通：《文中子·中说》卷一《王道》，上海古籍出版社 1989 年版。

戒者，存其戒而削其事以杜奸。”[1] 从这两段话可以清楚地看到王阳明经史关系论的基本内涵，其一是不仅提出了“五经亦史”的经史命题，而且还从理事、道器合一的哲理高度对“五经亦史”说做出了理论论证；其二是从“事即道，道即事”的经史观出发，肯定存史的目的即在于存“道”，在于“明善恶，示训诫”。因此，王阳明“五经亦史”的理论意义，是肯定了经史、事道之相同、无异和合一的关系。

王阳明之后的明儒，显然是受其影响，热衷于讨论经史关系问题，注重阐发“六经皆史”的命题，其中最具代表性的学者有王世贞、李贽等。王世贞认为：“天地间无非史而已。……六经，史之言理者也；曰编年、曰本纪、曰志、曰表、曰书、曰世家、曰列传，史之正文也；曰叙、曰记、曰碑、曰碣、曰铭、曰述，曰史之变文也。”[2] 这就是说，所谓经书，其实也是史书之一种。王世贞还继承了王阳明的理事、道器合一说，认为史中含道，道依赖史而得以相传。他说：“史不传则道没，史即传而道亦系之而传。”[3] 王世贞甚至将史的作用看得比经还大，他说：“经载道者也，史纪事者也。以纪事之书较之载道之书，孰要？人必曰经为载道之书，则要者属经，如是遂将去史弗务。嗟乎！智愈智，愚愈愚，智人之所以为智，愚人之所以为愚，其皆出于此乎？”在王世贞看来，造成“愚愈愚”局面的原因，就在于世人重经轻史，所以他大声疾呼“史学在今日倍急于经，而不可以一日而去者也”，“君子贵读史”。[4] 王世贞的“贵史”论，不但与宋儒过分“荣经”有明显的不同，而且对于晚明以降学风的转移和重史思潮的出现也是有一定影响的。

李贽是一个被认为具有“异端”思想的学者，他评价历史事件与历史人物不以孔子和儒家的是非为是非，而是“一切断以己意”[5]。他曾作《经史相为表里》一文，对经史关系做出论述：“经史一物也。史而不经，则为秽史，何以垂戒鉴乎？经而不史，则为说白话矣，何以彰事实

[1] 《王阳明全集》卷一《传习录上》，上海古籍出版社 1992 年版，第 10 页。

[2] 王世贞：《弇州山人四部稿》卷一四四，明万历刻本。

[3] 王世贞：《纲鉴会纂序》，见《纲鉴会纂》，明刊本。

[4] 王世贞：《纲鉴会纂序》，见《纲鉴会纂》，明刊本。

[5] 梅国祯：《藏书序》，见李贽：《藏书》卷首，中华书局 1959 年版。

乎？故《春秋》一经，春秋一时之史也。《诗经》《书经》，二帝三王以来之史也。而《易经》则又示人以经之所自出，史之所从来，为道屡迁，变易匪常，不可以一定执也，故谓六经皆史可也。"[1] 在此，李贽一方面以理事合说经史，肯定史以经明理、经以史彰事，二者是统一的关系；另一方面，李贽明确提出了"六经皆史"的说法，这在中国古代学术史上至少在字面上还是第一次。李贽提出"六经皆史"说，其主旨是利用王学此说的积极因素，进一步在思想领域反对程朱理学，挑战程朱理学的正统与权威。

当然，在近代以前，对于"六经皆史"命题做出最系统阐述的，还得数清代史评家章学诚。关于章学诚"六经皆史"说的提出及其理论价值，学术界的认识与评价存在着很大的分歧，褒之者认为"六经皆史"说是章学诚的一种创见，它将"六经""从神圣的宝座拉下来"，在思想上有进步意义；[2] 贬之者认为"六经皆史"说并非章学诚首倡，甚至他关于此说的表述也没有王阳明"清楚明白"；[3] 也有学者中肯地提出"六经皆史"说的发明权不在章学诚，不过他赋予了这一命题"以充实的内容和系统理论"。[4] 之所以会出现这种分歧，既有研究者主观的学术素养与思想认识上的差异，也与章氏该命题本身内容丰富、概念的内涵与外延全书不统一有一定的关系。

章学诚并非"六经皆史"说的首倡者，首先提出这个命题的是李贽，这在学界已有共识，问题的关键是：章学诚究竟有没有赋予此命题以新的含义，他重提并且着力系统阐发这一命题的真正目的究竟何在，章氏"六经皆史"说是否蕴含着经史尊卑的含义于其中，这些才是需要史界同仁加以关注和做出回答的。

要了解章氏"六经皆史"说的基本内涵，须着重把握章氏有关论述的三个要点：

第一，古代"无经史之别"，后世史学源于《春秋》。章学诚认为，

[1] 李贽：《焚书》卷五《经史相为表里》，中华书局 1961 年版。

[2] 侯外庐：《中国早期启蒙思想史》，人民出版社 1956 年版，第 509 页。

[3] 参见喻博文：《两则史料辨证》，《学术月刊》1981 年第 5 期。

[4] 仓修良、叶建华：《章学诚评传》，南京大学出版社 1996 年版，第 158 页。

古代“无经史之别，六艺皆掌之史官，不特《尚书》与《春秋》也”[1]。又说：“三代以前，《诗》《书》六艺，未尝不以教人，非如后世尊奉六经，别为儒学一门而专称为载道之书者。”[2] 这就清楚地告诉人们，所谓视“六经”为专门的载道之书，那是后世儒者所为，其实在三代以前，经史没有区别，“六经”就是由史官执掌的教人行事之书。这就还原了儒家“六经”的本来面目。章学诚认为，后世经史分途，后世之史学则源于《春秋》。《章氏遗书补遗·上朱大司马论文》说：“盖‘六艺’之教通于后世有三：《春秋》流为史学；官礼诸记，流为诸子；论议诗教，流为辞章辞命。其他《乐》亡而入于《诗》《礼》；《书》亡而入于《春秋》。易学亦入官礼，而诸子家言，源委自可考也。”又说：“叙事实出史学，其源本于《春秋》比事属辞，左史班陈，家学源源，甚于汉廷经师之授受。马曰：好学深思，心知其意；班曰：纬六经，缀道纲，函雅故，通古今者。《春秋》家学，递相祖述，虽沈约、魏收之徒，去之甚远；而别识心裁，时有得其仿佛。”由此可知，史学属于《春秋》家学。

第二，“六经皆先王之政典”，是“切人事”的学问。《文史通义》开篇即说：“古人未尝离事而言理，六经皆先王之政典也。”《校雠通义·原道》解释说：“后世文字，必溯源于六艺。六艺非孔氏之书，乃《周官》之旧典也。《易》掌太卜，《书》藏外史，《礼》在宗伯，《乐》隶司乐，《诗》领于太师，《春秋》存乎国史。夫子自谓述而不作，明乎官司失守，而师弟子之传业，于是判焉。”《文史通义·经解上》也说：“古之所谓经，乃三代盛时，典章法度，见于政教行事之实，而非圣人有意作为文字以传后世也。”这些论述都明确指出，“六经”不过是记载三代盛世时期政典史事之书，而非孔子留于后人的载道之书。章学诚又认为，三代的学术并没有将后世所谓“六经”当作经书来看待，而只是将这些“先王之政典”当作“切人事”之史来看。“三代学术，知有史而不知有经，切人事也”[3]。认为三代时期虽然有“经”书，但它不过是诸子书的一

[1] 章学诚：《章氏遗书》卷一三《论修史籍考要略》，见《章学诚遗书》，文物出版社 1985 年版。

[2] 章学诚：《文史通义》卷二《原道中》，叶瑛校注本，中华书局 1994 年版。

[3] 章学诚：《文史通义》卷五《浙东学术》，叶瑛校注本，中华书局 1994 年版。

种分类。“诸子著述，往往自分经传，如撰辑《管子》者之分别经言，墨子亦有《经篇》，韩非则有《储说》经传，盖亦因时立义，自以其说相经纬耳”[1]。与后世儒家所遵奉的经书的含义是不同的。

第三，“道不离器”，“六经皆器也”。章学诚“六经皆史”说的哲理基础则是他的“道不离器”说。《文史通义·原道中》说：“《易》曰：‘形而上者谓之道，形而下者谓之器。’道不离器，犹影不离形。后世服夫子之教者自六经，以谓六经载道之书也，而不知六经皆器也。”这段话清楚地表明，“道不离器”“道器合一”是事物的普遍法则，因此，“六经”不仅只是“著理”的载“道”之书，而且也是“未尝离事”的“器”，是道与器、理与事的统一。这就从形上与形下两个层面对于“六经”的本质做出了回答。

那么，章学诚着力阐发“六经皆史”说这一命题的真正目的究竟何在？我们认为主要也有三个方面：

第一，章学诚的“六经皆史”说是为阐发其经世致用史学思想提供理论依据的。章学诚治史，是以经世致用为目的的，他说：“史学所以经世，固非空言著述也。”[2] 众所周知，章学诚所处的乾嘉时代，是考据之风大盛的时代。如果说当年顾炎武为宣扬经世致用的学风而提倡考据实学，那么这个时期的考据学则已经变成一种脱离现实、逃避现实的学术，人们埋头于故纸堆，与现实隔膜。同时，这一时期的宋学尽管相对微弱，却仍然以空谈性命道理为务。毫无疑问，清初所提倡的那种经世致用学风到了这一时期已经不复存在。章学诚在这样一种特定的历史时代而大倡“六经皆史”说，就是要将斗争的锋芒直指向空谈性命的宋学和务求考索的汉学。章学诚肯定“六经皆史”，其实就是要从源头上去论证史学的经世致用性。在章学诚看来，既然六经是“切人事”的，“皆先王得位行道，经纬世宙之迹，而非托于空言”的政典，[3] 后人学习经书，就应该要弘扬这种“经世”的学风，继承这种“经世”的精神，而不应该将经学变成一种只是空谈义理，或是专务考索的学术，那样，就

[1] 章学诚：《文史通义》卷一《经解上》，叶瑛校注本，中华书局1994年版。
[2] 章学诚：《文史通义》卷五《浙东学术》，叶瑛校注本，中华书局1994年版。
[3] 章学诚：《文史通义》卷一《易教上》，叶瑛校注本，中华书局1994年版。

完全偏离了经学的本意。

第二，章学诚“六经皆史”说具有扩大史学视野与把握史学思潮的价值。章学诚所谓“六经皆史”之“史”，当然是具有史料含义的。因为章学诚明确认为“六经”是先王的政教典章，是历史的记录，是“切人事”的文献。肯定“六经”是史料，它的史学意义是重大的：人们因此可以将“六经”当作先王时期的重要史料来看待，以对先王时期的各种社会政治制度做出研究，从而有助于对于先王时期历史的认识；经史合一，从而扩大了史料收集和历史研究范围，有助于对于历史的全面了解和正确解读。另一个方面，“六经”都注重阐发历史观点，而正是这种历史观点给予了史学以及史学思想的发展以极大的影响。正如学者所言，说“六经”是史，“这主要不是从历史编纂学上说，也不是着重从史料学上说，应当从历史意识上、从史学思想上来理解这个问题。中国的史学思想的主要思潮，溯源探流，都可以追寻到《六经》那里。《六经》的每一部经书中不是孤立地、简单地阐述一种见解，反映一种历史意识；情况比较复杂，但每一部经书，相对地说，比较集中地表达一种历史见解，一种史学观点”[1]。

第三，章学诚的“六经皆史”说还蕴含了一种史学变革的精神。章氏重视学术流变，倡导史学创新与著作精神，他认为三代以上之史与三代以下之史存在着明显的不同，“三代以上，记注有成法，而撰述无定名。三代以下，撰述有定名，而记注无成法”[2]。“撰述欲其圆而神，记注欲其方以智”[3]。这里所谓“记注”，指的是以保存史料为务之史书，它追求“方以智”，有一定之成规；所谓“撰述”，则是指依据记注而撰成的史学著作，它没有固定之法，重视“圆而神”。章氏认为“六经皆史”，如“《尚书》无定法，而《春秋》有成例”[4]，他们都很好地体现了史书的“圆而神”“方以智”的精神。然而三代以下“继《春秋》而有作”之史，只有司马迁“近于圆而神”、班固“近于方以智”，其他皆失

[1] 吴怀祺：《中国史学思想史》，安徽人民出版社1996年版，第15页。

[2] 章学诚：《文史通义》卷一《书教上》，叶瑛校注本，中华书局1994年版。

[3] 章学诚：《文史通义》卷一《书教下》，叶瑛校注本，中华书局1994年版。

[4] 章学诚：《文史通义》卷一《书教下》，叶瑛校注本，中华书局1994年版。

去了史学的创新精神，“纪传行之千有余年，学者相承，殆如夏葛冬裘，渴饮饥食，无更易矣。然无别识心裁，可以传世行远之具，而斤斤如守科举之程序，不敢稍变；如治胥吏之簿书，繁不可删。以云方智，则冗复疏舛，难为典据；以云圆神，则芜滥浩瀚，不可诵识。盖族史但知求全于纪表志传之成规，而书为体例所拘，但欲方圆求备，不知纪传原本《春秋》，《春秋》原合《尚书》之初意也”[1]。由此来看，章氏提倡“六经皆史”说，就是要在复古的旗帜下，复史学固有的讲求通变，提倡“圆而神”“方以智”的精神。

将章学诚的“六经皆史”说与王阳明以来的“六经皆史”说作一比较，他们谈论的命题相同，提出的道器合一、理事合一、经史合一的观点也相近，似乎看不出之间有什么区别。然而，实际上“章氏学术与王氏的心学则是貌似而心异”的。[2] 王氏“五经亦史”说是从心学角度肯定五经皆“吾心之记籍”；[3] 他的道器合一、经史合一，只是为了论证“六经”与史同具于吾心罢了。从目的论而言，章氏与王氏的经史之学可谓是有天壤之别的。至于王世贞所谓“六经，史之言理者也”，是从区分典籍立论的；他提出的“贵史”论对于扭转当时的荣经空疏学风有一定的积极意义，但却是以经载道、以史纪事，二分经史以较孰重立论的。而李贽虽然最早说出“六经皆史”一语，然而他的目的只是要否定儒学权威，所以他说：“《六经》《语》《孟》，非其史官过为褒崇之词，则其臣子极为赞美之语。”[4] 由此可见，王、李二人的“六经皆史”说与章学诚的“六经皆史”说之旨趣可谓是风马牛不相及的。

那么，章学诚的“六经皆史”说是否涉及经史尊卑的问题？是否如有的学者所言是将经学从神圣宝座上拉了下来？从我们以上叙述其实不难看出，章学诚的“六经皆史”说从根本上说是服务于经世致用这样一个学术思想主题的。他认为古代经书都是治理国家、切于民生日用的典籍，因而也就是史。这种“切人事”的经书是一切著述的根本精神所在，

---

[1] 章学诚：《文史通义》卷一《书教下》，叶瑛校注本，中华书局 1994 年版。
[2] 吴怀祺：《中国史学思想史》，安徽人民出版社 1996 年版，第 296 页。
[3] 《王阳明全集》卷七《稽山书院尊经阁记》，上海古籍出版社 1992 年版。
[4] 李贽：《焚书》卷三《童心说》，中华书局 1961 年版。

后世史书出自《春秋》，理应承继经书“切人事”的传统。同时，章氏认为经书切于人事的著述精神反映在其编纂上，则以“圆而神”“方以智”为旨趣，而这种撰述旨趣在后来的史著中除去《史记》和《汉书》之外，都已经不具有了。章学诚提倡“六经皆史”，也是希望后世史学撰述能够继承这一古代经学撰述的优良传统，重视学术流变，从而赋予学术永恒的生命力。由此可见，章学诚的“六经皆史”说，虽然其“六经皆先王之政典”的说法蕴含着一种权威主义于其中，然而其用意根本不在于比较经与史孰轻孰重，因而也不存在什么贬低经的意思。

到了鸦片战争以后的晚清时期，也就是近代前期，[1] 对于“六经皆史”说，更是纷纷扰扰。大致说来，以今文家康有为、廖平为代表，是否定“六经皆史”说的，而以今文家龚自珍、古文学家章太炎为代表，则对章学诚的“六经皆史”说作了一定的发展。

康有为在所著《孔子改制考》中明确认为，所谓“六经”，都是孔子为了救世改制而假托出来的宣传作品，并不是上古三王时期的历史记录；又说“六经”以前的中国历史都是茫昧无稽的，只有秦汉以后的历史才是可信的。今文经学家廖平则提出平分经史说，主张将“六艺”与“六经”分说，认为“六艺”是孔子以前的旧史，而“六经”则完全不同，它是孔子创造的新经；“六艺”之史认为历史愈古愈野蛮，“六经”之经认为历史愈古愈文明。因此，经与史是不同的，“六经”是孔子为了“空言垂教”而创造出来的。不过，今文家的“六经”之论，显然不是去具体阐述“六经”与史的关系，恰恰相反，他们是要从根本上否定“六经皆史”的价值，认为二者完全是两物，要区分经史。因此，他们的相关论述，已经超出了我们的论题范围，此不赘言。

说到“六经皆史”说在近代的发展，我们不得不提及龚自珍和章太炎。关于龚自珍的“六经皆史”论，前已叙及，主要是提出了“六经”乃“周史之宗子”的观点。其具体论述，详见于所作《古史钩沉论》一文：

[1] 这里所谓晚清，是指 1840 年鸦片战争到 1911 年清朝灭亡，近代前期则是指 1840 年鸦片战争到 1919 年五四运动，二者在时间上大致是吻合的。

夫六经者，周史之宗子也。《易》也者，卜筮之史也；《书》也者，记言之史也；《春秋》也者，记动之史也；《风》也者，史所采于民，而编之竹帛，付之司乐者也；《雅》《颂》也者，史所采于士大夫也；《礼》也者，一代之律令，史职藏之故府，而时以诏王者也。

与“六经者，周史之宗子也”的说法相对应，龚自珍接着又提出了“诸子也者，周史之小宗也”的观点：

诸子也者，周史之小宗也。故夫道家者流，言称辛甲、老聃；墨家者流，言称尹佚；辛甲、尹佚官皆史，聃实为柱下史。若道家，若农家，若杂家，若阴阳家，若兵，若术数，若方技，其言皆称神农、黄帝。神农、黄帝之书，又周史所职藏，所谓三皇、五帝之书者是也。[1]

从上述两段论述可知，龚自珍“六经皆史”论的思想内涵，一方面表现出了与前贤章学诚“六经皆史”论的不同：第一，章学诚论“六经皆史”，考察的是“六经”本身的属性，肯定了“六经”的史料价值和史书性质；而龚自珍则注重考察了“六经”创作的文化背景，认为它们皆出自于古代的史官，是从源头上肯定了“六经皆史”说。第二，龚自珍不但视“六经”为史，而且将诸子学也纳入史的范围，甚至认为“史之外无有语言焉，史之外无有文字焉，史之外无人伦品目焉”[2]，将中国古代的一切学问都囊括在史学的范围之内，这是对前人“六经皆史”说的新发展。另一方面，又有其相一致的地方，那就是他们倡导“六经皆史”说的学术旨趣，是要强调经学与史学的经世致用价值，而不是去争论经与史之间地位的尊与卑。章学诚的“六经皆史”说，针对的是当时汉学与宋学的空疏学风，认为“六经”与史学一样，是一种不录空言的

[1] 龚自珍：《古史钩沉论二》，见《龚自珍全集》上，中华书局 1959 年版。
[2] 龚自珍：《古史钩沉论二》，见《龚自珍全集》上，中华书局 1959 年版。

"切人事"的实学，体现了一种经世致用的学术意识；龚自珍倡"六经皆史"说，强调史学为一切学问之源，其中蕴含着治国安邦的"大道"，希望人们"研诸经，讨诸史，揆诸时务"[1]，更是彰显其经世致用的学术旨趣。

章太炎关于"六经皆史"说的代表性观点，则是提出了"夷六艺于古史"论。章太炎推崇章学诚"六经皆史"说，而他的"夷六艺于古史"论又赋予了传统的"六经皆史"说以新意。1904年刊行的《訄言》修订本，其中的《清儒》篇集中讨论了"六经皆史"论题。章太炎说："六艺，史也。上古以史为天官，其记录有近于神化。"接着，章氏援引日人姊崎正治《宗教学概论》的论述，将中国"六艺"与犹太《旧约》之《列王纪略》《民数纪略》，日本忌部氏所掌古记录，以及印度的《鱼富兰那》等纪年书相比较，而得出"此则古史多出神官，中外一也。人言六经皆史，未知古史皆经也"的结论。针对清儒关于"六艺"之论，章太炎对清儒所谓"以经术明治乱""以阴阳断人事""以宗教蔽六艺"的做法明确加以反对，认为这是"夸诞""怪妄"；主张"断之人道，夷六艺于古史"，即是要将"六经"历史文献化，"以此综贯，则可以明进化；以此裂分，则可以审因革"。

章太炎"夷六艺于古史"论的新意，其一是与章学诚视"六经"为"先王之政典"有区别。章太炎"夷六艺于古史"论的提出，显然是受到章学诚"六经皆史"说的影响，他们的共同之处是都承认"六经"乃上古三代之史。但是，章学诚视"六经"为先王政典，这种先王政典，当然是有德有位的人用以"纲维天下"的，自然具有浓厚的权威主义色彩；而章太炎只是视"六经"为古代历史文献，这种历史文献的史料价值，是用以了解历史文明进化与制度因革的。其二，章太炎视"六经皆史"说为古文家说。从学术史上看，人们并没有将"六经皆史"说当作古文家独有的学说，这显然是章氏一家之言，正如钱玄同所说的："或谓'《六经》皆史'系古文说，这是完全错误的。刘歆诸人何尝说过什么'《六经》皆史'！为此说者，殆因章太炎师亦云'《六经》皆史'之故。其实是今文学者的龚定庵与古文学者的章太炎师皆采用此章实斋之新

[1] 龚自珍：《对策》，见《龚自珍全集》上，中华书局1959年版。

说而已。”[1] 不过章太炎确实是将“六经皆史”说视为古文家言的，并以此作为自己学说的重要思想，来对抗近代今文家宣扬的“孔子作六经以托古改制”说。章太炎甚至还以因为持“六经皆史”说的缘故，而认为“龚自珍不可纯称‘今文’”。[2] 而从章太炎阐发“六经皆史”说的上述旨趣可知，他的“夷六艺于古史”论显然也不是在讨论经与史的尊卑问题。

不过，从经史尊卑的角度来看，近代从龚自珍到章太炎关于“六经皆史”说的阐发，还是呈现出一些不同于前代的新特点：首先是时代学术背景不同。过去人们阐发“六经皆史”，是以经学处于统治意识形态的地位，史学的发展在一定程度上要受到经学的羁绊为其背景的，虽然人们谈论“六经皆史”的目的不在于经史的尊卑问题，但在现实中经学是具有神圣不可侵犯的权威的；而近代人们阐发“六经皆史”，则是以传统经学日益衰落，史学逐渐摆脱经学的羁绊并日益受到人们的重视为其背景的，经与史在社会上受到人们的关注程度正发生着反向变化。其次，过去人们阐发“六经皆史”，主要是从道器关系上肯定二者的一致性，或者是从经世致用角度提倡实学以纠正虚浮学风；近代人们阐发“六经皆史”，当然首先也是出于经世致用的需要，同时又实实在在地反映了近代经学史学化过程。从上述意义上说，认为近代“六经皆史”之论蕴含着重史轻经的变化，也是能成立的。

[1] 钱玄同：《〈左氏春秋考证〉书后》，见《钱玄同文集》第四卷，中国人民大学出版社1999年版。

[2] 支伟成：《清代朴学大师列传》书首之“章太炎先生论订书”，岳麓书社1998年版。

第一章　传统经史之学的历史观念

中国古代的经学与史学蕴藏着丰富的历史观念。在古代经史之学的发展过程中，天命与人事的关系问题、历史发展的古今之变问题和政治大一统问题，是其中最受关注、谈论最多的一些基本问题。经史之学正是通过对这些基本问题的阐发，来发表自己的历史见解与观点，形成对各种社会意识形态产生重要影响的历史观念。同时，经史之学的这些历史观念又相互影响，共同促进了学术思想的发展。

第一节　“究天人之际”

在中国古代的天人关系论中，天的内涵非常丰富，它有时是作为一种有意志的至上神，有时是指一种时势；有时具有一种道德属性，有时则体现一种自然属性。同样，人的内涵也很丰富，有时特指人君，有时指各种人才，有时也泛指一般大众。中国古代的思想家们普遍重视“究天人之际”，即重视探讨天人之间的关系，自然也成为古代经史之学所致力阐发的重要历史观念。

一、古代“天人合一”的整体思维特征

所谓“究天人之际”，即是要将天与人作为一个整体来进行考察与探

究，这是古代中国人探索人类与社会的基本思维方式，它体现了古人天人一系、天人合一的思想。“究天人之际”的整体思维特征，最初无疑是从人类早期普遍具有的“囊括一切的决定论”[1] 思维方式发展而来的。先秦“六经”元典已经明显具有一种天人一系的宇宙观念，和追求秩序的思维特征。而纵观此后中国古代的天人合一思想，其基本类型主要有二：一是以道家为代表的自然之天与人的合一，一是以儒家为代表的伦理之天与人的合一。前一类型的天人合一思想，由先秦老庄道家力倡于前，魏晋玄学宣扬于后；后一类型的天人合一思想，则有以孟子和宋明理学为代表的天人相通思想和以汉代董仲舒为代表的天人相类思想为代表。在宋明理学天人相通思想中，又可以细分为以朱熹为代表的人与天理合一的理学派和以王阳明为代表的“人心即天理”的心学派。而从方法论来讲，无论是哪种天人合一的思想类型，都反映了古代先贤圣哲一种整体的思维方法。

（一）人类早期“囊括一切的决定论”思维倾向

一个民族的思维特性总是起源于其文化产生的早期，尔后在历史演进过程中逐渐地精细化、定型化的。

世界各民族在其蒙昧时代，都曾广泛流传着诸如图腾、巫术以及并不科学的医术之类的分类学知识。这是由于当时人们的认识水平相当有限，唯有借助想象才能将自己不能理解的现实世界纳入一种自己可以把握的秩序之中。对于人类来说，种种看似不着边际的知识，“首先是为了满足理智的需要，而不是为了满足生活的需要”。借助原始的理性思维，人们得以“通过这类事物的组合把某种最初步的秩序引入世界”。[2] 不论这种秩序是否真实有效，它至少满足了远古人类在险恶莫测的生活环境中获取安全感和自信的本能心理需求。像人们创作神话的思维方式，即是要将其理性从现实中所获取的认识夸大、变异并建构起一幅“实在”图景，因而其所建构的图景呈现出直觉、想象的特性，并且具有追求秩

[1] （法）克洛德·列维-斯特劳斯：《野性的思维》，李幼蒸译，商务印书馆 1987 年版，第 16 页。

[2] （法）克洛德·列维-斯特劳斯：《野性的思维》，李幼蒸译，商务印书馆 1987 年版，第 13 页、14 页。

序的一般思维特征。像古希腊神话将战争、商业、智慧、美貌等性质不同的事项分给众神掌管，北欧神话将雷电归因于索尔的锤子，《山海经》中记载的异兽分别与水灾、火灾、旱灾、战祸、瘟疫、大兴土木、丰收、太平等现象联系。当然，神话传说中的超现实秩序，总是以人的实际生活经验为素材的，像古希腊神话中居住在奥林匹亚山上，层级分明、各司其职的众神，实际上曲折地反映出当时的社会分工，是社会秩序在神话建构者观念中的痕迹。而《山海经》中与异兽相联系的自然与社会现象，也反映了古人所生活的自然和社会条件。

人类早期这种理性思维方式，具有“囊括一切的决定论”倾向。由于早期人类认识水平所限，其思维方式往往呈现出弥漫性特点，只能“以一种完全彻底的、囊括一切的决定论为前提”。这种决定论使得思维者对经验世界的分层较为模糊，往往将一些日常生活中的简单联系推之于广阔的现象世界。此种思维下，人趋向于在他所经验到的一切自然、社会现象之间寻找某种较直观的联系。而科学思维则与此不同，它“以层次之间的区分为基础，只有其中某些层次才接受某些形式的决定论”。[1] 对于科学来讲，其思维前提的决定论是分层的，物理学规律不能运用于心理学领域、化学规律绝难施诸社会学领域，凡此种种，都为低认识水平下产生的人类早期思维所难具备。因此，前者往往将后者指斥为荒谬。然而，如果不能正确认识人类早期思维的性质与特征，这种指斥将流于肤浅。因为“对于秩序的要求也是一切思维活动的基础”[2]，是人类认识、探索世界的必然，也是必要的思维特性，它的发展与人对现实世界的认识水平相联系。人类早期将人与自然作为一个整体，这可以被看作是当时的人们“不善于从本质上将自然界同人加以区分的结果”[3]。

中华民族早期文化自我建构的思维方式，与人类早期建构神话、图

---

[1] (法) 克洛德·列维-斯特劳斯：《野性的思维》，李幼蒸译，商务印书馆 1987 年版，第 16 页。

[2] (法) 克洛德·列维-斯特劳斯：《野性的思维》，李幼蒸译，商务印书馆 1987 年版，第 14 页。

[3] (苏) 叶·莫·梅列金斯基：《神话的诗学》，魏庆征译，商务印书馆 1990 年版，第 181 页。

腾等原始思维或称野性思维[1]方式类似。不过这种原始性思维经过加工、升华后，被留存在了传统文化与学术当中，由此形成了传统文化与学术的一种独特的思维特点，那就是具有“囊括一切的决定论”之特点的天人一系的整体思维方式。

（二）“六经”天人一系的思维特点

“六经”作为中华民族的元典，已经明显地具有了天人一系的宇宙观念，和追求秩序的思维特征。像《周易》着重探讨的“道”，即是一种跨越自然与社会、囊括一切的宇宙普遍规律。《易传·系辞上》说：“《易》与天地准，故能弥纶天地之道”，认为《易》道即是普遍的宇宙规律。《系辞上》所说的“天地之道”，其实不仅是自然规律，更是天人相通的普遍规律：

> 天尊地卑，乾坤定矣。卑高以陈，贵贱位矣。动静有常，刚柔断矣。方以类聚，物以群分，吉凶生矣。在天成象，在地成形，变化见矣。是故刚柔相摩，八卦相荡，鼓之以雷霆，润之以风雨；日月运行，一寒一暑。乾道成男，坤道成女。乾知大始，坤作成物。乾以易知，坤以简能；易则易知，简则易从；易知则有亲，易从则有功；有亲则可久，有功则可大；可久则贤人之德，可大则贤人之业。易简而天下之理得矣。天下之理得，而成位乎其中矣。

从这段话我们可以看出，《易传》在讨论“天下之理”的时候，是将天人视作一个整体来进行探讨的。所谓“天尊地卑”，即是将人类社会的尊卑贵贱投射到自然的天地关系上；“乾道成男，坤道成女”，则是把人看作自然之道的一种体现。可见，《周易》所探求的宇宙规律，是将自然、人及人类社会视作一个同质的整体，并不区分自然与社会领域规律的差异。不管《周易》所求得的天人之理是否具有合理性，它都是在试图通过将

[1] 列维-斯特劳斯之前的西方人类学学者一般将人类早期的思维称为原始思维，与现代理性思维相对。列维-斯特劳斯等人认为，原始人的思维与现代思维虽然特点不同，但仍然具有追求秩序性等特征，也是一种理性思维，与现代科学思维相对，故称为野性思维。

人事与天地结合起来，以期揭示人类社会发展的规律。上述这段话论述的是天人交织的道理，其落脚点则在于“易简而天下之理得矣。天下之理得，而成位乎其中矣”。实际上，古人正是在探讨宇宙秩序从而寻求可以使社会安定的规律时，发现天人相通的。

《尚书》的“以德配天”思想对后世影响深远，而这一思想同样也具有天人一系的思维特点。《召诰》篇说：“上下勤恤，其曰，我受天命，丕若有夏历年，式勿替有历年。欲王以小民，受天永命。”意在告诫君臣上下常怀忧虑，敬德保民，以保持天命，获得夏朝那样长久的国运，而不至像商朝那样短祚。这段话的思维前提即是天人相通，将天人视作一个相互联系的整体。基于天人相通的思维，胤征羲和自称“奉将天罚”，周武王伐商自称“恭行天罚”。在古人的思维当中，天人是一个紧密联系的整体，人应当按照天的意愿或天道法则行事，因此人的举动就与天联系了起来。在社会生产力不发达的古代，人们在寻求人类社会发展规律以指导自身行为的时候，会倾向于从他们无力认识却与他们休戚相关的自然中寻找答案。如果说《尚书》中记载的历史人物言论反映的是早期历史上的一种社会观念和思维方式，那么《尚书》对其予以记载，则是将这种观念与思维方式予以确认和宣扬。

“六经”还力求寻找一些“异兆”，来证明这种秩序的确定性。像《尚书》里记载的周之将兴时出现的各种异常之事，目的是为了证明周受命于天，其实也是在证明天与人类社会相联系的一种秩序。《春秋》中也记载了一些如“正月，雨，木冰”[1] 和“八月壬申，御廪灾”[2] 之类的与人事相联系的灾异，这些灾异表明了自然与人类社会之间的确实联系，证明了天人感应的秩序。《诗经》具有的天命王权思想，也可视作古人对圣王崛兴做出的解释，也就是试图在世界秩序中寻得圣王崛兴这类事件的规律。因为天人一系，古人很自然地将圣王的崛兴与天联系了起来。《诗经》为这种天命王权的秩序寻找了大量“证据”，最重要的就是“圣人感生”说。如《商颂·长发》说：“天命玄鸟，降而生商”，“帝立子生商”，认为商族的诞生是上天意愿。《大雅·生民》说：“厥初生民，时维

---

[1] 《春秋·成公十六年》，《十三经注疏》本，中华书局 1980 年影印本。

[2] 《春秋·桓公十四年》，《十三经注疏》本，中华书局 1980 年影印本。

姜嫄。生民如何？克禋克祀，以弗无子。履帝武敏歆，攸介攸止，载震载夙。载生载育，时维后稷。诞弥厥月，先生如达。不拆不副，无菑无害。以赫厥灵。上帝不宁。不康禋祀，居然生子。诞寘之隘巷，牛羊腓字之。诞寘之平林，会伐平林。诞寘之寒冰，鸟覆翼之。鸟乃去矣，后稷呱矣。”这段话详细记载姜嫄生后稷是天命使然的各种事迹。类似的还有《鲁颂·閟宫》所说的“赫赫姜嫄，其德不回，上帝是依。无灾无害，弥月不迟。是生后稷，降之百福”等等。对于古代流传的这些“圣人感生”的传说，我们不应该将其简单视作是蒙昧时代的文化符号，而是应该看到这些传说背后所体现的早期文化思维特征，也就是囊括一切、天人一系的思维观念。

（三）先秦道家与魏晋玄学的天人合一思想

先秦道家老子的哲学以道或无当作世界的本原，强调人、地、天统一于道，而道是自然而然、没有意志的，即所谓“人法地，地法天，天法道，道法自然”[1]。老子道论的理论意义，其一是否定了天的意志性和主宰性。众所周知，在老子那个时代，天是人格之天，具有主宰性和赏罚的权力，然而老子却把天看作是暂时的、相对的东西，《老子》第二十三章说：“天地尚不能久，而况于人乎？”老子又认为先于天而存在、作为“天地根”的道也是自然无为的，它虽然生成了万物，却并不声称是自己所生，也从不据为己有，做万物的主宰，而万物也不知自己所由之生；从这个意义上说，自居于微不足道地位的道可名之为“小”，而感觉不到主宰和支配力量却又最终归于道的万物则可名为“大”。[2] 其二是认为天道与人道是既不相一致又相互统一的。在老子看来，天道与人道之间确实存在着差异和矛盾，《老子》第七十七章说：“天之道，损有余而补不足。人之道则不然，损不足以奉有余。孰能有余以奉天下？唯有道者。”然而，天道与人道又是相互统一的，人可以通过“见素抱朴”“致虚守静”的“自为”功夫而获得天道，并且最终归于自然，达到天人合一的境界。在老子看来，能获取天道的人即是圣人，故而《老子》第八十一章将天道与圣人并称：“天之道，利而不害；圣人之道，为而不

[1] 《老子》第二十五章，诸子集成本，中华书局 1954 年版。
[2] 《老子》第三十四章，诸子集成本，中华书局 1954 年版。

争。”认为他们二者是相互一致的。

庄子继承了老子的道论，却又表现出了自己的新特点，这集中表现在老子的道论说本体论与宇宙论的意味很重，并且强调道的无为、柔弱等特性和策略意义，庄子则不太重视道的形而上之超越性和客观实存性，甚至扬弃这些概念和策略，而重视描述体验道之后的心灵状态，亦即重视道的心灵境界，追求一种主体精神的绝对自由，《庄子·逍遥游》中所憧憬和描述的，便是这种绝对的、无条件的精神自由。在庄子看来，人们要获得这种主体精神的绝对的、无条件的自由，达到一种以道观物、与道为一的物我一体的天人合一的境界，就必须一方面要使主体精神从现实的种种束缚中解脱出来，要突破形躯的局限，化除情绪的困扰，进入一种同生死、等贵贱、齐物我的境界；另一方面则要透过虚静等功夫，保持心灵的凝聚状态。庄子在《人间世》和《大宗师》中提到了“心斋”和“坐忘”两种得道方式，其中，“‘心斋’着重在叙说培养一个最具灵妙作用的心之机能，而‘坐忘’则更进一步提示空灵明觉之心所展现的境界。‘离形’和‘去知（智）’是达到‘坐忘’的两种功夫”[1]。

魏晋玄学以《老子》《庄子》和《周易》为基本经典，人称“三玄”。玄学家们重视探讨名教与自然的关系，认为天地万物皆以无为为本，无为即自然，顺从自然即可无不为。玄学创始人何晏、王弼皆祖述老庄，倡导“贵无论”。《晋书·王衍传》说：“魏正始中，何晏、王弼等祖述老庄，立论以为：‘天地万物皆以无为为本。无也者，开物成务，无往而不存者也。阴阳恃以化生，万物恃以成形。贤者恃以成德，不肖者恃以免身。故无之为用，无爵而贵矣。’”这段话对何、王“贵无论”哲学作了非常精辟的概括。以这样一种“贵无论”为指导，王弼在谈论名教与自然的关系时，即认为无或自然是本，名教是末，只能顺从自然本性，而不能用名教去约束自然本性。王弼的立意虽然是为了调和名教与自然的关系，而强调的却是自然的挂帅作用。在王弼看来，圣人只可通过直观去体验无（自然），以达到与无同体，亦即与道同体的天人合一的境界。

玄学这种自然主义的极端化便是阮籍、嵇康所提出的“越名教而任自然”的思想，旨在以放达不拘的行为来否定儒家以天压人的传统。阮

[1] 陈鼓应、白奚：《老子评传》，南京大学出版社2001年版，第283页。

籍认为："天地生于自然，万物生于天地，自然者无外，故天地名焉。"[1] 认为人与天地自然并没有什么区别，人本身就属于自然的一部分，"人生天地之中，体自然之形"[2]。值得注意的是，在阮籍的玄学思想中，自然其实包含了名教，然而阮籍又对名教进行了批判。这种看似矛盾的玄学思想，其实并不矛盾。在《大人先生传》中，阮籍对名教与自然的关系作了论述："昔者天地开辟，万物并生，大者恬其性，细者静其形，阴藏其气，阳发其精。害无所避，利无所争，放之不失，收之不盈……各从其命，以度相守。"在阮籍看来，名教本来就是与自然为一体的，然而现实当中所推行的名教却是假名教。"汝君子之礼法，诚天下残贼、乱危、死亡之术耳，而乃目以为美行不易之道，不亦过乎"。[3] 所以他要反对这种虚伪的名教，而任由一种放荡不羁的处世态度。而阮籍的理想人格，则是渴望做一个能与自然即道同一、"从天地变而不移"的"大人先生"。与阮籍一样，嵇康也对当时的虚伪名教进行了抨击。在嵇康看来，"天地合德"，自然无为，然而人们的欲望却破坏了这种自然淳朴，于是产生了挽救大道沉沦的名教。然而名教不但未能挽救大道，反而更使社会趋向混乱。所以他提出要"越名教而任自然"，"虚心无措"，从而与天地同为一体。

（四）传统儒家的天人合一思想

传统儒家的天人合一思想发端于先秦的"六经"时代。如前所述，作为"六经"之首的《周易》，[4] 就具有明显的天人合一思维观念。《周易·说卦》说："昔者圣人之作易也，将以顺性命之理，是以立天之道曰阴与阳，立地之道曰柔与刚，立人之道曰仁与义。兼三才而两之，故易六画而成卦。分阴分阳，迭用柔刚，故易六位而成章。"这段《易传》的卦画构成论，将天、地、人纳入一卦六爻的体系之中，体现了天、地、人三才统一的整体观念。

---

[1] 《阮籍集·达庄论》，上海古籍出版社 1978 年版。

[2] 《阮籍集·达庄论》，上海古籍出版社 1978 年版。

[3] 《阮籍集·大人先生传》，上海古籍出版社 1978 年版。

[4] 古文经学关于"六经"的排列顺序为《周易》《尚书》《诗经》《礼经》《乐经》《春秋》，这是按"六经"产生时代的早晚来进行排序的。

战国时期的孟子是最早对天人合一做出明确表述的人，其基本思想是主张天人相通。孟子继承了殷周以来的宗教有神论天道观念，肯定天是有意志的人格神，决定一切的最高主宰。在孟子看来，人间君权的传授，都是天意所致。在与弟子万章讨论关于尧舜禹禅让和禹传位于子的答问中，他就明确认为舜有天下不是尧给的，而是“天与之”；至于大禹不传贤而传子，那也是天意，“天与贤则与贤，天与子则与子”[1]。这是一种明显的君权神授论。孟子有时还把天说成是一种抽象的义理或道德规范，他说：“有天爵者，有人爵者。仁义忠信，乐善不倦，此天爵也；公卿大夫，此人爵也。”[2] 我们知道，在孟子的人性论中，他是把仁义礼智之四种“善端”说成是“人心”固有的“四心”（所谓恻隐之心、羞恶之心、辞让之心和是非之心），这似乎与他的道德规范根源于天之说产生了矛盾。其实不然，因为在孟子看来，天道与人心是相通的，人之“善端”源于天、受于天，人心是道德的直接根源，而天道则是道德的最终根源。自下而上来说，人们只要通过尽心、知性，然后便可以知天。“尽其心者，知其性也；知其性，则知天矣”[3]，由此最终成就道德修养。

与孟子的天人相通思想不同，西汉大儒董仲舒宣扬一种天人相类的天人合一思想。董仲舒天人感应论的思想基础是他的人副天数说，这一学说的基本思想，一是认为人与天形体同类。董仲舒说：“唯人独能偶天地。人有三百六十节，偶天之数也；形体骨肉，偶地之厚也。上有耳目聪明，日月之象也；体有空窍理脉，川谷之象也；心有哀乐喜怒，神气之类也。……是故人之身，首妢而员，象天容也；发，象星辰也；耳目戾戾，象日月也；鼻口呼吸，象风气也；胸中达知，象神明也；腹饱实虚，象百物也。百物者最近地，故要以下，地也。天地之象，以要为带。颈以上者，精神尊严，明天类之状也；颈而下者，丰厚卑辱，土壤之比也。足布而方，地形之象也。……天以终岁之数，成人之身，故小节三百六十六，副日数也；大节十二分，副月数也；内有五藏，副五行数也；

[1] 《孟子·万章上》，诸子集成本，中华书局1954年版。
[2] 《孟子·告子上》，诸子集成本，中华书局1954年版。
[3] 《孟子·尽心上》，诸子集成本，中华书局1954年版。

外有四肢，副四时数也；乍视乍瞑，副昼夜也；乍刚乍柔，副冬夏也；乍哀乍乐，副阴阳也；心有计虑，副度数也；行有伦理，副天地也。”[1]二是认为人与天性情同类。董仲舒认为：“喜怒之祸，哀乐之义，不独在人，亦在于天，而春夏之阳，秋冬之阴，不独在天，亦在于人。人无春气，何以博爱而容众？人无秋气，何以立严而成功？人无夏气，何以盛养而乐生？人无冬气，何以哀死而恤丧？天无喜气，亦何以暖而春生育？天无怒气，亦何以清而秋杀就？天无乐气，亦何以疏阳而夏养长？天无哀气，亦何以激阴而冬闭藏？”[2] 三是认为人与天道德同类。董仲舒认为，人间的纲常伦理和礼仪制度都是取法于天的：“君臣、父子、夫妇之义，皆取诸阴阳之道。君为阳，臣为阴；父为阳，子为阴；夫为阳，妻为阴。……是故仁义制度之数，尽取之天。天为君而覆露之，地为臣而持载之；阳为夫而生之，阴为妇而助之；春为父而生之，夏为子而养之；秋为死而棺之，冬为痛而丧之。王道之三纲，可求于天。”[3] 四是认为人与天政时同类，人事需顺从自然（天地）的变化而变化。如庆赏罚刑四政就与春夏秋冬四时同类：“圣人副天之所行以为政，故以庆副暖而当春，以赏副暑而当夏，以罚副清而当秋，以刑副寒而当冬。庆赏罚刑，异事而同功，皆王者之所以成德也。庆赏罚刑与春夏秋冬，以类相应也，如合符。……天有四时，王有四政，四政若四时，通类也，天人所同有也。”[4] 而农业生产则需依据木火土金水五行相生之序和春夏秋冬四时之序来安排或进行：“木者春，生之性，农之本也。……火者夏，成长，本朝也。……土者夏中，成熟百种，君之官。……金者秋，杀气之始也。……水者冬，藏至阴也。”[5] 很显然，董仲舒的人副天数说是将天地万物和人类视为一个整体的。在他看来，天人相类，天是放大了的人，人则是缩小了的天，这显然是一种天人合一的整体的思维方法。

宋明理学则主要是继承了先秦孟子的天人相通的天人合一思想。作为一种时代哲学思潮，理学中无论是以程（颢、颐）朱（熹）为代表的

[1] 董仲舒：《春秋繁露》卷一三《人副天数》，苏舆义证本，中华书局 1992 年版。
[2] 董仲舒：《春秋繁露》卷一一《天辨在人》，苏舆义证本，中华书局 1992 年版。
[3] 董仲舒：《春秋繁露》卷一二《基义》，苏舆义证本，中华书局 1992 年版。
[4] 董仲舒：《春秋繁露》卷一三《四时之副》，苏舆义证本，中华书局 1992 年版。
[5] 董仲舒：《春秋繁露》卷一三《五行顺逆》，苏舆义证本，中华书局 1992 年版。

理学派，还是以陆（九渊）王（阳明）为代表的心学派，都是以天人合一的整体观作为其思想方法论的。理学派的代表人物朱熹认为“理在气先”：“理也者，形而上之道也，生物之本也。气也者，形而下之器也，生物之具也。”[1] 这个理主要是指道德。理与气合则生人，体现于人中之理即是人之性，故而人性中的道德意识是禀受于天理的。通过主体修养以去人欲、存天理，便是达到“与理为一”的天人合一的境界。而心学派的代表人物王阳明则认为“心外无物，心外无事，心外无理，心外无义，心外无善”[2]，人心即万物之心，天与人融合无间。人们因为私欲才失去了“天之本体”，修养的目的是为了“致良知”，即为了恢复天人合一的本然境界。然而，宋明理学重视将天理的整体性和不变性与天人合一的学说相结合，鼓吹灭人欲以存天理、体认本心，从而又压制了人的个性的发展。

二、从天命史观到“人”的觉醒——先秦天人观念的演变

先秦时期，人们的天人观念曾经有过一个长期的发展和演变过程，而其基本演变轨迹则是从天命史观到“人”的觉醒。这是中国学术思想史上天人观念形成的初级阶段，也是汉代以后经史之学“究天人之际”的思想基础。

（一）夏商天命史观的流行

中国古代的天命史观，普遍流行于夏商神权政治时代。这种天命史观的特点，便是宣扬至上神的存在，认为人间的王权来自于至上神，并且代表着至上神的意志来统治人间。这个至上神，见于甲骨文可知，商民称其为帝，或者上帝，商、周之际则称其为天。而据先秦典籍记载，夏朝就开始称其为天，不过这恐怕是商周以后人们的观念，然而夏朝政治具有神权特性则是确定无疑的。

夏朝统治者非常信从天命，所谓“有夏服天命”[3]。夏王常常将其

---

[1] 《朱熹集》卷五八，四川教育出版社 1996 年版。

[2] 《王阳明全集》卷四《与王纯甫》，上海古籍出版社 1992 年版。

[3] 《尚书·召诰》，《十三经注疏》本，中华书局 1980 年影印版。

征伐活动说成是“替天行道”“行天之罚”。如征讨有苗氏时，大禹将此举说成是“非惟小子，敢行称乱，蠢兹有苗，用天之罚”[1]。征讨有扈氏时，夏启的理由则是“有扈氏威侮五行，怠弃三正，天用剿绝其命，今予惟恭行天之罚”[2]。夏王还常用天意来威慑、恫吓出征的将士，如启与有扈氏战于甘之前，就对其随从出征的将士说：“用命，赏于祖；弗用命，戮于社，予则孥戮汝。”[3] 意思是说，奋力执行命令，则赏赐于祖先神位之前；不努力执行命令，则杀戮于神社之前，并把子女没为奴隶。

商朝前期的至上神是帝或上帝。从卜辞的记载中可以看出，它是具有至高无上权威的有意志的人格神，不但统管着风雨雷电等天时，而且主宰着征伐、生产、灾荒、建邑等人事，如说：“帝其降堇（馑）?”[4] 又说：“王封邑，帝若。”[5] 到了商朝后期，这个有意志的、无所不能的至上神上帝，逐渐被天所取代，而天的意志性便表现为天命。这种至上神称谓的转变，在《尚书·盘庚》中就有较明显的表现，该篇时用上帝、时用天来指称至上神，说明这种称谓的转变处于过渡状态。如《盘庚上》说“天其永我命于兹新邑”，而《盘庚下》则说“肆上帝将复我高祖之德”。殷人占卜，其实就是希望从上帝或者上天那里求得旨意，以此判断人事的吉凶、决定自己的行动。因而，这种占卜的内容非常广泛，包括出师征伐、奖惩刑赏、农业生产、风雨灾荒以及人事祸福吉凶等。

上帝或天的至上性，当然是人间的王的至上性的一种反映。既然统管一切的上帝或天是商族的至上神，那么商王自然也就成为其在人间的象征，代表着它来对人间进行统治。而商王的统治，又必然会得到上帝或天的保佑。从卜辞和先秦文献的记载可以看出，上帝或天表面上在保佑着所有商民，实际上只是商王的保护神，因为上帝或天命总是站在商王一边，保护着商王对于广大商民的驱使和奴役。而商王对于上帝或天

[1] 《墨子·兼爱下》，诸子集成本，中华书局 1954 年版。
[2] 《尚书·甘誓》，《十三经注疏》本，中华书局 1980 年影印版。
[3] 《尚书·甘誓》，《十三经注疏》本，中华书局 1980 年影印版。
[4] 《卜辞通纂》三七一片，中国科学出版社 1983 年影印本。
[5] 《卜辞通纂》三七三、三七四片，中国科学出版社 1983 年影印本。

命当然也是绝对信从的，他不但将商部族的产生说成是“帝立子生商”[1]，将商取代夏说成是天命所归：“有夏多罪，天命殛之。……予畏上帝，不敢不正。”[2] 而且认为既然有上帝、天命的保佑，也就可以为所欲为，即使大祸临头，也不以为然。如在商朝面临灭亡之际，大臣祖伊对商纣王进行劝谏，昏庸的纣王却满不在乎，竟说什么：“呜呼！我生不有命在天！”[3]

（二）西周天命史观的变化

姬周灭商后，随着受命于天的夏、商两个王朝的相继灭亡，人们对传统的天命论发生了怀疑：为什么受命于天的夏朝和商朝会相继灭亡？西周的天命史观就在这种动摇与怀疑中发生了变化。

首先，周人依然信奉天命，重视宣扬天命。在周人看来，“小邦周”之所以能取代“大邑商”，是天命眷顾所致：“天休于宁王，兴我小邦周。宁王惟卜用，克绥受兹命。……天明畏，弼我丕丕基。”[4] 意思是说，天赞美文王，使我小邦周兴盛起来。文王通过占卜，接受了天的旨意。天的旨意是明确的，人人应该敬畏它，帮助我小邦周完成这一宏大的事业。同样，周人也将伐商说成是“替天行罚”。周武王在牧野讨伐商纣王的誓师大会上，就将其伐商的军事活动说成是“今予发，惟恭行天之罚”[5]。这种说法，与当年夏王伐有扈氏、有苗氏，商汤伐夏桀的口吻完全是一致的。毫无疑问，西周继承了夏商两朝的天命观念，重视运用这种天命观念来维护自己的统治。

其次，周人意识到“天命靡常”，唯在于“德”。在夏、商、周的天命史观中，都有一以贯之的天命王权思想。问题在于受命于天的夏、商两朝，为何后来都相继灭亡了呢？周人需要对这个问题进行深思，否则就难免会重蹈前朝的覆辙。我们从《尚书·周书》若干篇章的记载可以看出，周人的答案就是“天命靡常”，唯在于“德”。说天命无常，夏、

---

[1] 《诗经·商颂·长发》，《十三经注疏》本，中华书局 1980 年影印版。

[2] 《尚书·汤誓》，《十三经注疏》本，中华书局 1980 年影印版。

[3] 《尚书·西伯戡黎》，《十三经注疏》本，中华书局 1980 年影印版。

[4] 《尚书·大诰》，《十三经注疏》本，中华书局 1980 年影印版。

[5] 《尚书·牧誓》，《十三经注疏》本，中华书局 1980 年影印版。

商相继灭亡的历史事实已经作了证明。周人对此已有明确的认识，如《尚书》中的《大诰》篇说“天非忱辞”，《康诰》篇则说“天畏（威）棐忱”，意思都是说天不可信。《君奭》篇更是直截了当地说：“天命不易”“天不可信”。这里所谓“天命不易”，不是说天命不可改易，而是说天命不易保持。当然，天命的转移绝不是随心所欲的，而是“皇天无亲，惟德是辅”[1]。也就是说，上天是本着一颗公正之心，将天命转移给那些有德的人。如《尚书·康诰》认为周人之所以能代商，是因为周人有德。“惟乃丕显考文王，克明德慎罚，不敢侮鳏寡。庸庸，祗祗，威威，显民，用肇造我区夏”。意思是说，由于英明的祖先文王崇德慎罚，不敢欺侮那些无依无靠的老少，用可用，敬可敬，威可威，使民明白其道理，上帝才使我小邦周兴盛起来，取代商人的统治。

最后，周人认为敬德即可永保天命。既然天命会转移给有德的人，君王要想保住天命，就必须要敬德。这样，无常的天命就会成为有常的天命。正是从这样一种忧患意识出发，周人强调以史为鉴的重要性。《尚书·召诰》说：

> 我不可不监于有夏，亦不可不监于有殷。我不敢知曰，有夏服天命，惟有历年；我不敢知曰，不其延。惟不敬厥德，乃早坠厥命。我不敢知曰，有殷受天命，惟有历年；我不敢知曰，不其延。惟不敬厥德，乃早坠厥命。今王嗣受厥命，我亦惟兹二国命，嗣若功。……王其德之用，祈天永命。……上下勤恤，其曰我受天命，丕若有夏历年，式勿替有殷历年。欲王以小民受天永命。

《召诰》一般被认为是召公所作诰词，由周公转达于成王。这段话集中反映了周初统治者重视以历史为鉴的思想，文中一再言“不敢知曰”，表明周初统治者对于天命的诚惶诚恐；而“惟不敬厥德，乃早坠厥命”，则是他们对于夏、商灭亡的一种清醒的认识；为了“受天永命”，召公、周公劝告成王一定要“敬德”，要“其德之用”“上下勤恤”。

---

[1]《尚书·蔡仲之命》，《十三经注疏》本，中华书局1980年影印版。

(三) 春秋战国时期"人"的觉醒

夏商周神权政治的动摇和衰落，是随着西周末年王权政治的逐渐衰败而开始的。西周国势的衰败始于穆王，这一时期"庶人"阶级开始分化，从中游离出一批不贵而富的人，在穆王制定的刑罚中，有了"金作赎刑"的条款。周厉王时，社会矛盾进一步激化，国人开始"谤王"，厉王便令卫巫"监谤"，结果出现"国人莫敢言，道路以目"的恐怖局面，邵公（召公虎）于是提出"防民之口，甚于防川"[1]的政治名言，这是一种制约王权的思想。到了周幽王时，西周终因王权的专制与昏庸被犬戎攻破镐京而结束。而对西周的灭亡，周太史伯阳父（甫）其实已经预知于先，当周王卿士郑桓公问其王室命运时，他就直言不讳地说王室将要灭亡了，因为幽王"去和而取同"[2]。这里所谓"和"，就是指事物的和谐、协调，"同"是指事物的单一性，比喻政治需要君臣和谐，而不能由君独言独行。幽王既然是这样一个"去和而取同"的君主，国家的灭亡也就不可避免了。

毫无疑问，像邵公论弭谤和伯阳父论"和""同"这种限制王权的思想，既是西周末年神权政治衰落之使然和具体表现，也是对这种神权政治的一种否定。与这种统治集团内部限制王权思想的提出相对应，当时在社会上也出现了一股怨恨上天与社会不公的新思潮，《诗经》的许多诗篇对此都做了很好地反映。如《小雅·节南山》说："昊天不佣，降此鞠讻；昊天不惠，降此大戾。"《小雅·雨无正》则说："浩浩昊天，不骏其德，降丧饥馑，斩伐四国。"这是对上天的公开指责与愤恨不满。而《魏风·伐檀》的"不稼不穑，胡取禾三百廛兮？不狩不猎，胡瞻尔庭有县貆兮？"《魏风·硕鼠》的"硕鼠硕鼠，无食我黍。三岁贯汝，莫我肯顾。逝将去汝，适彼乐土。乐土乐土，爰得我所"，则是抒发了人们对社会不公的情绪。这种社会新思潮的出现，无疑是反映了社会群体的一种觉醒。

到了春秋战国时期，诸子百家的出现与学术思潮的兴起，则标志着"人"的全面觉醒的到来。首先从天人关系来看。总体来说，这一时期的天依然具有它的神秘性，但已经失去了夏商周时期至上神的地位和权威。

[1]《国语·周语上》，《十三经注疏》本，中华书局1980年影印版。
[2]《国语·郑语》，《十三经注疏》本，中华书局1980年影印版。

一方面，持有神秘主义观点的人依然认为，天道、天命主宰着人事，天象的变化预示着人事的变化；另一方面，具有天人相分意识的人则认为，天虽然具有神秘性，但并不干涉人事，政治家子产提出的“天道远，人道迩”，思想家孔子提出的“未能事人，焉能事鬼?”等等，都表达了一种天人相分的思想倾向。

其次，从对“民”的认识来看。一是表现在神、民关系上。一种观点认为，民为神之主。如季梁与随侯对答时说：“夫民，神之主也。是以圣王先成民而后致力于神。……今民各有心，而鬼神乏主。”[1] 宋公要用人祭，司马子鱼说：“民，神之主也，用人，其谁飨之?”[2] 还有观点认为，国家兴亡在民不在神。齐惠王问内史过降神之事，内史过回答说：“国之将兴，明神降之，监其德也；将亡，神又降之，观其恶也。固有得神以兴，亦有以亡，虞、夏、商、周皆有之。”虢国国君曾派史嚣去祭神，史嚣对虢国国君说：“虢其亡乎！吾闻之：国将兴，听于民；将亡，听于神。神，聪明正直而一者也，依人而行。”[3] 这两位史官都承认有神的存在，但是都认为神只是观察国君的善恶，并不按照自己的主观意志行事，历史上既有得神以兴，也有得神以亡的，因此，说到底还是“听于民”，才能使国家兴旺。二是表现在君、民关系上。晋知武子曾对献子说：“我之不德，民将弃我。”[4] 楚尹戌在谈到梁国被灭时则说：“民弃其上，不亡，何待?”[5] 史墨子曾就鲁昭公逃往乾侯之事答赵简子说：“天生季氏，以贰鲁侯，为日久矣。民之服焉，不亦宜乎！鲁君世从其失，季氏世修其勤，民忘君矣。虽死于外，其谁矜之?”[6] 在史墨子看来，季氏之所以能执掌鲁政，是因为他“世修其勤”，深得民众的拥护；而国君客死他乡，则是其“世从其失”的结果，因而是咎由自取。当然，关于君民关系最激进、也最为著名的表述当属孟子的“民为贵，社稷次之，君为轻”，进而他说：“是故得乎丘民而为天子，得乎天子为

[1] 《左传·桓公六年》，《十三经注疏》本，中华书局 1980 年影印版。
[2] 《左传·僖公十九年》，《十三经注疏》本，中华书局 1980 年影印版。
[3] 皆见《左传·庄公三十二年》，《十三经注疏》本，中华书局 1980 年影印版。
[4] 《左传·襄公九年》，《十三经注疏》本，中华书局 1980 年影印版。
[5] 《左传·昭公二十三年》，《十三经注疏》本，中华书局 1980 年影印版。
[6] 《左传·昭公三十二年》，《十三经注疏》本，中华书局 1980 年影印版。

诸侯，得乎诸侯为大夫。”[1]

再次，从对礼法刑政治国作用的认识来看。重视礼法刑政在政治治理中的作用，是加强政治制度建设的需要，同时也表明人文政治色彩日益彰显。一般认为西周实行礼乐政治，春秋时期则礼崩乐坏，其实只是礼的形式与实行的范围有变化，而其本身并没有被废弃，礼作为国家纲纪和人们的行为规范，在现实政治中依然发挥着重要的作用，是维系社会秩序的重要保证。法作为由人制定的具有强制性的一种规定，在这一时期则发挥了愈来愈为重要的作用。随着社会出现剧烈的动荡与变革，无论是作为习惯与传统的礼，还是作为因事而作的法，都必须要适应社会需要进行相应的变革。春秋战国时期的所谓礼崩乐坏与变法革新，其实便是社会变革与发展的产物。刑的主旨在于“禁”，所谓“政以治民，刑以正邪”[2]。人们常常将德、刑并举，德以教化，刑以治奸。在如何用刑问题上，则有主张宽刑者，也有主张严刑者。政是指政治权柄、政治号令。这一时期的人们往往将政与礼、法、刑并立，如晋国的随武子说：“会闻用师，观衅而动。德、刑、政、事、典、礼不易，不可敌也，不为是征。”[3] 在随武子看来，德、刑、政、事、典、礼在政治中是一种并列的关系。

最后，从对人才的认识来看。春秋战国时期“人”的觉醒，尤其表现在对人才的重视和使用上。众所周知，春秋战国是一个诸侯争霸称雄的时代，各诸侯国的统治者出于富国强兵的需要，都非常重视使用人才，像齐桓公就明确将任贤作为一项基本国策，要乡长“进贤”。[4] 宋宣公依据贤能将君位传于其弟而非其子，他说：“先君以寡人为贤，使主社稷。若弃德不让，是废先君之举也。”[5] 正是由于国君们普遍重视贤才，这一时期的政治出现了人才辈出的局面。这种重视人才的政治反映在学术思想上，则是尚贤思想在这一时期得到了大力提倡，像儒家的贤能政

[1] 《孟子·尽心下》，诸子集成本，中华书局1954年版。
[2] 《左传·隐公十一年》，《十三经注疏》本，中华书局1980年影印版。
[3] 《左传·宣公十二年》，《十三经注疏》本，中华书局1980年影印版。
[4] 《国语·齐语》，上海古籍出版社1995年版。
[5] 《左传·隐公三年》，《十三经注疏》本，中华书局1980年影印版。

治思想、墨家的尚贤政治主张，等等，都堪称这一时期重视人才思想的重要代表，并且对此后中国传统政治产生了非常大的影响。

随着春秋战国时代“人”的觉醒，说明人在社会政治当中的作用已被人们所普遍认识，但这并不意味着天命史观的终结，而只是意味着神权政治的结束。实际上在中国长期君主专制体制下，出于神话君权的需要，统治者一直都是普遍重视宣扬天命史观的。

三、汉代以后经史之学的“究天人之际”

西周末年特别是春秋战国时期，随着天命观念遭到怀疑和“人”的觉醒，一方面是旧有的神秘主义的继续流行，一方面出现了既讲天命、又重人事的具有天人相分意识的思想倾向。秦汉以后，这种既讲天命又重人事的思想观念成为一种主流思潮。汉代以后经史之学的“究天人之际”，主要就是围绕着天命与人事对于历史发展与变动所起的作用进行深入探讨的。相比较而言，两汉时期的天人观，其神意色彩浓厚，而宋代理学兴起以后，则重视以天理论人事，哲理性较强。

（一）汉代经史之学的“究天人之际”

汉代大一统政权建立起来以后，统治者迫切希望从天道角度对封建统治的合理性做出解说和论证。西汉建元元年（前140年），汉武帝就因对天道与人事的关系感到困惑，而以“三代受命，其符安在？灾异之变，何缘而起”[1]来策问贤良学士们。其实汉武帝的困惑也是帝王们的一种普遍的困惑。而作为汉代官方意识形态的经学和以探寻历史治乱兴衰为宗旨的史学，自然会自觉地肩负起这一答疑解惑的思想任务。

西汉经学家董仲舒通过对先秦以来各种天人感应思想的系统总结，构建了一个系统的天人感应理论体系。这种理论的基本思想是：一方面出于强化君权的需要而神化君权，鼓吹君权神授论；一方面出于限制君权的需要而尊天，以天降灾异来谴告人间君主。董仲舒肯定君权受自于天，他说：何谓天子？“德侔天地者，皇天右而子之，号称天子”，因此

[1]《汉书》卷五六《董仲舒传》，中华书局1962年版。

“天子受命于天”。[1] 认为从历史上看，“王者必受命而后王”，如“汤受命而王”，“文王受命而王”，后继者皆是如此。[2] 然而，上天授命于天子，是希望他能秉承自己的意志，使天下百姓得以安乐。君主统治得好与坏，上天会降下祥瑞与灾异以作谴告。这就是董仲舒的所谓天人谴告说。董仲舒说：“天之生民，非为王也，而天立王以为民也。故其德足以安乐民者，天予之；其恶足以贼害民者，天夺之。”[3] 这就是说，天立王并不是为了君主个人，而是为了天下万民。因此，只有那些安乐民众的人，天才会授予他王权；而对于那些戕害民众的君主，天就会收回对他的授命。而上天收回授命的方式，则是民众起来推翻暴君的统治。董仲舒将之称作“有道伐无道”，认为历史上的改朝换代，都是通过有道伐无道而得以实现的，如“夏无道而殷伐之，殷无道而周伐之，周无道而秦伐之，秦无道而汉伐之。有道伐无道，此天理也，所从来久矣”[4]。毫无疑问，董仲舒的天人感应论是一种天命理论，然而他“言天道而归于人道”，显然又是以人事为其目的的。换言之，这种天命理论旨在表达一种政治观点和历史观点，因而是一种“神道设教”。

经学家董仲舒的天人感应理论随着汉代儒家经学独尊地位的确定，自然也就成为汉代一种官方的天人理论，它对于汉代史学家司马迁、班固等人的天人观念有着重要影响。

司马迁撰述《史记》，明确提出要以“究天人之际”作为其历史撰述的重要旨趣之一。这种重视探究天人关系的思想，一方面体现了司马迁的求真精神和宽阔的历史视野，一方面也与他曾“闻董生曰”，受到董仲舒天人观念与思想方法的影响有着密切的关系。纵观《史记》全书，司马迁通过对天人关系的探究，表现出了明显的重人事的思想；同时，由于时代和学术渊源关系，也流露出了一定的天命王权思想。具体而言，司马迁的重人事思想，一是通过纪传体论载历史，凸现以人为中心的历

[1] 董仲舒：《春秋繁露》卷一五《顺命》，苏舆义证本，中华书局 1992 年版。
[2] 董仲舒：《春秋繁露》卷七《三代改制质文》，苏舆义证本，中华书局 1992 年版。
[3] 董仲舒：《春秋繁露》卷七《尧舜不擅移、汤武不专杀》，苏舆义证本，中华书局 1992 年版。
[4] 董仲舒：《春秋繁露》卷七《尧舜不擅移、汤武不专杀》，苏舆义证本，中华书局 1992 年版。

史撰述特点和重人事的精神。司马迁在谈论其作世家和列传二种体裁的原因时，对这种重人事的思想作了清楚的说明：“二十八宿环北辰，三十辐共一毂，运行无穷，辅拂股肱之臣配焉，忠信行道，以奉主上，作三十世家。扶义俶傥，不令已失时，立功名于天下，作七十列传。”[1] 二是高扬人的价值，肯定历史治乱兴衰的决定因素在于人事而非天命。其一，司马迁肯定人才对于国家兴亡的重要作用。在《楚元王世家》中，司马迁提出了“存亡在所任”的思想；在《刘敬叔孙通传》中，司马迁借用古语这样说道：“语曰‘千金之裘，非一狐之腋也；台榭之榱，非一木之枝也；三代之际，非一士之智也。’信哉！”认为人的才智不可能专有，帝王不能凭借一已之智来治理国家，必须要重用人才，集思广益。其二，司马迁肯定统治者对于王朝兴衰的重要作用。《秦楚之际月表》认为夏、商、周、秦之所以能王天下，都是修仁行义、积德用力的结果；而《三王本纪》和《秦始皇本纪》则指出夏、商、周、秦后来的灭亡，也是人为造成的。其三，司马迁还对个人的历史作用给予了充分肯定。如《齐太公世家》肯定齐国霸业的建立，是从太公吕尚以来长期努力的结果；《越王勾践世家》称赞勾践苦身焦思，灭吴称霸，有大禹之遗烈；《孔子世家》称赞“孔子布衣，传十余世，学者宗之。自天子王侯，中国言‘六艺’者折中于夫子，可谓至圣矣”；《陈涉世家》将布衣陈涉发迹与汤武革命、孔子作《春秋》相提并论，充分肯定陈涉在推翻暴秦统治过程中的首创精神。其四，司马迁对于将人事的成败归之于天的做法提出批评，如《项羽本纪》否定项羽“天之亡我”的说法，《蒙恬列传》则对蒙恬将自己的死因归于绝地脉而违忤天意的说法提出批评。三是通过作《伯夷列传》，以具体人事为依据，对当时社会流行的“天道无亲，常与善人”的说法提出质疑。司马迁说：“或曰：‘天道无亲，常与善人。’若伯夷、叔齐，可谓善人者非邪？积仁洁行如此而饿死！且七十子之徒，仲尼独荐颜渊为好学。然回也屡空，糟糠不厌，而卒蚤夭。天之报施善人，其何如哉？盗跖日杀不辜，肝人之肉，暴戾恣睢，聚党数千人横行天下，竟以寿终，是遵何德哉？……余甚惑焉，倘所谓天道，是邪非邪？”当然，在司马迁的史学思想中，也存在着明显的天命王权思想和具

[1]《史记》卷一三〇《太史公自序》，中华书局 1959 年版。

有神秘色彩的命定论。对此《〈春秋〉笔法与史学求真》一章有详论，此不赘言。

班固作《汉书》，在继承《史记》重人事思想的同时，又大力宣扬神意史观，《汉书》也因此成为中国古代二重性正统史学的代表。《汉书》重视宣扬天命史观，一是承继董仲舒、刘向等人的天人感应思想。班固关于其天人感应思想的阐发，主要是借助于对董仲舒以及刘向等人的天人思想的叙述而加以阐明的。《汉书·董仲舒传》与《史记·董仲舒传》在内容上有一个重要的不同，那就是《汉书》将集中体现董仲舒天人感应思想的“天人三策”完整地加以载录，而《史记》却没有将此写进去。班固之所以高度重视董仲舒的“天人三策”，一是“天人三策”中的天人感应思想与班固的天人观是相通的，二是班固充分认识到了“天人三策”的天人感应思想对西汉武帝以后整个意识形态所产生的极其重要的影响。董仲舒天人感应论一个重要内涵，就是符瑞灾异说，而其灾异学说在西汉末年又被刘向、刘歆父子做了进一步的发展，从而形成一种系统的灾异理论。班固集中宣扬其灾异思想的《五行志》，实际上就是通过大量记载董仲舒、刘向、刘歆等人的灾异理论，通过“揽”“别”和“传载”的过程，将自己的五行灾异思想加以阐发的。二是宣扬“汉为尧后”说，以神意史观解说汉朝统绪。对此《〈春秋〉笔法与史学求真》等章已详细论述，此不赘言。《汉书》在宣扬天人感应和天命史观的同时，却又能从人事角度对历史进行总结，体现了一种重人事的思想。如关于刘邦建汉问题，《汉书》一方面对此做出神意解释，一方面却又借刘邦之口，道出了他“所以取天下者”，是因为重用了张良、萧何和韩信这“三杰”的结果，[1] 这显然是从人事角度来谈成败的。在各列传当中，《汉书》不惜笔墨，对历史人物的“人为”作用之于社会历史发展的影响作了充分肯定。尤其值得注意的是，《汉书》以“宣汉”为撰述旨趣，却又能从人事角度认真总结政治得失，不为汉讳，对汉朝统治的阴暗面加以揭露，表现出史家强烈的忧患意识。

（二）宋代经史之学的“究天人之际”

宋代理学兴起后，中国经学发展到了一个重视思辨的新阶段。表现

[1]《汉书》卷一《高帝纪下》，中华书局1962年版。

在天人观上，与以董仲舒为代表的汉代经学重视宣扬天人感应理论不同，宋代理学虽然没有否定天命，却很少谈论天命，不赞成用灾异学说去牵强附会地解说历史，而是注重站在天理的高度来分析历史与解说历史，用天理的标准来评价历史事件与历史人物。说明随着时代的发展，传统儒家学说已经逐渐向哲理化方向发展。理学家们在保有天命论的同时，更加重视于人事的作用。在他们看来，一个社会是否能够天理流行，关键在于人们是否能灭除人欲、端正本心，因而是人为的结果。

程朱理学的核心范畴便是天理。其天理学说的基本内涵，一是将天理看作是唯一绝对的东西。二程说："吾学虽有所受，天理二字，却是自家体贴出来。"[1] 认为"万物皆只是一个天理"[2]，它产生并主宰着万物，又超越万物而永存，万物的变化转化都是天理的反映。从这个意义上讲，天理与天、神和帝其实是同一内涵。"天者，理也；神者，妙万物而为言者也；帝者，以主宰事而名"[3]。朱熹也认为，"合天地万物而言，只是一个理"，它先天地而存在，"有此理，便有此天地。……有理，便有气流行，发育万物"。[4] 二是将"天理"当作封建等级制度和封建道德的总称。二程说："父子君臣，天下之定理，无所逃于天地之间。"[5] 这种君臣父子的关系是一种尊卑关系。"君尊臣卑，天下之常理也"[6]。朱熹也说："孝弟忠信仁义礼智，皆理也"[7]。"尊卑大小，截然不可犯"[8]。这实际上是为封建等级制度和封建道德涂上了一层神学的灵光，既然天理是永恒的，那么体现上下、尊卑之分的封建等级制度和以三纲五常为中心内容的封建道德自然也是永恒不变的。用这样一种天理论来看待人事与社会，程朱理学以"存天理，灭人欲"为旨归，肯定人的道德践履作用。第一，程朱理学在认识论上主张"格物致知"，通过

[1] 《程氏外书》卷一二，见《二程集》，中华书局 1981 年版。
[2] 《程氏遗书》卷二上，见《二程集》，中华书局 1981 年版。
[3] 《程氏遗书》卷一一，见《二程集》，中华书局 1981 年版。
[4] 《朱子语类》卷一，岳麓书社 1997 年版。
[5] 《程氏遗书》卷五，见《二程集》，中华书局 1981 年版。
[6] 《程氏遗书》卷一八，见《二程集》，中华书局 1981 年版。
[7] 《朱子语类》卷四，岳麓书社 1997 年版。
[8] 《朱子语类》卷六八，岳麓书社 1997 年版。

格物以明天下万物之理。程颐说：“学莫大于知本末终始。致知格物，所谓本也、始也；治天下国家，所谓末也、终也。治天下国家，必本诸身。其身不正，而能治天下国家者，无之。”[1] 将哲学认识论与其修养论、政治论相结合。而朱熹其实是“格物致知”论的始作俑者，他依据《大学》“致知在格物”“格物而后知至”两句话推演出了“格物致知”说。程朱理学的格物致知，此“物”包含的内容很广，二程说：“凡眼前无非是物，物物皆有理。如火之所以热，水之所以寒，至于君臣父子间皆是理。”[2] 也就是说，既包括客观世界，也指向纲常伦理道德。第二，程朱理学在人性论上都主张通过收敛本心，以变化气质。在程朱理学看来，人有天地之性和气质之性之分，前者为道心，无不善；后者为人心，有善有恶。二程强调通过“养心”，使人性中的恶的成分为本然的善所克服，即所谓“穷理则尽性，尽性则知天命矣”[3]。朱熹主张通过“持敬”涵养以变化气质，复归人的本然善性，认为“程子推出一个‘敬’字与学者说，要且将个‘敬’字收敛个身心”[4]。第三，程朱理学把能否顺从天理，作为社会历史治乱兴衰的评判标准。二程和朱熹都一致认为，三代天理流行，因而得以大治；而汉唐则人欲横流，所以是个衰乱的时代。程颢就说：“三代之治，顺理者也。两汉以下，皆把持天下者也。”[5] 朱熹也说：三代圣王“致诚心以顺天理，而天下自服，王者之道也”[6]。汉唐政治未能长治久安，是因为汉唐统治者推行霸道政治，他们“都是自智谋功力中做来，不是自圣贤门户来，不是自自家心地义理中流出”[7]。

在理学兴起并且逐渐成为一种时代思潮的大背景下，必然会对这一时期的史学产生重要的影响。实际上，宋代很多大史学家同时又都是理

---

[1]《程氏粹言》卷一，见《二程集》，中华书局 1981 年版。
[2]《程氏遗书》卷一九，见《二程集》，中华书局 1981 年版。
[3]《程氏遗书》卷二一下，见《二程集》，中华书局 1981 年版。
[4]《朱子语类》卷一二，岳麓书社 1997 年版。
[5]《程氏遗书》卷一一，见《二程集》，中华书局 1981 年版。
[6] 朱熹：《孟子或问》卷一，见《四书或问》，黄昆校点本，上海古籍出版社 2001 年版。
[7]《朱子语类》卷二五，岳麓书社 1997 年版。

学先驱、理学家，像欧阳修、司马光、范祖禹等人，他们都是一身而二任。具体到宋代理学天人观念之于史学思想的影响，则主要表现为这一时期的史家都普遍重视从人事当中找寻历史治乱兴衰之理，并且重视以天理的标准来评判历史。

首先，重视以人事论历史。众所周知，理学先驱人物、史学家欧阳修作《新五代史》，重视用孔子的《春秋》书法来评点五代乱世之史，所以每每以“呜呼”发论。然而在说到《新五代史》的天人观念时，欧阳修则明确表示不赞成孔子叙史“天人备”的做法，而强调只书人不书天。他说：“昔孔子作《春秋》而天人备。予述本纪，书人而不书天。”[1] 欧阳修认为，人间的祸福吉凶是取自于人而非天，若硬将天掺和进去，只会迷惑人心。他说：“专人事，则天地鬼神之道废，参焉则人事惑。”并明确提出国家的“治乱在人而天不与者”。[2] 欧阳修是这样说的，也是这样做的，《新五代史》坚持不书天命、灾异及祥瑞之事，甚至不作《五行志》，只是立《司天考》以记天象和立法而已。

理学家兼史学家司马光作《资治通鉴》，也非常重视对于过往人事的关注。正如元代史家胡三省在《新注〈资治通鉴〉序》中所评价的那样，《资治通鉴》是一部“为人君”“为人臣”和“为人子”者都必须要读的书。胡三省肯定其重人事思想和经世价值的多重性。然而，纵观《资治通鉴》关于人事思想的阐发，还是突出表现在其所宣扬的君主决定论这一历史观上，这与《资治通鉴》作为帝王教科书之特点是分不开的。司马光说：“夫万物，生之者天也，成之者地也，天地能生成之而不能治也。君者所以治人而成天地之功也，非后则天地何以得通乎！”[3] 明确认为天地生成万物却不能治理万物，只有人君才能“治人而成天地之功”。也就是说，天地是造物主，而人君是万民的主宰者。司马光认为，既然人君肩负着治理万民以成就天地之功的重任，要想完成这一任务，首先就必须要有君德。司马光所谓“君德”，是指武、智、仁三德（又称

---

[1] 《新五代史》卷五九《司天考》，中华书局 1974 年版。

[2] 欧阳修：《居士集》卷一〇《易或问》，见《欧阳修全集》上，中国书店 1986 年版。

[3] 司马光：《温公易说》卷二，上海古籍出版社 1989 年影印本。

仁、明、武)，“以正人为武，安人为智，利人为仁”。[1] 不过，这武、智、仁三德是就人君内圣角度而言的，是未发之际。它们的发外为用，则表现为任官、赏功、罚罪。司马光说：“夫治乱安危存亡之本源，皆在人君之心。仁、明、武，所出于内者也。用人、赏功、罚罪，所施于外者也。”[2] 很显然，仁、明、武三德与用人、赏功、罚罪三政之间的关系，是修身与治国、内圣与外王、未发与已发的关系，三德要通过三政来加以体现。司马光也很重视人君的“才”，在《稽古录》卷一六中，司马光从“才”的角度将历史上的君主分为五等：“智勇冠于一时者”的创业之君、“中才能自修”的守成之君、“中才不自修”的陵夷之君、“才过人而善自强”的中兴之君和“下愚不可移”的乱亡之君。很显然，在司马光看来，人君之“才”同样对国家治乱兴衰起着决定性的作用。所以司马光说：“夫道有失得，故政有治乱。德有高下，故功有小大。才有美恶，故世有兴衰。”由此可见，历史治乱兴衰取决于人君，其实就是取决于君道、君德和君才的得失、高下和美恶。

其次，重视以天理作为评判历史的标准。天理的标准，其实是一种道德评判标准，它依据统治者是依照天理还是任从人欲来治理国家，来作为政治善恶、国家兴衰的评判标准，因此，归根到底还是体现了一种重人事的思想。司马光虽然也是理学家，然而他的史学本色更为浓厚，故而其史学思想与当时的理学思想是存在着一定差异的，如他的正统论就引起朱熹颇多不满，《资治通鉴》也不重视运用《春秋》书法，等等。然而在历史评论上，司马光虽然与正统理学家也有所差异，但基本上还是遵循了天理的评判标准。在评论三代历史时，司马光提出了“王霸无异道”的思想。认为三代政治既有王道，也有霸道，不过这种王道与霸道并没有本质的区别，它们“皆本仁祖义，任贤使能，赏善罚恶，禁暴诛乱”，所不同的只是二者“名位有尊卑，德泽有深浅，功业有巨细，政令有广狭”，但是它们绝不是“若白黑、甘苦之相反”。[3] 这与传统儒家

[1] 司马光：《温公易说》卷一，上海古籍出版社 1989 年影印本。

[2] 司马光：《司马文正公传家集》卷四六《进修心治国之要札子》，上海商务印书馆 1937 年版。

[3] 司马光：《资治通鉴》卷二七《汉纪·十九》，中华书局 1956 年版。

以及宋代理学视三代为王道政治的楷模，显然是有所不同的。对于汉唐政治，司马光认为总体上是逐渐衰落的。如两汉“虽不能若三代之圣王，然犹尊君卑臣，敦尚名节”，是一个遵守礼法的社会；魏晋以降，社会“风俗日坏”，“不顾名节”，是一个道德逐渐沦丧的时代；唐代进一步衰落，这个时代的社会“不复论尊卑之序、是非之理”；到了五代，社会已败落到极限，这个时代“天下荡然莫知礼义为何物矣”。[1] 应该说，司马光对于汉唐历史的评价是基于一种道德评价标准，明显打上了理学的烙印。

范祖禹是一位理学色彩很浓厚的史学家，他是司马光《资治通鉴·唐纪》长编的撰写者，由于《唐纪》“是非予夺之际，一出君实笔削”[2]，与范氏唐史观点并不符合，于是他又退而作《唐鉴》。与《唐纪》不同，《唐鉴》一书的理学色彩非常浓厚，是宋代陶铸历史于一理的义理化史学代表之作。表现在对唐史的评论上，《唐鉴》严格持守于天理的标准。如关于玄武门之变，范祖禹认为，李建成作为太子，是“君之贰，父之统”，唐太宗以藩王杀太子，是“无君父也”；以弟杀兄，是“为弟不弟”。因此，《唐鉴》直斥唐太宗“悖天理，灭人论”，认为以此手段得天下，“不若亡之愈也”。[3] 有人将唐太宗杀李建成、元吉比作周公诛管、蔡，范祖禹明确表示“臣窃以为不然”。他认为管叔、蔡叔“启商以叛周”，是“得罪于天下”，周公诛杀他们，“非周公诛之，天下之所当诛也”。而李建成、李元吉并未得罪于天下，太宗诛杀他们，是“己之私也，岂周公之心乎？”[4] 又如关于武则天的统治，范祖禹从天理角度出发，将 684 年武则天光宅元年开始，一直到 704 年唐中宗复出这 21 年唐朝历史看作是“母后祸乱”时期，根本不承认女主武则天的统治。《唐鉴》具体书写这段历史时，其纪年方式则完全援引《春秋》“公在乾侯”例，一是将仅存二月的唐中宗嗣圣年号作为这 21 年的纪年，而不用武则天的年号；二是书写 685 年武则天迁中宗于房州和 699 年召中宗回东宫

[1] 均见《司马文正公传家集》卷二四《上谨习疏》，商务印书馆 1937 年版。
[2] 刘羲仲：《通鉴问疑》，江苏广陵古籍刻印社 1990 年版。
[3] 范祖禹：《唐鉴》卷一，上海古籍出版社 1984 年版。
[4] 范祖禹：《唐鉴》卷一，上海古籍出版社 1984 年版。

后这段历史时，其纪年则书“帝在房州”“帝在东宫”，以次申明褒贬之义。对于长达290年的唐代历史，《唐鉴》卷二四中有一个总的评述。范祖禹认为，唐代历史总体上是治日少而乱日多，而造成这种局面的根本原因，则是在于唐主不修身齐家，非礼乱伦，闺门无法。总之，唐朝君主的所作所为不符合封建纲常伦理，也就是天理，所以才会导致政治的衰乱。这显然也是完全从天理的角度来评判的，与唐朝在中国历史上的地位并不符合。

第二节 “通古今之变”

重视“通古今之变”，这是传统经史之学的一种普遍观念。先秦具有亦经亦史特点的“六经”原典，就蕴含着丰富的历史变易思想，像《周易》便是以“通变”作为其中心观念，《易传》的古史观蕴含着丰富的历史变易思想；《尚书》和《诗经》讲历史盛衰，亦即是讲历史变易；“三礼”用历史发展的观点看待礼制的产生，肯定其演变具有因革损益特点，等等。秦汉以后，从经学哲学的角度来讲，汉代今古文经学、宋代理学和清代公羊学，都提出了各自丰富的历史变易思想与理论，在中国经学史和思想史上产生了重要影响；而从传统史学的角度来讲，自司马迁以降，“通古今之变”便一直是史家历史撰述的重要旨趣之一。

一、传统经学的历史变易思想

在传统经学不断发展与演变的历史过程中，经学家们出于通经致用的现实政治需要，都普遍重视探寻历史的变易及其法则，由此提出了丰富而深邃的历史变易思想。

（一）汉代经学的历史变易学说

两汉今古文经学都重视探讨历史变易问题，其中尤以西汉董仲舒的“三统”说、刘歆的五行相生之五德终始说和东汉何休的“三世”说最具代表性。

反映董仲舒历史变易思想的基本学说为“三统”说。“三统”说究竟始创于何时何人，现已无法确知。但从现有资料来看，对这一学说记述最为详尽的，当数董仲舒的《春秋繁露》一书。

所谓“三统”说，是一种肯定历史朝代必须按照黑统、白统和赤统三统依次循环更替的学说。这种学说认为，凡是异姓受命而王，都必须要改正朔，由于正朔时间不同，物萌之时的颜色各异，与此“三正”相对应，也就有了黑、白、赤三色。具体而言，黑统以寅月（一月）为正月，色尚黑；白统以丑月（十二月）为正月，色尚白；赤统以子月（十一月）为正月，色尚赤。因此，“三统”又称“三统三正”。当然，新王改制，除改正朔、易服色外，还包括车马、牺牲、冠礼、昏礼、丧礼、祭牲、荐尚物和日分朝正等项制度也要做出相应的改易。[1] 至于新王即位为何必须要进行改制，董仲舒的回答是：新王乃受天命而王，而不是继前王而王，必须通过改制的形式来报答天命，显示天命的恩宠，同时依此与前朝区别开来。[2] 以“三统三正”来对应历史朝代，董仲舒认为殷朝是正白统，建丑，色尚白；周朝是正赤统，建子，色尚赤；春秋是正黑统，建寅，色尚黑。董仲舒认为，新王建朝，必须保留前二朝之后，为他们封土建国，允许他们保留各自旧朝的制度，以与新王朝并存，这叫着“存三统”（又称“通三统”）。本届“三统”称作三王，三王之上则有五帝、九皇，共为九代。“三统”（或称三王）移于下，则五帝、九皇依次上绌。[3]

值得注意的是，董仲舒的“三统”学说蕴含着一种摒秦思想。按照董仲舒的说法，所谓春秋黑统制度，其实是为汉朝制定的。虽然西狩获麟是孔子受命之符，但是孔子有其德而无其位，只能托于王鲁而作《春秋》，以当一王之法，这一王之法便是专门为汉朝制定的。在《天人三策》中，董仲舒更是明确指出：“今汉继大乱之后，若宜少损周之文致，

[1] 参见董仲舒：《春秋繁露》卷七《三代改制质文》，苏舆义证本，中华书局 1992 年版。

[2] 董仲舒：《春秋繁露》卷一《楚庄王》，苏舆义证本，中华书局 1992 年版。

[3] 董仲舒：《春秋繁露》卷七《三代改制质文》，苏舆义证本，中华书局 1992 年版。

用夏之忠者。”[1] 夏为黑统，汉用夏政，当然也就是说汉应为黑统。董仲舒以汉朝为黑统上继周朝赤统，自然就将秦朝排除于历史统绪之外了。不过，董仲舒的摒秦论并不彻底，在《春秋繁露·尧舜不擅移、汤武不专杀》中，当董仲舒论及“有道伐无道”时，则又说：“夏无道而殷伐之，殷无道而周伐之，周无道而秦伐之，秦无道而汉伐之。”这又等于承认了秦朝的历史统绪。

在董仲舒的“三统”说中，还有一个与之相为对应、互为表里的“三道”说。董仲舒认为，统属不同，治道也会随之而不同。他说：“然夏上忠，殷上敬，周上文者，所继之捄，当用此也。孔子曰：‘殷因于夏礼，所损益可知也；周因于殷礼，所损益可知也。其或继周者，虽百世可知也。’此言百王之用，以此三者矣。”[2] 在此，董仲舒承袭了孔子的损益观，而肯定夏、商、周的治道分别为忠、敬、文。如果我们将“三统”说与“三道”说结合起来，便不难看出，“三统”与“三道”其实是一种对应关系，因为王朝的统属和王朝的治道是相一致的，如黑统对应忠道、白统对应敬道、赤统对应文道，“三统”循环，“三道”也随之而循环。同时，二者也是一种表里关系，“三统”言改制，其实只是“改正朔、易服色”，其变化只是一种表象，而“三道”言变易，实际上是肯定道变，因此是一种深层次的变化。也可以说，“三统”循环只是一种形式，而“三道”循环才是本质。

董仲舒“三统”说从表述形式而言，无疑是一种历史循环论，这是不能否认的事实。“三统”说所言改制，只是“改正朔，易服色”，其目的是为了报答天命，同时以此区别于前朝。董仲舒在宣扬改制的同时，却并不主张变“道”，他说：“道之大原出于天，天不变，道亦不变，是以禹继舜，舜继尧，三圣相受而守一道，亡救弊之政也，故不言其所损益也。”[3] 他还以史为例，认为历史上尧、舜、禹三圣即是“相受而守一道”的，他们并没有变“道”。又说：“若夫大纲、人伦、道理、政治、

[1] 《汉书》卷五六《董仲舒传》，中华书局 1962 年版。

[2] 《汉书》卷五六《董仲舒传》，中华书局 1962 年版。

[3] 《汉书》卷五六《董仲舒传》，中华书局 1962 年版。

教化、习俗、文义尽如故，亦何改哉？故王者有改制之名，无易道之实。”[1] 然而，从董仲舒“三统”说的实质而言，它又是言进化发展、讲变道救弊的。何以见得？首先，董仲舒“三统”说是一种体现亲疏之义的尊新王的学说，帝王年代愈远愈疏、愈近愈亲。“三统”说所体现的是一种“新鬼大而故鬼小”[2] 的历史观，这显然具有历史进化之义。其次，“三统”说肯定制礼作乐的重要性。为何要制礼作乐？董仲舒的理解是：“作乐于终，所以见天功也。”[3] 在董仲舒看来，天功的显示，是通过人间君主的制礼作乐而得以实现的。而新朝制礼作乐，其实已经不是停留于一般的表象之改制了。其三，“三统”说肯定道久必生弊，主张通过损益变道以救弊。董仲舒明确指出，“先王之道必有偏而不起之处”[4]。也就是说，再好的政治推行久了，都必然会生弊。他认为三王之政的后期都出现了弊端，正是出于救弊的需要，才有了忠、敬、文三王之道。三王之道更替的过程，其实就是一个损益补弊的过程。其四，“三统”说明确提出“继治世者其道同，继乱世者其道变”[5]。董仲舒一方面认为历史上尧、舜、禹时期是治世，因而不存在变道问题，他们都是“相守一道”的；一方面又充分肯定“继乱世者其道变”。从历史上看，夏商周三王政治的后期都出现了弊端，所以才有了忠、敬、文三种不同的政治(“道”)；至于秦朝则“独不能改”周末弊政，反而“以乱济乱”，以至“遗毒余烈，至今未灭”，[6] 可谓积弊最深；汉朝建立之后，面临的是周、秦二朝的弊政，其更化变道的任务自然最重。由此来看，董仲舒所谓“继乱世者其道变”之论，旨在强调汉朝更化救弊的必要性，因而是一种改制学说，有着积极的现实政治意义。

西汉末年古文经学家刘歆作《三统历谱·世经》，[7] 创立了一套新五德终始历史变易学说，一改战国时期邹衍创立的五行相胜之五德终始

[1] 董仲舒：《春秋繁露》卷一《楚庄王》，苏舆义证本，中华书局 1992 年版。
[2] 杨尚奎：《绎史斋学术文集》，上海人民出版社 1983 年版，第 111 页。
[3] 董仲舒：《春秋繁露》卷一《楚庄王》，苏舆义证本，中华书局 1992 年版。
[4]《汉书》卷五六《董仲舒传》，中华书局 1962 年版。
[5]《汉书》卷五六《董仲舒传》，中华书局 1962 年版。
[6]《汉书》卷五六《董仲舒传》，中华书局 1962 年版。
[7] 参见《汉书》卷二一《律历志》，中华书局 1962 年版。

说，而以五行相生之序来解说历史王朝的更替。[1]

相比较于邹衍的五德终始说，刘歆创立的新五德终始说有如下几个特点：首先是以木火土金水五行相生之序代替土木金火水五行相胜之序，来解释历史王朝的循环及其法则。其次是依据《易传》“帝出乎《震》”的说法，而认为《震》是东方之卦，东方于五行属木，最古的帝王当属木德，而“包羲氏始受木德”，亦即是人文始祖和历史开端，以取代邹衍以得土德的黄帝为历史开端的旧说。再次，新五德终始说所排列的古圣王更多、古史期也更长。邹氏解说自黄帝以来的历史，只涉及黄帝、夏禹、商汤和周文王四朝，秦汉时人据此而以秦得水德、汉得土德续之，新的一轮循环才刚好开始；而刘歆解说自伏羲以来的历史，所列的古史期就长得多了，其自伏羲氏至汉朝的历史统序如下：太昊伏羲氏为木德，炎帝神农氏为火德，黄帝轩辕氏为土德，少昊金天氏得金德，颛顼高阳氏为水德；帝喾高辛氏为木德，帝尧陶唐氏为火德，帝舜有虞氏为土德，伯禹夏后氏为金德，成汤为水德，周武王为木德，汉朝为火德。

刘歆以五行相生之五德终始说重构古史系统，既有着鲜明的现实政治动机，也是自邹衍以来人们古史观念不断变化和发展的结果。首先，从现实政治动机而言。刘歆创立这套学说的直接政治目的，是为西汉末年的政治统治危机寻找出路。西汉末年统治危机日益严重，社会上“异姓受命”和同姓“更受命”的呼声甚嚣尘上。刘歆作为一位头脑清醒、

[1] 关于五行相生之新五德终始说的创立，《汉书·郊祀志赞》认为是刘向父子。这一说法与实际不相符合，其理由：一是从史料来看，此说除《汉书·郊祀志赞》和抄袭《汉书》陈说之荀悦《汉纪·高祖纪》外，没有其他佐证材料。而《汉书·律历志》则记载了一段耐人寻味的话：“至孝成世，刘向总六历，列是非，作《五纪论》。向子歆究其微眇，作《三统历》及《谱》以说《春秋》，推法密要，故述焉。”就在这句话之后，颜师古注曰：“自此以下，皆班氏所述刘歆之说也。”这就明确告诉人们，以下所述《三统历谱》的内容乃为刘歆的学说而非刘向的学说（刘向只是提供了一些素材），而正是这部《三统历谱》之《世经》篇，详细叙述了以五行相生解说历史的新五德终始说。二是从思想倾向而言，一般来说，持五行相生说者，往往在政权更替上倾向于禅让；而持五行相胜说者，在政权更替上则倾向于革命。刘向是一位维护刘氏正统、具有强烈忧患意识的思想家，故而没有倡导五行相生之五德终始说的思想根基；而刘歆则是一个正统观念淡薄、具有一定反传统意识的现实主义思想家，他创立新五德终始说，正是为了使刘汉政权能够和平禅让于王莽。参考下文论述。

讲究现实的政治家，他显然看到王莽代汉已成为一种不可避免的现实。既然无法改变这种现实，他当然希望能够使政权和平地由刘氏过渡到王氏手里。而政权的和平过渡，历史上最被后人传颂的莫过于尧舜禹禅让的故事。刘歆创立五行相生之五德终始说，就是要为现实政治中的王莽代汉找寻历史的依据。在刘歆看来，“汉为尧后而得火德”，而王莽在后来即位的诏书中一再说自己是得土德的黄帝和舜的后代，因此，汉帝就应该仿效历史上得火德的尧主动禅位于得土德的舜的历史故事，而将帝位禅让于王莽。很显然，他鼓吹汉新禅让，既是为王莽代汉服务，也可以说是为刘汉政权能实现和平过渡服务。其实，刘歆的禅让说是反映了西汉末年学者们的一种普遍心理和愿望。王葆玹就明确指出，西汉末年的学者“鼓吹禅让或不反对禅让的理由，是认识到汉朝的衰亡已不可避免，真正有意义的事情不过是在暴烈的‘革命’和温和的‘禅让’之间进行选择，大家都害怕剧烈的社会动荡，愿意通过不流血的方式来实现权力的转移。刘歆正是在这种背景下，创立了古文经学，编排了有利于重演尧舜禹禅让故事的帝王世系，并将‘五行相胜’的帝王运次改为‘五行相生’的运次”[1]。

其次，从创立的历史依据而言。我们知道，邹衍的五德终始说主要是通过《吕氏春秋·应同》和《史记·封禅书》的记载而得以流传下来的。其实，《吕氏春秋》和《史记》的作者对于古史的认识已经较邹衍丰富得多了。如《吕氏春秋·古乐》提出了黄帝、颛顼、帝喾、帝尧和帝舜之五帝说，《情欲》《必己》《离俗》《上德》等篇目以神农、黄帝连称，《用众》《孝行》等篇则以三皇与五帝连称，只是在以五德终始说解说历史时，尚未将这些可能在作者看来还带有传说性质的历史人物纳入到古史序列中来罢了。司马迁也一样，他在撰写《史记》时，在《封禅书》中已经借管仲之口提到了在黄帝之前尚有无怀氏、虙羲、神农和炎帝等等诸古圣王，只是他的《史记》却还是依据《五帝德》和《帝系姓》而以五帝开篇，以黄帝为中华民族的人文始祖。董仲舒“三统”说中的五帝、九皇绌易，显然已经将古史从三代上追至五帝、九皇了，而这一古史期已经与《世经》相似。由上可知，自邹衍以来，人们的古史观念已

[1] 王葆玹：《今古文经学新论》，中国社会科学出版社1997年版，第454页。

经有了很大的改变，对于三代以前存在有三皇和五帝这样的看法已经是越来越认同了。刘歆的新五德终始说，正是借助于这些古史说的材料，而构建了一个较邹衍五行相胜说更为久长和丰富的古史系统。

新五德终始说蕴含的历史思想非常深刻：其一，开启了以五德言正闰的先河。在刘歆以五行相生之五德终始说所排列的古史系统中，我们没有看到秦朝。当然，刘歆不可能无视秦朝的存在，他之所以未将其排列于历史王朝统系之内，是因为在他看来，秦朝是以水德介于周之木德和汉之火德之间，故而未得五行相生之序，只能属于闰朝。据《世经》的说法，历史上的共工氏和帝挚与秦朝一样，都是因得水德失序而被排除于王朝统序之外的。实际上历史上的共工氏和帝挚被归并到闰统之列，只是刘歆为了不使秦为闰统显得过于偶然而找来的两个陪衬，其实际目的就是为了摒秦宣汉。刘歆殚精竭虑构建起来的这套古史系统，第一次以五德终始言历史王朝的正闰，而将秦排除于历史王朝的统序之外，这就全面开启了中国史学史上的正闰之辨，对班固及其之后中国正统史学的形成产生了重要而深远的影响。其二，宣扬了“圣人同祖”的思想。在汉代经学史上，一般来说今文经学家是主张“圣人无父”“圣人感生”说的，而古文经学家则主张“圣人有父”“圣人同祖”说。在刘歆排定的古史系统中，只有伏羲氏是“继天而王”，因而他是百王之先、百王之祖；炎、黄诸帝继之而王，他们的帝王统系皆出自于伏羲氏；自黄帝以后，帝王统系则明显地存在着一种同宗同族的关系，他们都是黄帝的后代。刘歆的“圣人同祖”说显然是一种君权神授论。在刘歆看来，古帝王同祖于伏羲氏，他们的王权由伏羲氏始而世代相继下来。但是，“为百王先”的伏羲氏，他的王权还是来自于上天的。

东汉公羊学集大成者何休，则提出了一种“三世”历史发展学说。“三世”说发端于《公羊传》的《春秋》“所见异辞，所闻异辞，所传闻异辞”之“三世”划分说；公羊学先师董仲舒则通过“于所见微其辞，于所闻痛其祸，于传闻杀其恩”[1]，从亲近疏远的角度对其做出了最初的表述。何休在公羊学前贤论述的基础上，构建了一套系统的“三世”历史发展理论。何休“三世”说的理论特征如下：

[1] 董仲舒：《春秋繁露》卷一《楚庄王》，苏舆义证本，中华书局1992年版。

首先，将历史的发展明确划分为衰乱、升平和太平三个时期，体现了一种历史不断发展的观点。何休关于其“三世”说的最为系统而集中的表述，当属对隐公元年（前722年）《公羊传》文“所见异辞，所闻异辞，所传闻异辞”的解释，其基本思想一是沿袭了《公羊传》和董仲舒的春秋“三等”说，以春秋十二公之昭、定、哀三公为所见世，文、宣、成、襄四公为所闻世，隐、桓、庄、闵、僖五公为所传闻世，由此确定亲近疏远、详今略古为历史撰述原则；二是将“异内外”与“三世”说相结合，寓夷夏之辨于“三世”学说之中，这是何休对公羊学先师“三世”说的一个重大发展（具体论述详后）；三是推陈出新，提出了“衰乱——升平——太平”之“三世”说，这是何休“三世”说中最具创意的部分，它肯定了社会历史发展的走向是一个从低级到高级、从衰乱到太平、从野蛮到文明的过程，换言之，是一个不断发展和不断进步的过程。[1]

需要指出的是，何休认为“三世”是一个由“衰乱”到“升平”再到“太平”的历史发展和进步的过程，而《春秋》所记载的“三世”历史变迁的实际情况却恰恰与之相反，从“所传闻世”到“所闻世”再到“所见世”，世道不但没有一世比一世兴盛，反而是一世比一世更加衰败。因此，究竟应该如何理解何休“三世”说的含义呢？清人皮锡瑞认为是“借事明义”。[2] 何休所借之事，当然是《春秋》所载242年史事；而其所明之义，则是肯定社会历史必然要经历一个从“衰乱世”到“升平世”而最终以达“太平世”的过程，太平之世将是一个没有种族区分、没有内外之别的天下一统之世。我们认为，何休作《春秋公羊传解诂》，其目的并不是去解说《春秋》所载的242年历史，而是借助《春秋》的史事来寄寓自己的社会理想。所以他说：“《春秋》定、哀之间，文致太平。”[3] 文、宣、成、襄为“升平世”，也只是“足张法而已”[4]。这就

[1] 何休：《春秋公羊传解诂·隐公元年》，徐彦注释本，上海古籍出版社1990年影印版。

[2] 参见皮锡瑞：《经学通论·春秋》，中华书局1954年版，第22—23页。

[3] 何休：《春秋公羊传解诂·定公六年》，徐彦注释本，上海古籍出版社1990年影印版。

[4] 何休：《春秋公羊传解诂·襄公二十三年》，徐彦注释本，上海古籍出版社1990年影印版。

明白无误地告诉人们，所谓“升平世”和“太平世”，只是一种虚构和假托，而并非真实的历史。因此，如果以何休的“三世”说来观照《春秋》“三世”史实，它当然是虚幻的；但如果说何休的“三世”说是对人类历史发展趋势的一种预测和解说，则无疑是正确的。值得称道的是，何休本人所处的东汉末年社会，其实正是一个衰乱之世，作为思想家的何休，却没有对历史的发展失去信心，而是表现了一种执着而坚定的历史信仰。

其次，何休系统地提出了“三科九旨”学说，将“三世”说与“存三统”“异内外”视作为一个不可分割的统一的有机整体。何休曾撰《春秋公羊文谥例》一书，对这一学说进行了具体阐释，可惜此书已经散佚，我们现在只能通过徐彦在《春秋公羊传注疏》“卷首语”中所做的引述了解这一学说的思想梗概：所谓“三科九旨”，即“新周，故宋，以《春秋》当新王”之“一科三旨”，“所见异辞，所闻异辞，所传闻异辞”之“二科六旨”和“内其国而外诸夏，内诸夏而外夷狄”之“三科九旨”。其实何休“三科九旨”说所涉及的这些理论课题，董仲舒以来的公羊学先师们都曾经分别作过自己的解说。所不同的是，何休是第一个视“三科九旨”学说为一个不可分割的有机整体，并由此构建起一套完整而系统的历史哲学体系的公羊学大师。究其“三科九旨”学说，基本思想如下：

第一，“三世”说与“三统”说之间的关系。公羊学家的“三世”说与“三统”说，都是一种解说历史发展的学说，所不同的是，“三统”说是对历史发展总趋势的一种总结，而“三世”说则是借《春秋》所载十二公史实而进行的一种历史总结。何休的“三统”说，主要是掇拾董仲舒“新周，故宋，以《春秋》当新王”旧说，不过对董仲舒提出的“王鲁”命题着重进行了系统阐发，认为董氏“王鲁”说是“托鲁明义”，因为孔子《春秋》所立定的王义、王法，在春秋乱世时期显然不可能得到实现，它是在为后来的汉朝制定王道政治的大经大法，内蕴了孔子对历史发展前途的信心和希望。而何休的“三世”说，如前所述，则是“借事明义”，它通过对历史发展过程所做的“衰乱”“升平”和“太平”之“三世”发展的更为具体的描述，目的也是为了说明历史的不断发展性。因此，何休的“三统”说与“三世”说形式虽异，内蕴的思想本质却是相同的。

第二，“三世”说与“异内外”说之间的关系。何休“异内外”说与先儒存在着明显的不同，这就是他将“三世”说运用来解说其“异内外”说，肯定了夷狄的不断进步与发展，认为“太平”之世将是一个“夷狄进至于爵，天下远近小大若一”的大一统之世，从而赋予了传统公羊学夷夏观以全新的含义。按照何休“三世”进化说，在“衰乱”之世，诸夏尚未统一，故夷狄“未得殊也”，因此，也就不存在什么夷夏之辨问题。这一时期的主要矛盾是中国与诸夏的矛盾，解决这一基本矛盾的原则是“内其国而外诸夏”，在史书书法上则需体现“尊京师”大义。当历史进入“升平”之世时，夷狄已“可得殊”，也就有了夷夏之辨问题。在处理夷夏关系时，应该奉行进诸夏、退夷狄的原则，也就是要“内诸夏而外夷狄”。当然，夷夏之辨只是一种礼义之辨，而不是种族之辨。因此，如果夷狄仰慕诸夏文明，自觉行仁讲义，则需“中国之”。当历史进入“太平”之世时，何休认为，这一时期的夷狄通过“升平”之世的不断进化，已经由野蛮而至文明，成为诸夏的一部分了。“至所见之世，著治太平，夷狄进至于爵，天下远近小大若一，用心尤深而详”。[1] 因此，“太平”之世已经是一个没有夷夏之别的天下一统的社会，不但道德文明已经发展到了极致，而且政治、种族、文化也实现了空前的统一。尽管“夷狄进至于爵，天下远近小大若一”只是一种美好愿望，不过这种肯定历史不断进步和发展的思想，无疑是使人鼓舞、催人奋进的。

（二）宋代理学的历史变易思想

宋代理学经学也讲变易，重视探讨历史变易趋势，以北宋邵雍和南宋朱熹最具代表性。

邵雍在宋代理学中以讲象数学而著称，正如朱熹所说：“周子（敦颐）从理处看，邵子从数处看，都只是这理。”[2] 邵雍的象数学思想，集中见诸其《皇极经世书》一书。该书共分 12 卷，其中卷 1 至卷 2“总元、会、运、世之数”；卷 3 至卷 4“以会经运”，为生化运行与历史年表；卷 5 至卷 6“以运经世”，为生化运行与历史大事记；卷 7 至卷 10

[1] 均见何休：《春秋公羊传解诂·隐公元年》，徐彦注释本，上海古籍出版社 1990 年影印版。

[2] 《朱子语类》卷九三，岳麓书社 1997 年版。

“以阴、阳、刚、柔之数，穷律、吕、声、音之数；以律、吕、声、音之数，穷动、植、飞、走之数”；卷 10 至卷 12 “则论《皇极经世》之所以为书”。[1] 所谓“元会运世”，是邵雍采用的计时单位，1 元为 12 会、360 运、4320 世、129600 年、1555200 月、45656000 日、559872000 辰，其余则以这 8 个名目互相叠乘，也就是邵雍所说的“以元经会”“以会经元”“以晨经元”，直至“以晨经晨”。以“六十四”为极数，与《易经》六十四卦象相一致。当然，《易经》六十四卦不是一个封闭的体系，同样，邵雍的元、会、运、世也是一个不断循环的系统，一元消长结束后，便是新的一元的开始。毫无疑问，《皇极经世书》是一部贯通天地之书。

邵雍的历史变易学说与其象数学宇宙构成学说是相一致的。在《皇极经世》中，邵雍创立了一套详细的历史年表，按照所创的元、会、运、世等时间概念，将历史事实一一排列其中，并加以具体评论，提出了历史发展进程的皇、帝、王、伯（霸）四阶段说。《皇极经世书·观物》说：“皇之皇以道行道之事也，皇之帝以道行德之事也，皇之王以道行功之事也，皇之伯以道行力之事也。”[2] 在此，邵雍以道、德、功、力来对应皇、帝、王、伯，无疑是认为历史进程呈现一种逐渐衰败的走向。在该篇中，邵雍有时也用春、夏、秋、冬和日、月、星、晨来比喻历史上各个时代，他说：

> 三皇春也，五帝夏也，三王秋也，五伯冬也。七国冬之余洌也。汉王而不足，晋伯而有余。三国伯之雄者也。十六国伯之丛者也。南五代伯之借乘也。北五代伯之传舍也。隋，晋之子也；唐，汉之弟也。隋季诸郡之伯，江汉之余波也。唐季诸镇之伯，日月之余光也。后五代之伯，日未出之星也。

邵雍的上述说法，与他的皇、帝、王、伯说是相一致的，皆认为自三皇、五帝以来至唐五代的历史是一个不断衰败的历史，而五代乃“日未出之星”，已是一片黑暗。

---

[1] 胡广：《性理大全书》卷七《皇极经世书一》，《四库全书》本。
[2] 邵雍：《皇极经世书》卷十二《观物篇六十》，《四库全书》本。

然而，邵雍的历史观并不是一味地鼓吹倒退。如上所述，既然邵雍是将历史事实排列入元、会、运、世之中，而元、会、运、世是不断循环的。上述所谓五代“日未出之星”，其实它的言外之意，不正是预示着宋代这个新的光明时代的到来！因此，以一元为一阶段来看，邵雍的历史观是倒退的；以“大运”来看，邵雍的历史观又是循环的。

不过，邵雍又认为皇、帝之道（即道德政治）虽然从理论上可以重复出现，但在现实当中却又是难以企及的，关键是能成就皇、帝之道的圣人不常有。所以他一方面说“苟有命世之人，继世而兴焉，则虽民如夷狄，三变而帝道可举”，一方面又感叹“人之难，不其难乎?”[1]

朱熹的历史变易思想非常丰富，盖言之主要有三个方面：

首先，朱熹对世界的起源作了探讨，认为是“理气妙合”的结果。一方面，朱熹认为物质起源归根结底是“气”不断运转流通的结果。在解释天地成因时，朱熹说：“天地初间只是阴阳之气。这一个气运行，磨来磨去，磨得急了，便拶许多渣滓；里面无处出，便结成个地在中央。气之清者便为天，为日月，为星辰，只在外，常周环运转。地便只在中央不动，不是在下”。“天包乎地，天之气又行乎地之中”。[2] 朱熹认为，作为万物之灵的人也是气化而成的。当弟子包扬问：“生第一个人时如何?”他明确回答说：“以气化。二五之精合而成形，释家谓之化生。”[3] 这里所谓二五，是指阴阳二气和金木水火土五行。“阴阳是气，五行是质。有这质，所以做得物事出来”[4]。有了开始气化而成的一男一女，以后人类的繁衍就好比草木一样，靠着种子萌发而生，这叫做“形化”。朱熹说：“既有此两个一牝一牡，后来却从种子渐渐生成，便是以形化，万物皆然。”[5] 另一方面，朱熹又是理学集大成者，这就决定了他的世界起源说必然会打上理学的烙印。朱熹承认“气聚成形”，却又说“理与气合，故能成形”[6]，认为“气之所聚，理即在焉，然理终为主，此即

[1] 邵雍：《皇极经世书》卷十二《观物篇六十》，《四库全书》本。
[2] 《朱子语类》卷一，岳麓书社 1997 年版。
[3] 《朱子语类》卷一，岳麓书社 1997 年版。
[4] 《朱子语类》卷一，岳麓书社 1997 年版。
[5] 《朱子全书》卷四九，清康熙五十三年（1713 年）武英殿刻本。
[6] 《朱熹集》卷四六，四川教育出版社 1996 年版。

所谓妙合也"[1]。在探讨理、气、形之间的关系时，朱熹明确指出："天道流行，发育万物。其所以为造化者，阴阳五行而已。而所谓阴阳五行者，又必有是理而后有是气。及其生物，则又必因是气之聚而后有是形。故人物之生，必得是理，然后有以为健顺仁义礼智之性；必得是气，然后有以为魂魄五脏百骸之身。周子（敦颐）所谓'无机之真，二五之精，妙合而凝'者，正谓是也。"[2] 显然，在朱熹看来，万物成形是无极之真（理）和二五之精（气）"妙合"的结果。

其次，朱熹认为历史是在因革损益中延续下来的。朱熹依据《易》"穷则变"的原理，肯定制度损益是一种历史的必然。他认为古圣王也是讲损益的，黄帝、尧、舜"'垂衣裳而天下治'，是大变他以前底事了"[3]。有人问："孔子监前代而损益之，及其终也，能无弊否?"朱熹明确回答说："恶能无弊。"[4] 在朱熹看来，任何一种制度，即使经过再好的损益，随着历史的发展变化，它都会出现弊端，都必须要再进行损益。朱熹深入考察周秦以来的历史发展变化，认为历代制度损益存在着一种规律："周末文极盛，故秦兴必降杀了。周恁地柔弱，故秦必变为强戾；周恁地纤悉周致，故秦兴一向简易无情，直情径行，皆事势之必变。……秦既恁地暴虐，汉兴定是宽大。故云：'独沛公素宽大长者。'秦既鉴封建之弊，改为郡县，虽其宗族，一齐削弱。至汉，遂大封同姓。"由于超过了一定的度，引起了七国之乱，于是又不得不"划削宗室"。而汉朝的衰落，又引出"晋武起，尽用宗室"的局面。西汉"大纲恁地宽厚，到后便易得废弛，便有强臣篡夺之祸。故光武起来，又损益前后之制，事权归上，而激励士大夫以廉耻"。谈到宋代，朱熹说："本朝监五代，藩镇兵也收了，赏罚行政，一切都收了"，其结果是造成了积弱。因此，王安石"熙宁变法，亦是当苟且惰弛之余，势有不容已者"[5]。很显然，朱熹是肯定周秦以来制度损益的必然性的。不过，对于如何损益的问题，

---

[1]《朱熹集》卷四九，四川教育出版社 1996 年版。
[2] 朱熹：《四书或问·大学或问》，黄昆校点本，上海古籍出版社 2001 年版。
[3]《朱子语类》卷七六，岳麓书社 1997 年版。
[4]《朱子语类》卷二四，岳麓书社 1997 年版。
[5]《朱子语类》卷二四，岳麓书社 1997 年版。

朱熹也提出了自己的见解，那就是要“中道”。朱熹认为历史上秦变周是对的，只是它“损益得太甚”，以至暴虐无情；汉变秦也是对的，只是太“宽厚”，所以出现了“强臣篡夺之祸”；宋变唐、五代，将兵权、政权统统归上，结果造成地方虚弱，无法御敌。[1] 这些损益显然都不符合“中道”的原则。那么，如何损益才能符合“中道”呢？朱熹提出两条原则：一是要“通其变，使民不倦”；二是由圣君主持损益通变。[2] 然而世道常变，而圣君不常有，为了避免救一弊又生出一弊的现象发生，朱熹主张“为政如无大利害，不必议更张”[3]。当然，作为理学家，朱熹一方面肯定制度损益的必然性，一方面明确认为纲常伦理这个“大体”是万世不易的。也就是说，历史除了损益，还有因袭，“所因，谓大体；所损益，谓文为制度，那大体是变不得底”[4]。何以“大体”变不得？朱熹说：“所因之礼，是天做底，万世个不可易；所损益之礼，是人做底，故随时更变”。“纲常千万年磨灭不得。只是盛衰消长之势，自不可已”。“虽如秦之绝灭先王礼法，然依旧有君臣，有父子，有夫妇，依旧废这个不得”。“只是安顿得不好尔”。[5]

最后，朱熹提出“一治一乱”的历史循环论。朱熹以自然界中阴阳之气运行规律来解释人类社会历史的变化规律：“气运从来一盛了又一衰，一衰了又一盛，只管恁地循环去。”[6] 人类历史与此相对应，也是“一治一乱，气化盛衰，人事得失，反复相寻，理之常也”[7]。朱熹赞同孟子关于尧以来历史的一治一乱说，肯定尧时洪水泛滥是一乱，而大禹奉命治水，消除水患是为乱后一治；尧舜之后“暴君代作”，“及纣而又一大乱”，周公兼夷狄是乱后之治；周室东迁后世道衰微，邪说暴行纷起，又是一乱，“孔子作《春秋》以讨乱贼，则致治之法垂于万世，是亦

[1] 《朱子语类》卷二四，岳麓书社 1997 年版。

[2] 《朱子语类》卷七六，岳麓书社 1997 年版。

[3] 《朱子语类》卷一〇八，岳麓书社 1997 年版。

[4] 《朱子语类》卷二四，岳麓书社 1997 年版。

[5] 《朱子语类》卷二四，岳麓书社 1997 年版。

[6] 《朱子语类》卷一，岳麓书社 1997 年版。

[7] 朱熹：《孟子集注》卷六，见《四书章句集注》，新编诸子集成本，中华书局 1983 年版。

一治也”；战国杨、墨之言盈天下为一乱，而孟子“距杨墨”，而使“君臣父子之道，赖以不坠。是亦一治也”。[1] 朱熹的一治一乱说有小循环与大循环之分，上述三代一治一乱只是小循环，若从大循环而言，三代皆为治世，而汉唐才是衰世。朱熹借用邵雍的象数学来说明历史一治一乱之大循环性，认为在“一元”129600年当中，是半明半晦的，“有五六万年好，有五六万年不好，如昼夜相似”[2]。据此，他将尧至宋代的历史看作为“一元”，认为三代是天理流行的好的一截，而汉唐则是人欲横流的不好的一截；三代圣王“致诚心以顺天理，而天下自服，王者之道也”[3]，而汉唐统治者则推行霸道政治，只靠“智谋功力”，不讲义理。[4] 在此，我们无需苛求朱熹断限历史的数字，他只是借用邵雍象数学之理而已。人问康节（邵雍）数学，朱熹说：“且未须理会数，自然是有此理”。“理在数内，数又在理内。康节是他见得一个盛衰消长之理”。[5] 不过，朱熹企图用“数”来解说历史发展变化规律，显然是枯燥的、非辩证的。不过，正如邵雍预言宋代这个光明时代的到来一样，朱熹之三代、汉唐历史盛衰论的弦外之音，自然也是要明示宋代这个新的治世时代的到来，而这正是朱熹历史循环论的真正用意所在。

（三）清代公羊学的“三世”历史变易说

清代公羊学[6]在承继汉代公羊学历史变易理论的同时，又赋予其新的时代内涵。

清代公羊学兴起于常州学派的出现，这一学派的创始人庄存与、刘逢禄、宋凤翔等人，都非常重视阐发汉代公羊学的“通三统”和“张三世”的历史变易理论。汉代公羊学的“通三统”理论，旨在说明夏、商、周三代替代的过程，及其制度的因革损益性；而其“张三世”理论，则

[1] 朱熹：《孟子集注》卷六，见《四书章句集注》，新编诸子集成本，中华书局1983年版。

[2]《朱子语类》卷二四，岳麓书社1997年版。

[3] 朱熹：《四书或问·孟子或问》，黄昆校点本，上海古籍出版社2001年版。

[4]《朱子语类》卷二五，岳麓书社1997年版。

[5]《朱子语类》卷一〇〇，岳麓书社1997年版。

[6] 清代公羊学始于清中期的常州学派，经鸦片战争前后龚自珍、魏源等人的大力提倡，晚清时期成为康有为等人宣扬维新变法的重要理论依据。

是肯定历史发展依循着“衰乱——升平——太平”之“三世”不断发展和进步。常州学派出现于清朝统治开始出现危机的中后期，他们反对经学研究只拘泥于章句注疏，而重视发挥经学的经世致用价值。他们倡导汉代《公羊》家的“通三统”和“张三世”说，旨在宣扬政治改革，以维护清王朝的统治。如常州学派的开山鼻祖庄存与在所作《春秋正辞》中，历数何休的“三统三正”说（亦即董仲舒之说）、孔子的因革损益说，肯定《公羊》家的“三统三正”说旨在改制，同时也符合孔子的损益说，并借用刘向“王者必通三统，明天命所授者博，非独一姓也”之语，肯定王朝变更的必然性和合理性。[1] 这样的解说无疑是有见识和胆识的。不过，庄存与对于“张三世”的解说却了无新意。

刘逢禄是乾嘉年间常州学派的主将，在所作《春秋公羊何氏释例叙》中，他重视阐发董仲舒、何休的公羊学说。刘逢禄通过对公羊学“通三统”理论的阐发，肯定历史朝代变化，相应的正朔、服色、制度都应该加以变化，他借用《周易》的语言将之称作“穷则必变”。所作《春秋公羊何氏释例·通三统例第二》说：“盖以王者必通三统，而治道乃无偏而不举之处。自后儒言之，则曰‘法后王’。自圣人言之，则曰三王之道若循环，终则复始，穷则返本，非仅明天命所授者博，不独一姓也。夫正朔必三而改，故《春秋》损文而用忠；文质必再而复，故《春秋》变文而从质。”[2] 而在《释三科例中》篇中，刘逢禄又做了进一步的引申：“三王之道若循环，非仅明天命所授者博，不独一姓也。天下无久而不敝之道，穷则必变，变则必返其本，然后圣王之道与天地相终始。”[3] 很显然，刘逢禄的“通三统”说讲的就是变革问题。同样，刘逢禄对公羊学“张三世”理论的阐释，也凸显了“变”的思想。在所作《春秋公羊何氏释例·张三世例第一》中，他通过讲述《周易》《诗经》《尚书》《春秋》所包含的阴阳、终始、治乱、兴衰之理，以及三代正朔的改易，而得出对于历史变动的重要认识：“故曰：治不可恃，鸣隼犹获麟也，而商正于是乎建矣。乱不可久，孛于东方，螽于十二月，灾于戒社，京师于

[1] 《春秋正辞》“奉天辞第一”，见《清经解》卷三七五，上海书店 1988 年版。
[2] 阮元主编：《清经解》卷一二八〇，上海书店 1988 年版。
[3] 刘逢禄：《刘礼部集》卷四，光绪十八年（1892 年）延晖承庆堂重刻本。

吴楚犹《匪风》《下泉》也，而夏正于是建矣。无平不陂，无往不复，以此见天地之心也！”[1] 这里“治不可恃”“乱不可久”“无平不陂，无往不复”，蕴含着他对现实政治的理解与感受，也表达了他对改革现实政治的强烈愿望。

鸦片战争以后的晚清时期，从龚自珍到康有为，他们阐发公羊学“三世”理论，自觉将公羊学变易理论与现实政治变革与维新结合起来，由此最终推动戊戌政治变法运动的开展，是公羊学最为兴盛的历史时期。关于晚清公羊“三世”变易学说，详见本书第七章《近代化过程中经史关系的嬗变》，此不赘言。

二、传统史学的“通古今之变”

在传统史学的发展过程中，无论是以司马迁《史记》、司马光《资治通鉴》和典制体“三通”为代表的通史撰述，还是以班固《汉书》为代表的断代史撰述，以及以王夫之《宋论》《读通鉴论》为代表的历史评论著作，都非常重视“通古今之变”，他们的“通变”与“会通”思想，构成了传统史学“通古今之变”的基本内涵。

（一）历代通史撰述的“通古今之变”思想

西汉司马迁作纪传体通史《史记》最早标榜要成史家“一家言”，而“通古今之变”，便是司马迁“一家言”具体内涵之一。他要将上起黄帝下至汉武帝上下三千年的历史作为一个整体，来考察和把握其中的治乱兴衰变易之理。具体而言，司马迁“通古今之变”的思想主要表现为三个方面：

第一是“原始察终，见盛观衰”的方法论。《史记·太史公自序》说：“网罗天下放失旧闻，王迹所兴，原始察终，见盛观衰。”由此可见，司马迁“通古今之变”的基本方法是“原始察终，见盛观衰”。这里所谓“原始察终”，就是要对历史追溯其原始，察究其终结。这种方法要求人们要把历史当作一个整体和过程来加以考察，以把握历史发展变化的各种因果关系。《史记》撰述的整体构思，就充分体现了“原始察终”的原

[1] 阮元主编：《清经解》卷一二八〇，上海书店 1988 年版。

则。其中十二本纪旨在考察王迹的兴衰；十表与十二本纪是一种经与纬的关系，整体反映了自黄帝以来三千年历史发展变化之大势；八书记述的是历代制度的演进情况；三十世家和七十列传则主要叙述了各类历史人物在历史变易过程中所起的作用。而《史记》对具体历史的评述也非常重视运用“原始察终”的方法。如在诸篇表、书的序文中，司马迁一再反复强调要用“原始察终”的方法来考察历史。所谓“见盛观衰”，就是要注意考察历史的发展变化是一种盛衰之变，是盛中有衰、衰中有盛，因此要注意发展兴盛之时可能会出现的向衰的方向的转变。司马迁肯定历史变易是一个盛衰不断变动的过程，我们合观《五帝本纪》和夏、商、周三代本纪，表述的是上古圣王盛德政治的兴衰过程；合观《秦本纪》与《秦始皇本纪》，便可看出秦是怎样由割据一方到一统天下再到二世而亡的全过程；而《十二诸侯年表》则集中概述了各诸侯势力此消彼长、更替称霸的全过程。

第二是“承敝易变”的变革论。司马迁“承敝易变”思想的哲理基础就是《易传》的“《易》穷则变”思想。司马迁认为，一个政权的覆灭，必然是这个政权在制度上出现了种种弊端，因此，代之而起的新兴政权就必须要针对前朝制度的种种弊端进行变易。他通过比较秦、汉改制情况后说：“周秦之间，可谓文敝矣。秦政不改，反酷刑法，岂不缪乎？故汉兴，承敝易变，使人不倦，得天统矣。”[1] 认为不知变易救弊和懂得救弊便民，是秦朝迅速败亡和汉朝得以稳定的原因所在。《史记》重视对于变革历史的记述，而略于和平时期的历史记述。据统计，《史记》关于黄帝以来三千年历史记述总共有 52 万余字，而关于周初、战国、秦汉之际和武帝建元后四个主要变革时期的历史记述，却有 40 余万字数，由此可见其重视变革历史记述之一斑。《易传》的“《易》穷则变”思想还包含着“革命”的主张，如《革》卦彖辞就说：“天地革而四时成，汤武革命，顺乎天而应乎人。革之时大矣哉！”《史记》也继承了《易传》这一思想，其典型事例莫过于列陈胜入世家，将陈胜首义与汤武革命和孔子作《春秋》相提并论。[2]

---

[1] 《史记》卷八《高祖本纪》，中华书局 1959 年版。

[2] 《史记》卷一三〇《太史公自序》，中华书局 1959 年版。

第三是“五德”“三统”之循环进化论。司马迁关于历史变易趋势的认识，受到邹衍五德终始说和董仲舒“三统”说的影响。《史记》接受了邹衍五德终始学说中关于各王朝德属的解说，如《五帝本纪》说黄帝“有土德之瑞，故号黄帝”，《殷本纪》说“汤乃改正朔，易服色，上白，朝会以昼”，《秦始皇本纪》说“始皇推终始五德之传，以为周得火德，秦代周德，从所不胜”。对于汉朝的德属，司马迁赞同贾谊、公孙臣的土德说。[1] 可见司马迁关于各朝的政权更替，是按照邹衍的五德终始说来加以诠释的。《史记》对董仲舒“三统”说也作了吸取，《高祖本纪》依据此说对夏朝以来至汉朝的历史变易作了解说：“夏之政忠。忠之敝，小人以野，故殷人承之以敬。敬之敝，小人以鬼，故周人承之以文。文之敝，小人以僿，故救僿莫若以忠。三王之道若循环，终而复始。周秦之间，可谓文敝矣。秦政不改，反酷刑法，岂不缪乎？故汉兴，承敝易变，使人不倦，得天统矣。”这段话主要含义有二：其一认为夏、商、周制度变易是通过后朝对前朝的损益救弊而按照忠、敬、文秩序进行的，忠、敬、文三王之道的变易是“若循环，终而复始”；其二认为秦皇朝不知变易，而汉朝“承敝易变，使人不倦”，乃“得天统矣”。值得注意的是，“五德”“三统”说既是一种循环史观，同时又内蕴有进化的思想。“五德”说的实质是讲救弊，严安在上书汉武帝时说：“臣闻《邹子》曰：‘政教文质者，所以云救也……’”[2] 而“三统”说则讲改制变道，从根本上说也是救弊。因此，在“五德”“三统”说之循环表象下，是蕴含着历史进化思想的。

北宋司马光的编年体通史《资治通鉴》，从探讨易道阴阳消长之理入手，来论证人类社会历史治乱兴衰交替运动的变化趋势，也蕴含了丰富的“通古今之变”的思想。司马光认为，易道的变化其实就是阴阳变化，“易者，阴阳之变也”[3]，“阴阳之交际，变化之本原也”[4]。也就是说，宇宙万物的生生不息，其实就是事物内部阴阳交际或矛盾的结果。而阴

[1] 参见《汉书》卷二五《郊祀志赞》，中华书局 1962 年版。
[2]《汉书》卷六四下《严安传》，中华书局 1962 年版。
[3] 司马光：《温公易说·易总论》，上海古籍出版社 1989 年影印本。
[4] 司马光：《温公易说》卷六，上海古籍出版社 1989 年影印本。

阳交际为何能导致宇宙万物的生息变化，司马光认为这是“阴阳相殊”，即阴阳的差异性所决定的。司马光认为，阴阳既有相互依赖的一面，“阳非阴则不成，阴非阳则不生，阴阳之道，表里相承”[1]。同时又有相互排斥的一面，即“不齐”性，阳具“刚健”之性，阴具“柔顺”之性，阴阳、乾坤、刚柔、健顺“各守一德，以生万物”[2]。也就是说，阴阳相互需要、相互依赖，体现了事物的稳定性；阴阳交际、相互矛盾，则体现了事物的变化。司马光还进一步对阴阳变化规律进行了论述。司马光说：“物极则反，天地之常也。”事物的阴阳之变呈一种“物极必反”律，“阴极则阳生其中”[3]，“阳极则阴生其中”[4]，“阳盛则阴微，阴盛则阳微”，阴阳二者“一往一来，迭为宾主”[5]。由于天地万物皆以阴阳为体，因此这种阴阳盛衰消长之变是普遍存在于宇宙万物之中的。

由易道论人道，司马光认为，既然易道主变，天地万物皆有盛衰消长之变，因此，人类社会的历史也有治乱兴衰的变动。司马光说：“阴阳之相生，昼夜之相承，善恶之相倾，治乱之相仍，得失之相乖，吉凶之相反，皆天人自然之理也。”[6] 反观北宋以前中国历史发展总像，司马光肯定从上古到三代，历史是不断进步、不断发展的。他说：“上古之民，处于草野，未知农桑，但逐捕禽兽，食其肉，衣其皮”，古朴而未开化。以后伏羲氏、神农氏、黄帝等古圣王相继而出，通过他们的不断发明创制，从而使人类告别了洪荒时代，而进入了“礼义教化”的时代。[7] 对于三代政治，司马光提出了“王霸无异道”的思想。他说：

> 昔三代之隆，礼乐、征伐自天子出，则谓之王。天子微弱不能治诸侯，诸侯有能率其与国同讨不庭以尊王室者，则谓之霸。其所以行之也，皆本仁祖义，任贤使能，赏善罚恶，禁暴诛乱；顾名位

[1] 司马光：《温公易说》卷一，上海古籍出版社 1989 年影印本。
[2] 司马光：《温公易说》卷六，上海古籍出版社 1989 年影印本。
[3] 司马光：《温公易说》卷二，上海古籍出版社 1989 年影印本。
[4] 司马光：《温公易说》卷六，上海古籍出版社 1989 年影印本。
[5] 司马光：《温公易说》卷五，上海古籍出版社 1989 年影印本。
[6] 司马光：《集注太玄》卷六，明钞本。
[7] 司马光：《稽古录》卷一，北京师范大学出版社 1988 年版。

有尊卑，德泽有深浅，功业有巨细，政令有广狭耳，非若白黑、甘苦之相反也。[1]

这段话的意思是说，王道、霸道并没有本质的区别，它们“皆本仁祖义，任贤使能，赏善罚恶，禁暴诛乱”，所不同的只是二者“名位有尊卑，德泽有深浅，功业有巨细，政令有广狭”，但是它们绝不是“若白黑、甘苦之相反”。对于汉唐政治，司马光认为总体上是逐渐衰落的。如两汉“虽不能若三代之圣王，然犹尊君卑臣，敦尚名节”，是一个遵守礼法的社会；魏晋以降，社会“风俗日坏”“不顾名节”，是一个道德逐渐沦丧的时代；唐代进一步衰落，这个时代的社会“不复论尊卑之序、是非之理”；到了五代，社会已败落到极限，这个时代“天下荡然莫知礼义为何物矣”。[2] 应该说，司马光对于汉唐历史的评价，实行的是一种道德评价标准，明显地打上了理学的烙印。不过，司马光并不是一个是古非今论者，他认为北宋前期社会经过太祖、太宗两朝的励精图治，已经形成太平盛世局面：“盖自宋兴二十年，然后大禹之迹复混而为一，以至于今八十有五年矣。朝廷清明，四方无虞，戎狄顺轨，群生遂性，民有自高曾以来，未尝识战斗之事者。盖自古太平未有若今之久也。”[3] 这里司马光肯定宋初政治，显然是为了激励当时的统治者有所作为。

典制体“三通”的作者杜佑、郑樵和马端临，在他们各自的典制体通史著作《通典》《通志》[4] 和《文献通考》中，都很好地发挥了“通古今之变”的思想。

唐朝杜佑的《通典》，是通过取材于历代正史的书志，沿用司马迁开创的通史体例，融会历代典章制度为一炉，而创立的中国史学史上第一部典章制度体通史。李翰在《〈通典〉序》中对《通典》作了这样的解题：“采五经群史，上自黄帝，至于有唐天宝之末，每事以类相从，举其始

[1] 司马光：《资治通鉴》卷二七《汉纪十九》，中华书局 1956 年版。

[2] 均见《司马文正公传家集》卷二四《上谨习疏》，商务印书馆 1937 年版。

[3] 司马光：《稽古录》卷一六，北京师范大学出版社 1988 年版。

[4] 郑樵的《通志》是一部纪传体史书，因其中的典制部分“二十略”成就巨大，而被人们当作典制体重要代表作，与杜佑《通典》和马端临的《文献通考》合称为“三通”。

终；历代沿革废置及当时群士论议得失，靡不条载，附之于事，如人支脉，散缀于体，凡有八门[1]，号曰《通典》。”这段话揭示了《通典》的编纂特点，那就是强调“会通”、注重议论和条分门类。很显然，统括史志、贯通古今，是杜佑《通典》撰述的重要旨趣。同时，《通典》的撰述成功，也为古代典章制度史的撰写开辟了一个崭新的局面。清代史评家章学诚从通史撰述的角度对《通典》的成就作了评述：“梁武帝以迁、固而下断代为书，于是上起三皇，下迄梁代，撰为《通史》一编，欲以包罗众史。史籍标‘通’，此滥觞也。嗣是而后，源流渐别：总古今之学术，而纪传一规乎史迁，郑樵《通志》作焉；统前史之书志，而撰述取法乎官礼，杜佑《通典》作焉；合纪传之互文，而编次总括乎荀、袁，司马光《资治通鉴》作焉；汇公私之述作，而铨录略仿乎孔、萧，裴潾《太和通选》作焉。此四子者，或存正史之规，或正编年之的，或以典故为纪纲，或以词章存文献，史部之通，于斯为极盛也。”[2] 在此，章学诚一方面对《通典》的编纂特点作了概括：“以典故为纪纲”，“统前史之书志，而撰述取法乎官礼”；一方面对《通典》在通史撰述上的地位给予了肯定，将它与《资治通鉴》《通志》和《太和通选》并称为通史“四子”，是通史“极盛”之作的代表。近代史家梁启超也在所著《中国历史研究法》中明确指出，杜佑的《通典》是“统括史志”而“卓然成一创作”的典制体史书，是“史志著作之一进化”。

南宋郑樵《通志》的主旨思想是讲“会通”，但也讲“通变”。《通志·总序》开篇即说：“百川异趋，必会于海，然后九州无浸淫之患；万国殊途，必通诸夏，然后八荒无壅滞之忧：会通之义大矣哉!”这里所谓“会”，是指对各种史料进行综合；所谓“通”，是指史书记载应该时代相续、联结。而《通志·总序》关于孔子的评论，就体现了一种“变”的思想。郑樵说：“自书契以来，立言者虽多，惟仲尼以天纵之圣，故总

[1] 关于《通典》的门类，从杜佑《通典自序》看，它分成食货、选举、职官、礼、乐、刑、州郡和边防八类，也就是李翰这里所谓“八门”。但据《旧唐书》本传载杜佑《上〈通典〉表》，则云“书凡九门，计二百卷”，这多出的一门是从“刑”中分出的“兵”。杜佑在《自序》“刑又次之”下已自注说“大刑用甲兵”，因此《通典》定稿后将兵、刑分列成了两门，因此便有了“九门”之说。

[2] 章学诚：《文史通义》卷四《释通》，叶瑛校注本，中华书局 1994 年版。

《诗》《书》《礼》《乐》而会于一手，然后能同天下之文；贯二帝、三王而通为一家，然后能极古今之变；是以其道光明百世之上，百世之下不能及。”这里所谓“同天下之文”，当然是指汇总天下文献；而“贯二帝、三王”即贯通古今历史以“极古今之变”，就具有非常明显的历史通变思想。从《通志》的撰述内容来看，确实也很好地体现了其“极古今之变”的思想。从作为一部纪传体史书来看，《通志》对唐朝以前15部正史进行了汇集统编，体例仿效《史记》五体，又采《晋书》的“载记”体例，改“表”为“谱”，易“志”为“略”；内容则上起三皇，下至隋代，典制部分则延至唐宋，既包罗万象，又贯通古今。从作为一部典制体史书来看，《通志》的通变思想表现得更为突出。《通志》的二十略凡52卷，可谓全书的精华，也是郑樵最得意之作。所谓“略”，乃“总天下之大学术而条其纲目”之谓也。其中的礼、职官、选举、刑法和食货五略，本于杜佑《通典》；天文、地理、器服、艺文、灾祥和乐六略，为旧史志的改变；而氏族、六书、七音、都邑、谥、校雠、图谱、金石和昆虫草木九略，则为郑樵所独创。郑樵区定典制类别后，非常重视对它们上溯其源，下探其流，“原始察终”，说明其发展过程。如《氏族略》就分析了主要姓氏的由来，叙述了姓氏由分到合的演变情况，论述了姓氏学的发展；《都邑略》记述了历代王朝、方国和域外的都城建制及其沿革迁徙情况，从中反映出都城变迁与国家政治经济诸因素之间的关系；《灾祥略》讲述历代自然变异现象，旨在说明灾祥之变与人事之关系；如此等等。即便像《六书略》《七音略》《校雠略》这些讲文字构造、音韵原理和图书管理方法的典制门类，也非常重视交代其来龙去脉。由此可见，二十略的“通变”意识是非常强烈的。

元初马端临著《文献通考》，也力倡“会通因仍之道”。马端临通过对历代史学的评述，肯定了历史撰述的“会通”、特别是典章制度史撰述的“会通”之义。《文献通考·自序》说：“《诗》《书》《春秋》之后，惟太史公号称良史，作为纪、传、书、表，纪传以述理乱兴衰，八书以述典章经制，后之执笔操简牍者，卒不易其体。然自班孟坚而后，断代为史，无会通因仍之道，读者病之。”在此，马端临肯定了司马迁《史记》体现的“会通因仍之道”，而对班固断汉为史作《汉书》未能传承此义提出批评。《自序》对司马光《资治通鉴》“取千三百余年之事迹，十七史之纪述，萃为一书，然后学者开卷之余，古今咸在”给予肯定，却对其书“详于理乱兴衰，而略于典章经制”表示遗憾。对于杜佑的典制体通史《通典》，《自序》肯定其述典制“肇自上古，以至唐之天宝，凡历代因革之故，粲然可考”，然因时代局限而未能叙唐天宝以后的典制，同时，其“节目之间，未为明备，而去取之际，颇欠精审”。因此，马端临撰写《文献通考》，就是要继续贯彻“会通”的思想，对杜佑《通典》进行续作，同时整齐典制体的类例。从《文献通考》的撰述内容来看，确实很好地体现了马端临的“会通”思想。一方面，《文献通考》重视区定类例，会聚文献，体现了“会”的思想。《文献通考》继承了《通典》“立分门”的思想，共设有 24 门，其类例区定较之于《通典》和《通志略》都更加完善。同时，《文献通考》取材广博、网罗宏富，所立诸考涵盖了从经济基础到上层建筑的封建社会的各种典章制度。另一方面，《文献通考》重视“原始要终”、贯通史事，体现了“通”的思想。《文献通考》撰述动机之一是续作《通典》，但是它的历史记述并不是从唐天宝以后开始写的，而是上自上古时期，下迄宋宁宗嘉定末年。在这样一个古今时间段里，详细叙述历代典章制度及其时代特点和沿革情况，从而对几千年的各项典章制度做出系统而完整的把握。《文献通考》这种“原始要终”的编纂方法，旨在体现典章制度的系统性、连贯性，探讨其中的“因仍之道”。从时间跨度而言，《文献通考》可以被看作为是《通典》的扩写，它在《通典》的基础上将古代典章制度往后续写了约 570 年。同时，《文献通考》重视贯通史事，其每一考都是本着一种贯通的思想去写作的，重在考察每一项典章制度的因革损益及其所表现出的时代特点。

（二）班固《汉书》的“洽通”意识

在传统史学中，重视“通古今之变”者并不仅仅局限于通史作者，即使断代为史的史家，也没有背离“通古今之变”的撰史旨趣，《汉书》的作者班固便是其中的代表。

班固撰述《汉书》，所奉行的一个基本原则便是“综其行事，旁贯‘五经’，上下洽通”[1]。这里所谓“上下洽通”，便是强调《汉书》记载史事既要博洽，又要贯通。《汉书》出于“宣汉”的需要而重视博洽，旨

[1]《汉书》卷一〇〇《叙传》，中华书局 1962 年版。

在尽可能地全面反映西汉社会的整体面貌。从内容上讲，《汉书》的博洽集中体现在十志的撰述上，它主要围绕着政治制度、经济制度和思想文化三个方面，对于西汉一朝的典章制度作了全面的叙述。其中论政治典制的有《礼乐志》《刑法志》《郊祀志》《地理志》和《沟洫志》；论经济典制的有《食货志》，以及与之相匹配的《货殖传》；论思想文化典制的有《艺文志》《律历志》《天文志》和《五行志》，同时，《儒林传》和一些学者传记也是反映思想文化的重要材料。

同时，《汉书》也讲贯通。断而不断，断中有通，这是《汉书》的特点。《汉书》的四种体例都体现了这种贯通意识，其中的表和志体现得最为突出。从《汉书》的八表来看，如《异姓诸侯王表》记载了自虞夏以来至汉初异姓诸侯王的兴起、发展以及至汉初最终被消灭的情况，全面系统地展现异姓诸侯王的兴衰之史；《诸侯王表》记载的主要是周至汉诸侯王的消长变化情况；《百官公卿表》着重记载了自伏羲、神农、黄帝以来直到汉代的官职变化情况，同时还对历代官职变化之因以及变化的影响也作了论述；《古今人表》为《汉书》首创，它将自伏羲至汉代各式人物分成九等，其目的是要“显善昭恶，劝诫后人”。从《汉书》的十志来看，其最重贯通古今，旨在“通”的过程中了解各种典章制度的兴起与沿革情况。如《律历志》记载了自太昊至东汉的历法运用情况；《礼乐志》记载了自周至东汉初年礼乐制度的演变情况；《刑法志》系统介绍了自古至汉刑法制度的具体演变情况；《食货志》记载了自古以来至王莽时期的食、货情况；《郊祀志》主要是记载历代帝王的祭祀等庆典及宗教活动；《天文志》系统记述了先秦至汉代的天象变化和天文学发展的历史；《五行志》详细记载了自古以来天象与人事的参验情况；《地理志》不但对汉代行政区划、户籍人口、风土民情和物产情况作了系统介绍，而且还详细记述了古今地理的沿革情况；《沟洫志》实际上是一部关于夏禹以来的水利兴修的历史；《艺文志》则是一部汉代以前的思想文化史。很显然，《汉书》中十志的记述内容并不局限于西汉一朝，它是把汉代的典章制度放在历代典章制度发展及其沿革的进程中来写的，这样便于人们了解历代典章制度的发展脉络和变易情况，而不是孤立地去看待汉朝的典章制度。

(三）王夫之历史评论的“通变”意识

明末清初思想家兼史学家王夫之著《读通鉴论》和《宋论》，为中国古代历史评论的总结性成果。王夫之的史论，也表现出了强烈的“通变”意识。

首先，王夫之肯定历史是不断发展和进步的。王夫之通过对上古三代历史的考察，认为：“唐、虞以前，无得而详考也，然衣裳未正，五品未清，婚姻未别，丧祭未修，狉狉獉獉，人之异于禽兽无几也”。“若夫三代之季，尤历历可征焉。当纣之世，朝歌之沈酗，南国之淫奔，亦孔丑矣”。“春秋之民，无以异于三代之始。帝王经理之余，孔子垂训之后，民固不乏败类，而视唐虞三代帝王初兴，政教未孚之日，其愈也多矣”。[1] 很显然，在王夫之看来，所谓上古三代盛世，只是被理学家们美化了而已，其实它并不是一种理想的社会。相反，被理学家们视为人欲横流的汉唐社会，王夫之通过自己的考察，却提出了截然相反的看法。他说：唐朝“以太宗为君，魏徵为相，聊修仁义之文，而天下以帖然受治，施及四夷，解辫归诚，而不待尧、舜、汤、武也。垂之十余世，而虽乱不亡。事半功倍，孰谓后世之天下难与言仁义哉?”[2] 在此，王夫之以历史事实证明了历史是发展的，后世也是可以胜过前世的。王夫之还进一步将“理”与“势”的概念引入来解说历史的发展，而肯定历史的发展不是人的主观意志所决定的，而是蕴含着一种必然之“理”和必然之“势”，是“理”与“势”统一的结果。如关于“封建”与“郡县”问题，王夫之就认为三代实行分封，使社会由无合无治到有合有治，是合乎历史进化之“理”、顺乎历史进化之“势”的。而秦汉以降，“郡县之制，垂二千年而弗能改矣，合古今上下皆安之，势之所趋，岂非理而能然哉?”[3] 这就是说，秦以后郡县制代替分封制也是顺势成理的一种历史发展的必然。

其次，王夫之强调历史的发展变化是一种盛衰之变。他说：“乱极而治，非一旦之治也，治极而乱，非一旦之乱也，方乱之终，治之几动而

[1] 王夫之：《读通鉴论》卷二〇，中华书局 1998 年版。
[2] 王夫之：《读通鉴论》卷二〇，中华书局 1998 年版。
[3] 王夫之：《读通鉴论》卷一，中华书局 1998 年版。

响随之……方治之盛，乱之几动而响随之。”[1] 这就是说，历史的发展是在一治一乱的更替中进行的。但是，王夫之认为，这种一治一乱绝不是一种简单的重复，而是存在着复杂的治乱离合。他通过对中国古代历史的考察，而认为这种治乱更替“迄于今，凡三变矣”[2]：第一阶段是唐虞三代，这是统一国家政权建立的时期，也是社会开始进入有序时代的时期；第二阶段是春秋至宋以前，这一阶段治乱交相更替，治表现为天下共主与稳定，乱表现为天下分裂与动荡；第三阶段是宋代以后，这一阶段的治乱区别不在于国家的统一与分裂，而在于天下之主是汉族还是异族，这一点明显地反映出了王夫之的夷夏之防的思想。王夫之进一步认为，决定历史盛衰的因素主要有两个方面：一是君主必须要知人善任。王夫之提出了一个重要观点：国有谀臣则亡，国无谀臣则兴。他结合历史评述道：“秦始皇之宜短祚也不一，而莫甚于不知人。非其不察也，惟其好谀也。托国于赵高之手，虽中主不足以存，况胡亥哉！汉高之知周勃也，宋太祖之任赵普也，未能已乱而足以不亡。建文立而无托孤之旧臣，则兵连祸结而尤为人伦之大变。徐达、刘基有一存焉，奚至此哉？虽然，祚之所以不倾者，无谀臣也。”[3] 二是要重视风教。这里所谓风教，指的是一种政治品质。王夫之结合东晋、南朝士族政治对此作了评述，他说：“晋、宋以降，为大臣者，怙其世族之荣，以瓦全为善术，而视天位之去来，如浮云之过目。……风教所移，递相师效，以为固然，而矜其‘通识’。”[4] 认为正是这种将家族的利益置于国家利益之上的风教，导致了这一时期政权的频繁更替。王夫之的这一评论是颇有见地的。

第三节　“大一统”思想

“大一统”，是传统经史之学关于政治统治格局与民族关系的一种政

[1] 王夫之：《诗广传》卷四《大雅》，中华书局 1964 年版。
[2] 王夫之：《读通鉴论·卷末叙论一》，中华书局 1998 年版。
[3] 王夫之：《读通鉴论》卷一，中华书局 1998 年版。
[4] 王夫之：《读通鉴论》卷一七，中华书局 1998 年版。

治历史观点。经学兴起于西汉大一统政治的建立和巩固时期，而以司马迁《史记》和班固《汉书》为代表的正史也是创始于汉代大一统时代，这样一种历史机缘，赋予了传统经史之学重视“大一统”的思想。而由于传统经史之学重视对“大一统”思想的宣扬，从而又促进了“大一统”观念的深入人心，遂成为国人的一种主流思想意识。

一、汉代公羊学的“大一统”思想

重视阐发“大一统”思想，这是以董仲舒、何休为代表的汉代公羊学派今文经学理论的一大特点。然而从理论渊源而言，却需要溯源到先秦“六经”、诸子时代的天下统一观念，并且直接导源于公羊学的奠基之作《公羊传》的“大一统”思想。

（一）先秦时期的天下统一观念

先秦时期的儒家经典和儒家代表人物就对天下统一观念作过表述。在“六经”经传中，像《诗经·小雅·北山》所谓“溥天之下，莫非王土；率土之滨，莫非王臣”，便是对天下政治一统所做出的最初表述；而《左传》昭公七年（前535年）的“封略之内，何非君土？食土之毛，谁非君臣？”完全套用了《诗经》的说法；《左传》隐公元年（前722年）通过记录“郑伯克段于鄢”之事，还提出了“国不堪贰”的君权至上论思想；《礼记·礼运》关于“大同”之世的论述，也是为天下一家所绘制的蓝图。儒家创始人孔子作《春秋》，高举“尊王攘夷”的旗号，体现的也是一种天下统一的观念。《论语·宪问》称赞管仲功德，认为“桓公九合诸侯，不以兵车，管仲之力也。如其仁！如其仁！”便是对这种“尊王攘夷”之天下统一观念的最好注解。孟子则提出“定于一”的天下统一观。《孟子·梁惠王上》明确认为只有“不嗜杀人”的统治者，才能得到民心，而使天下最终“定于一”。相比较而言，荀子的天下统一思想更为系统。《荀子》一书很多篇章都对天下统一问题进行了阐述，如《致士》篇说：“隆一而治，二而乱。自古及今，未有二隆争重而能长久者。”《儒效》篇说：“法先王，统礼义，一制度。以浅持博，以古持今，以一持万。”《正论》篇说：“天下为一，诸侯为臣……故天子生则天下一隆，致顺而治，论德而定次。”《王制》篇说：“全道德，致隆高，綦文理，一天下，振毫末，使天下莫不顺比从服，天王之事也。……天下不一，诸侯俗反，则天王非其人也”。“四海之内若一家，故近者不隐其能，远者不疾其劳，无幽闲隐僻之国，莫不趋使而安乐之”。这些论述充分反映了荀子对建立王者独尊、天下一统政治秩序的一种渴望。而在《非十二子》篇中，荀子还充分认识到政治统一与学说统一之间的密切关系，而提出了“总方略，齐言行，一统类”，实现天下学说统一的主张。荀子认为，“邪说”“奸言”是“枭乱天下”的原因，要实现天下政治一统，就必须要“六说者立息，十二子者迁化”，具体做法则是“上则法舜、禹之制，下则法仲尼、子弓之义”，即以孔子创立的儒家学说作为天下统一的学说。毫无疑问，作为先秦儒学的后学，汉代公羊家自然会受到先秦儒家这种天下统一观念的影响，并积极地使之发扬光大。

在先秦诸子时代，具有天下统一观念的并不仅仅是儒家，像墨家、法家等学派也有相同的主张。如墨学有十大政治主张，其中之一便是“尚同”。而“尚同”的目的就是要消除“异义”，同于一“义”，即是要立定统一之义。这个统一之义的内涵很丰富，既有经济层面的维护所有权、道德层面的兼爱、灵魂层面的敬奉鬼神，更有政治层面的建立上下尊卑的等级制度。在墨子所设计的“尚同”的理想国中，其政治体系有天子、三公、诸侯、将军、大夫及乡长、里长组成，上下级的关系是一个下同于上的关系，最终上同于天子，“天子之所是，必亦是之；天子之所非，必亦非之”[1]。法家讲势、法、术，主张绝对君主专制统治。法家集大成者韩非子就主张君主通过保势位以固君权，行法治以防奸佞，用权术以驭大臣，造就一种“事在四方，要在中央；圣人执要，四方来效”[2]的政治格局。为了巩固绝对君主专制的大一统政治，法家也强调学术思想统一的重要性。韩非子受其师荀子统一天下学说思想的影响，在《韩非子·显学》中说：“夫冰炭不同器而久，寒暑不兼时而至，杂反之学不两立而治。今兼听杂学缪行同异之辞，安得无乱乎？听行如此，其于治人又必然矣。”明确指出“杂学”是导致天下混乱的原因，要使天下得到治理，就必须要统一天下学说。当然，韩非子视诸家学说为“六

[1] 《墨子·尚同中》，诸子集成本，中华书局1954年版。
[2] 《韩非子·扬权》，陈奇猷校注本，中华书局1958年版。

虱”“五蠹”，他的学术思想统一自然是要统一于法家，《六反》篇明确主张明主治国必须“重其刑罚以禁奸邪”，认为只有法治才是“帝王之政”。上述墨家、法家的天下统一观念，作为一种思想素材，也会对汉代公羊家创建其“大一统”学说有一定的影响。

（二）《公羊传》的“大一统”思想

对“大一统”思想做出最初阐发的是《公羊传》。作为汉代公羊学的奠基之作，《公羊传》解经之显著特点，是重视阐发《春秋》“大一统”之义，这与《穀梁传》和《左传》存在着明显的不同。《公羊传》关于“大一统”思想的阐发，从思维方法到思想内容，都对汉代公羊学“大一统”思想有着重要而直接的影响，是汉代公羊学“大一统”思想的直接理论导源。

《春秋·隐公元年》开篇说：“元年，春，王正月。”对此，《公羊传》解释说：

> 元年者何？君之始年也。春者何？岁之始也。王者孰谓？谓文王也。曷为先言王而后言正月？王正月也。何言乎王正月？大一统也。

称君王即位之年为元年，当属三代书法通例，苏舆说：“谓一年为元年，未修《春秋》之先，盖已有此。”[1] 因此，《公羊传》谓“元年”为“君之始年”，似乎并无深义。而将“王正月”与“大一统”联系在一起，由此生发出“大一统”思想，则无疑是《公羊传》的独创，因为并称为“《春秋》三传”的《左传》和《穀梁传》都没有这样一种“大一统”论。《左传》对这句经文的解释是：“元年，春，王周正月。”只是说明采用周正（周历）这样一个事实而已。《穀梁传》的解释则是：“虽无事，必举正月，谨始也。”认为书“正月”的目的是为了“谨始”，这个始是指一年之始，也无“大一统”之义。

那么，《公羊传》又是如何论证“王正月”所体现的“大一统”之义的呢？《公羊传》认为，“王正月”之“王”，是指周文王；将“正月”系

[1] 董仲舒：《春秋繁露》卷三《玉英》，苏舆义证本，中华书局1992年版。

于“王”之后，是为了表明采用的是周文王历法的正月（以十一月为正月），即用周正；采用周正，自然就包含着对周文王和周朝天子的尊崇；诸侯用周正、尊崇周天子，当然是一种拥护天下一统的举动。《公羊传》的这番“大一统”推论并非空穴来风，它是有一定历史根据的。照理来说，在春秋战国时代，周天子是天下共主，各诸侯国理应采用周正。可在实际上，当时各诸侯国不但政治上各自为政，而且所使用的历法也是不尽相同的。如《春秋》记述鲁国历史，采用的是周历；而《左传》记述晋国历史，采用的则是夏历。实际上，当时夏、殷、周三正都在使用。而《公羊传》的作者认为，《春秋》书“王正月”，就是强调要用周正，就是要表达一种天下一统的思想。

《公羊传》着力阐发《春秋》“大一统”之义，还具体表现在重视于宣扬尊王思想上。《公羊传》认为，春秋是一个礼崩乐坏的时代。随着王权的衰落和政权的下移，诸侯争霸不已，肆意僭越礼制，周天子威信扫地。作为礼乐制度的维护者，孔子对这种局面感到痛心疾首，便在《春秋》中通过褒贬义例和避讳手法来体现尊王大义。如《春秋·僖公二十八年》载晋文公践土会盟招致周天子之事说：“五月癸丑，公会晋侯、齐侯、宋公、蔡侯、郑伯、卫子、莒子，盟于践土。陈侯如会。公朝于王所。”《公羊传》认为，这里“公朝于王所”一句，便是《春秋》采用的一种避讳手法：《春秋》“曷为不言公如京师？天子在是也。天子在是，则曷为不言天子在是？不与致天子也”。在《公羊传》看来，诸侯招致天子，当然是违礼的行为。《春秋》为了维护周天子的尊严，而采用了这种避讳的手法。这年冬天，晋文公再会诸侯于温，招周天子与会，《春秋》书曰：“天王狩于河阳。”《公羊传》解释说：“狩不书，此何以书？不与再致天子也。”又如《春秋·庄公六年》载：“夏六月，卫侯朔入于卫。”《公羊传》认为《春秋》的记载蕴含了褒贬之义：“卫侯朔何以名？绝。曷为绝之？犯命也。其言入何？篡辞也。”在《公羊传》看来，卫侯犯天子之命，当然是一种不尊王的表现，所以《春秋》要名之绝之，以示贬损。《公羊传》明确认为，《春秋》的记事原则是不与诸侯专地、专封、专讨的，旨在以此体现尊王大义。所以，在《春秋》所记 242 年之事中，凡是体现尊王大义的，必然给予褒奖；凡是违背尊王大义的，则必然给予贬损。同时，重视采取避讳的手法，来维护尊亲贤者的形象。

（三）董仲舒的“大一统”学说

作为儒学大家、公羊宗师的董仲舒，是汉代“大一统”理论的主要构建者。从理论渊源来讲，董仲舒的“大一统”学说自然会受到先秦儒家“大一统”观的影响，而其直接理论导源则是《公羊传》的“大一统”思想。

首先，董仲舒受《公羊传》思维方式的影响，其阐发“大一统”之义的切入点也是由“王正月”到“大一统”，只是在思想内涵上有出入。董仲舒说：

> 《春秋》曰“王正月”，传曰：“王者孰谓？谓文王也。曷为先言王而后言正月？王正月也。”何以谓之王正月？曰：王者必受命而后王。王者必改正朔，易服色，制礼乐，一统于天下，所以明易姓，非继仁，通以己受之于天也。王者受命而王，制此月以应变，故作科以奉天地，故谓之王正月也。[1]

如上所述，《公羊传》认为“王”是指周文王，“王正月”是指奉周正，“大一统”当然是一统于周天子。而董仲舒则认为“王”不是指周文王，而是受命新王，“大一统”是一统于新王。同时，董仲舒又进一步认为，新王是受命于天、继天而王的，因此要改正朔、易服色，以报答天命。这样一来，董仲舒的“大一统”思想就明显包含了两个层次：天下一统于新王，王一统于天。天人关系由此而得以打通。在《春秋繁露·观德》中，有一段话涉及“王正月”问题。该篇说：“其亲等也，而文王最先。四时等也，而春最先。十二月等也，而正月最先。德等也，则先亲亲。鲁十二公等也，而定、哀最尊。”其中头三句便是对“春王正月”的解说，这里所谓“先”，也就是“始”之义；而德等以亲亲为先，是体现一种质道政治；尊崇定、哀，则是体现亲疏远近之义。在《天人对策》中，董仲舒也对“春”“王”“正月”三者之间的关系做了说明：“正次王，王次春。春者，天之所为也；正者，王之所为也。其意曰，上承天之所为，

[1] 董仲舒：《春秋繁露》卷七《三代改制质文》，苏舆义证本，中华书局1992年版。

而下以正其所为，正王道之端云尔。”[1] 在此，董仲舒明确认为，“王”之所以次于“春”，因为“春”是天事；“正月”之所以次于“王”，因为“正月”是王事。董仲舒关于由“王正月”到“大一统”的这番解说，无疑是对《公羊传》“大一统”思想的重要改造和发挥，与其“三统”历史变易学说是相一致的。

其次，董仲舒提出“元”本体论，阐发“大一统”思想的形上根源。董仲舒对《公羊传》“大一统”之义的发挥，最具特色之处还是对“元”的阐释。陈桐生认为，“董仲舒的创造性在于拈出一个‘元’字，赋予它以哲学的本体意义”[2]。董仲舒沿着《公羊传》的思路，已经从“王正月”中究出了他所理解的《春秋》“大一统”之义，这就是天下一统于天子（新王），天子一统于天。然而，在董仲舒看来，《春秋》字字无虚置，经文之所以首言“元年”，其间也一定蕴含深刻大义。为此，《春秋繁露》和《天人三策》中对《春秋》为何要变“一”为“元”，以及“元”之内涵都做了详细论述。《春秋繁露》关于“元”的阐发很多，如《玉英》篇说：《春秋》“谓一元者，大始也。知元年志者，大人之所重，小人之所轻”。《重政》篇说：“惟圣人能属万物于一而系之元也，终不及本所从来而承之，不能遂其功。是以《春秋》变一谓之元，元犹原也，其义以随天地终始也。故人惟有终始也而生，不必应四时之变，故元者为万物之本，而人之元在焉。安在之？乃在乎天地之前。”《王道》篇说：“《春秋》何贵乎元而言之？元者，始也，言本正也。”如此等等。而在上汉武帝的《天人三策》中则说：“《春秋》谓一元之意，一者万物之所从始也，元者辞之所谓大也。谓一为元者，视大始而欲正本也。”董仲舒这些解说，其主旨思想有二：一是肯定“元”是一种先于天地、先于万物的本体，因此是天地万物之“始”。二是认为天地万物虽然千差万别，而究其源则归于“一”，所谓“一者万物之所从始也”。不过这个作为万物源头的“一”是一种“大一”，它不等于具体的“一”。为区别起见，《春秋》才称这个作为万物之源的“大一”为“元”，此所谓“元者辞之所谓大也”。董仲

[1] 《汉书》卷五六《董仲舒传》，中华书局1962年版。
[2] 陈桐生：《史记与今古文经学》，陕西人民教育出版社1995年版，第58页。

舒视“元”为天地万物之始，于是乎“王正月”所体现的天下一统于王(新王)、王一统于天，进而又有了天一统于元这样的终极层次，“元”也因此成为董仲舒“大一统”论的形上根基。

再次，董仲舒强调尊王，肯定治权一统的重要性。尊王是《公羊传》“大一统”思想应有之义，董仲舒继承和发展了这一思想。董仲舒的天人感应论，宣扬君权神授，“三统”说强调新王受命于天，前文对这种神化君权的思想已经作了详细论述，此不赘言。

董仲舒尊王论的另一项重要内容则是王为民“元”，王为本始。在董仲舒的“元”本体论中，其实是存在着元之“元”、天之“元”和王之“元”之三层次区分的：元之“元”是指万物始“元”；天之“元”是指王以天为“元”，即王者受命于天；王之“元”是指王为万民之“元”。《春秋繁露》对王为民“元”的思想作了系统阐发，《深察名号》说：“深察君号之大意，其中亦有五科：元科、原科、权科、温科、群科。合此五科，以一言谓之君。”在董仲舒看来，“君”号蕴含有五科之义，它是大始、是本原、是权威、是温暖、是群首。一言以蔽之，“君”这一名号主要体现的就是一种本始。《立元神》篇则说：“君人者，国之元，发言动作，万物之枢机。”认为君王是国家之元首，万物之枢机。《为人者天》篇也说：“唯天子受命于天，天下受命于天子”，肯定天子是天下之始，万民之始。

当然，君王作为“元”和本始，它主要是通过君与臣和君与民的关系而得以体现的。就君臣关系而言，臣以君为始、“元”，受命于君、一统于君。《春秋繁露·天地之行》一方面将君与臣的关系比喻作心与体的关系，说：“是故君臣之礼，若心与体，心不可以不坚，君不可以不贤；体不可以不顺，臣不可以不忠。”一方面又将君与臣的关系比喻作天与地的关系，认为君与臣应各自按天与地的法则行事。《立元神》篇则用阴阳观念来解说君臣的关系，认为“人臣居阳而为阴，人君居阴而为阳。阴道尚形而露情，阳道无端而贵神”。这里所言阴阳，表现在政治关系上即是无为和有为。人君应以无为而成其功，人臣应以有为而为君所役使，这就叫“人君居阴而为阳”“人臣居阳而为阴”。很显然，董仲舒在此不但吸收了阴阳家的思想，而且吸收了道家的思想。[1] 西汉前期实行郡国并行制，因此在君臣关系中还有一种君主与诸侯的关系。董仲舒赞成《公羊传》不与诸侯专封、专地、专讨的说法，认为“有天子在，诸侯不得专地，不得专封，不得专执天子之大夫，不得舞天子之乐，不得致天子之赋，不得适天子之贵”[2]。而就君民关系而言，董仲舒也将这种关系比喻作心与体的关系。《为人者天》篇说：“君者，民之心也；民者，君之体也。心之所好，体必安之；君之所好，民必从之。”与君臣关系一样，在君民关系中，君主也总是处于中心的和至高无上的位置，而民只能是处于一种服从的地位。

又次，董仲舒重视夷夏之辨，宣扬华夷一统。在先秦儒家“大一统”观中，就包含着夷夏之辨与以夏化夷的思想。《公羊传》一方面承继了先秦儒家的夷夏观，认为“《春秋》内其国而外诸夏，内诸夏而外夷狄”[3]，强调夷夏之别；一方面又对夷狄仰慕礼义者“中国之”，对“中国”违背礼义者“夷狄之”,[4] 而发展了先秦儒家的夷夏观。董仲舒在继承儒家先师特别是《公羊传》的夷夏观念的基础上，对夷夏关系问题作了进一步阐发：第一，对夷夏分辨更为精细。《春秋繁露·精华》说：“《春秋》慎辞，谨于名伦等物者也。是故小夷言伐而不得言战，大夷言战而不得言获，中国言获而不得言执，各有辞也。有小夷避大夷而不得言战，大夷避中国而不得言获，中国避天子而不得言执……名伦弗予，嫌于相臣之辞也。是故小大不逾等，贵贱如其伦，义之正也。”这段话包括三层含义，一是认为《春秋》注重通过遣辞来明辨夷夏之别；二是将夷夏别为三等，即“中国”、大夷和小夷，强调小夷避大夷、大夷避“中国”“中国”避天子；三是认为辨别夷夏为三等，其目的是为了“明伦”，即是为了维护纲常等级秩序和辨明尊卑关系的需要。第二，夷夏之辨需“从变从义”。《春秋繁露·精华》说：“《春秋》无达辞，从变从义，而一以奉天。”这就是说，夷夏之别不但要以礼义为其标准，而且是会从变而

---

[1] 关于董仲舒对道家思想的吸收，参见汪高鑫：《论董仲舒对道家政治思想的吸取》，《江淮论坛》1997 年第 5 期。

[2] 董仲舒：《春秋繁露》卷四《王道》，苏舆义证本，中华书局 1992 年版。

[3] 《公羊传·成公十五年》。

[4] 参见《公羊传》的《桓公十五年》及《定公四年》等内容。

移的。《竹林》篇以具体事例对这种"从变从义"思想作了解说："《春秋》之常辞也，不予夷狄而予中国为礼，至邲之战，偏然反之，何也？曰：《春秋》无通辞，从变而移。今晋变而为夷狄，楚变而为君子，故移其辞而从其事。"在此，董仲舒以《春秋》"从变而移"的思想来评判晋、楚两国的行事，认为晋国虽然是中原之国，由于其穷兵黩武，无善善之心和救民之意，所以"不予之"；而楚国虽然是蛮夷之国，由于其有可贵之美和救民之意，所以要"予之"。大凡向慕中原礼义文化的蛮夷之国，董仲舒采取肯定态度，而以"中国"之。如赤狄潞子由于仰慕华夏文化，主动归化，《春秋》许之，董仲舒赞之。《春秋繁露·观德》说："潞子离狄而归，党以得上，《春秋》谓之子，以领其意。"第三，主张"王者爱及四夷"。董仲舒不但认为对于那些仰慕华夏文化、遵守礼义道德的蛮夷民族要以"中国"相待，即使是尚未归化的蛮夷民族也应该以仁爱之心对待他们。董仲舒说："故王者爱及四夷……危者爱及旁侧，亡者爱及独身。独身者，虽立天子诸侯之位，一夫之人耳，无臣民之用矣。"[1] 在此，董仲舒是以王者一统的观点来肯定"王者爱及四夷"之必要性的。董仲舒甚至主张对于那些不愿归化的夷狄如匈奴等，也可以与它们立盟结交，"与之厚利以没其意，与盟于天以坚其约，质其爱子以累其心"[2]。当然，这种做法与其以夏化夷、王道一统的主张还相差甚远，只是不得已而为之罢了。但从另一个角度来看，作为一种权宜之计，用这种办法来维持与夷狄的友好关系，对于维护和稳定大一统政治也是有积极作用的。

最后，董仲舒提出"罢黜百家，独尊儒术"之思想"大一统"主张。周桂钿认为，"董仲舒所谓大一统主要是要统一思想"[3]。这显然是充分认识到了统一思想在董仲舒"大一统"理论体系中的重要地位。董仲舒思想大一统的具体主张就是"罢黜百家，独尊儒术"，其具体表述见于《天人对策》，董仲舒说：

[1] 董仲舒：《春秋繁露》卷八《仁义法》，苏舆义证本，中华书局1992年版。

[2] 《汉书》卷九四下《匈奴传》，中华书局1962年版。

[3] 周桂钿：《秦汉思想史》，河北人民出版社2000年版，第219页。

《春秋》大一统者，天地之常经，古今之通谊也。今师异道，人异论，百家殊方，指意不同，是以上亡以持一统；法制数变，下不知所守。臣愚以为诸不在六艺之科孔子之术者，皆绝其道，勿使并进。邪辟之说灭息，然后统纪可一而法度可明，民知所从矣。[1]

这段话的具体含义有三：一是认为“大一统”是《春秋》要旨之一，它是天经地义的，永远合理的；二是认为汉初没有统一思想作指导，结果导致法律制度经常更改，人民无所遵循；三是强调要“罢黜百家，独尊儒术”，将人们的思想统一到儒家学说上来，只有这样，大一统政治才能巩固，国家法度才能明了，人民才知道遵循什么。统而言之，也可以概括为两层含义，一是政治大一统必须思想大一统，二是思想大一统必须一统到儒家学说上来。

政治大一统必须思想大一统，这是因为思想意识都是与政治紧密相连并为政治统治服务的。秦、汉两朝都是大一统的皇朝。为适应政治大一统的需要，秦朝选取了法家思想作为全国统一的思想；汉初统治者则吸取了亡秦的教训，而以黄老思想作为统一的治国思想。秦与汉初的政治实践告诉人们，政治大一统往往是与思想大一统同步的。而董仲舒主张思想统一必须统一到儒家学说上来，这是对汉初思想统一于黄老道的一种否定。众所周知，汉初在黄老道家思想指导下，经济上取得了显著的成效，造就了“文景之治”。但是，由于黄老思想毕竟是道家的一个支流，仍保留着先秦道家的一些消极因素，容易养成一种保守观念和守成心理。面对一直对西汉大一统政治构成威胁的边患问题和王国问题，它表现得无能为力。因此，汉武帝即位后，时代需要大有作为，治国思想也必须要做出改变，董仲舒的“罢黜百家，独尊儒术”的思想统一主张正是因此机缘而起。不过，董仲舒所讲的儒术，已经不是完整意义上的先秦孔孟之儒，而是经过董仲舒改造过的董氏儒学，它以天人感应论为思想体系，以先秦儒家学说为骨干，同时又熔铸了阴阳家、法家、墨家、道家等诸家思想于其中，实际上是继黄老道之后又一次思想整合。而经过整合之后的汉代新儒学，更加适应了大一统政治统治的需要，儒学也

[1]《汉书》卷五六《董仲舒传》，中华书局1962年版。

由此长期成为中国封建统治的指导思想。

(四) 何休的“大一统”理论

作为东汉经学大师和公羊学的集大成者，何休对公羊学“大一统”之义的阐发也多有发明。何休的“大一统”理论主要包括三个方面的内容，一是重视阐发《公羊》家的“五始”说，对公羊学“大一统”思想在形而上层面作了重要发挥；二是结合东汉政治现实，积极倡导“尊天子”的思想；三是宣扬“天下小大远近若一”的夷夏一统思想，这是何休“大一统”理论的重要特色。由于前文已对何休的夷夏一统观作了详细叙述，此不赘言。这里主要谈何休的“五始”说与“尊天子”论。

首言“五始”说。按照汉代公羊学家的说法，《春秋》经文首句“元年，春，王正月”内蕴“五始”之义。《公羊》家们将该句经文拆解为“元年”“春”“王”“正月”四个要素，外加“公即位”(因鲁隐公意在摄政，故经文首句后省去了“公即位”这一书法定式) 而成五要素，认为这五要素都体现了“始”之义，也就是“五始”。在《公羊传》中，并没有这样一种“五始”的说法。董仲舒也没有明确提到“五始”这个概念，不过，《春秋繁露》实际上已经对“五始”之义作了阐发，如《玉英》篇说：“是故《春秋》之道，以元之深正天之端，以天之端正王之政，以王之政正诸侯之即位，以诸侯之即位正境内之治。五者俱正，而化大行。”这段话也见于《二端》篇，其中便内蕴了“五始”之义：以元为天之始，以天为王之政之始，以王之政为诸侯即位之始，以诸侯即位为竟内之治之始。而且这“五始”与“元年春王正月”外加“公即位”五要素也是相对应的，“元年”即是“元”“春”即是“天”“王正月”即是“王之政”“公即位”即是“诸侯即位”。汉宣帝时，王褒在奏语中已有“惟《春秋》法五始之要，在乎审己正统而已”[1] 的说法。以此来看，西汉时期已有“五始”之说是没有问题的。

在汉代《公羊》家中，对“五始”及其内蕴的“大一统”之义进行系统解说者当属何休。《春秋公羊传解诂》明确将“五始”概括为：“元年”为天地之始，“春”为四时之始，“王”为受命之始，“正月”为政教之始，“公即位”为一国之始。作为“五始”之首，“元年”在《公羊传》

---

[1] 《汉书》卷六四下《王褒传》，中华书局 1962 年版。

中的解释是“君之始年也”，它并没有什么特殊的含义。董仲舒为了求得理论的彻底性，对“元年”之“元”作了认真追究，将它看作是万物之“大始”，从而赋予了它以本体论的含义。何休的“元”论，与公羊先师董仲舒又不尽相同，《解诂》对隐公元年（前722年）传文“元年者何？君之始年也”作了如下解释：

> 变一为元。元者，气也，无形以起，有形以分，造起天地，天地之始也。故上无所系，而使春系之也。不言公，言君之始年者，王者、诸侯皆称君，所以通其义于王者，惟王者然后改元立号。《春秋》托新王受命于鲁，故因以录即位，明王者当继天奉元，养成万物。

由上可知，如果说董仲舒将“元”理解为“始”和“大一”的话，那么在何休看来，“元”只是一种“气”，它是“无形以起，有形以分，造起天地，天地之始也”。“董生所见的‘元’是作为序数的一与作为基数的一的逻辑的统一，而何休所见的‘元’则是先于天地的元气及其‘造起天地’的运作；前者的思维方法具有思辨的特色，而后者的思维方法则具有历史的特色”[1]。此外，何休对“元”与天、人（王）之间的关系做了说明，认为“元”是“造起天地”者，为天地万物之始，“故上无所系，而以春系之”，而人间的王则奉元为本，受命于天，以“养成万物”。

“春”为“四时之始”，而“春”即等同于“天”。在董仲舒的“大一统”论中，他强调王受命并一统于有意志的“天”。何休一方面肯定天有意志，鼓吹君权神授、天人合一；另一方面却又以“气”释“元”，“天”一统于“元”，也即是一统于“气”，从而使“天”有了一种物质根基。

“王正月”是何休“五始”学说的中心内涵，也是其“大一统”说的根基所在。公羊元典《公羊传》即是由“王正月”生发出自己的“大一统”学说的；公羊宗师董仲舒则据此提出了天下一统于新王，新王受命于天之说。何休则在公羊先师“王正月”说的基础上，做出了自己的阐述。首先，何休折中了公羊先师关于“王正月”的解说。何休一方面接

[1] 刘家和：《论汉代春秋公羊学的大一统思想》，《史学理论研究》1995年第2期。

受《公羊传》关于“王正月”之“王”为周文王的说法，一方面又接受董仲舒的“新王”说，而认为周文王就是始受命新王，“文王周始受命之王，天之所命，故上系天端”[1]。其次，何休的“王正月”说内蕴更多的政教内涵。隐公元年（前722年）传文说：“何言乎王正月？大一统也。”何休对此解释道：“统者，始也，总系之辞。夫王者始受命改制，布政施教于天下，自公侯至于庶人，自山川至于草木昆虫，莫不一一系于正月，故云政教之始。”[2] 在此，何休将“王正月”“大一统”与“政教之始”等同起来，可见，他的“大一统”是以“布政施教于天下”为其内涵的。最后，何休“大一统”说的根基是建立在“王正月”基础上的。在何休看来，作为“人道之始”的王是“继天奉元”的，但在实际上，受命作乐改制的王已经统乎人伦、政教和万物，因而大一统即是王一统。所以刘家和先生肯定地指出：“他（何休）的‘大一统’说的基础，同《公羊传》本身一样，仍然建立在王正月的统一上。所以，他的‘一统’说的理论起点，比起董仲舒的从‘元’开始来说，是后延了一步。”[3]

“公即位”只是指“一国之始”，它并非什么微言大义，何休对此没有作系统阐发。

那么，何休通过解说“五始”以阐发“大一统”之义，其理论价值究竟何在？首先，何休以此构建了一种天人一系的宇宙图式。在何休看来，“五始”不但内蕴深邃，而且存在着规整有序的统属关系：

> 诸侯不上奉王之政则不得即位，故先言正月而后言即位；政不由王出则不得为政，故先言王而后言正月也；王者不承天以制号令则无法，故先言春而后言王；天不深正其元则不能成其化，故先言元而后言春。五者同日并见，相须成体，乃天人之大本，万物之所

[1] 何休：《春秋公羊传解诂·隐公元年》，徐彦注疏本，上海古籍出版社1990年影印版。

[2] 何休：《春秋公羊传解诂·隐公元年》，徐彦注疏本，上海古籍出版社1990年影印版。

[3] 刘家和：《论汉代春秋公羊学的大一统思想》，《史学理论研究》1995年第2期。

系，不可不察也。[1]

这就是说，“元”“春”“王”“正月”“公即位”五者不但各为一统，而且相互构成一种统属关系：“元”统“春”“春”统“王”“王”统“正月”“正月”统“公即位”，合乎逻辑地构成了一种天人一系的宇宙图式。其次，何休认为确定天地万物统属关系的目的，就是要立统正始。何休说：“统者，始也，总系之辞”。“政，莫大于正始”。“故《春秋》以元之气，正天之端；以天之端，正王之政；以王之政，正诸侯之即位；以诸侯之即位，正境内之治”[2]。当然，在“五始”当中，正王之始无疑是最重要的。

次言“尊天子”。尊王是传统儒学一贯思想，也是汉代《公羊》家“大一统”思想的重要组成部分。身处东汉末年皇权衰落时期的公羊大师何休极力主张尊王，自然有着极深的现实寓意。《春秋公羊传解诂》对“尊天子”之义作如是说：

桓公五年秋《春秋》记曰：“蔡人、卫人、陈人从王伐郑。”传文曰：“其言从王伐郑何？从王，正也。”《解诂》释曰：“美其得正义也，故以从王征伐录之。盖起时天子微弱，诸侯背叛，莫肯从王者征伐，以善三国之君，独能尊天子，死节。”

僖公八年春《春秋》记曰：“公会王人、齐侯、宋公、卫侯、许男、曹伯、陈世子款、郑世子华，盟于洮。”传文曰：“王人者何？微者也。曷为序乎诸侯之上？先王命也。”《解诂》释曰：“衔王命，会诸侯，诸侯当北面受之，故尊序于上。”

在何休看来，《春秋》是倡导尊王的，如隐公八年（前715年）经文曰“郑伯使宛来归邴”，《解诂》说：“归邴书者，甚恶郑伯无尊事天子之心，

[1] 何休：《春秋公羊传解诂·隐公元年》，徐彦注疏本，上海古籍出版社1990年影印版。

[2] 何休：《春秋公羊传解诂·隐公元年》，徐彦注疏本，上海古籍出版社1990年影印版。

专以汤沐邑归鲁，背叛当诛也。”又如鲁桓公是鲁十二公中最不尊王者，故《春秋》在桓公当政18年中，有14年都只书“正月”，而不用“王正月”书法。何休认为《春秋》不书王，显然是著桓公之恶。“无王者，以见桓公无王而行也”[1]。

那么，究竟应该如何尊王呢？其一，必须谨守王权。何休认为，君王谨守王权，这是君王受到尊崇、大一统政治局面得以维护的先决条件；反之，如果王权旁落于大臣，君王就不会受到尊崇，大一统的政治局面也无法得到维护。由于《春秋》是书乱世之史，故何休主要是从王权衰落对大一统政治的危害角度对此进行了阐述。如襄公十六年（前557年）三月戊寅《春秋》记曰：“大夫盟。”传文曰：“诸侯皆在是，其言大夫盟何？信在大夫也。何言乎信在大夫？遍刺天下之大夫也。曷为遍刺天下之大夫？君若赘旒然。”对此，《解诂》曰：

> 不言诸侯之大夫者，明所刺者非但会上大夫，并遍刺天下之大夫。不殊内大夫者，欲一其文见恶同也。至此所以遍刺之者，萧鱼之会，服郑最难，诸侯劳倦，莫肯复出，而大夫常行，正委于臣，而君遂失权，大夫故得信任。故孔子曰：“唯器与名，不可以假人。”

《解诂》还借用天人感应学说来宣扬维护王权的重要性。如僖公十五年（前641年）九月，《春秋》记曰：“己卯，晦，震夷伯之庙。”传文曰：“何以书？记异也。”对此，《解诂》却解释道：“此象桓公德衰，强楚以邪胜正。僖公蔽于季氏，季氏蔽于陪臣。陪臣见信得权，僭立大夫庙。天意若曰：蔽公室者，是人也，当去之。”又如哀公十三年（前482年），《春秋》记曰：“冬十有一月，有星孛于东方。”对此，《公羊传》只是解释说：“孛者何？彗星也。其言于东方何？见于旦也。何以书？记异也。”然而，何休却认为这是王权衰落、“典法灭绝”之象，《解诂》说：“周十一月夏九月，日在房心。房心，天子明堂，布政之庭。于此旦见与日争明者，诸侯伐主（代王）治，典法灭绝之象。是后周室遂微，诸侯相兼，

---

[1] 何休：《春秋公羊传解诂·桓公三年》，徐彦注疏本，上海古籍出版社1990年影印版。

为秦所灭，焚书道绝。”其二，必须“屈强臣”“弱妃党”。东汉末年政局衰败的一个重要表现，便是王权极端衰落。在何休看来，要维护和巩固王权，就必须要“屈强臣”。如襄公元年《春秋》载宋华元与诸侯围宋彭城一事，《解诂》借此事发挥说：“书者，善诸侯为宋诛。虽不能诛，犹有屈强臣之助。”又如襄公三十年《春秋》记曰：“晋人、齐人、宋人、卫人、郑人、曹人、莒人、邾娄人、滕人、薛人、杞人、小邾娄人，会于澶渊，宋灾故。”传文曰：“……此大事也。曷为使微者？卿也。卿则其称人何？贬。曷为贬？卿不得忧诸侯也。”《解诂》的解释是：“时虽名诸侯使之恩，实从卿发，故贬。起其事，明大夫之义得忧内，不得忧外，所以抑臣道也。”东汉还是一个宦官、外戚轮流专权的时代，何休对于因妃党势力强大而导致的王权衰败是有亲身感受的，故而主张“弱妃党”。如僖公二十五年《春秋》记曰：“宋杀其大夫。”传文曰：“何以不名？宋三世无大夫，三世内娶也。”《解诂》解释说：“三世，谓慈父、王臣、处臼也；内娶，大夫女也。……宋以内娶，故公族以弱，妃党益强，威权下流，政分三门，卒生篡弑，亲亲出奔。疾其末，故正其本。”肯定宋国的衰乱是“妃党益强”所致。在文公八年（前 619 年）篇中，何休再次重申了宋国三世内娶对王权政治所造成的危害：“宋以内娶，故威势下流三世，妃党争权相杀。司城惊逃，子哀奔之。主或不知所任，朝廷久空。”

综上所述可知，汉代公羊学“大一统”思想内容丰富，思辨色彩浓厚，现实寓意深刻，为巩固汉代政治大一统局面花了很大的力气。同时，这种“大一统”思想，对提升中华民族的内在凝聚力，无疑也是有着重要理论意义的。

二、汉代史学的“大一统”思想

颂扬“大一统”是传统史学的一贯思想。由于“大一统”理论系统构建于汉朝，“大一统”思想对于汉朝史学的影响自然深刻，司马迁《史记》和班固《汉书》也因此成为传统史学重视宣扬“大一统”思想的代表之作。关于汉代史学对于“大一统”思想的宣扬，主要表现在两个方面：一是重视颂扬大一统政治；二是重视阐发“大一统”思想。

(一)《史记》的“大一统”思想

首先，《史记》重视颂扬大一统政治。《史记》以《五帝本纪》开篇，而“五帝”则以黄帝为第一帝，这不仅是肯定了黄帝作为中华民族人文始祖的地位，同时也蕴含了对其所建立的大一统政治的肯定。在《五帝本纪》中，司马迁所描绘的黄帝时期，已是一个有相对固定版图、帝王能自由行使权力、境内万国和谐的大一统政权：版图上，东至于海，西至于空桐，南至于江，北“合符釜山，而邑于涿鹿之阿”；王权上，黄帝“置左右大监，监于万国”，“天下有不顺者，黄帝从而征之”；统治效果上，黄帝“修德振兵”，而使“万国和，而鬼神山川封禅与为多焉”。司马迁关于黄帝时期的描述，自然带有一些理想的成分，但也能从中看出他对大一统政治的向往之情。

到了大禹时期，大一统政治又有了发展。《夏本纪》接受并抄录《禹贡》的说法，肯定大禹治水是在九州之内（当时中国的版图）随九山而浚九川的，结果是“九州攸同，四奥既居，九山刊旅，九川涤原，九泽既陂，四海会同”。九州得到治理后，大禹又对九州之外的四夷实行了五服制，具体做法是：天子之国（即九州）以外五百里甸服，甸服外五百里侯服，侯服外五百里绥服，绥服外五百里要服，要服外五百里荒服。而随着五服制取得的成功，大禹的统治已是“东渐于海，西被于流沙，朔、南暨，声教讫于四海。……天下于是太平治。”司马迁详细论载大禹平治九州和实行五服制，其间蕴含着丰富的“大一统”思想：其一，大禹治理九州水患，是大一统国家的帝王对其辖境的一次大规模的国土整治，而这种国土整治，有利于九州之民的相互交往，从而又促进了大一统国家的巩固和加强。其二，司马迁论载大禹对四夷实行五服制，旨在宣扬天下一统的思想。司马迁认为，天下的中心便是九州之地，环绕九州的则是甸、侯、绥、要、荒五服之地。很显然，这种五服制体现了一种地缘等级制。我们姑且不论大禹时期是否有如此规整的五服制，“声教”是否已“讫于四海”，当时的天下是否已是“太平治”，司马迁做出如此详细的论载与描绘，显然是为了歌颂大禹德被四夷、天下平治的大一统政治功业。

《史记》对“仁义不施”的秦政多有批评，却对秦始皇完成中国前所未有的大统一给予了充分的肯定。其一，司马迁肯定秦的统一毕竟结束了东周以来长期诸侯纷争的局面，是“世异变，成功大”[1]，指出如果对秦的统一“不察其终始”，就无法充分认识到它的历史功绩。其二，司马迁认为国家的统一有“德”和“力”的高下之分，但都必然要付出长期而艰辛的努力，对秦以力获取的大一统事业给予肯定：“秦起襄公，章于文、穆、献、孝之后，稍以蚕食六国，百有余载，至始皇勒能并冠带之伦。……用力如此，盖一统若斯之难也。”[2] 其三，《秦始皇本纪》详载秦始皇勒石颂功之事，也蕴含了对秦皇朝大一统事业的颂扬。秦始皇巡游各地，勒石颂功，记载自己“平一宇内”的功绩。司马迁重视记录这些石刻的内容，自然也是表达自己对于秦皇朝大一统业绩的肯定。

司马迁对汉皇朝大一统功业的颂扬，一是对这一太平盛世经济繁荣局面所做的满怀激情的颂扬。《平准书》说：

> 汉兴七十余年之间，国家无事，非遇水旱之灾，民则人给家足。都鄙廪庾皆满，而府库余货财。京师之钱累巨万，贯朽而不可校。太仓之粟陈陈相因，充溢露积于外，至腐败不可食。众庶街巷有马，阡陌之间成群，而乘字牝者摈而不得聚会。

《货殖列传》也说：

> 汉兴，海内为一，开关梁，弛山泽之禁，是以富商大贾周流天下，交易之物莫不通。

二是对汉武帝为加强大一统局面而消除封国势力所给予的充分肯定。《汉兴以来诸侯王年表》肯定汉初刘邦的分封有其合理性，因为当时“天下初定，骨肉同姓少，故广强庶孽，以镇抚四海，用承卫天子也”。然而随着诸侯王势力的不断增长，越来越构成了对中央政权和大一统局面的威胁，汉景帝时的“七国之乱”，便是这种威胁的突出表现。这种状况一直持续到汉武帝采纳主父偃推恩的建议，才最终得以消除。司马迁对汉武

[1] 《史记》卷一五《六国年表》，中华书局 1959 年版。
[2] 《史记》卷一六《秦楚之际月表》，中华书局 1959 年版。

帝消除封国势力的做法给予肯定，认为只有这样才能形成“强本干，弱枝叶之势，尊卑明而万事各得其所矣”[1]。同时，司马迁对那些反叛中央的诸侯王则给予否定。如他对淮南王、衡山王的反叛之事评论道：“淮南、衡山亲为骨肉，疆土千里，列为诸侯，不务遵藩臣职以承辅天子，而专挟邪僻之计，谋为畔逆，仍父子再亡国，各不终其身，为天下笑。”[2] 在司马迁看来，藩臣的职责是承辅天子，而不是反叛朝廷的。应该说，主张削藩与否，这是当时判定人们是否维护大一统政权的一个分水岭。

其次，《史记》重视阐发“大一统”思想。第一，《史记》的编纂方法蕴含了“大一统”思想。在《史记》的五种体例中，除去表以明晰年差、书以载记典制外，其他以人物为中心的本纪、世家和列传等三种体例的编写，都明显蕴含了司马迁以帝王为中心的“大一统”思想。如十二篇本纪言黄帝以来三千年之王事，司马迁效法《春秋》取“十二”之数，其间蕴含了他对天人关系和政治大一统的一种思考。因为十二之数与一年的月数相同，司马迁取年的周期数即所谓历数与自黄帝以来的帝王之数相配，一方面是为了说明人事运行与天道运行的一致性，体现了一种天人合一的思想；另一方面以人间君王与统御万物的天相对应，旨在说明君王也应像天一样拥有统御人间的权力，体现了一种王者一统的思想。对于三十篇世家的撰述，司马迁作如是说：“二十八宿环北辰，三十辐共一毂，运行无穷，辅拂股肱之臣配焉，忠信行道，以奉主上，作三十世家。”[3] 形象地将世家与君王的关系比喻为二十八星宿环绕北辰和三十车辐共一车毂。在司马迁看来，无论众星如何运行、车辐如何旋转，北斗星和车毂的轴心位置是永远不变的；同样，无论人间世道如何变化，君王至尊的地位也是永远不会变化的，明显体现了王者独尊的大一统思想。七十篇列传主要就是为了要论载那些“忠臣死义之士”，也就是司马迁所说的“扶义俶傥，不令已失时，立功名于天下”[4] 之士，与

[1] 《史记》卷一七《汉兴以来诸侯王年表》，中华书局 1959 年版。

[2] 《史记》卷一一九《淮南衡山列传》，中华书局 1959 年版。

[3] 《史记》卷一三〇《太史公自序》，中华书局 1959 年版。

[4] 《史记》卷一三〇《太史公自序》，中华书局 1959 年版。

“世家”所蕴含的尊王思想是相一致的。

此外，《史记》“述黄帝以来至太初而讫”的“祖黄帝”的做法，也明显具有“大一统”思想。如前所述，司马迁以黄帝为《史记》撰述之始，是与黄帝始建大一统功业分不开的。同时，黄帝作为中华民族的共同祖先，具体包含了两层意思：其一，黄帝乃古圣王之祖。《五帝本纪》所详明的黄帝之外的四帝，都与黄帝有血缘关系，其中颛顼为黄帝之孙、昌意之子，帝喾为青阳（黄帝子）之孙、蟜极之子，帝尧为帝喾之子，帝舜为颛顼之后、瞽叟之子。同时《五帝本纪》和《史记·三代世表》还认为夏王朝的开创者大禹和商、周始祖契、后稷也都是黄帝的后代，而这些古圣王或者他们的后代，不但建立起大一统政治，而且代表了上古以来的政治统绪。其二，黄帝乃华夷各族共祖。《吴太伯世家》说：“中国之虞与荆蛮勾吴兄弟也”；《越王勾践世家》说：“越王勾践，其先禹之苗裔”；《楚世家》说：“楚之先祖出自帝颛顼高阳”；甚至匈奴也是“其先祖夏后氏之苗裔也，曰淳维”[1]。在司马迁看来，既然中华民族本来就是一个同宗同祖的大家庭，这就从血缘和种族上论证了中华民族实行政治大一统的可能性和必要性。

第二，司马迁的民族观体现了“大一统”的思想。其一是“四夷传”的撰写，体现了司马迁夷夏一统的思想。《史记》总共立了六篇蛮夷民族列传，分别记载匈奴、南越、东越、朝鲜、西域诸国和西南夷等蛮夷民族的历史。从编纂体例来看，司马迁将它们以列传的形式不分主次地编入七十篇列传之中，显然是以“大一统”思想为指导的。在司马迁的眼里，中华民族的历史从来都是由各民族共同创造的，在中国历史大舞台上登台亮相的，从来就不只是一个华夏民族。其二是主张蛮夷归附华夏，体现了以夏统夷的思想。司马迁的民族大一统，是以华夏族为统一主体的，大一统就是以夏统夷。具体而言，一是强调蛮夷必须归附诸夏。《史记》关于蛮夷民族史的撰写，主要体现的就是蛮夷归附诸夏的思想。在《太史公自序》中，司马迁对为何要作这几篇蛮夷民族史列传作如是说：

> 自三代以来，匈奴常为中国患害；欲知强弱之时，设备征讨，

---

[1]《史记》卷一一〇《匈奴列传》，中华书局1959年版。

作《匈奴列传》第五十。

汉既平中国，而佗能集杨越以保南藩，纳贡职。作《南越列传》第五十三。

吴之叛逆，瓯人斩濞，葆守封禺为臣。作《东越列传》第五十四。

燕丹散乱辽间，满收其亡民，厥聚海东，以集真藩，葆塞为外臣。作《朝鲜列传》第五十五。

唐孟使略通夜郎，而邛笮之君请为内臣受吏。作《西南夷列传》第五十六。

在此，所谓“保南藩”“葆守封禺为臣”“葆塞为外臣”“请为内臣受吏”，旨在肯定这些蛮夷民族都是主动愿意归附于中原政权的，并为中国守一方之土。只有匈奴例外，它不但不愿归附，还常为中国之害。因此，作《匈奴列传》的目的，则是要“欲知强弱之时，设备征讨”。二是反对蛮夷离心离德，赞成民族统一战争。据《南越列传》载，南越末王赵兴与其母樛太后想内属归汉，南越相吕嘉为阻止赵王归汉而起兵杀死赵王兴、太后及汉使，结果导致汉皇朝发大兵灭了南越国。对于南越亡国，司马迁认为是“吕嘉小忠，令佗无后”。《东越列传》记载了东越王余善不仅反汉，且刻“武帝”玺自立，致使汉发大兵灭之，并将闽越、东越之民迁往江、淮之地。司马迁认为越人之所以招致“灭国迁众”的下场，是因为“余善至大逆”的结果。《朝鲜列传》记载了朝鲜王右渠不肯奉汉诏，并发兵抗击汉军，结果落得个身死祀绝的下场。司马迁评之曰：“右渠负固，国以绝祀”。对于西南夷，《西南夷列传》独赞滇，说：“汉诛西南夷，国多灭矣，唯滇复为宠王。”滇之受宠，是因为滇王愿意“置吏入朝”，归附于汉皇朝。对于汉武帝发动的讨伐匈奴的战争，《匈奴列传》是给予充分肯定的。只是在肯定之余，又流露出了诸多的遗憾。司马迁认为对匈奴的战争尽管取得了重大的胜利，但却因将相任非其人而建功不深，他希望汉武帝能像对西南夷、南越、东越和朝鲜那样，直接用武力将匈奴并入中国的版图；或者能使匈奴臣服于中国，像周初那样“以时入贡，命曰‘荒服’”。

第三，司马迁主张“厥协六经异传，整齐百家杂语”[1]，实现学术思想大一统。“厥协六经异传”，就是调和“六经”经传，统一经传的说法。[2] 司马迁尊崇“六经”、尊崇孔子，所以他作《史记》要“考信于六艺”[3]，“折中于夫子”[4]，以“六经”和孔子为取材和是非标准。如《五帝本纪》多取材于《礼记》和《尚书》，三代本纪多取材于《尚书》和《诗经》，春秋战国历史多取材于《春秋》经、传和《礼记》。

既然要“考信于六艺”，那就必须要“厥协六经异传”。道理很简单，因为“六经”的经、传在流传过程中，必然会产生文字歧义，甚至有内容相互抵牾的现象，正如顾颉刚所说：“所谓‘六艺’，是包括经和传而言的，然而这些文字来路非一，时代又非一，经和传已常相抵牾，经和经又自相抵牾。”[5] 既然出现分歧甚至抵牾，那就必须要加以“厥协”，统一说法，这是统一学术思想的需要，同时也是历史撰述的取材需要。司马迁“厥协六经异传”所奉行的基本原则：一是“六经”异传对历史事实的评述只有一家观点者，则信从；虽有多家论述但观点一致，则综合加以采纳。如对商、周始祖契和后稷事迹的评述，只有《诗》家有论载，《史记》自然信从之。又如关于“汤武革命”问题，《周易·革卦》，《尚书》的《汤誓》《泰誓》和《牧誓》诸篇，《诗经》的《商颂》和《大雅》诸篇，《春秋繁露》的《尧舜不擅移、汤武不专杀》篇等都对此作了肯定，《史记·太史公自序》因此而写道“桀、纣失其道而汤、武作”。二是“六经”异传对历史事实评述不一，则取一家之说。司马迁师承今文学家董仲舒，故《史记》采纳今文家的观点较多。但是，司马迁重视“求真”，往往又能根据自己的理解而选取别家说法。如关于“赵盾弑君”之事，《春秋繁露·玉杯》认为“臣不讨贼，故加之弑君”，“所以示天下废臣子之节”。《左传·宣公二年》记载此事时，借用孔子的话说道：“赵宣子，古之良大夫也，为法受恶。惜也，越境乃免。”《史记·晋世家》

---

[1]《史记》卷一三〇《太史公自序》，中华书局 1959 年版。

[2] 汉人所言“六经”，多是包含经与传的。

[3]《史记》卷三一《伯夷列传》，中华书局 1959 年版。

[4]《史记》卷四七《孔子世家》，中华书局 1959 年版。

[5] 顾颉刚：《战国秦汉间人的造伪与辨伪》，见《古史辨》第 7 册，上海古籍出版社 1982 年版。

记载此事时，则没有采用董仲舒的说法，而是依据《左传》借用了孔子之语进行评述。

如果说“厥协六经异传”是为了统一“六经”经、传的说法，那么“整齐百家杂语”则是为了统一诸子的说法。一般地说，《史记》对于三代及其以前的历史记载，主要是取材于“六经”的经、传，而关于春秋战国以后的历史论载，则主要是采取经书、史书与子书并重的做法。要用子书材料，自然会面临子书说法的不统一问题。顾颉刚说：“经传的材料不够用，他毕竟要登用诸子百家之言，又要采取传说，这里边矛盾冲突之处不知有多少。”[1] 也正因此，司马迁必须要“整齐百家杂语”。《史记》“整齐百家杂语”的原则，主要体现在《论六家要指》一文中。该文为司马谈所作，但体现了司马谈、司马迁父子的共同思想。《史记》不但以《论六家要指》为指导，创立了一系列学术史传记，而且也是据此对各家学术进行系统评价的。更为重要的是，《史记》还以《论六家要指》所体现的思想，对其所论载的历史事实和历史人物进行评述。

总的来说，司马迁“厥协六经异传，整齐百家杂语”，是继董仲舒之后对学术思想的又一次大整合。所不同的是，董仲舒的思想统一尽管实质上是以儒家思想为主，也兼收并蓄了阴阳、法、道诸家的思想，却是以“罢黜百家，独尊儒术”的面貌出现的，而司马迁的“厥协”“整齐”，则是既尊崇儒、道，又不废弃其他诸家。董仲舒的思想统一，主要是一种哲学的玄想，而司马迁的学术统一，则是从史实出发的。

(二)《汉书》的“大一统”思想

与司马迁一样，班固作《汉书》，不但重视叙述汉朝大一统历史，而且重视宣扬“大一统”思想、阐发“大一统”之义。

首先，《汉书》重视颂扬西汉大一统政治。《汉书·刑法志》对西汉高祖时期的开国景象作如是说：

> 汉兴，高祖躬神武之材，行宽仁之厚，总揽英雄，以诛秦、项。任萧、曹之文，用良、平之谋，骋陆、郦之辩，明叔孙通之仪，文

[1] 顾颉刚：《战国秦汉间人的造伪与辨伪》，见《古史辨》第7册，上海古籍出版社1982年版。

武相配，大略举焉。

这段话的字里行间，流露出了史家班固对高祖开国时文武人才汇集于朝的恢宏气势的景仰。

当然，西汉大一统局面巩固于汉武帝之时，《汉书》对这一巩固过程作了详细记述：一是通过解决王国问题，以加强中央集权。在《诸侯王表》序文中，班固对于王国问题的解决过程作了详细的记述："文帝采贾生之议分齐、赵，景帝用晁错之计消吴、楚。武帝施主父之册，下推恩之令，使诸侯王得分户邑以封子弟，不行黜陟，而藩国自析。自此以后……诸侯惟得衣食租税，不与政事。"二是重视描述西汉开拓疆土的盛况。在《武帝纪》《卫青霍去病传》《张骞李广利传》等传记中，班固系统记载了武帝一朝开疆拓土的空前盛况。而《地理志·上》则对汉武帝开疆拓土、一统寰宇作了这样描写："至武帝攘却胡、越，开地斥境，南置交趾，北置朔方州……"三是具体叙述了汉代"独尊儒术"、进行思想统一的过程。汉武帝时期，是儒家学说获取独尊地位的历史时期。儒学独尊，这无疑是中国思想史、政治史上的一件大事，也是汉代实现大一统的一个重要标志。对此，班固以一个史家特有的历史意识，如实地记下了这一重要的历史过程。《汉书》系统论述西汉儒学的兴起、发展到获取独尊地位的整个过程，主要见诸《武帝纪》《董仲舒传》《公孙弘传》《儒林传》等传记。

其次，《汉书》的民族观体现了"大一统"的思想。与司马迁一样，班固也非常重视民族史的撰述，将西汉历史作为统一的多民族的历史过程来加以把握。《汉书》的民族史撰述主要见诸三个民族史传记，它们分别是《匈奴传》《西南夷两粤朝鲜传》和《西域传》。其中《西域传》是由《史记》的《大宛列传》改进而来的，它实际上是记载了境内外各民族的历史。但是，《史记·大宛列传》是以张骞通西域和李广利伐大宛为主要内容的，至于西域各国的情况，只是通过张骞之口略作介绍而已。而《汉书·西域传》则不同，它一方面对西域鄯善、安息、大宛等51国自然环境、风土人情、户口人数和物产情况逐个地详细作了介绍，另一方面还对这些国家与西汉中央政权的交往情况详细作了记述。《汉书·西域传》为人们了解新疆区域史、中亚及西南亚国家和地区史，以及这些地区在西汉时期与西汉中央政权的交往史，提供了极为宝贵的重要史料。《汉书》另外两个民族史传，则在司马迁所作民族史传的基础上补叙了自武帝以后的史实，同时对武帝以前的民族史也作了一定的史实补充，如《西南夷两粤朝鲜传》就增补了《史记》所未收录的汉文帝赐赵佗书和赵佗的上书等内容。

实事求是地说，班固的民族观比司马迁要落后得多，但在重视阐发“大一统”之义上，二者是一致的。《汉书》落后的民族观，以其所持的对匈奴的态度最具代表。《匈奴传赞》对西汉匈奴政策之得失评论说：

> 高祖时则刘敬，吕后时樊哙、季布，孝文时贾谊、朝（晁）错，孝武时王恢、韩安国、朱买臣、公孙弘、董仲舒，人持所见，各有同异，然总其要，归两科而已。缙绅之儒则守和亲，介胄之士则言征伐，皆偏见一时之利害，而未究匈奴之终始也。

在班固看来，西汉一代对匈奴之策不出二途：或和亲，或征伐，但是这两种政策都是“偏见一时之利害，而未究匈奴之终始”。由此班固提出了自己的对付匈奴之策：

> 来则惩而御之，去则备而守之。其慕义而贡献，则接之以礼让，羁靡不绝，使曲在彼，盖圣王治御蛮夷之常道也。

很显然，班固的匈奴政策是一种羁縻之策，而其依据则是认为匈奴乃天生劣等民族，他们“贪而好利，被发左衽，人面兽心”，所以古圣王的御术是“禽兽畜之，不与约誓，不就攻伐”。[1] 毫无疑问，班固对待匈奴民族的态度是恶劣的。不过，班固从“大一统”之义出发，对于匈奴的主动归化还是给予充分肯定的。如《萧望之传》就肯定了汉朝天子对待来朝的呼韩邪单于以位在诸侯王之上之礼的做法，认为这是一种有利于四夷乡风慕化之举，是国家“万世之长策”。

与对待匈奴的态度略有不同，《汉书》其他民族史传则重视宣扬德化

---

[1] 《汉书》卷九四下《匈奴传赞》，中华书局1962年版。

四夷的思想。如在《西南夷两粤朝鲜传》中，班固肯定汉文帝以恩德安抚尉佗的做法，明确主张对于夷狄应该实行“招携以礼，怀远以德”的政策。该传还充分肯定了各民族相互交往的意义，认为巴蜀之民正是由于与各地进行商贸往来，才“以此巴蜀殷富”的。在《西域传》中，班固一方面肯定文景盛世少生边事的做法：“文、景玄默，养民五世，天下殷富，财力有余，士马强盛。”另一方面则指出武帝由于连年征伐，晚年“下哀痛之诏，岂非仁圣之所悔哉”。当然，班固对于东汉光武帝建武以来对西域推行羁縻政策，致使西域诸国慕汉之威德而乐于内属则更是大加赞赏，班固说：

> 自建武以来，西域思汉威德，咸乐内属。……圣上远览古今，因时之宜，羁縻不绝，辞而未许。虽大禹之序西戎，周公之让白雉，太宗之却走马，义兼之矣，亦何以尚兹！

综上所述，班固的民族观虽然包含了“招携以礼，怀远以德”的德化思想，主旨却是羁縻，而一贯到底的则是他的“大一统”思想。班固对待夷狄的羁縻主张，显然是一种比较消极、落后的民族观。但就汉代而言，这种羁縻思想也不失为一种现实之举，它可以使中央政权统御夷狄时，能够做到伸缩自如、进退有据，有助于汉族大一统政权的稳定。同时班固也肯定民族之间的友好往来，赞赏夷狄的主动归化，并且提出“招携以礼，怀远以德”的思想主张，这无疑是一种积极地维护汉代大一统政治的态度。

三、宋代正统论的“大一统”思想

宋代经史学家的正统论有一个非常显著的特点，那就是它否定了传统意义上立定正统标准重视纯道德因素的做法，而突出了大一统功业的重要地位。欧阳修、司马光和朱熹等人便是这股正统论思潮的主要代表。而宋代这种强调“大一统”的正统论的出现，同时也标志着传统经史之学“大一统”思想的新发展。

（一）欧阳修“居天下之正，合天下于一”的正统论

欧阳修之前的正统论大致可以分为两个系统，一是神秘主义的五德终始说经学系统，一是以政治立场立定正统的史家系统。前者以战国时期邹衍和汉代刘歆为代表，严格地说，邹衍所持的五行相胜（克）的五德终始说乃属子学系统，而刘歆所持的五行相生的五德终始说乃为经学系统。后者自史家陈寿《三国志》主魏而传蜀吴、习凿齿《汉晋春秋》为蜀争正统之后，历代史家作史，多是依据自己的政治倾向来立定正统。

对于上述正统立定的标准，欧阳修持一种批判的态度。他指责依据五德终始说所立定的正统论为“昧者之论”，《原正统论》批判道：

> 汉兴，诸儒既不明《春秋》正统之旨，有习秦世不经之说，乃于尊汉而黜秦，无所据依，遂为三统五运之论，诋秦为闰而黜之。夫汉所以有天下者，以至公大义而起也，而说者直曰以火德当天统而已。甚者至引蛇龙之妖以为左验。至于王莽魏晋，直用五行相胜而已。故曰昧者之论也。[1]

而对于史家依据个人政治倾向来立定正统的做法，欧阳修则指责其乃“自私之论”，《原正统论》批判道：

> 自西晋之灭，而南为东晋、宋、齐、梁、陈，北为后魏、后周、隋。私东晋者曰：“隋得陈，然后天下一。”则推其统曰：“晋、宋、齐、梁、陈、隋。”私后魏者曰：“统必有所授。”则正其统曰：“唐受之隋，隋受之后周，后周受之后魏。”至其甚相戾也，则为《南史》者诋北曰虏，为《北史》者诋南曰夷。故曰自私之论也。[2]

那么，欧阳修自己立定正统的依据及其正统论的内涵又是什么呢？

---

[1] 欧阳修：《居士外集》卷九《正统论七首》，见《欧阳修全集》上册，中国书店1986年版。

[2] 欧阳修：《居士外集》卷九《正统论七首》，见《欧阳修全集》上册，中国书店1986年版。

欧阳修生当宋代理学兴起的时代，本人就是北宋理学先驱兼文史学家，而宋代理学在治学上有一个重要特点，那就是重视于春秋学及其尊王大义。与往者之论正统的依据不同，欧阳修重视于从《春秋》经传中找寻其立定正统的理论依据。在欧阳修看来，《春秋》重视讲君臣名分和尊王攘夷，其中就内含正统之义。《原正统论》说：

> 正统之说，肇于谁乎？始于《春秋》之作也。当东周之迁，王室微弱，吴、徐并僭，天下三王，而天子号令不能加于诸侯。其诗下同于列国，天下之人莫知正统。仲尼以为周平虽始衰之王，而“正统”在周也，乃作《春秋》。自平王以下，常以推尊周室，明正统之所在。[1]

而《公羊传》则是最重视阐发《春秋》“大一统”之义的，欧阳修的“正统”之论就由此阐发，其《正统论上》说：

> 传曰：“君子大居正。”又曰：“王者大一统。”正者，所以正天下之不正也；统者，所以合天下之不一也。由不正与不一，然后正统之论作。[2]

很显然，欧阳修是将《公羊传》“君子大居正”之“居正”，与“王者大一统”之“一统”组成了“正统”一词。于是乎，“居天下之正”和“合天下于一”，也就成为判断王朝正统与否的两个标准，前者是道德评判，后者乃事功评判。

值得注意的是，其实无论是《春秋经》还是《公羊传》，其本身并没有包含正统思想，说正统之说始于《春秋》，只不过是欧阳修要为其正统论找寻一种经学依据罢了。而《公羊传》所谓“大居正”与“大一统”，

---

[1] 欧阳修：《居士外集》卷九《正统论七首》，见《欧阳修全集》上册，中国书店1986年版。

[2] 欧阳修：《居士集》卷一六《正统论上》，见《欧阳修全集》上册，中国书店1986年版。

按照何休《春秋公羊传何氏解诂》的说法，乃是“明修法守正”和建元正朔、为政教之始的意思。欧阳修赋予《春秋》经传以“正统”之义，显然是他自己的一种发明，而非《春秋》经传的原意。

依据“居天下之正”和“合天下于一”这两个标准，欧阳修将历史上的正统王朝分为三类：第一类是“居天下之正”和“合天下于一”者，尧、舜、夏、商、周、秦、汉、唐属于此类；第二类是“居其正而不能合天下于一”者，东周属于此类；第三类是“虽不得其正，卒能合天下于一”者，西晋和隋朝属于此类。[1] 同时，欧阳修又提出了“绝统”这一概念，即认为历史上分裂时期的政权是没有正统可言的，属于“绝统”，欧阳修说：“故正统之序，上自尧舜，历夏商周秦汉而绝，晋得之而又绝，隋唐得之而又绝。自尧舜以来，三绝而复续。惟有绝而有续，然后是非公予夺当而正统明。”[2] 欧阳修以正统“三继三绝”的说法，来对历史上分裂时期的正统问题做了新的解说。

欧阳修正统论之突出特点，是不拘泥于道德评判，而凸显大一统功业，明显蕴含“大一统”之义。以往论说正统者，无论是持五德终始说者，还是依据政治立场立定正统者，都普遍重视道德评判的标准。如历史上的秦朝因暴虐天下而亡，刘歆五行相生之五德终始说即以周为木德、汉为火德，而认为居于周汉之间的秦为水德不得其序，责其为“闰朝”。又如东晋习凿齿的《汉晋春秋》以蜀为正统，而视魏、吴为僭越，则是以刘备乃刘汉宗室之后为其正统依据的。更有甚者如南北朝史家各为其主，南朝指北朝为“索虏”，北朝视南朝为“岛夷”。欧阳修的正统论，既重视道德评判，更重视功业标准。尽管他将正统分为三类，将东周细分出来，认为它是“居其正而不能合天下于一”的正统王朝，突出其中的道德意味，然而东周毕竟是包含在周朝之中，笼统说周朝，则是一个大一统王朝。以此来看，欧阳修所立定的正统王朝其实都是“合天下于一”的大一统王朝。欧阳修强调“合天下于一”的正统标准，最典型的

---

[1] 欧阳修：《居士集》卷一六《正统论下》，见《欧阳修全集》上册，中国书店 1986 年版。

[2] 欧阳修：《居士集》卷一六《正统论下》，见《欧阳修全集》上册，中国书店 1986 年版。

例子莫过于对于秦朝历史地位的肯定。前已述及，欧阳修反对汉兴以来诸儒“尊汉而黜秦”，并且“引蛇龙之妖以为左验”的做法，斥之为“昧者之论”。在欧阳修看来，首先，秦朝的建立是缘于周朝的衰落，它是“乘其弊而代之”的，有其合法合理性。其次，秦朝兴起，靠的是功业。“始秦之兴，务以力胜”，“其德虽不足，而其功力尚不优于魏晋乎？”基于这样一种认识，欧阳修以秦始皇与夏桀、商纣作比，来肯定秦朝的正统地位：“始皇之不德，不过如桀纣，桀纣不能废夏商之统，则始皇未可废秦也。”[1] 同样的道理，欧阳修所谓“三统三绝”论所说的“绝统”时期，实际上都是历史上那些不能“合天下于一”的分裂政权。这就清楚地说明王朝是否正统，能否建立起大一统功业才是第一位的。欧阳修这样的正统论，其“大一统”寓意是很明显的。

（二）司马光“九州合为一统”的正闰观

司马光的正闰观源自其王霸论。与先儒崇王贱霸不同，司马光提出“王霸无异道”（具体论述详见本章第二节）的思想，肯定王与霸二者之间在名位、德泽、功业和政令上有尊卑、深浅、巨细和广狭的差异，却绝不是如黑白、甘苦那样的截然相反。也就是说，司马光对于王道、霸道都是持肯定态度的，而并非独尊王道。道理很简单，其一，无论王道还是霸道，都是“本仁祖义，任贤使能，赏善罚恶，禁暴诛乱”的，本质上没有区别；其二，“自古天下无道，诸侯力争，或旷世无王者，故亦多矣”[2]，对于无“王”的霸道时期的历史，人们也是不能和无法否定的。

从这样一种“王霸无异道”论出发，司马光对过往正闰观否定霸道政权的正统性和从自身政治立场出发来立定正闰的做法提出批评，认为它们皆是“私己之偏辞，非大公之通论”。司马光说：

> 汉兴，学者始推五德生、胜，以秦为闰位，在木火之间，霸而不王，于是正闰之论兴矣。……宋、魏以降，南、北分治，各有国

[1] 均见欧阳修：《居士外集》卷九《秦论》，见《欧阳修全集》上册，中国书店1986年版。

[2] 司马光：《资治通鉴》卷六九《魏纪一》，中华书局1956年版。

史，互相排黜，南谓北为“索虏”，北谓南为“岛夷”。朱氏代唐，四方幅裂……运历年纪，皆弃而不数，此皆私己之偏辞，非大公之通论也。[1]

进而司马光提出了自己对于历史王朝正闰与否的看法：

臣愚诚不足以识前代之正闰，窃以为苟不能使九州合为一统，皆有天子之名而无其实者也。虽华夏仁暴、小大强弱，或时不同，要皆与古之列国无异，岂得独尊奖一国谓之正统，而其余皆为僭伪哉！若以自上相授受者为正邪，则陈氏何所受？拓跋氏何所受？若以居中夏者为正邪，则刘、石、慕容、苻、姚、赫连所得之土，皆五帝、三王之旧都也。若以有道德者为正邪，则蕞尔之国，必有令主，三代之季，岂无僻王！是以正闰之论，自古及今，未有能通其义，确然使人不可移夺者也。……正闰之际，非所敢知，但据其功业之实而言之。周、秦、汉、晋、隋、唐，皆尝混一九州，传祚于后，子孙虽微弱播迁，犹承祖宗之业，有绍复之望，四方与之争衡者，皆其故臣也，故全用天子之制以临之。其余地丑德齐，莫能相一，名号不异，本非君臣者，皆以列国之制处之，彼此均敌，无所抑扬，庶几不诬事实，近于至公。然天下离析之际，不可无岁、时、月、日以识事之先后。据汉传于魏而晋受之，晋传于宋以至于陈而隋取之，唐传于梁以至于周而大宋承之，故不得不取魏、宋、齐、梁、陈、后梁、后唐、后晋、后汉、后周年号，以纪诸国之事，非尊此而卑彼，有正闰之辨也。[2]

司马光这段话，集中阐发了四个方面的思想内容：其一，认为王朝正统与否，主要是“据其功业之实而言之”，只有“使九州合为一统”者，才是名副其实的天子，才算得上是真正的正统王朝。据此，历史上大一统的正统王朝只有周、秦、汉、晋、隋和唐诸朝。而对于大一统政权末期

[1] 司马光：《资治通鉴》卷六九《魏纪一》，中华书局1956年版。

[2] 司马光：《资治通鉴》卷六九《魏纪一》，中华书局1956年版。

出现的乱世，认为尽管会出现“四方与之争衡者”，但由于“四方”毕竟是其故臣，依然要以天子推崇之。其二，认为分裂时期的并存政权虽然有“华夏仁暴、小大强弱”之分，其实与古代的列国是同一种类型，因此不能只“独尊奖一国”，而斥责他国为僭伪。其三，认为正闰的确定是很困难的，自古以来的正闰之论“未有能通其义，确然使人不可移夺者”，因为无论是从上下相互授受、或是地处中原、或是依据道德，哪一种标准都无法对历史上王朝的正闰性能做到自圆其说。其四，出于历史书写纪年的需要，又不得不对分裂时期的王朝选取其一来纪年，据此魏晋南北朝和五代分裂时期历史王朝的纪年序列是魏、宋、齐、梁、陈和后梁、后唐、后晋、后汉和后周，但是如此纪年并非“尊此而卑彼，有正闰之辨也”。

毫无疑问，与传统正闰观相比较，司马光的正闰观包含着不少积极的因素，它不斤斤计较于正闰之辨和夷夏之别，不以道德、地域以及前朝授受关系来立定正闰与否，不否定以霸建国的正统性，如此等等。与欧阳修相似，司马光正闰观之一显著特点，是“据其功业之实而言之”，蕴含明显的“大一统”思想。司马光出于公心去谈论历史上的王朝正闰问题，因而不纠缠于对分裂时期某一具体政权正统与否的争论，而以是否能使天下统一作为正闰的标准。在他看来，能够真正“使九州合为一统”者，才是名副其实的天子，其他所谓的天子都是有其名而无其实的。司马光正闰观所蕴含的“大一统”思想，其现实政治寓意当然是明显的。司马光所处的北宋时代，先后与北方的辽和金、西边的西夏政权对峙，司马光强调大一统，便是希望宋王朝能够奋发有为，统一天下，成为一个真正的大一统的正统王朝，宋朝的天子能够成为拥有天下的名副其实的天子。

（三）朱熹“只天下为一”的正统观

与欧阳修、司马光的正统论重视“大一统”之义相一致，朱熹也是严格按照政治大一统的标准来立定历史王朝的正统与否的。朱熹明确指出：“只天下为一，诸侯朝觐狱讼皆归，便是得正统。”反之，国家分裂，诸国并立，“不能相君臣，皆不得正统”。[1] 这就清楚地告诉人们，立定

[1]《朱子语类》卷一〇五，岳麓出版社1997年版。

历史王朝正统与否的标准只有一个，那就是看它是否为大一统的政权。根据这样一个标准，被朱熹确定为正统王朝的，自周以降至五代，只有周、秦、汉、晋、隋和唐六朝，其他皆不得正统。

从“大一统”之义出发，朱熹还创立了“正统之始”和“正统之余”例，归于无统之例，对历史王朝的正统问题进行详细分辨。朱熹认为，正统王朝在建国初期，因为没有统一全国，尚未实现大一统，那段时间也不能算作正统，只能叫做“正统之始”。他说：“有始不得正统，而后方得者，是正统之始。……如秦初犹未得正统，及始皇并天下，方始得正统。晋初亦未得正统，自泰康以后，方始得正统。隋初亦未得正统，自灭陈后，方得正统。如本朝（指宋朝）至太宗并了太原，方是得正统。”[1] 朱熹明确指出，“正统之始”应从无统之例，“晋、隋、唐创业时未有得天下，自从无统之例”[2]。同样的道理，当正统王朝丧失了大一统局面而成为偏安政权时，它的正统地位也因之而丧失，其余绪只能称作“正统之余”。据此，朱熹认为“蜀汉是正统之余，如东晋，亦是正统之余也”[3]。关于三国统绪的分定，这是历代史家一直争论不休的问题，主要分歧在主魏还是主蜀。朱熹一方面反对由陈寿开端的“纪”魏而“传”蜀、吴的做法，认为三国政权只有蜀汉是得汉王朝统绪的，其他两国皆不得统，“曹操自是贼”，“孙权又是两间底人”。[4] 对于三国的统绪，朱熹曾经写过一首咏史诗，其中后半首这样咏道：

桓桓左将军（刘备），仗钺西南疆。
伏龙（诸葛亮）一奋跃，凤雏（庞统）亦飞翔。
祀汉配彼天，出师惊四方。
天意竟莫回，王图不偏昌。
晋史自帝魏，后贤盍更张？
世无鲁连子，千载徒悲伤。[5]

---

[1] 《朱子语类》卷一〇五，岳麓出版社 1997 年版。
[2] 朱熹：《资治通鉴纲目·凡例》，《四库全书》本。
[3] 《朱子语类》卷一〇五，岳麓出版社 1997 年版。
[4] 《朱子语类》卷一三六，岳麓书社 1997 年版。
[5] 《朱熹集》卷四，四川教育出版社 1996 年版。

诗中赞扬了刘备得诸葛亮、庞统辅佐建立蜀汉大业；为“王图不偏昌”，蜀汉终为晋所统一而感到惋惜；对《晋书》以魏为正统的做法提出改正，遗憾世上没有义不帝秦的鲁仲连。朱熹偏私蜀汉之情已是跃然纸上。然而用正统的标准来评判蜀汉政权，朱熹认为蜀汉政权虽然得东汉统绪，但毕竟没有将国家统一起来，因此它是“正而无统”，只能属于“正统之余”例，依然还不能算是真正正统的王朝，不过它与魏、吴这样既未统也不正的王朝又是有着本质区别的。

与“正统之始”和“正统之余”同属无统之例的，还有“列国”“建国”“不成君”和“远方小国”四种。“列国”是指正统王朝所封之国，如周朝所封之秦、齐、楚、韩、赵、魏等；“建国”是指仗义自主或相王者，如秦之楚、赵、齐、魏、韩、燕等；“不成君”是指仗义承统而不能成功者，如西汉末年刘玄等。

无统之外更有僭伪，僭伪又分为“篡贼”和“僭国”两类，其中“篡贼”是指“篡位干统而不及传世者”[1]，如历史上的王莽、吕后、武则天等皆属此类；“僭国”是指篡位、据土并且能够传世的，如三国之魏、吴，十六国之汉、赵、诸燕、二魏、二秦、成汉、诸凉、西秦、代和夏等皆属此类。相对于正统而言，僭伪又称“伪统”“窃统”。

综上所述可知，朱熹对于历史王朝正统与否的划分，包含了三个类别：正统、无统和僭伪。其中关于僭伪类别的立定，显然是一种道德评判，体现了朱熹理学家的本色，旨在倡明纲常伦理道德。而其关于正统与否的立定，特别是创立“正统之始”和“正统之余”例，则是凸显了“大一统”的标准，体现了朱熹重视“大一统”的思想。结合朱熹所处的南宋政权偏安江南一隅的政治格局，其严格以“大一统”作为立定正统与否的标准，内蕴的现实政治寓意是很深刻的。如对三国统绪的立定，朱熹一方面认为蜀汉政权承继了东汉王朝的统绪，这无疑是隐喻当时的西夏和金政权不能得统，显然有为赵宋争正统之意。对此，清代史评家章学诚已有评说：

> 昔者陈寿《三国志》纪魏而传吴、蜀，习凿齿为《汉晋春秋》，

[1] 朱熹：《资治通鉴纲目·凡例》，《四库全书》本。

正其统矣。司马（光）《通鉴》仍陈氏之说，朱子（熹）《纲目》又起而正之。“是非之心，人皆有之。”……陈氏生于西晋，司马生于北宋，苟黜曹魏之禅让，将置君父于何地？而习与朱子，则固江东南渡之人也，唯恐中原之争天统也。[1]

但在另一方面，朱熹又认为蜀汉是“正而无统”的王朝，属“正统之余”例。这无疑是要劝勉南宋统治者励精图治，收复中原，完成大一统之业，以使南宋成为实现真正统一的正统王朝，而不能像蜀汉那样只做个“正统之余”的王朝。显然，关于三国统绪的分定蕴含了深刻的“大一统”思想，反映了朱熹主张抗金的政治立场和渴望国家统一的强烈愿望。

[1] 章学诚：《文史通义》卷三《文德》，叶瑛校注本，中华书局1994年版。

第二章　以经解史与以史证经[1]

吴怀祺先生认为中国的易学与史学的关系基本上有三种：一是以史证易，二是以易解史，三是“把《周易》作为社会史的影子，或作为史料”。[2] 将易学与史学这三种关系推广到整个经学与史学的关系上，我们认为也主要表现为三种：一是以经解史，即是用经学的思想观念去看待历史，用经学的思维方式去思考历史；二是以史证经，即是将史学纳入经学范畴，用史学去说明和证明经学观点；三是将经学著述视为一种史料，即是以经为史。在中国学术发展史上，这第三种关系相对于前两种而言影响较弱，经史关系的局面从整体上说是以经解史和以史证经并存交融的。经史之学作为中国传统文化的重要组成部分，在其并存发展过程中呈现着明显的民族文化特性，在思维方式和价值取向等方面都值得探讨。

第一节　以经解史的治史路径

中国古代经学从其自身内涵来讲，不但具有史料价值，而且蕴含着

[1] 本章及第三、四章内容，初稿由邓锐撰写，汪高鑫拟纲、修改和定稿。
[2] 吴怀祺：《易学与史学》，台北大展出版社有限公司2004年版，第18页。

丰富的历史思想。同时，经学又一直作为一种官方意识形态，对中国古代各类学术特别是史学的发展有着指导作用。从司马迁提出“考信于六艺”，到章学诚系统论述“六经皆史”，无不充分肯定了经学与史学的密切关系。古代史家往往都是在经学指导下从事史学研究、进行历史撰述的，他们都不约而同地选择了以经解史的治史路径。这种治史路径最重要的表现，一个是史家以经学上的礼法名教观念来评价历史事件和历史人物，另一个则是史家运用经学主要是易学的思维方式与思想观念来总结历史变易及其内在法则。

一、传统史学以经学礼法名教观念评价历史

礼法名教观念是古代经学的核心价值观。早在周代时，以“尊尊”“亲亲”为原则的礼法等级秩序就已经形成较为完备的体系。孔子开创儒家，总结周代礼法制度，以之为治国安邦的根本法则。儒家将“克己复礼”视作己任，认为“礼不下庶人，刑不上大夫”[1]的等级秩序，是维护政治安定、社会和谐的根本所在，肯定“礼，经国家，定社稷，序民人，利后嗣者也”[2]。《论语·颜渊》中有条记载集中反映了孔子的礼法思想：“齐景公问政于孔子。孔子对曰：‘君君、臣臣、父父、子子。’公曰：‘善哉！信如君不君、臣不臣、父不父、子不子，虽有粟，吾得而食诸？’”“君君、臣臣、父父、子子”的礼法等级秩序，就是孔子所认为的社会最高原则。《仪礼》《礼记》和《周礼》之所谓“三礼”也体现了一种等差的礼制，《礼记·曲礼》说：“道德仁义，非礼不成；教训正俗，非礼不备；分争辨讼，非礼不决；君臣上下父子兄弟，非礼不定；宦学事师，非礼不亲；班朝治军，莅官行法，非礼威严不行；祷祠祭祀，供给鬼神，非礼不诚不庄。是以君子恭敬撙节退让以明礼。”这就把等级区分的礼制不仅视为一种仪式制度，更将其看作政治与社会安定的必要条件、个人修养的重要准则。“三礼”还努力为礼寻求其形而上的依据，《礼记·礼运》说：“夫礼，必本于天，肴于地，列于鬼神，达于丧祭射

[1]《礼记·曲礼上》，《十三经注疏》本，中华书局1980年影印版。
[2]《左传·隐公十一年》，《十三经注疏》本，中华书局1980年影印版。

御冠婚朝聘”，把礼看成是天道。而儒家这种以等级尊卑为核心的礼法思想，在后来儒学发展过程中得到不断强化，像宋代理学家二程便从天理的角度提出礼的本质在于等级尊卑秩序：“天而在上，泽而处下，上下之分，尊卑之义，理之当也，礼之本也”[1]，将以等级尊卑秩序为核心的礼法视为一种理所当然、天经地义。

儒家的礼法思想发展到魏晋时期，又产生了名教的观念。《管子·山至数》中即有“昔者周人有天下，诸侯宾服，名教通于天下”的记载，但是，这里所谓名教是指声名与教化。魏晋时期，名教成为用以指称以“三纲五常”为核心的儒家纲常伦理的概念，最初见于《世说新语·德行》：“李元礼风格秀整，高自标持，欲以天下名教是非为己任。”魏晋以后，名教的概念有时又被用来指代儒学或儒家。如北宋吕大临撰《横渠先生行状》称：“当康定用兵时，年十八，慨然以功名自许。上书谒范文正公，公一见知其远器，欲成就之，乃责之曰：‘儒者自有名教，何事于兵?’因劝读《中庸》。”南宋朱熹也说：“孟子未尝说气质之性。程子论性所以有功于名教者，以其发明气质之性也。”[2]不管怎样，魏晋以后的名教是等同于儒家的纲常伦理思想的一个概念，名教的精神实质仍是从儒家礼法生发出来的等级伦理道德观念。[3]

经学上礼法名教的等级观念是服务于政治的，史学则自觉以经学为指导、以政治为旨归，将经学的礼法名教标准运用于对历史事件和历史人物的评价上。可以说，这种等级秩序的礼法名教观念一直为古代史家所持重，他们具有一种“欲以天下名教是非为己任”的使命感，治学修史总是不忘“彰善瘅恶，以树风声”。[4]

司马迁著《史记》，就深受儒家等级礼法思想的影响。首先，《史记》视等级尊卑秩序为政治治理的重要法则。在司马迁看来，社会上存在等级尊卑秩序是天经地义的，“天尊地卑，君臣定矣。高卑已陈，贵贱位

[1]《伊川易传》卷一，《四库全书》本。

[2]《朱子语类》卷四，岳麓书社1997年版。

[3] 关于名教概念的历史演变，详参张造群：《名教源流的历史探讨和现代评价》，《西南民族大学学报》2008年第3期。

[4]《周书》卷三八《柳虯传》，中华书局1971年版。

矣”[1]。社会只有遵循礼法，才能建立起“一天下，臣诸侯”[2]的大一统政治；反之，如果不遵循礼法，就会导致社会动乱。“不通礼义之旨，至于君不君，臣不臣，父不父，子不子。夫君不君则犯，臣不臣则诛，父不父则无道，子不子则不孝。此四行者，天下之大过也”[3]。甚至会导致国家的覆亡，“弗由之（礼义），所以捐社稷也”[4]。其次，《史记》的许多具体历史评论渗透着等级礼法观念。如司马迁推崇孔子，在一定程度上是出于对孔子礼义思想的肯定。司马迁肯定孔子复兴礼义文化的贡献，他说：“孔子之时，周室微而礼乐废，《诗》《书》缺。追迹三代之礼，序《书》传，上纪唐虞之际，下至秦穆，编次其事。……故《书》传、《礼》记自孔氏。”[5]司马迁视孔子所删定的《春秋》为“礼义之大宗”，认为“有国者不可以不知《春秋》，前有谗而弗见，后有贼而不知。为人臣者不可以不知《春秋》，守经事而不知其宜，遭变事而不知其权。为人君父而不通于《春秋》之义者，必蒙首恶之名。为人臣子而不通于《春秋》之义者，必陷篡弑之诛，死罪之名”[6]。司马迁对历史上违反等级礼法秩序的人和事往往加以否定。如从等级礼法的思想出发，司马迁对春秋五霸予以了严厉谴责：“或力政，强乘弱，兴师不请天子。然挟王室之义，以讨伐为会盟主，政由五伯。诸侯恣行，淫侈不轨，贼臣篡子滋起矣。齐、晋、秦、楚……更为伯主，文武所褒大封，皆威而服焉。”[7]

史家班固同样强调社会等级秩序的重要性，《汉书》具有浓厚的等级礼法观念。班固说：“古者天子建国，诸侯立家，自卿、大夫以至于庶人，各有等差，是以民服事其上，而下无觊觎。”根据“各有等差”的礼法秩序，他套用孟子的话说：“五伯，三王之罪人也；而六国，五伯之罪人也。夫四豪者，又六国之罪人也。况于郭解之伦，以匹夫之细，窃杀

[1]《史记》卷二四《乐书》，中华书局1959年版。
[2]《史记》卷二三《礼书》，中华书局1959年版。
[3]《史记》卷一三〇《太史公自序》，中华书局1959年版。
[4]《史记》卷二三《礼书》，中华书局1959年版。
[5]《史记》卷四七《孔子世家》，中华书局1959年版。
[6]《史记》卷一三〇《太史公自序》，中华书局1959年版。
[7]《史记》卷一四《十二诸侯年表》，中华书局1959年版。

生之权，其罪已不容于诛矣!"[1] 应该说《汉书》的等级观念较之《史记》要更为强烈。如《史记》的《游侠列传》盛赞侠客的风神行止，认为"以功见言信，侠客之义又曷可少哉"，而《汉书》的《游侠传》则将游侠的行为视作"罪不容诛"的犯上之举。《史记》对道家（实为黄老道家）思想评价较高，认为"其术以虚无为本，以因循为用。……虚者道之常也，因者君之纲也"[2]，班固则从礼法观点出发，批判道家"欲绝去礼学，兼弃仁义"[3]。二人等级秩序观念的差异由此可见一斑。班固还通过对儒家"六经"的评价，肯定礼乐的重要作用。班固说：

> "六经"之道同归，而《礼》《乐》之用为急。治身者斯须忘礼，则暴嫚入之矣；为国者一朝失礼，则荒乱及之矣。人函天地阴阳之气，有喜怒哀乐之情。天禀其性而不能节也，圣人能为之节而不能绝也，故象天地而制礼乐，所以通神明，立人伦，正情性，节万事者也。[4]

在此，班固明确认为在儒家"六经"当中，《礼》《乐》体现的是等级礼法，因而也是最具现实政治功用价值的，是"节万事"的根本大法。

东晋袁宏的《后汉纪》明确以"通古今而笃名教"为撰述旨趣。《后汉纪》"掇会《汉纪》、谢承《书》、司马彪《书》、华峤《书》、谢沈《书》《汉山阳公记》《汉灵献起居注》《汉名臣奏》，旁及诸郡《耆旧先贤传》，凡数百卷"[5] 而成，却一一从"笃名教"的角度评述这些著作的不足，认为它们之于"名教之本，帝王高义，韫而未叙"，所以袁宏自己作《后汉纪》，要"因前代遗事，略举义教所归，庶以弘敷王道"[6]。袁宏对名教的本质作如是说：

---

[1] 《汉书》卷九二《游侠传》，中华书局 1962 年版。
[2] 《史记》卷一三〇《太史公自序》，中华书局 1962 年版。
[3] 《汉书》卷三〇《艺文志》，中华书局 1962 年版。
[4] 《汉书》卷二二《礼乐志》，中华书局 1962 年版。
[5] 袁宏：《后汉纪·自序》，见《两汉纪》下册，中华书局 2002 年版。
[6] 袁宏：《后汉纪·自序》，见《两汉纪》下册，中华书局 2002 年版。

夫君臣父子，名教之本也。然则名教之作，何为者也？盖准天地之性，求之自然之理，拟议以制其名，因循以弘其教，辩物成器，以通天下之务者也。是以高下莫尚于天地，故贵贱拟斯以辩物；尊卑莫大于父子，故君臣象兹以成器。天地，无穷之道；父子，不易之体。夫以无穷之天地，不易之父子，故尊卑永固而不逾，名教大定而不乱，置之六合，充塞宇宙，自今及古，其名不去者也。未有违夫天地之性，而可以序定人伦；失乎自然之理，而可以彰明治体者也。[1]

在袁宏看来，名教之本就是君臣父子的等级尊卑秩序，认为这种等级尊卑秩序是永恒不变的“天地之性”和“自然之理”。可以看出，袁宏虽然是从道家自然观念来阐释儒家名教概念，但其精神实质仍然是发端于“五经”的等级尊卑观念。

唐代史评家刘知幾主张直书，反对曲笔。在《史通·直书》篇中，他提倡史家应该要有“仗气直书，不避强御”和“宁为兰摧玉折，不作瓦砾长存”的精神。然而，在直书与名教发生冲突时，刘知幾出于维护名教的需要，便又公然主张史讳。在《史通·曲笔》篇中，刘知幾在谈论直书与名教的关系时作如是说：

肇有人伦，是称家国。父父子子，君君臣臣，亲疏既辨，等差有别。盖“子为父隐，直在其中”，《论语》之顺也；略外别内，掩恶扬善，《春秋》之义也。自兹已降，率由旧章。史氏有事涉君亲，必言多隐讳，虽直道不足，而名教存焉。

在刘知幾看来，虽然为君、父避讳“直道不足”，却又是合理的，它有助于提倡名教。《惑经》篇说得更为直白：

夫臣子所书，君父是党，虽事乖正直，而理合名教。如鲁之隐、桓戕弑，昭哀放逐，姜氏淫奔，子般夭酷。斯则邦之孔丑，讳之

---

[1] 袁宏：《后汉纪》卷二六《孝献皇帝纪》，见《两汉纪》下册，中华书局2002年版。

可也。

在此刘知幾以史实为例，明确认为出于维护名教的需要，是可以进行史讳的。在《序传》篇中，他对司马相如、王充等人不明名教之理提出批评，说："相如自序，及记其客游临邛，窃妻卓氏，以《春秋》所讳，持为美谈。虽事或非虚，而理无可取。载之于传，不其愧乎！"而"王充《论衡》之《自纪》也，述其父祖不肖，为州闾所鄙，而已答以瞽顽舜神，鲧恶禹圣。夫自叙而言家世，固当以扬名显亲为主，苟无其人，阙之可也。至若盛矜于己，而厚辱其先，此何异证父攘羊，学子名母？必责以名教，实三千之罪人也"。很显然，刘知幾的直书观是以维护名教为其前提的。

杜佑著《通典》，考察历代典章制度，明确提出"征诸人事，将施有政"[1] 的经世致用史学主张。杜佑的史学经世致用观，仍然深受经学礼法等级尊卑观念影响。他在《通典·自序》中提出"夫理道之先在乎行教化"，把"教化"作为政治治理的首要任务。而杜佑所说的教化，则以礼乐为主要内容。《通典》用整整100卷的篇幅记述历代礼制，又有7卷记乐，礼乐部分的篇幅超过全书一半。杜佑认为礼乐是致治的根本，《通典》所记礼乐制度，都深深打上了尊卑等级观念的烙印。如论诸侯大夫士冠礼，认为"冠者表成人之容，正尊卑之序"[2]；论婚嫁，肯定"官有贵贱之异，而婚得无尊卑之殊乎！"[3] 如此等等。在杜佑看来，从仪表到社交的一切社会生活领域，都应当体现尊卑等级秩序，而礼乐制度就是表征、维护这种尊卑等级的根本方法。杜佑还从天道的角度为礼寻求了合法性依据，《礼典》开篇就说："夫礼必本于太一，分而为天地，转而为阴阳，变而为四时，列而为鬼神。其降曰令，其居人曰义。"[4] 既然礼是"本于太一，分而为天地"，以这种本于天道的礼来作为人间君王为政之本，也就是天经地义的了。

---

[1] 杜佑：《通典》卷一《自序》，中华书局1984年版。
[2] 杜佑：《通典》卷五六《嘉礼一》，中华书局1984年版。
[3] 杜佑：《通典》卷五九《嘉礼四》，中华书局1984年版。
[4] 杜佑：《通典》卷四一《礼一》，中华书局1984年版。

北宋司马光是卓有成就的史学家，同时，他把礼学思想融入史学著作中，从礼的角度来评价历史，强调礼在国家政治生活中的作用。在《资治通鉴》中，司马光用“臣光曰”的形式发表史论，其中渗透着以经学礼法尊卑等级观念评价历史的思想。《资治通鉴》开篇首叙韩、赵、魏三家分晋之事，司马光指出：

> 臣闻天子之职莫大于礼，礼莫大于分，分莫大于名。何谓礼？纪纲是也；何谓分？君臣是也；何谓名？公、侯、卿、大夫是也。夫以四海之广，兆民之众，受制于一人，虽有绝伦之力，高世之智，莫不奔走而服役者，岂非以礼为之纪纲哉！是故天子统三公，三公率诸侯，诸侯制卿大夫，卿大夫治士庶人。贵以临贱，贱以承贵。上之使下，犹心腹之运手足，根本之制支叶；下之事上，犹手足之卫心腹，支叶之庇本根。然后能上下相保而国家治安。故曰：天子之职莫大于礼也。[1]

在这里，司马光把礼称作纪纲，实际上就是指等级尊卑秩序。司马光认为，正是从天子到三公、从三公到诸侯、从诸侯到卿大夫、从卿大夫到庶人所构成的尊卑等级制度，才使“上下相保而国家治安”，这是国家安定的根本法则。因此，司马光从礼法等级尊卑的观念出发，对韩、赵、魏三家瓜分晋国予以否定，并进一步认为，正是由于周天子违反礼制，承认韩、赵、魏的诸侯地位，从而导致了周的灭亡。他由此感叹说：“呜呼！君臣之礼既坏矣，则天下以智力相雄长，遂使圣贤之后为诸侯者，社稷无不泯绝，生民之类糜灭几尽，岂不哀哉！”[2] 司马光不仅认为礼治在国家政治生活中具有重要作用，而且认为礼治在一般社会生活中也有重要功能。在叙及叔孙通为汉高祖定礼制一事时，司马光说：

> 礼之为物大矣！用之于身，则动静有法而百行备焉；用之于家，则内外有别而九族睦焉；用之于乡，则长幼有伦而俗化美焉；用之

[1] 司马光：《资治通鉴》卷一《周纪一》，中华书局1956年版。
[2] 司马光：《资治通鉴》卷一《周纪一》，中华书局1956年版。

于国，则君臣有叙而政治成焉；用之于天下，则诸侯顺服而纪纲正焉；岂直几席之上、户庭之间得之而不乱哉！[1]

这就是认为，礼在从个人修养到社会稳定的各个方面都起着重要作用。可以看出，司马光在历史撰述中，是自觉以经学上等级尊卑的礼法观念来看待历史、评价人事的。

南宋理学家兼史学家朱熹，则将天理思想引入史学，把史学作为自己建构理学体系的工具。朱熹的“理”，其精神实质仍是等级尊卑的礼法名教秩序，只是相对于前代要求更为苛刻。朱熹从“理”的角度评价前人的史学著作时，往往觉得他们对“理”的贯穿体现不足。在朱熹看来，《资治通鉴》就没有很好地反映出礼法等级秩序，也就是天理观念。在谈及自己作《资治通鉴纲目》的原因时，朱熹说：“臣旧读《资治通鉴》，窃见其间周末诸侯僭称王号而不正其名，汉丞相亮出师讨贼，而反书‘入寇’，此类非一，殊不可晓。又凡事之首尾详略，一用平文书写，虽有目录，亦难检寻。因窃妄意就其事实别为一书，表岁以首年，而因年以著统；大书以提要，而小注以备言。”[2] 由此可见，朱熹的礼法等级观念比司马光更为强烈。正是在这种强烈的礼法观念的驱使下，朱熹著成《资治通鉴纲目》一书，由此创立了一种更便于宣扬天理、彰显礼法等级秩序的纲目体新史书体裁。

清代史评家章学诚的史学理论也蕴含着浓厚的纲常名教思想。首先，章学诚视儒家的纲常名教为“天德”“天位”。章学诚说：

盖天之生人，莫不赋之以仁义礼智之性，天德也；莫不纳之于君臣、父子、兄弟、朋友之伦，天位也。以天德而修天位，虽事物未交隐微之地，已有适当其可，而无过与不及之准焉，所谓成象也。平日体其象，事至物交，一如其准以赴之，所谓效法也。[3]

[1] 司马光：《资治通鉴》卷一一《汉纪三》，中华书局 1956 年版。
[2] 朱熹：《朱熹集》卷二二，四川教育出版社 1996 年版。
[3] 章学诚：《文史通义》卷二《原学上》，叶瑛校注本，中华书局 1994 年版。

这就是说，作为人们行为规范的封建纲常伦理道德，是源自于自然的天，因而是天经地义的。《文史通义》一书表现出了浓厚的封建卫道士的色彩。如《妇学篇书后》就公然宣称：“《妇学》之篇，所以救颓风，维世教，饬伦纪，别人禽，盖有所不得已而为之，非好辨也。”而《书坊刻诗话后》更是对“进退六经，非圣无法”的小人之倡为邪说痛心疾首：“自来小人倡为邪说，不过附会古人疑似以自便其私，未闻光天化日之下，敢于进退六经，非圣无法，而恣为倾邪淫宕之说，至于如是之极者也！”[1] 其次，章学诚认为历史撰述必须要“有裨风教”。章学诚说：“史志之书，有裨风教者，原因传述忠孝节义，凛凛烈烈，有声有色，使百世而下，怯者勇生，贪者廉立。”[2] 在章学诚看来，孔子作《春秋》就重视倡明君亲大义。他说：“但为君父大义，则于理自不容无所避就，夫子之于《春秋》，不容不为尊亲讳也。”[3] 众所周知，章学诚的史家修养论强调“史德”，亦即强调治史者要端正“心术”，要“慎辨于天人之际”。然而，章学诚这种“尽其天而不益以人”的直书主张，同样也是要以礼法名教为其前提的。所以他认为，心术端正“自非夫子之《春秋》，不足当也”[4]。再次，章学诚以名教为标准来考量史学和评价历史。关于《史记》是否为“怨诽”之书，历来存在争议。《文史通义·史德》则从名教的观点出发，对此进行了辩驳。章氏先是明确亮出自己的观点，即“吾则以谓史迁未敢谤主”，接着阐明了自己的理由：司马迁“以一身坎坷，怨诽及于君父，且欲以是邀千古之名，此乃愚不安分，名教中之罪人，天理所诛，又何著述之可传乎？”在章学诚看来，不但《史记》中大多数篇章都是“经纬古今，折衷六艺，何尝敢于讪上哉？”而且作为史家，也是绝对不允许对君王有“怨诽”之辞的。因此，关于《史记》的谤书说是子虚乌有的。同时，章学诚还将名教作为历史评价的重要标准。在章学诚看来，名教是否能得到倡明，直接关系到国家社稷的兴衰。如在分析西晋亡国的原因时，章学诚就明确认为这与名教不存有着密切的

[1] 章学诚：《章学诚遗书》卷五，文物出版社 1985 年版。

[2] 章学诚：《文史通义》卷八《答甄秀才论修志第一书》，叶瑛校注本，中华书局 1994 年版。

[3] 章学诚：《章学诚遗书》外编三《丙辰札记》，文物出版社 1985 年版。

[4] 章学诚：《文史通义》卷三《史德》，叶瑛校注本，中华书局 1994 年版。

关系："晋人崇尚玄风，任情作达，丈夫则糟粕六艺，妇女亦雅尚清言。步障解围之谈，新妇参军之戏，虽大节未失，而名教荡然。论者以十六国分裂，生灵涂炭，转咎清谈之灭礼教，诚探本之论也。"[1]

综上所述可知，在中国传统史学中，历代史家都普遍重视用经学的礼法名教思想来指导其历史撰述，作为其对历史与人事进行评判的重要标准。

二、传统史学用易学变易思想解读历史变动

中国古代史学不仅自觉运用经学的价值观来看待和评价历史，也重视运用经学的思维方式来解读历史变动。其中《周易》的变易思想最为彰显、最具特点，其对于史学的影响也最大。

《周易》的变易思想是中国古代起源很早、不断发展并系统化的一种思维方式。一般认为，《周易》的成书有一个"人更三圣，世历三古"的过程，也就是所谓伏羲画卦，文王系辞，孔子作传（即《十翼》）。不过这一说法，只是表明《周易》是在漫长历史过程中形成的。学者大多认为，《周易》的卦、爻辞形成于殷周之际或西周前期，《易传》的主要内容则形成于战国时期。《周易》的变易思想，是先秦时期中华民族变易思维的一种归纳和总结，经过后世发展，已经内化为古代中国学术思想的一种思维方式。

然而，《周易》变易思想形成的依据则是其历史思想，《周易》的作者是以历史作为其阐发变易思想的凭借的。《易传》的变易思维其实就是一种历史变易思维，而这种历史变易思维的核心观念就是"通变"，它为后世易学与史学的历史变易思维定下了基调。《易传·系辞下》在描述远古社会进化的历史时作如是说：

> 古者包牺氏之王天下也，仰则观象于天，俯则观法于地，观鸟兽之文与地之宜，近取诸身，远取诸物，于是始作八卦，以通神明之德，以类万物之情。作结绳而为网罟，以佃以渔，盖取诸《离》。

---

[1] 章学诚：《文史通义》卷五《妇学》，叶瑛校注本，中华书局 1994 年版。

> 包牺氏没，神农氏作，斲木为耜，揉木为耒，耒耨之利，以教天下，盖取诸《益》。日中为市，致天下之民，聚天下之货，交易而退，各得其所，盖取诸《噬嗑》。神农氏没，黄帝、尧、舜氏作，通其变，使民不倦，神而化之，使民宜之。《易》穷则变，变则通，通则久。是以“自天佑之，吉无不利”。黄帝、尧、舜垂衣裳而天下治，盖取诸《乾》《坤》。刳木为舟，剡木为楫，舟楫之利，以济不通，致远以利天下，盖取诸《涣》。服牛乘马，引重致远，以利天下，盖取诸《随》。重门击柝，以待暴客，盖取诸《豫》。断木为杵，掘地为臼，臼杵之利，万民以济，盖取诸《小过》。弦木为弧，剡木为矢，弧矢之利，以威天下，盖取诸《睽》。上古穴居而野处，后世圣人易之以宫室，上栋下宇，以待风雨，盖取诸《大壮》。古之葬者，厚衣之以薪，葬之中野，不封不树，丧期无数。后世圣人易之以棺椁，盖取诸《大过》。上古结绳而治，后世圣人易之以书契，百官以治，万民以察，盖取诸《夬》。[1]

从这段话中我们可以看出，《易传》历史变易思维具有两个显著特点：其一，《易传》以“通变”为中心观念，强调社会的历史变动，提出“穷则变，变则通，通则久”的思想。《易传·系辞上》提出事物的变动规律是阴阳之变，“一阴一阳之谓道”，又说“阖户谓之坤，辟户谓之乾，一阖一辟谓之变，往来不穷谓之通”。这就是用朴素的辩证眼光去看待事物的发展变化，认为事物是在对立统一中得以发展的。《系辞下》则将这种看待事物变动的方法放到社会历史领域，形成一种独特的历史变易思想。《系辞下》认为，远古时代的历史，是从“作结绳而为网罟，以佃以渔”的原始生产，逐步发展到“百官以治，万民以察”的文明社会。《易传》的作者认为人类社会的这种历史发展，其动因就在于古代圣贤君王“通其变”。所谓包牺氏取《离》，神农氏取《益》，黄帝、尧、舜取《乾》、《坤》……都是按“使民不倦”“使民宜之”的原则进行变通，从而促进社会发展的。其二，《易传》认为人类社会的发展变化与天地相通，有着以天道求人事的思想。《系辞上》曾说：“《易》与天地准，故能弥纶天地

[1] 《周易·系辞下》，《十三经注疏》本，中华书局1980年影印版。

之道。仰以观于天文，俯以察于地理，是故知幽明之故；原始反终，故知死生之说；精气为物，游魂为变，是故知鬼神之情状。”这里所谓“《易》与天地准”，也就是《易》与天地相通；“仰以观于天文，俯以察于地理”，是洞察“天地之道”的手段。《系辞下》则说：“古者包牺氏之王天下也，仰则观象于天，俯则观法于地，观鸟兽之文与地之宜，近取诸身，远取诸物，于是始作八卦，以通神明之德，以类万物之情。”可见，《易传》将人类社会视作包括自然在内的“万物之情”当中，认为“天地之道”也支配着人类社会。

在中国传统史学的发展过程中，易学这种历史变易思维特点对其产生了重要影响，它指导着史家们运用通变的观点和思维方式来对历史变动做出考察。早在汉代经学初具规模时，易学对史家历史变易思维的影响就已经显露出来。司马迁既是卓越的史学家，同时也是重要的易学家，他的历史变易思维带着深刻的易学痕迹。实际上，“易学是司马迁家学渊源之一，也是他的史学基石的组成部分”[1]。古代史官不仅掌文化典籍，也掌卜筮，因此史官多通《易》。孔子传《易》，历数世至汉初杨何，司马迁的父亲司马谈曾“受《易》于杨何”[2]，可见易学在司马迁家学中的重要地位，所以司马迁才会在《太史公自序》中明确提出其历史撰述旨在“正《易》传，继《春秋》”。司马迁在论及《春秋》与《周易》的异同时说：“《春秋》推见至隐，《易》本隐之以显。”[3] 按虞喜《志林》的说法：“《春秋》以人事通天道，是推见以至隐也；《易》以天道接人事，是本隐以之明显也。”[4] 在司马迁看来，《周易》反映的是作为普遍规律的天道，《春秋》则是运用天道的普遍规律来详察人事；也就是说，《周易》所阐发的天道，是考察《春秋》中人事的方法与标准。

司马迁著《史记》，正是以《周易》天道来考察人事历史的。其一，司马迁接受了《周易》的通变思想，据此提出了“承敝易变”的历史变革论。司马迁对《周易》“穷则变，变则通，通则久”的通变思想有着明

[1] 吴怀祺：《易学与中国史学》，《南开学报》1997 年第 6 期。

[2] 《史记》卷一三〇《太史公自序》，中华书局 1959 年版。

[3] 《史记》卷一一七《司马相如列传》，中华书局 1959 年版。

[4] 《史记》卷一一七《司马相如列传》，司马贞索隐引虞喜《志林》，中华书局 1959 年版。

确的认识，《太史公自序》说：“《易》著天地、阴阳、四时、五行，故长于变”，又说“《易》以道化”。基于这一认识，司马迁明确提出所作八书的旨趣就是为了“承敝通变”。[1] 在比较了秦、汉建国之后的改制情况后，司马迁说：“周秦之间，可谓文敝矣。秦政不改，反酷刑法，岂不缪乎？故汉兴，承敝易变，使人不倦，得天统矣。”[2] 这就从通变的角度总结出了秦亡汉兴的原因。由重视通变，《史记》也重视于变革历史的记述。《史记》虽然记述的是黄帝以来三千年历史，但绝大部分篇幅则是关于周初、战国、秦汉之际和汉武帝建元后四个主要变革时期的历史记述，由此可见其重视变革历史记述之一斑，张大可称这种撰述原则为“详变略渐”[3]。其二，司马迁继承了《周易》以天道求人事的思想。《史记·天官书》通过记载天象与人事来阐述天运、天变、天数及其与人事之间的对应关系，并用天象来验证从春秋到汉代的历史变革。司马迁说：“自初生民以来，世主曷尝不历日月星辰？及至五家、三代，绍而明之，内冠带，外夷狄，分中国为十有二州，仰则观象于天，俯则法类于地。天则有日月，地则有阴阳。天有五星，地有五行。天则有列宿，地则有州域。三光者，阴阳之精，气本在地，而圣人统理之。”[4]《史记》这种认为天人一系、可由天道求人事的历史变易思想，与《周易·系辞下》所说的“仰则观象于天，俯则观法于地”而求知人事的思想如出一辙。

班固著《汉书》，也重视以易学思维来解说历史的变动。

首先，班固把易学的阴阳之理视为天地万物的普遍变易之理。在《汉书·叙传》中，班固讲到自己对天地万物运动规律的看法时说：“一阴一阳，天地之方；乃文乃质，王道之纲；有同有异，圣哲之常。”班固的这一表述体现了两种来源于《易》的思维方式：其一，“一阴一阳，天地之方；乃文乃质，王道之纲”，这一表述是对《易传·系辞上》中“一阴一阳之谓道”思想的继承和发挥。班固把《易》的阴阳之动视为世间

[1]《史记》卷一三〇《太史公自序》，中华书局 1959 年版。

[2]《史记》卷八《高祖本纪》，中华书局 1959 年版。

[3] 张大可：《司马迁评传》，南京大学出版社 1994 年版，第 194 页。

[4]《史记》卷二七《天官书》，中华书局 1959 年版。

万物的普遍运动规律，认为社会政治也遵循阴阳变动之理。《汉书》明确认为："安民之道，本由阴阳。"[1]《汉书》中有多处记载历史人物以阴阳之理为致治之道的言论，这些言论既是历史上以阴阳言治道现象的如实记载，同时也反映出班固本人的易道思维方式。同时，政治的阴阳之道表现在具体治国方式的演变上，又呈一文一质之互变态势。班固的质文互变说，汲取了董仲舒"三统"说的思想内涵。其二，"有同有异，圣哲之常"，这一表述体现了《易传·系辞下》中"天下同归而殊途，一致而百虑"的思维方式。班固认为，王道"有同有异"，又都本于阴阳之理，其思维方式明显受到《易》的影响。班固的这种思维方式，在论天下学术源流时表现得最明显。班固说：

> 诸子十家，其可观者九家而已。皆起于王道既微，诸侯力政，时君世主，好恶殊方，是以九家之术蜂出并作，各引一端，崇其所善，以此驰说，取合诸侯。其言虽殊，辟犹水火，相灭亦相生也。仁之与义，敬之与和，相反而皆相成也。《易》曰："天下同归而殊涂，一致而百虑。"今异家者各推所长，穷知究虑，以明其指，虽有蔽短，合其要归，亦"六经"之支与流裔。[2]

这就是说，天下学术虽大相径庭，但皆本于"六经"；而"六经"虽旨趣有差，却同源于《易》。可见，班固对学术历史源流演变的考察，明显反映出其易学的思维特征。

其次，班固用阴阳感应的汉《易》思想来究天人之际。元帝曾下诏指出："贤圣在位，阴阳和，风雨时，日月光，星辰静，黎庶康宁，考终厥命。"又说："阴阳不调，黎民饥寒，无以保治，惟德浅薄。"[3]诏书认为人间政治与自然通过阴阳之动相沟通，君主有道则阴阳调和，万物和顺；君主失道则阴阳不调，灾异并起。班固在此其实是借着对汉元帝诏书的记载，表达自己的阴阳感应思想；而班固这种由阴阳感应

---

[1]《汉书》卷九《元帝纪》，中华书局 1962 年版。
[2]《汉书》卷三〇《艺文志》，中华书局 1962 年版。
[3]《汉书》卷九《元帝纪》，中华书局 1962 年版。

言治道的观念，又是直接导源于《周易》，具有汉代以阴阳灾异言《易》的时代特征。汉代易学发展到孟喜、焦延寿，特别是到了京房时，一改先前“言人事、重义理”的传统，糅进了大量阴阳灾异的思想成分。班固著《汉书》，正是接受了刘向、孟喜、京房等人尤其是京房的易学理论。《汉书》用阴阳感应的思维方式来考察历史上的天人变化，集中表现在《五行志》当中。该志记载了从春秋鲁成公十六年（前 575 年）到王莽篡位的各种阴阳感应的灾异之事，往往在一类灾异的记述之后，即用京房等人的易学观点加以说明，如记定公二年（前 508 年）五月雉门及两观火灾，后即引京房《易传》说：“君不思道，厥妖火烧宫。”如此等等。由此可见，《汉书·五行志》的理论基础无疑就是京房等人言阴阳灾异的易学。

东汉史家荀悦为易学世家出身，其叔父荀爽是东汉与马融齐名的大易学家，所著易学著作《易传》在当时很有影响。《汉纪》对荀爽易学成就作如是说：“孝桓帝时，故南郡太守马融著《易解》，颇生异说。及臣悦叔父故司徒（荀）爽著《易传》，据爻象承应阴阳变化之义，以十篇之文解说经意。由是兖、豫之言《易》者咸传荀氏学，而马氏亦颇行于世。”[1]

受易学家学的影响，荀悦著《汉纪》，也非常重视用易学思维来解说历史及其变动。如《汉纪》叙述汉为尧后而得火德的历史，即是以易学为依据，而采纳了经学家刘歆所宣扬的五行相生之五德终始说的观点：

> 汉兴，继尧之胄，承周之运，接秦之弊。汉祖初定天下，则从火德；斩蛇著符，旗帜尚赤，自然之应，得天统矣。……及至刘向父子，乃推五行之运，以子承母，始自伏羲，以迄于汉，宜为火德。其序之也，以为《易》称“帝出乎震”，故太皞始出于震，为木德，号曰伏羲氏。……而汉祖灭秦，号曰汉，故为火德矣。[2]

当然，易学并不只是荀悦用来宣扬天命史观的工具，《汉纪》中有很

[1] 《汉纪》卷二五《孝成皇帝纪二》，见《两汉纪》，中华书局 2002 年版。
[2] 《汉纪》卷一《高祖皇帝纪》，见《两汉纪》，中华书局 2002 年版。

多具体的历史解说，也都是以易学为依据的。如荀悦认为汉高祖之所以能夺取天下，既有天命因素，也有人为因素，是“德”与“命”的合一，所以他说：“《易》曰：‘汤武革命，顺乎天而应乎人。’其斯之谓乎。”[1]在谈到西汉分封问题时，荀悦也是以易学为依据的，他说：“诸侯之制，所由来尚矣。《易》曰：‘先王建万国，亲诸侯。’……汉兴，承周、秦之弊，故兼而用之。六王、七国之难作者，诚失之于强大，非诸侯治国之咎。其后遂皆郡县治民，而绝诸侯之权矣，当时之制，未必百王之法也。”[2] 他一方面依据《周易》的说法，认为分封乃一种祖制，汉朝七国之乱并非完全是由于诸侯治国的过错；另一方面也承认“当时之制，未必百王之法”，肯定法制是可以变更的。《汉纪》还有不少地方是以易学为依据，来论证封建纲常伦理道德的合理性。如关于夫妇关系，荀悦说：“夫妇之际，人道之大伦也。……《易》称：‘正家道，家道正而天下大定矣。’”[3] 在谈到汉朝尚公主之制时，荀悦说：“尚公主之制，人道之大伦也。昔尧厘降二女于妫汭，嫔于虞。《易》曰：‘帝乙归妹，以祉元吉。’”[4] 如此等等，不一而足。

两宋既是中国史学隆盛的时代，也是理学兴起的时代，由于易学在理学中占据的重要地位，用易理来解释历史变易成为这一时期史学上的普遍现象。欧阳修在宋代的理学、易学和史学上都有重要成就，“欧阳修的易学是他的理学基础，而他的理学又是他的史学思想的哲理基础”[5]。欧阳修的史学著作《新唐书》《新五代史》，其中蕴含的历史变易思想都与其理学、易学思想密不可分的。而在经学上，欧阳修则是宋代疑经、以己意解经学风的代表性人物，如他在易学研究上破除旧说，力辨《系辞》以下诸篇“非圣人之作”，也“非一人之言”；[6] 在解《易》时又直抒己意，注重义理，使易学成为其理学的重要组成部分。

欧阳修颇具理学特色的易学思想，成为其历史变易思想的哲理基础。

---

[1] 《汉纪》卷四《高祖皇帝纪》，见《两汉纪》，中华书局 2002 年版。
[2] 《汉纪》卷五《孝惠皇帝纪》，见《两汉纪》，中华书局 2002 年版。
[3] 《汉纪》卷五《孝惠皇帝纪》，见《两汉纪》，中华书局 2002 年版。
[4] 《汉纪》卷一七《孝宣皇帝纪》，见《两汉纪》，中华书局 2002 年版。
[5] 吴怀祺：《易学与史学》，台北大展出版社有限公司 2004 年版，第 126 页。
[6] 欧阳修：《易童子问》卷三，见《欧阳修全集》上，中国书店 1986 年版。

欧阳修认为事物发展之理是“穷则变”，认为“困极而后亨，物之常理也”，又将这个常理上升到理学上天理的高度：“凡物极而不变，则弊；变则通。故曰‘吉也。’物无不变，变无不通，此天理之自然也。”[1] 进而希望“推天地之理以明人事之始终”[2]。欧阳修由天理求人事，既是探求天理的理学思维使然，也受《周易》的通变思想影响。欧阳修认为，天人之理相通，天理也可称作天人之理：“然会而通之，天地神人无以异也。使其不与于人乎，修吾人事而已；使其有与于人乎，与人之情无以异也，亦修吾人事而已。夫专人事，则天地鬼神之道废；参焉，则人事惑。使人事修则不废天地鬼神之道者，《谦》之《彖》详矣。治乱在人而天不与者，《否》《泰》之《彖》详矣。推是而之焉，《易》之道尽矣。”[3] 既然易道涵盖天地神人，无所不包，人们要想求得人事之道，就需要“通天下之理，以究阴阳天地人鬼事物之变化”[4]，由此求得圣人治理之道。欧阳修的天人之理在社会领域亦即封建纲常伦理，在欧阳修看来，纲常伦理是从天道得来的至理，因此要以此作为考察历史兴衰所遵循的标准。他常常痛感于五代的伦常败坏，说：“五代，干戈贼乱之世也，礼乐崩坏，三纲五常之道绝，而先王之制度文章扫地而尽于是矣！如寒食野祭而焚纸钱，天子而为闾阎鄙俚之事者多矣！而晋氏起于夷狄，以篡逆而得天下，高祖以耶律德光为父，而出帝于德光则以为祖而称孙，于其所生父则臣而名之，是岂可以人理责哉！”[5] 像这样的感叹，在欧阳修的史著特别是《新五代史》中俯拾皆是，由此可见他对自己从天道中求得天理的深信不疑。

史家司马光在易学上也颇有建树，《温公易说》《太玄注》《潜虚》为其主要易学著作。司马光的易学思想是其历史变易思维的哲理基础，他用《周易》阴阳变化的思维方式去考察社会的历史变动。一方面，司

---

[1] 欧阳修：《居士集》卷一八，见《欧阳修全集》上，中国书店 1986 年版。

[2] 欧阳修：《居士外集》卷一四《张令注〈周易〉序》，见《欧阳修全集》上，中国书店 1986 年版。

[3] 欧阳修：《居士外集》卷一〇《易或问》，见《欧阳修全集》上，中国书店 1986 年版。

[4] 欧阳修：《居士集》卷四二《韵总序》，见《欧阳修全集》上，中国书店 1986 年版。

[5] 《新五代史》卷一七《晋家人传》，中华书局 1974 年版。

马光接受了《周易》天人一系的宇宙论和由天道求人事的历史致思趋向。《潜虚》开篇即说："万物皆祖于虚，生于气。气以成体，体以受性，性以辩名，名以立行，行以俟命。故虚者物之府也，气者生之户也，体者质之具也，性者神之赋也，名者事之分也，行者人之务也，命者时之遇也。"司马光将世间万物的根源归结为"虚"，由此进而论述了自然的"虚"与人类社会历史的关系："人之生本于虚，虚然后形，形然后性，性然后动，动然后情，情然后事，事然后德，德然后家，家然后国，国然后政，政然后功，功然后业，业终，则返于虚矣。"[1] 可以看出，司马光将"虚"视为人类社会产生的本源，认为人类社会的历史变动即是"虚"的演化变动过程，人类社会的最高发展就是"返于虚"，这是一种源于《周易》以天道求人事思想的观点，同时比之《周易》又更为详细、更富于逻辑性。司马光所谓的"返于虚"，含有按照作为世界本源的"虚"的性质来行事的意味，是一种以自然之理治理社会的思想。司马光认为，太极（"虚"）最重要的性质是"中正"，"极者，中也，至也，一也"[2]。因此，司马光从自然之理出发，认为人类社会稳定与发展的根本同样在于"中正"，他说："中正者，所以待天下之治也。《书》曰'允执其中'，又曰'以万民惟正之供'。夫中正者，足以尽天下之治也。"[3] 这种由天理求人事的思维理路，使司马光从"虚"的"中正"性质推导出人类社会稳定与发展的根本在于纲纪，也就是等级礼法秩序。司马光认为，纲纪可以维持社会全体成员的"中正"之性，因此治理社会的关键就在于纲纪，"纲纪立而治具成矣"[4]。前述司马光对礼法纲纪的重视，也正是他以易解史、由天理求人事的一种必然结果。

另一方面，司马光继承并发展了《周易》阴阳变动的历史通变思想。《易传》认为事物变动的普遍规律在于阴阳之变，这种阴阳变动涵盖了社会领域。司马光对《周易》的通变哲理有着清晰的认识，他指出《易》道变化的实质就是阴阳变化，"《易》者，阴阳之变也"，[5] "阴阳之交

[1] 司马光：《潜虚·名图》，上海古籍出版社 1987 年影印版。
[2] 司马光：《温公易说》卷五，上海古籍出版社 1989 年影印版。
[3] 司马光：《温公易说》卷一，上海古籍出版社 1989 年影印版。
[4] 司马光：《潜虚·体图》，上海古籍出版社 1987 年影印版。
[5] 司马光：《温公易说·易总论》，上海古籍出版社 1989 年影印版。

际，变化之本原也”[1]。司马光进一步认为，由于“阴阳相殊”，也就是阴阳具有差异性，所以阴阳互动导致万物生息变化。司马光总结阴阳变化的规律是：“物极则反，天地之常也”[2]，“阴极则阳生”，“阳极则阴生”，[3] “阳盛则阴微，阴盛则阳微”[4]，阴阳“一往一来，迭为宾主”[5]。这就是说，事物按物极必反的原则呈阴阳盛衰消长变化。像《易传》用万物普遍变化规律去考察历史变易一样，司马光也从自己的阴阳变动说出发，得出人类社会历史也有治乱兴衰之变的结论，他说：“阴阳之相生，昼夜之相承，善恶之相倾，治乱之相仍，得失之相乖，吉凶之相反，皆天人自然之理也。”[6] 司马光又具体归纳了人类社会领域的阴阳互动要素，他在《温公易说·易总论》中认为：“礼乐刑德，阴阳也；仁义礼智信，五行也。”可以看出，较之《易传》，司马光把人类社会领域的阴阳互动要素更加具体化和明确化。正是由于司马光视礼乐、五常为社会历史变动的基本因素，因此其在史学中就特别注重礼法纲纪。

明清之际的经史学家黄宗羲也非常重视用易学的通变思维来思考、解读和评判历史。

首先，黄宗羲重视运用易学的通变思想，来考察历史的变易过程。黄宗羲认为，《周易》的本质是讲变易，《周易》的卦、爻辞无不体现了这种变易的思想，“《系》曰：‘爻者，言乎变者也’。《易》中何卦不言变？辞有隐显，而理无不寓”[7]。而易道变化不仅是天道法则，也是包括人类社会历史在内的万物规律，历史的“消长得失治乱存亡，生乎天下之动极乎。天下之变纪，之以十二运统、之以六十四卦乾天道也”[8]。以这样一种变易观点观照中国历史，黄宗羲认为，秦、元时期无疑是中国

[1] 司马光：《温公易说》卷六，上海古籍出版社1989年影印版。
[2] 司马光：《温公易说》卷二，上海古籍出版社1989年影印版。
[3] 司马光：《温公易说》卷六，上海古籍出版社1989年影印版。
[4] 司马光：《温公易说》卷五，上海古籍出版社1989年影印版。
[5] 司马光：《温公易说》卷五，上海古籍出版社1989年影印版。
[6] 司马光：《集注太玄》卷六，明钞本。
[7] 黄宗羲：《易学象数论》卷二《卦变一》，见《黄宗羲全集》第九册，浙江古籍出版社1992年版。
[8] 黄宗羲：《易学象数论》卷六《胡仲子衡运论》，见《黄宗羲全集》第九册，浙江古籍出版社1992年版。

历史的两大变局："夫古今之变，至秦而一尽，至元而又一尽。经此二尽之后，古圣王之所恻隐爱人而经营者荡然无具，苟非为之远思深览，一一通变，以复井田、封建、学校、卒乘之旧，虽小小变革，生民之戚戚终无已时也。"[1] 从这种变易思想出发，黄宗羲进而肯定历史变革的必要性。他说："器弊，改铸之，之为革，天下亦大器也，礼乐制度，人心风俗，一切变衰，圣人起而革之，使就我范围以成器。后世以力取天下，仍袭亡国之政，恶乎革?"[2]

其次，黄宗羲试图通过推究易学象数，来求得历史兴亡及其规律。黄宗羲明确认为，象数作为天象的体现，本质上是为人事张本的，因此是一种"致用之法，以一定之卦推治乱，以声音数取卦占事物"[3]。这就是说，人们掌握了易学象数，就可以推知历史兴衰、社会变动："法以八将推其掩迫囚击关格之类，占人君将相、内外灾福；又推四神所临分野，占水、旱、兵、丧、饥馑、疾疫；又推三基五福大小游二限易卦大运，占古今治乱天下离合。"[4] 黄宗羲不仅认为易学象数可以用来推导历史和社会变化，还认为人类社会的历史变动也是符合《易》卦之变的。他说："皇降而帝、帝降而王、王降而霸，犹春之有夏、秋之有冬也。由皇等而上，始乎有物之始；由霸等而下，终乎闭物之终。……健而运乎上，坤地道也；顺而承乎下，天地既判。其气未交为否，既交为泰，始乎乾讫乎泰。四卦统七百二十年。"[5] 这样，黄宗羲就把整个人类社会的历史变化过程完全纳入易学象数规律统摄之中。值得注意的是，黄宗羲在重视用易学象数推知历史的同时，却又认为治理天下不能一概委之于运数，如对于《乾坤凿度》提出的轨运测验之法，他就明确斥责其为"自相违背，

[1] 黄宗羲：《明夷待访录·原法》，见《黄宗羲全集》第一册，浙江古籍出版社 1985 年版。

[2] 黄宗羲：《易学象数论》卷三《原象》，见《黄宗羲全集》第九册，浙江古籍出版社 1992 年版。

[3] 黄宗羲：《易学象数论》卷五《皇极五》，见《黄宗羲全集》第九册，浙江古籍出版社 1992 年版。

[4] 黄宗羲：《易学象数论》卷六《太一》，见《黄宗羲全集》第九册，浙江古籍出版社 1992 年版。

[5] 黄宗羲：《易学象数论》卷六《胡仲子衡运论》，见《黄宗羲全集》第九册，浙江古籍出版社 1992 年版。

不审其理”：

> 一轨七百六十年，所谓圣人、庸人、君子、小人者，一君当之乎？统一轨之君以当之乎？乾为庸人而三十二世，遁为君子而一世，则是有天下者可一委之运数，而人事不修也？即位之年必欲当轨之初，从古来有七百余年不易姓者乎？帝王之治天下，允执其中，宁因消息所直，而过刚过柔以迎卦气乎？水旱兵饥，十年内外不能不遇，而以六百年、七百年为期，是乱日少而治日多也。[1]

这就是说，治理天下最终还是要依靠人事，因为“天不能以一定之数，制人事之万变”[2]。黄宗羲这样一种重视权变的象数观，本身就是易学通变思想的具体体现。

清代史评家章学诚的史学理论，同样深受易学通变思想影响。

首先，章学诚从《易》道变化，肯定人类历史发展是一个不断变易和变革的过程。章学诚认为《易》道重在变化，他引用孔颖达的话说：“夫《易》者，变化之总名，改换之殊称。”又说：“《易》之为义，实该羲、农以来不相沿袭之法数也。”[3] 在章学诚看来，人类社会的产生和变化都是“不得已”，也就是一种必然之势：

> 天地生人，斯有道矣，而未形也。三人居室，而道形矣，犹未著也。人有什伍而至百千，一室所不能容，部别班分，而道著矣。仁义忠孝之名，刑政礼乐之制，皆其不得已而起者也。[4]

这里所谓“三人”，指的是人的群体，章学诚是要以“三人同居一室”的理论，来说明人类社会的产生和变化。同时，章学诚赞成社会变革，他借着评述三《易》之法，而肯定了历代典制的不断变革性。他说：“《周

[1] 黄宗羲：《易学象数论》卷四《乾坤凿度三》，见《黄宗羲全集》第九册，浙江古籍出版社 1992 年版。

[2] 黄宗羲：《黄梨洲文集·封庶常桓墅陈府君墓志铭》，中华书局 1959 年版。

[3] 章学诚：《文史通义》卷一《易教中》，叶瑛校注本，中华书局 1994 年版。

[4] 章学诚：《文史通义》卷二《原道上》，叶瑛校注本，中华书局 1994 年版。

官》太卜掌三《易》之法，夏曰《连山》，殷曰《归藏》，周曰《周易》，各有其象与数，各殊其变与占，不相袭也。然三《易》各有所本，《大传》所谓庖羲、神农与黄帝、尧、舜，是也。由所本而观之，不特三王不相袭，三皇、五帝亦不相沿矣。”[1]

其次，章学诚从《易》道的变化，来探求人类社会变化的规律。章学诚分析《易》道的变化说：

> 《易》曰：“一阴一阳之谓道。”是未有人而道已具也。继之者善，成之者性。是天著于人，而理附于气。故可形其形而名其名者，皆道之故，而非道也。道者，万事万物之所以然，而非万事万物之当然也。人可得而见者，则其当然而已矣。
>
> 人之初生，至于什伍千百，以及作君作师，分州画野，盖必有所需而后从而给之，有所郁而后从而宣之，有所弊而后从而救之。羲、农、轩、颛之制作，初意不过如是尔。法积美备，至唐、虞而尽善焉，殷因夏监，至成周而无憾焉。譬如滥觞积而渐为江河，培塿积而至于山岳，亦其理势之自然；而非尧、舜之圣，过乎羲、轩，文、武之神，胜于禹、汤也。后圣法前圣也，非法前圣也，法其道之渐形而渐著者也。[2]

在此，章学诚明确指出了《易》道是先于人而存在的普遍法则，它支配着万事万物，是“万事万物之所以然”，人们看到的只是它所支配着的万事万物。认为社会的发展变化，表面上看是“后圣法前圣”，实际上则是道在支配社会变迁。具体说来，道支配社会发展就是使得社会根据现实需要而有所变化，即“有所需而后从而给之，有所郁而后从而宣之，有所弊而后从而救之”，使事物循着“理势之自然”发展，形成一个趋于完善的过程。

综上所述可知，传统史学是非常重视借用经学，主要是易学的变易思维来考察历史和解说历史，由此形成了一条以经解史的基本治史路径。

---

[1] 章学诚：《文史通义》卷一《易教上》，叶瑛校注本，中华书局1994年版。

[2] 章学诚：《文史通义》卷二《原道上》，叶瑛校注本，中华书局1994年版。

第二节 以史证经的治经方法

传统史学是一门记言记事的“实学”，因此成为经学家用以阐发经义和建构自身经学理论体系的重要手段，以史证经的治经路径由此出现。纵观中国古代以史证经的治经路径，依据其对史学运用方法的不同，主要又可以分为两种：一种是运用史事来解释经义，《左传》最为典型；另一种是用史事来证明经学观点，以宋代理学为代表。

一、以史事解经

“六经”虽有以事言理的方法，但总的说来，偏于简练晦涩，后世经学在解经的过程中，注重运用具体史事来阐发经义，于是形成了以史事解经的治经方法。

《诗经》是我国最早的诗歌总集，孔子有“诗教”说，认为《诗经》蕴含了褒贬讽谏之意，后世治《诗经》者为了阐发经义，往往联系史事来加以解说。西汉治《诗经》者有《鲁诗》《齐诗》《韩诗》和《毛诗》四家，他们都把《诗经》看作古人刺时弊之书，通过具体的史事来阐明诗中的讽刺之义。如《大雅》有《桑柔》之诗，《毛诗序》联系芮伯讽刺周厉王之事称：“芮伯刺厉王也。”《鲁诗》解说得更为具体：“昔周厉王好专利，芮良夫谏而不入，退赋《桑柔》之诗以讽，言是大风也，必将有隧；是贪民也，必将败其类。王又不悟。故遂流死于彘。”[1]《小雅》有《大东》之诗，《毛诗序》联系谭大夫讽东国役税繁重之事解释称：“刺乱也。东国困于役而伤于财，谭大夫作是诗以告病焉。”《魏风》有《硕鼠》之诗，《鲁诗》联系春秋时改行“初税亩”之事，认为：“履亩税而《硕鼠》作。”[2]《齐诗》也说：“周之末涂，德惠塞而嗜欲众，君奢侈而

[1] 王符：《潜夫论》卷一《遏利》，张觉校注本，岳麓书社2008年版。
[2] 王符：《潜夫论》卷四《班禄》，张觉校注本，岳麓书社2008年版。

上求多，民困于下，怠于公事，是以有履亩之税，《硕鼠》之诗是也。”[1]《小雅》有《六月》之诗，《齐诗》认为意在褒奖周宣王征猃狁，说：“（宣王）兴师命将以征伐之，诗人美大其功，曰：‘薄伐猃狁，至于太原。’”[2]《鲁诗》也认为：“周宣王命南仲吉甫攘猃狁，威蛮荆。”[3]后世治《诗经》者学风虽有改易，但联系史事解说《诗经》之义的方法仍然得以保留。

用史事解说《周易》经义是易学研究的特色之一，而宋人张根最具有典型性。张根著《吴园周易解》，在解释《易经》时往往直接用史事作为经文的解说：

> 初九：潜龙，勿用。伯夷之事。
> 九二：见龙在田，利见大人。仲尼之事。
> 九三：君子终日乾乾，夕惕若，厉无咎。文王之事。
> 九四：或跃在渊，无咎。武王观兵之事。
> 九五：飞龙在天，利见大人。禹汤之事。[4]

这种在《周易》经文后直接注以某一史事作为解经之文的方式比较独特。在张根看来，他所注的史事就是对《周易》经文最好的解释。张根所选史事都是众所周知的，因此只略略提及，简单明了，而其以之为注的史事也确实与《周易》经义有相契合之处。《周易·乾卦·文言》说：“初九曰：‘潜龙勿用’，何谓也？子曰：‘龙，德而隐者也。不易乎世，不成乎名，遯世无闷，不见是而无闷。乐则行之，忧则违之，确乎其不可拔，潜龙也。’”伯夷不食周粟、隐居首阳山的事迹确实与经义可以匹配。

当然，以史事解经最具有代表性的，当属《左传》对于《春秋》的解说。《春秋》虽是记事之作，但其叙述凝练晦涩，且还多有故意隐讳之处，使读者不能明了其内在意蕴。《汉书·艺文志》称：

---

[1] 桓宽：《盐铁论》卷七《取下第四十一》，马非百注释本，中华书局1985年版。
[2]《汉书》卷九四《匈奴传上》，中华书局1962年版。
[3] 蔡邕：《难夏育请伐鲜卑议》，见《全后汉文》卷七三，商务印书馆1999年版。
[4] 张根：《吴园周易解》，中华书局1985年版。

以鲁周公之国，礼文备物，史官有法，故与左丘明观其史记，据行事，仍人道，因兴以立功，败以成罚，假日月以定历数，藉朝聘以正礼乐。有所褒讳贬损，不可书见，口授弟子，弟子退而异言。丘明恐弟子各安其意，以失其真，故论本事而作传，明夫子不以空言说经也。《春秋》所贬损大人当世君臣，有威权势力，其事实皆形于传，是以隐其书而不宣，所以免时难也。[1]

出于现实考虑，孔子作《春秋》往往用一定的义例来予夺褒贬，以寄托作者的政治理想和是非善恶标准。《孟子·离娄下》曾提到，《春秋》“其事则齐桓、晋文，其文则史。孔子曰：‘其义则丘窃取之矣。’”这就是说，《春秋》是用了一定的笔法来通过史事、史文表达史义的。《春秋》借以表达史义之法被称作《春秋》书法、笔法或义例。但是，《春秋》并没有对自身的义例做出说明。

《春秋》这样的写法，致使史事、史文背后的史义难以被读者理解，于是诸家纷起阐发《春秋》经义。《左传》被后世认为是解《春秋经》的可靠作品。《左传》原名《左氏春秋》，可能原本是单独流传的著作。因为它所述事实较为详细明晰，可解释《春秋》简略记述的史事，被儒家认为是解释《春秋》经文的著作，所以在流传过程中，先被人们编在《春秋》之后，后来又被拆散，用一段经、一段传的形式与《春秋》合编。司马迁作《史记·十二诸侯年表》，称“鲁君子左丘明”恐后人不明孔子《春秋》之意，所以撰《左氏春秋》详细记事以阐释《春秋》。西汉末年刘歆倡导古文经学，开始引《左传》解《春秋》，此后儒家大多认为《左传》是左丘明[2]为《春秋》作的传。但也有人认为《左传》并非解经之作，如晋人王接、宋人刘安世即主张《左传》原本独立，非为解经而作。所以也有学者认为，“《左传》原系杂采各国史书而成，最初不过

[1] 《汉书》卷三〇《艺文志》，中华书局 1962 年版。

[2] 关于《左传》的作者，今已难详考，司马迁认为是左丘明或称左丘（见《史记》的《十二诸侯年表》和《太史公自序》等）；今文经学家认为它是刘歆的伪作，但是都没有充足的依据；今人也有认为是子夏或是吴起（见童书业《春秋左传考证》等）。顾炎武认为：“左氏之书，成之者非一人，录之者非一世，可谓富矣。”（《日知录》卷四《春秋阙疑之书》）这一说法相对比较中肯。

是一种史事汇编的性质，并非编年之史，原是一部独立的书，与《春秋》无关”，后来才被改编为解经的著作。[1] 我们今天所见的《左传》，应该说在思想内容上的确有解经的倾向，据学者统计，“《左传》补充、解释（《春秋》）经文的内容占了全书条目的五分之四以上”[2]。不论《左传》原本就为解经之作，还是在流传过程中被改编为解经之作，其作为《春秋》“三传”之一，对于传统史学的发展产生了重大影响。

具体说来，《左传》以事解经，其方法和特点主要有三：

第一，不直接解说《春秋》经义，而是用相关史事去说明其简略的记述，使人能明了其史事的具体内容。《左传》虽然也从义理方面解说经义，但主要的解经方法还是以史事解经。《左传》所采史料古今学者多有探讨，其基本的范围是唐人啖助所说的各国史记，子产、晏子等各国卿佐家传及卜书、梦书、杂占书、纵横家、小说、讽谏等。[3] 《左传》引用大量史料来补充说明《春秋》的简略记述，使《春秋》所记之事的前因后果及发展过程得以昭显。如《春秋》宣公二年（前 607 年）云：“晋赵盾弑其君夷皋。”仅从这条记载，读者并不能了解其背后的具体史事及孔子记述的意图。《左传》对这条记载用史事进行了详细解析：

> 晋灵公不君：厚敛以雕墙；从台上弹人而观其辟丸也。宰夫胹熊蹯不熟，杀之，置诸畚，使妇人载以过朝。赵盾、士季见其手，问其故，而患之。将谏，士季曰：“谏而不入，则莫之继也。会请先，不入，则子继之。”三进，及溜，而后视之。曰：“吾知所过矣，将改之。”稽首而对曰：“人谁无过？过而能改，善莫大焉。《诗》曰：‘靡不有初，鲜克有终。’夫如是，则能补过者鲜矣。君能有终，则社稷之固也，岂惟群臣赖之。又曰：‘衮职有阙，惟仲山甫补之。’能补过也。君能补过，衮不废矣。”
>
> 犹不改。宣子骤谏，公患之，使钼麑贼之。晨往，寝门辟矣，盛服将朝，尚早，坐而假寐。麑退，叹而言曰：“不忘恭敬，民之主

---

[1] 赵光贤：《〈左传〉编撰考》（上），见《古史考辨》，北京师范大学出版社 1987 年版。

[2] 赵生群：《〈春秋〉经传研究》，上海古籍出版社 2000 年版，第 41 页。

[3] 陆淳：《春秋啖赵集传纂例》卷一，中华书局 1985 年版。

也。贼民之主，不忠。弃君之命，不信。有一于此，不如死也。”触槐而死。

秋九月，晋侯饮赵盾酒，伏甲，将攻之。其右提弥明知之，趋登，曰：“臣侍君宴，过三爵，非礼也。”遂扶以下，公嗾夫獒焉。明搏而杀之。盾曰：“弃人用犬，虽猛何为！”斗且出，提弥明死之。

初，宣子田于首山，舍于翳桑，见灵辄饿，问其病。曰：“不食三日矣。”食之，舍其半。问之，曰：“宦三年矣，未知母之存否，今近焉，请以遗之。”使尽之，而为之箪食与肉，置诸橐以与之。既而与为公介，倒戟以御公徒而免之。问何故。对曰：“翳桑之饿人也。”问其名居，不告而退，遂自亡也。

乙丑，赵穿攻灵公于桃园。宣子未出山而复。太史书曰：“赵盾弑其君。”以示于朝。宣子曰：“不然。”对曰：“子为正卿，亡不越竟，反不讨贼，非子而谁？”宣子曰：“呜呼，诗曰：‘我之怀矣，自诒伊戚’，其我之谓矣！”孔子曰：“董狐，古之良史也，书法不隐。赵宣子，古之良大夫也，为法受恶。惜也，越竟乃免。”[1]

正是通过《左传》的说明，人们才能了解到《春秋》所云“晋赵盾弑其君夷皋”的来龙去脉：晋灵公暴虐无道，不听赵盾劝谏反欲加害赵盾。赵盾逃匿期间，赵穿攻杀晋灵公，史官认为赵盾对晋灵公之死负有道义上的责任，因此在史册上记下“晋赵盾弑其君夷皋”，而孔子认同史官的做法，同时也表彰了赵盾的“为法受恶”精神。如果没有《左传》以史事说明《春秋》的史事、史文，人们就无法了解赵盾弑君的真相，更无法了解这一记载所反映的史家观念。

第二，《左传》以事解经的重要方式是以传附经。杜预在《春秋经传集解·序》中归纳《左传》的解经方法时说：

左丘明受经于仲尼，以为经者不刊之书也，故传或先经以始事，或后经以终义，或依经以辩理，或错经以合异，随例而发。

---

[1] 《左传·宣公二年》，《十三经注疏》本，中华书局 1980 年影印版。

这里所谓“依经以辩理”“错经以合异”，大抵是指以传附经的情形，也就是在经文之后，《左传》附以相关史事来解说《春秋》史事与史文。如《春秋》隐公二年（前721年）云：“二年春，公会戎于潜。夏五月，莒人入向。无骇帅师入极。秋八月庚辰，公及戎盟于唐。九月，纪裂繻来逆女。冬十月，伯姬归于纪。纪子帛、莒子盟于密。十有二月乙卯，夫人子氏薨。郑人伐卫。”《左传》接经文之后逐事解释了这段记载：“二年春，公会戎于潜，修惠公之好也。戎请盟，公辞。莒子娶于向，向姜不安莒而归。夏，莒人入向以姜氏还。司空无骇入极，费庈父胜之。戎请盟。秋，盟于唐，复修戎好也。九月，纪裂繻来逆女，卿为君逆也。冬，纪子帛、莒子盟于密，鲁故也。郑人伐卫，讨公孙滑之乱也。”这种以传附经的解经方法是《左传》中所常见的。

第三，《左传》中还有无经之传的以事解经方式。所谓无经之传，一般是指经无记载而《左传》独有明文的情况，杜预所说的“先经以始事”和“后经以终义”，即是指这种无经之传。无经之传有时是因为经文残缺而造成的，但也有很多是《左传》所采取的以事解经的一种方法。如《左传》开篇即在隐公元年（前722年）经文之前加入了一段记载：“惠公元妃孟子。孟子卒，继室以声子，生隐公。宋武公生仲子，仲子生而有文在其手，曰为鲁夫人，故仲子归于我。生桓公而惠公薨，是以隐公立而奉之。”这段话虽然没有对应的经文，但从后面的经文可以看出其作用。因为后面的经文是：“元年春王正月。三月，公及邾仪父盟于蔑。夏五月，郑伯克段于鄢。秋七月，天王使宰咺来归惠公、仲子之赗。九月，及宋人盟于宿。冬十有二月，祭伯来。公子益师卒。”[1] 这段无经之传交代了相关的情况。有的时候，传文对经文中某一史事进行说明，由于事件发生在不同时间，受编年体的体裁限制而被按时间顺序插入书中，也导致了无经之传的情形。《左传》隐公三年有关于州吁的一条记载即反映了这种情况：“卫庄公娶于齐东宫得臣之妹，曰庄姜，美而无子，卫人所为赋《硕人》也。又娶于陈，曰厉妫，生孝伯，早死。其娣戴妫生桓公，庄姜以为己子。公子州吁，嬖人之子也，有宠而好兵，公弗禁，庄姜恶之。石碏谏……弗听，其子厚与州吁游，禁之，不可。桓公立，乃

[1] 《左传·隐公元年》，《十三经注疏》本，中华书局1980年影印版。

老。”这条记载交代州吁的身世、背景、行止，实际上是对《春秋》隐公四年“卫州吁弑桓公而立”的说明。[1]

可以说，《左传》用史事解经，对阐明经文、解说经义起到了重大作用，正是因为采取了以事解经的方式，《左传》具有浓厚的史学色彩。但是，我们应该看到，《左传》的以史解经与一般史学上以经解史的路径是不同的。前者是利用史事阐发经义，后者则是用经学观念指导历史观。以史事解经的治经方法不独《左传》有之，后世经学家解经大多都要用到此法，只是有的经学作品采取这种方法比较明显，有的经学作品作为义理解经的补充不太彰显罢了。

二、以史事证经

经学阐明义理，明辨是非，自然需要借助于史学。在中国古代经学发展史上，重视以史事证经是一种非常普遍的现象，其中尤以宋代经学特别是宋代易学最具特色。

西汉时，燕人韩婴传《诗经》，作《内传》、《外传》，后人称为《韩诗》，仅《韩诗外传》传世。《韩诗外传》的撰述方式基本上是先述一史事，表达某一观点，继而引用《诗经》之词与史事之义相配。四库馆臣论及《韩诗外传》的特点时说：“其书杂引古事古语，证以《诗》词。”[2] 清人陈乔枞的《韩诗遗说考》也指出《韩诗》多用故事、杂说，“或引诗以证事，或引事以明诗”[3]。《韩诗外传》每一条所引的诗与事，在作者看来都反映了同样的观点，可以互相为证。因此，无论是“引诗以证事”还是“引事以明诗”，都可看作是以史事证经的形式。

《韩诗外传》以史事证《诗经》，有时引一史事与《诗经》相证，并佐以他说相配，这是事、语和经互证；有时又只引史事与《诗经》相证，试看两例：

---

[1] 关于《左传》中的无经之传，参考赵生群：《〈春秋〉经传研究》，上海古籍出版社2000年版，第80—124页。

[2] 永瑢等：《四库全书总目》卷一六《诗类二》，中华书局1965年版。

[3] 陈乔枞：《韩诗遗说考自序》，见《韩诗遗说考》，清刻左海续集本。

曾子仕于莒，得粟三秉。方是之时，曾子重其禄而轻其身，亲没之后，齐迎以相、楚迎以令尹、晋迎以上卿。方是之时，曾子重其身而轻其禄，怀其宝而迷其国者，不可与语仁；窘其身而约其亲者，不可与语孝。任重道远者不择地而息，家贫亲老者不择官而仕。故君子娇褐趋时，当务为急。传云："不逢时而仕，任事而敦其虑，为之使而不入其谋，贫焉故也。"《诗》曰："夙夜在公，实命不同。"

……

鲁公甫文伯死，其母不哭也。季孙闻之，曰："公甫文伯之母，贞女也，子死不哭，必有方矣"，使人问焉。对曰："昔，是子也，吾使之事仲尼，仲尼去鲁，送之，不出鲁郊；赠之，不与家珍。病，不见士之视者；死，不见士之流泪者；死之日，宫女缞绖而从者，十人。此不足于士，而有余于妇人也。吾是以不哭也。"《诗》曰："乃如之人兮，德音无良。"[1]

在第一条中，《韩诗外传》先述曾子仕莒的史事，次引他说，最后与《诗》词相证，认为这三者都反映了士人处世的道理，这是事、语证经。在第二条中，《韩诗外传》用公甫文伯之母子死不哭之事与《诗经》之词相证，认为二者都有教化寓意，这是史事证经。虽然"乃如之人兮，德音无良"出自《邶风·日月》，本为女子对男子的怨恨之语，但《韩诗外传》附会他事，用以证明自己所理解的经义，与解经常说不同，这是《韩诗外传》以史事证经的显著特点。

宋代治《尚书》学者受理学即事求理风气的影响，认为理事相通，言经书之理往往证以史事，黄伦的观点有一定代表性，他说：

以圣人之意而观之，则即事中有理，即理中有事。事中之理，则藏于至赜之微，而意有所不能致；理中之事，则发于至动之显，而言有所不能尽学者。苟以理而会于事，以事而征于理，精之以思，通之以意，则道德之义、性命之理见于《书》矣！[2]

---

[1] 韩婴：《韩诗外传》卷一，《四库全书》本。

[2] 黄伦：《尚书精义》卷一《总论》，《四库全书》本。

黄伦认为理与事是治经必不可少的两个方面，因为“事中有理”“理中有事”，要探究《尚书》中的“道德之义性命之理”，就必须通过具体的史事来求理，用理的标准来考察史事，“以理而会于事，以事而征于理”。黄伦著《尚书精义》，不仅通过史事阐发义理，也用史事来证明所发义理。如《尚书精义》解释帝尧之名说：

> 自“曰若稽古帝尧”至“允恭克让”皆舜时史官名目。尧也，若晋人题目谢安为温雅、雄畅乐广为清夷、冲旷山涛为平简、温敏戴逵为忻和，通任之类是也夫。[1]

黄伦认为《尚书》中“尧”是舜时史官所题名目。为了证明这一经学观点，他引用了晋人谢安、乐广、山涛、戴逵的例子。

《尚书》曰：“（尧）克明俊德，以亲九族。九族既睦，平章百姓。百姓昭明，协和万邦。黎民于变时雍。”《尚书精义》论及此处称：

> 汉高祖识韩信于行伍，汉武帝识金日磾于降虏。开国、承家、托孤、寄死，照映于百世之下者，则以汉高汉武能识之也。尧能识俊德之士，展尽四体以施其学术，故以亲九族则九族睦，平章百姓则百姓昭明，协和万邦则黎民于变时雍。[2]

这里，《尚书精义》论古圣王知人善任而能亲九族、平章百姓、协和万邦，用汉高祖识韩信、汉武帝识金日磾而“开国、承家、托孤、寄死”之事来加以证明。

宋代礼学重视求道，而往往用史事加以证明。宋人叶时著《礼经会元》，认为施行《周礼》之道在于“治法”与“道法”，或说“法”与“道”并行，二者缺一不可：“知有圣人之治法，当知有圣人之道法，离道于法非深于《周礼》者也。”叶时认为，《周礼》所述制度为“法”，其中蕴含着圣人“生物不穷与天并立”之理，也就是“道”。他说：“周公

[1] 黄伦：《尚书精义》卷一《总论》，《四库全书》本。
[2] 黄伦：《尚书精义》卷一《总论》，《四库全书》本。

所书，虽曰制度，文为之所在，而圣人所以生物不穷与天并立者，实出于其中，是诚中而不偏之正道，庸而不易之正理。不如是，乌足为生民立极为万世开太平也哉!”因此，“周公之法不行不足以行周公之道”“周公之道不行其何以行周公之法”，也就是说，周公之“法”与“道”，二者缺一，则《周礼》不可行。为了证明这一道理，叶时引用了大量史事予以证明。叶时认为，汉武帝有发扬周公之道的愿望，但不能施行周公之法：“汉武号为有志于道，然承嬴刘之弊，井田行而阡陌，封建裂而郡县，肉刑变而笞箠。三者行道之本，汉去古未远，且不能以渐复。区区官名之定、服色之易、正朔之改，曾无补于治道之万一。”魏、齐、周、隋，虽能大略行周公之法，却不能行周公之道：“观魏、齐、周、隋之时制度，近古而卒无善治者，道失其传而徒法不能以自行也。”唐太宗虽然知道“不井田、不封建、不肉刑，欲行周公之道不可得”，也就是明白周公之道须仗周公之法而行的道理，但是唐徒有“受田租庸调以取民，七百三十贠以建官，十六卫八百府以置兵”的周公之法，而没有行周公之道，因此也未能将《周礼》施行。[1]

宋代春秋学也有以史事证明经学观点之事。如宋人张大亨注意阐发《春秋》中的礼制，往往引史事证明其观点。张大亨注《春秋》“元年春，王正月”称：

> 元之言，首也。人君即位之初年，谓之元年。明历数在躬首出群众也。正之言，政也。一岁之首月，谓之正月。明奉若天道垂法布政也。诸侯之元年得系于嗣君者，俾因天时之变以致维新之命也。正月必系于时王者，俾奉天子之政以治所分之民。嗣君得有其年不得有其政，不可异政也。王独加乎春不以加四时，四时不可偏举也。[2]

张大亨认为“元年春，王正月”包含着以正朔明示礼法等级秩序之意，意义重大。他引用史事为证，说：

[1] 叶时：《礼经会元》卷一上《礼经》，《四库全书》本。
[2] 张大亨：《春秋通训》卷一《隐公》，《四库全书》本。

> 昔尧授人时，舜协时月正日，夏商重黎世叙天地，周太史正岁年颁告朔。帝王承天统物，一海内之尚在此，诸侯守之毋敢辄变乱也。周衰，礼乐征伐不出于天子，天子法度之籍，诸侯恶其害已，往往去之，独未闻有变乱王正朔者，岂以不足为之重轻故置而弗争邪？圣人幸正朔之犹存，则以明天命之未改；因诸侯之未敢变乱，则以明天下之有奉。

这里，张大亨用尧舜至周代重视正朔的历史传统和春秋战国时诸侯不敢变乱正朔之事来证明正朔为礼法等级秩序基础、明示“帝王承天统物”的观点，是以史事证明经学观点的表现。

当然，以史证经最为典型的代表，当属宋儒的以史证易。《四库全书总目提要·经部·易类一》提出易学“两派六宗”说：

> 故《易》之为书，推天道以明人事者也。《左传》所记诸占，盖犹太卜之遗法。汉儒言象数，去古未远也，一变而为京、焦，入于禨祥，再变而为陈、邵，务穷造化，《易》遂不切于民用。王弼尽黜象数，说以老、庄，一变而胡瑗、程子，始阐明儒理，再变而李光、杨万里，又参证史事，《易》遂日启其论端。此两派六宗，已互相攻驳。

这里我们姑且不论《四库全书总目提要》这种说法是否完全准确，至少，这个提法说明李光和杨万里解《易》“参证史事”在易学史上是自成一宗的。李光著有《读易详说》，杨万里著有《诚斋易传》，这两部易学著作的共同特色，是其阐明《易》理的主要方法都是以史事为证，将《易》理和史事结合起来。李光、杨万里以史证易创立所谓史事宗，有两个重要原因：其一，与李、杨二人生活的时代背景有关。李、杨二人都是宋代名臣，并且二人都力图中兴南宋、收复故土。李光曾因反对秦桧与金人议和而遭贬谪，杨万里也曾师奉抗金名将张浚，并多次上书言抗金事宜。易学在宋代是显学，被理学认为有探讨天人之道的作用，李、杨二人重视通过解《易》，来结合人事以关照现实政治，并由此形成其易学重视资政致用的特色。其二，以史证易的学术传统虽然由来已久，但李、杨将这一治学理路作了发扬光大。以史证易，早在汉代郑玄即偶有为之。郑万耕曾指出："引史证经，汉易已开其端，借历史事件或历史人物的遭遇说明《周易》卦爻辞的意义。但汉唐人解易，所引历史事件不多。"[1]因此也可以说，李、杨的史事宗是经学研究日益发展的一种产物，有其学术发展的必然性。

李光著《读易详说》阐发《易》理，《四库全书总目提要》概括其书解《易》的特点时作如是说：

> 于当世之治乱、一身之进退，观象玩词，恒三致意。如解坤之六四，云："大臣以道事君，苟君有失德而不能谏，朝有阙政而不能言，则是冒宠窃位，岂圣人垂训之义哉？故文言以括囊为贤人隐之时，而大臣不可引此以自解。"又解否之初六，云："小人当退黜之时，往往疾视其上，君子则穷通皆乐，未尝一日忘其君。"解蛊之初六，云："天下蛊坏，非得善继之子堪任大事曷足以振起之？宣王承厉王后，修车马、备器械，复会诸侯于东都，卒成中兴之功，可谓有子矣！故考可以无咎，然则中兴之业难以尽付之大臣。蛊卦特称父子者以此。"其因事抒忠、依经立义，大旨往往类此。
>
> ……书中于卦爻之词皆即君臣立言证以史事。

四库馆臣洞见了李光借《易》理言时政、言治政的撰述风格，指出李光解《易》往往是针对时弊，用人事来阐发《易》理、验证《易》理的。李光曾为胡铨《易解》作序，其中阐明了自己的易学撰述宗旨："《易》之为书，凡以明人事。学者泥于象数，《易》几为无用之书。"[2]在李光看来，《周易》的宗旨即是"明人事"，也就是阐明治道。因此，李光解《易》，总要把《易》理和现实政治道理结合起来，并用史事加以验证。如他解释"飞龙在天，大人造也"时说：

> 九五以刚健履正中之位，变化不测，故曰飞龙在天者。位乎天，

---

[1] 郑万耕：《易学源流》，沈阳出版社 1997 版，第 166 页。

[2] 永瑢等：《四库全书总目·读易详说提要》，中华书局 1965 年版。

德升乎天位也。当草昧云扰之时，则天地闭而贤人隐。有圣人出，豪杰智谋翕然响应，天下莫不利见之也。有尧舜之君，则有皋夔稷契之臣；有汤武之师，则有伊尹太公之佐。故二五两爻皆曰“利见大人”，以见上下之相湏也。故象曰：“飞龙在天大人造也。”造者，至也，声气之同不约而会，故曰“造也”。张良、韩信之从汉王，耿弇、邓禹之从光武，房玄龄、杜如晦之辅唐太宗，皆心德之同，如水火之就燥湿，风云之从龙虎。故文言曰“同声相应，同气相求。水流湿，火就燥，云从龙，风从虎”。圣人作而万物睹，本乎天者，亲上本乎地者，亲下则各从其类也。[1]

在此，李光先用政治上的人才任用之理附于象数，接着又用尧、舜等史事为例来证明自己所阐发的易理。从中我们可以看出，在李光那里，《易》理即是治理，因此用事实来验证《易》理，也就是顺理成章的事了。

杨万里的易学著作《诚斋易传》，也重视用史事来验证《易》理。《四库全书总目提要》称该书“大旨本程氏，而多引史传以证之。初名《易外传》，后乃改定今名。宋代书肆曾与《程传》并刊以行，谓之《程杨易传》”。从《四库全书总目提要》的介绍可以看出，杨万里的易学观点主要本之于二程（程颢、程颐）。二程的易学，有时也用史事参证《易》理，只是这种方法在其学术中不占重要地位。而杨万里则将二程间或为之的以史证易的方法发挥到极致，所作《诚斋易传》，在结构上以“中正立而万变通”[2] 为指归，分条罗列经文，然后再每条经文下引三代至唐朝史实印证，接着再以己意解释。

相比较于二程易学特重言理，多为从义理到义理的发挥，杨万里可谓是另辟解《易》路径。首先，杨万里认为《易》理与史事是相为表里的。杨万里在他的另一部哲学著作《庸言》中曾说：“《易》者萧何之律令，《春秋》者汉武之决事也。《易》戒其所当然，《春秋》断其所已然。圣人

[1] 李光：《读易详说》卷一，《四库全书》本。
[2] 杨万里：《诚斋易传·序》，见《诚斋易传》，《四库全书》本。

之戒不可违，圣人之断不可犯。故‘六经’唯《易》《春秋》相表里。”[1] 宋代理学把《春秋》视作史，因此，在宋代理学中，《易》与《春秋》的关系即是理与事的关系。理学是义理之学，因而重理轻事。杨万里的经学观点与宋代流行的观点有所不同，他认为《易》与《春秋》相表里，实际上就是说理与事相表里，事是理的表现，理是事的内在规律，二者都很重要。按照这样的逻辑，史事即是理在前代的表现，自然可以用来证理。其次，杨万里认为《易》理是不变之变，是事物变化运动的绝对法则，所有的史与事的变化都是《易》理的体现。杨万里在论及《易》的性质时曾说：

> 《易》者何也？《易》之为言，变也。《易》者圣人通变之书也。何谓变？盖阴阳太极之变也，五行阴阳之变也，人与万物五行之变也，万事人与万物之变也。古初以迄于今，万事之变未已也。其作也，一得一失；而其究也，一治一乱。圣人有忧焉，于是幽观其通而逆绌其图。《易》之所以作也，《易》之为言变也，《易》者圣人通变之书也。[2]

在此杨万里肯定《易》的核心观念是“通变”，认为《易》理是跨越古今、包罗万物的普遍变易法则。因此，史事是《易》理的体现。这应当就是杨万里解《易》时理与史事相结合，以史证易的逻辑使然吧。

---

[1] 杨万里：《诚斋集》卷九二《庸言》一，《四库全书》本。

[2] 杨万里：《诚斋易传·序》，见《诚斋易传》，《四库全书》本。

第三章　经学撰述与史书体裁

在中国经史之学发展史上，不但经学观念影响着史学思想，经学撰述也对历史编纂有很大的影响，史书体裁、体例的创立与发展，与经学撰述的直接影响是分不开的。以下着重谈先秦“六经”与宋代理学撰述，分别对于中国传统史学史体的创立与发展所产生的影响。

第一节　“六经”撰述与传统史体的创立

如前所述，“六经”与史的关系，是一种亦经亦史的关系。在“六经”当中，《乐经》早已散佚于秦火，《周易》之于史学的影响，主要是历史思维；《诗经》是一部史诗，具有史料价值，历史观也有影响。从历史编纂角度而言，“六经”中对于传统史体具有重要影响作用的，主要是《尚书》《春秋》和“三礼”。

一、《尚书》与传统史体的创立

《尚书》是中国最古老的政治历史文献汇编，其内容多记五帝三代之政言。据说“孔子观书于周室，得虞、夏、商、周四代之典，乃删其善者，定为《尚书》百篇”[1]。通行《十三经注疏》本所收《尚书》合今古文，共计58篇，其中今文33篇，由西汉初年伏生所传《今文尚书》28篇分拆而成，古文25篇，前人已考订其为伪书，称《伪古文尚书》。《尚书》作为“六经”之一，是一部古老的史书，对于史书体裁的影响是多方面的。

《今文尚书》分为“虞书”“夏书”“商书”和“周书”四个部分，其中“虞书”包括《尧典》《皋陶谟》2篇，“夏书”包括《禹贡》《甘誓》2篇，“商书”有《汤誓》《盘庚》《高宗彤日》《西伯戡黎》《微子》5篇，周书有《牧誓》《洪范》《金縢》《大诰》《康诰》《酒诰》《梓材》《召诰》《洛诰》《多士》《多方》《无逸》《君奭》《立政》《顾命》《费誓》《吕刑》《文侯之命》和《秦誓》19篇。这28篇大多为记言体。后世史书不仅有直接模拟《尚书》记言体之作，还有受《尚书》中训、诰、命、誓的记言形式启发而发展出来的新的记言体别史。《尚书》中的《禹贡》《洪范》两篇又分别开后世地理类史体与正史《五行志》《符瑞志》《灵征志》之先河，《尧典》则已具“本纪”雏形。可以说，《尚书》对传统史体的影响不仅体现在记言体方面，也体现在记言体以外的方面。

首先，《尚书》对后世记言体史书有发凡起例之功。古人认为上古史官职分左右，分记言事，在记言体史书中推重《尚书》，即：“古者左史记事者，右史记言者。言经则《尚书》，事经则《春秋》也。”[2]由于《尚书》地位崇高，因此对后世记言体史书影响重大。

其一，《尚书》的记言体对后世史家起了示范作用，后世不乏直接效仿其体例的史书。刘知幾《史通·六家》首列《尚书》家后，列举了晋唐之间的模拟之作。如晋人孔衍“以为国史所以表言行，昭法式，至于人理常事，不足备列”[3]，模仿《尚书》的记言体，从汉魏史书中择取“美词典言，足为龟镜者”，而后撰成《汉尚书》《后汉尚书》《魏尚

[1] 刘知幾：《史通》卷一《六家》，浦从龙注释本，上海古籍出版社2009年版。
[2] 刘勰：《文心雕龙》卷一六《史传》，周振甫译注本，江苏教育出版社2006年版。
[3] 刘知幾：《史通》卷一《六家》，浦从龙注释本，上海古籍出版社2009年版。

书》[1]，共计26卷。隋人王劭也依据《尚书》义例，将开皇、仁寿时事编成《隋书》。

其二，《尚书》训、诰、命、誓等记言形式启发了后世记言体史书的产生与发展。“《尚书》已经具有了记言、记事和言事相兼等写作形式，记言如训、诰、命、誓，不但为后世的令、格、式、敕和大诰、诏令集等类别史书的问世开了先河，也启发了其他类别的史书重视于诏令奏章的裁录”[2]。《尚书》以记言体为主，典、谟、训、诰、誓、命是其主要文体，因此古人将《尚书》又称为“典谟训诰誓命之书”。典，兼记君王的言论和事迹；谟，谋议之意，记录君臣讨论政治的谈话；训，教诲之意，记载古代君臣之间所进行的政治教诲；诰，诰谕之意，记载执政者对下级的号令指示；誓，约束之意，大多记载征伐、交战时的誓师词；命，命令之意，记载君主奖赏臣下时所宣布的命令。《尚书》通过典、谟、训、诰、命、誓之体记载政治言辞，启发了后世的记言体史书。

具体来讲，一方面《尚书》的训、诰、命、誓之体开了后世诏令集类史书先河。按《四库全书总目》卷五五《诏令奏议类》序所言，《唐志·史部》初立诏令奏议之史类。《新唐书》卷五八《艺文志二》列有“诏令”一家“一十一部，三百五卷”，又有“不著录十一家，二百二十二卷”。由此可见，北宋时期诏令类史书已经正式成为一个史书类别。到了南宋，郑谯撰《通志》，其《艺文略》录有“制诰一种一百五部一千三百三十七卷”，比《新唐书·艺文志》史部所录规模更大。《新唐书·艺文志》所列早期诏令类史书率多亡佚，无法考究其面貌，但其既汇编诏令，则理当受到了《尚书》训、诰之体的影响。唐代元稹曾知制诰、承命拟诏，有《元稹制集二卷》。元稹在自序中明确指出：“制诰本于《书》。《书》之诰、命、训、誓，皆一时之约束也，自非训导职业，则必指言美恶，以明诛赏之意焉。是以读《说命》则知辅相之不易，读《胤

---

[1] 《魏尚书》各家记录名称不一：浦起龙《史通通释》称为《汉魏尚书》，纪昀《史通削烦》称《魏尚书》，《新唐书·经籍志》称《后魏尚书》。

[2] 何根海、汪高鑫：《中国古代史学思想史》，合肥工业大学出版社2004年版，第16页。

征》则知废怠之可诛。秦汉以来，未之或改。”[1]清代姚鼐《古文辞类纂》诏令类序也说：“诏令类者，原于《尚书》之《誓》《诰》。”由此可见，秦汉以降的诏令宗法《尚书》，那么，后世的诏令类史书理应也是受到《尚书》汇编训、诰、命、誓之文的启发而来。宋代楼昉编纂《两汉诏令》，在序中就曾明确指出自己汇编两汉诏令的原因是“自典谟训诰誓命之书不作，两汉之制最为近古”。可见，在古人眼中，《尚书》无疑是首要的诏令集类史书，并认为其后的诏令集类史书是追随效法《尚书》而作的。

另一方面，《尚书》重视记录政治言辞，启发了记言体之外的史书对裁录诏令奏章的重视。秦汉以后，史书种类逐渐增多，记言体以外的史书有些也重视裁录诏令奏章，这理应与《尚书》的影响有关。而首先需要提及的便是《史记》。司马迁推崇《尚书》的政治功用，《史记·太史公自序》说：“《书》记先王之事，故长于政。”《史记》在纪、传中重视诏令奏章的裁录，理应与《尚书》的影响有关。《史记》不但在上古史的撰述中多次引《尚书》中的君臣言论，而且将这种重视裁录诏令奏章的做法推及此后的历史撰述。后世史家既重视《尚书》的政治与学术意义，又推重《史记》的史法，重视裁录诏令奏章遂成为史学上的一种普遍现象。

其次，《尚书》本身是一个综合体，除重视记言之外，还有其他一些记述方式，也对传统史体的创立有影响。

其一，《禹贡》篇为后世地理类史书的滥觞。《四库全书总目》卷六八《地理类》序说：“古之地志，载方域、山川、风俗、物产而已，其书今不可见。然《禹贡》、《周礼·职方氏》，其大较矣。”这就肯定了《禹贡》作为早期地理类史书著作的性质。《禹贡》对于后世地理类史书的影响，一方面是直接导致了后世专门的地理类著作的产生与发展。有的是不满足于《禹贡》的简略记载而萌生了创作地理类史书的念头，如北魏郦道元著《水经注》，即是有感于“《尚书》《本纪》与《职方》俱略”[2]。有的则是因研究《禹贡》而成书者，如宋代程大昌因“初读

[1] 元稹：《元氏长庆集》卷四〇，上海古籍出版社1994年影印版。
[2] 郦道元：《水经注序》，岳麓书社1995年版。

《禹贡》于本文，甚疑者凡十有二目；而于积世师传之说，有不敢主信者，盖有三事也”[1]，转而著《禹贡论》《禹贡后论》和《禹贡山川地理图》。与此相类，还有宋人毛晃著《禹贡指南》，宋人傅寅著《禹贡说断》，清人朱鹤龄著《禹贡长笺》，清人胡渭著《禹贡锥指》，清人徐文靖著《禹贡会笺》等。另一方面，《禹贡》也启发了正史创立地理类书志。司马迁《史记》设有《河渠书》。《河渠书》和《禹贡》一样，开篇叙说大禹治水之事，并称引自《夏书》，其受《禹贡》的影响是非常明显的。班固《汉书》立《沟洫志》《地理志》，也受到了《禹贡》的影响。《汉书》的《沟洫志》相当于《史记》的《河渠书》，其元鼎六年（前111年）之前的记载几乎照抄《史记·河渠书》。《汉书》的《地理志》前半部分记载几乎照收《禹贡》全文，又加以殷商以至汉代天下州郡、物产、风俗而成篇。司马迁、班固之后的历代正史中的地理类书志，无不沿袭《史记》《汉书》的传统，由此可见《禹贡》影响后世正史地理类书志之一斑。

其二，《洪范》篇关于五行的内容引发了正史《五行志》《符瑞志》《灵征志》的创立，也对起居注有所影响。《周书》的首篇《洪范》，记述箕子传授给周武王的统治大法，也就是“洪范九畴”，第一畴为水、火、木、金、土，即五行，《洪范》将这五种元素作为治国之本，反映出天人感应说的思想萌芽。西汉儒生与方士结合，相率以阴阳五行灾异之说解经，伏生将《洪范》改造为宣扬五行灾异的原始经典，在《尚书大传》中详载可能为夏侯始昌所撰的《洪范五行传》，以五行解说自然、社会和历史现象。大夏侯氏后学许商撰《五行论》，也称《洪范五行传记》，小夏侯氏后学李寻推演《洪范》灾异，鼓吹汉应再受命。到了西汉末年，刘向撰《五行传论》，其子刘歆撰《五行传说》。班固著《汉书》，认为《洪范》首记“咎征”，于是立专记五行感应“咎征”的《五行志》。《汉书·五行志》先引《洪范》一段，次引《洪范五行传》一段，再引欧阳氏、大小夏侯氏等说，以下采董仲舒、刘向、刘歆之说，历录春秋以至汉代的灾异。可见，《汉书》创立《五行志》与《洪范》的影响密切相关。《汉书》以后，除《魏书》《辽史》外，凡正史立志者必有《五行志》，只有赵尔巽等撰《清史稿》改称《灾异志》。因为《五行志》大抵

[1] 程大昌：《禹贡论》总叙，见《四库全书·书类·禹贡论》。

是记灾异，所以沈约作《宋书》在《五行志》外增加了《符瑞志》。《符瑞志》是为补充《五行志》、记述符瑞祯祥而设，仍然是受到《洪范》五行内容及汉儒对其发挥之说的影响。萧子显作《南齐书》，在《五行志》外增加《祥瑞志》，相当于《宋书》的《符瑞志》。《魏书》较为独特，用《灵征志》取代了《五行志》和《符瑞志》。《灵征志·上》专记灾异，相当于《五行志》；《灵征志·下》专记符瑞，相当于《符瑞志》。所以，《灵征志》也可以被看作是《五行志》和《符瑞志》的合并之体。可以说，正史中《五行志》《符瑞志》《灵征志》这三种志体的创立，都与《洪范》五行内容及汉儒对其发挥之说有密切关系。

此外，《尧典》篇对《史记》创立本纪可能也有一定的影响。《尚书》的《尧典》又称《帝典》，其前半篇主要记述尧的事迹，后半篇主要记述舜的事迹。《尧典》记述了尧命羲和定历法、动员群臣举荐治国之才、接受“四岳”举荐指定舜为继承人的事迹，又记述了舜在尧年老时总理政务和即位后施政的重要事迹。通过对两代帝王主要事迹的记述，《尧典》，或称《帝典》，勾勒出了尧、舜时代的政治大势。《尧典》的这种体例接近于后世正史中的本纪。司马迁著《史记》，首创本纪。王鸣盛称《史记》的体例是“司马取法《尚书》及《春秋》内外传”[1]而设的。司马迁自言创设本纪的目的在于“网罗天下放失旧闻，王迹所兴，原始察终，见盛观衰，论考之行事，略推三代，录秦汉，上记轩辕，下至于兹，著十二本纪”[2]。也就是说，本纪是为总括大势、为全书提纲挈领而设，这正与《尧典》相类。司马迁推崇《尚书》“长于政”的特点，说明司马迁非常注意《尚书》的撰述风格与旨趣，其总括政治大势的本纪受到《尧典》启发应该是在情理之中的。

二、《春秋》与传统史体的创立

“春秋”本为东周以来大多数诸侯国所修国史的通称，孔子据鲁国国史《春秋》并参考其他各国史籍修成《春秋》后，遂成为专名。《春秋》

---

[1] 王鸣盛：《十七史商榷》卷一《史记一·史记创立体例》，上海古籍出版社 2013 年版。

[2] 《史记》卷一三〇《太史公自序》，中华书局 1959 年版。

编年记事，记载了鲁隐公元年（前722年）到鲁哀公十四年（前481年）242年间的历史，是现在可见的中国最早的编年体史书。《春秋》原有今古文本，《汉书·艺文志》记载《春秋古经》12篇、《春秋经》11卷（将闵公与庄公合卷）。在经学史上，《左传》被认为是依据古文经即《春秋古经》而成，《公羊传》和《穀梁传》则被认为是依据今文经也就是《春秋经》而成的。作为"六经"之一的《春秋》，是今文经本，也即《公羊传》和《穀梁传》所依据的本子。在《春秋》"三传"中，《公羊传》和《穀梁传》主要是从义理上阐发《春秋》经义，经学意味很浓；而《左传》更注重用史实来注解《春秋》，史学性质明显，被认为是上继《春秋》而对后世影响深远的一部编年体史学作品。刘知幾在《史通·六家》中列《春秋》为记事体，与《尚书》的记言体相对，又列《左传》为编年体。其实编年体是由《春秋》所开创的，《左传》只是对之进行了继承和发展。

《春秋》对传统史书体裁、体例的影响还不仅在于编年纪事，《春秋》为体现史义而采用的特定的史法，也就是后人所说的《春秋》笔法，对后世历史撰述也产生了重要影响。姑且不论《春秋》笔法究竟在多大程度上体现了"大义"，后世史家确实是按照自己的理解来对之进行继承与实践的。对于《春秋》编年体裁和特殊笔法对传统史体的影响，具体分述如下：

（一）《春秋》的编年纪事对于编年体史书发展的影响

《春秋》的编年纪事对于编年体史书的发展影响深远。杜预《春秋左氏传序》解释《春秋》之名的由来时说："《春秋》者，鲁史记之名也。记事者，以事系日，以日系月，以月系时，以时系年，所以纪远近，别同异也。故史之所记，必表年以首事。年有四时，故错举以为所记之名也。"这就是说，《春秋》的编纂以时间为中心，按年月顺序记事，所以用"春秋"代表四季，以为书名。[1]《春秋》的编年纪事之体，承接古

[1] 关于《春秋》书名的解释，《公羊传疏》引用了另外两种不同说法：其一，《三统历》曰："春为阳中，万物以生，秋为阴中，万物以成"；其二，《春秋说》曰：孔子于"哀公十四年春，西狩获麟，作《春秋》，九月书成，以其书春作秋成，故云《春秋》也"。这两种说法，相较于杜预《春秋左氏传序》的解释，缺乏说服力。

代诸国国史的体例而来。东周以来大多数诸侯国所修国史通称为“春秋”，如《墨子·明鬼》就提到有“百国春秋”。也有些诸侯国的国史有专称，如《孟子·离娄下》记有“晋之《乘》、楚之《梼杌》”。孔子正是依据鲁国的《春秋》以及这些诸侯国的国史，进行加工整理而纂成《春秋》一书的。《史记·孔子世家》便说：“子曰：‘弗乎弗乎，君子病没世而名不称焉。吾道不行矣，吾何以自见于后世哉？’乃因史记作《春秋》，上至隐公，下讫哀公十四年，十二公。”《公羊传疏》也引闵因序指出，孔子作《春秋》除依据鲁国的史记外，还“使子夏等十四人求周‘史记’，得百二十国宝书”。《孟子·离娄下》则说：“王者之迹熄而《诗》亡，《诗》亡然后《春秋》作。晋之《乘》、楚之《梼杌》、鲁之《春秋》一也。其事则齐桓、晋文，其文则史，孔子曰：‘其义则丘窃取之矣。’”由此可见，孔子作《春秋》所采用的编年体是诸侯国国史普遍采用的，但是这些史书早已亡佚，没有对后世史学产生多少影响。孔子通过加工整理使其所作《春秋》的体裁与体例较诸侯国国史更加完备，影响深远。

自《春秋》问世以后，后世学者“以为《春秋》则古史记之正法，有所著述，多依《春秋》之体”[1]，由此出现了大量的编年体史书。据《隋书·经籍志》的统计，唐初以前此类史书共计72部，917卷。其中西汉陆贾撰《楚汉春秋》9卷、东汉赵晔撰《吴越春秋》12卷、西晋司马彪撰《九州春秋》10卷、东晋杨方撰《吴越春秋削繁》5卷、南朝宋人何承天撰《春秋前传》10卷与《春秋前杂传》9卷、梁人藏严撰《栖凤春秋》5卷，这些史书都以“春秋”命名，足见《春秋》对编年体史书影响之巨。在《春秋》之后的诸多编年体史书当中，首先值得称道的便是《左传》。《左传》在编年纪事史体方面的完善，使它在编年体史书撰述上，成为上承《春秋》、下启后世编年纪事史书的重要作品。在《左传》之后，对编年体的发展做出重要贡献的，尚有东汉荀悦的《汉纪》、东晋袁宏的《后汉纪》和北宋司马光的《资治通鉴》。

作为《春秋》“三传”之一的《左传》，在继承《春秋》编年体的同时，也发展了这一史体。一方面，《左传》在编年纪事中融入了后来纪传

[1] 《隋书》卷三三《经籍志》，中华书局1973年版。

体和纪事本末体的一些因素，有时集中写一个人物的活动经历，有时集中记述某一史事的原委本末。这种编纂体例的运用，一定程度上弥补了编年纪事割裂历史事件过程和人物活动的缺陷，扩充了编年体史书在记事、记人方面的容量。另一方面，《左传》为了更好地解释晦涩的《春秋》经义、说明所记史事，开创了史书论赞之体。《春秋》“微言大义”，寓论断于叙事，通过一定的义例来记述史事并表明作者的评判，没有专门的史论，这导致了《春秋》所记史事的含糊与后人理解上的困难。《左传》作为解经之书，常以“君子曰”的形式对史事进行说明、评论，起到了“辩疑惑、释凝滞”[1] 的作用。《左传》发明论赞，是对《春秋》阐明史事、表达史义方法的一种补充。后来的史书，无论编年体还是纪传体，一般都继承了《左传》的论赞体例。

东汉荀悦的《汉纪》，是继《左传》之后编年体又一部力作。据《后汉书·荀悦传》记载，汉献帝“好典籍，常以班固《汉书》文繁难省，乃令悦依《左氏传》体以为《汉纪》三十篇”。于是荀悦便按照《左传》的体裁，将班固纪传体《汉书》改写为编年体《汉纪》，这成为中国最早的编年体皇朝史。虽然《汉纪》内容取自《汉书》、体裁效仿《左传》，但是也颇多创见。荀悦在《汉纪》开篇即说明此书是“谨约撰旧书，通而叙之，总为帝纪，列其年月，比其时事，撮要举凡，存其大体”[2]。《汉纪》将西汉“十二世，十一帝，通王莽二百四十二年”[3] 以及高后，按时间顺序排比史事、编为帝纪，显然是继承了《春秋》和《左传》的编纂方法。但是，《汉纪》又发展了《春秋》和《左传》的编年体，成为编年体史书的代表作之一。《汉纪》对编年体的发展，主要表现在采用了连类列举的编纂方法，即常常在记一事时，兼记同类之事或相关之事；记一人时，兼记同类之人或相关之人。同时，人和事的记载常常或是因事记人，或是因人记事，人事相兼。这种连类列举、人事相兼的记载方法，不但使编年体的记述范围得到了扩充，还使记述内容（人和事）更为集中，从而较好地解决了以往编年体的记述缺陷。

---

[1] 刘知幾：《史通》卷四《论赞》，浦起龙注释本，上海古籍出版社 2009 年版。

[2] 荀悦：《汉纪》卷一《高祖皇帝纪》，见《两汉纪》上册，中华书局 2002 年版。

[3] 荀悦：《汉纪·自序》，见《两汉纪》上册，中华书局 2002 年版。

《汉纪》的这种编纂体例，一方面使得编年体的体例更加严谨，另一方面也扩大了《春秋》和《左传》以来编年体史书的记述范围，使编年体史书发展到更加成熟的阶段。唐代史评家刘知幾极力推崇《汉纪》，将其与《汉书》分别作为编年体和纪传体史书的代表，认为“班、荀二体，角力争先，欲废其一，固亦难矣”[1]。

东晋袁宏的《后汉纪》对编年体史书也有所发展。如前所述，《后汉纪》是“缀会”诸家东汉史而成的，主要有《东观汉记》、谢承《后汉书》、司马彪《续汉书》、华峤《后汉书》、谢沈《后汉书》，以及《汉山阳公记》《汉灵献起居注》《汉名臣奏》和诸郡《耆旧先贤传》等。袁宏论及以往史书时，在《左传》《史记》《汉书》和《汉纪》中，最推崇《汉纪》，说“荀悦才智经纶，足为嘉史，所述当也，大得治功已矣”[2]。《后汉纪》不但继承了《汉纪》的编年体，而且发展出“言行趣舍，各以类书”[3]的编纂体例，也就是记事时并述有关人物，记人时集中记述其不同时间的行为。将同类或相近的历史人物编排在一起，是借鉴了纪传体史书中“类传”的做法。这样的体例可以更好地反映人物风貌，也有利于表达作者“通古今而笃名教”的撰述旨趣。《后汉纪》对编年体史书体例的发展，是在《春秋》编年纪事的框架内进行，通过补充、发展《春秋》《左传》以及《汉纪》的编纂方法而实现的。

北宋司马光编纂《资治通鉴》，将《春秋》《左传》以来的编年体发展到了一个高峰。章学诚在讲到“史部之通”的“极盛”时，指出了《资治通鉴》在编年体史书发展过程中所达到的地位，他说：“合纪传之互文，而编次总括乎荀、袁，司马光《资治通鉴》作焉。”[4]司马光幼习《左传》：“七岁，凛然如成人，闻讲《左氏春秋》，爱之，退为家人讲，即了其大指。”[5]他作史理应受到了《左传》影响，但在体裁体例方面，他却是“推本荀悦《汉纪》，以为《通鉴》”[6]。《通鉴》作为编

[1] 刘知幾：《史通》卷二《二体》，浦起龙注释本，上海古籍出版社2009年版。
[2] 袁宏：《后汉纪·自序》，见《两汉纪》下册，中华书局2002年版。
[3] 袁宏：《后汉纪·自序》，见《两汉纪》下册，中华书局2002年版。
[4] 章学诚：《文史通义》卷四《释通》，叶瑛校注本，中华书局1994年版。
[5]《宋史》卷三三六《司马光传》，中华书局1985年版。
[6] 王应麟：《玉海》卷四九，江苏广陵古籍刻印社1985年版。

年体史书，它对于传统编年体的发展主要表现在以正史的“本纪”为经，以“传”为纬，将“志”的内容编入相当之年，又充分运用追叙、补叙、并叙、带叙等方法。追叙法是先叙述事之由来，次叙及事件本身；补叙法是以时叙事，补充交代事件后果；并叙法是叙及一事，兼叙与所叙之事相关之事；带叙法是记人物首先必须交代人物的籍贯、世系，记王公大臣的官爵与封谥要附记于其薨卒之时，记重要人物要于拜官、到任或免卒之时叙述其生平事迹，带叙的目的是为了增强人物生平事件的完整性。《资治通鉴》的这些做法，较好地做到了将传统纪传体、编年体的优点尽量荟萃为一炉，因此成为中国古代编年体最高成就的代表。

(二)《春秋》所蕴含的笔法对传统史书体例的影响

孔子作《春秋》，将史文、史事和史义统一，通过书乱世之史来发挥史书的教化劝惩之义。《春秋》贯穿的史义正是通过所谓《春秋》笔法来完成的。《春秋》经文并没有对自身的义例（也称凡例）进行说明，但是后世史家根据自己的理解，对《春秋》笔法进行了阐释并贯彻到了具体的历史撰述中，使得《春秋》笔法的影响经久不衰。

刘知幾在《史通》卷四《序例》中论述史书凡例的产生时说：“夫史之有例，犹国之有法。国之无法，则上下靡定；史之无例，则是非莫准。昔夫子修经，始发凡例。左氏立传，显其区域。”《春秋》没有说明自身的凡例，《左传》则对其进行了归纳总结。《左传》概括《春秋》笔法的特征为“微而显，志而晦，婉而成章，尽而不污，惩恶而劝善”[1]。它通过对《春秋》一些具体凡例的归纳，以此说明《春秋》笔法。如关于《春秋》记天子、鲁公、诸侯、夫人的崩薨卒葬之例，《左传》就进行了总结。隐公元年（前722年）称：“秋七月，天王使宰咺来归惠公、仲子之赗。缓，且子氏未薨，故名。天子七月而葬，同轨毕至；诸侯五月，同盟至；大夫三月，同位至；士逾月，外姻至。赠死不及尸，吊生不及哀，豫凶事，非礼也。”“冬十月庚申，改葬惠公。公弗临，故不书。惠公之薨也，有宋师，太子少，葬故有阙，是以改葬。卫侯来会葬，不见公，亦不书。”隐公三年称：“夏，君氏卒。声子也。不赴于诸侯，不反哭于寝，不祔于姑，故不曰‘薨’。不称夫人，故不言葬，不书姓。为公

[1]《左传·成公十四年》，《十三经注疏》本，中华书局1980年影印版。

故，曰‘君氏’。”隐公十一年称：“壬辰，羽父使贼弑公于寪氏，立桓公，而讨寪氏，有死者。不书葬，不成丧也。”僖公二十三年（前637年）称：“十一月，杞成公卒。书曰‘子’，杞，夷也。不书名，未同盟也。凡诸侯同盟，死则赴以名，礼也。赴以名，则亦书之，不然则否，辟不敏也。”文公十四年（前613年）称：“十四年春，顷王崩。周公阅与王孙苏争政，故不赴。凡崩、薨，不赴，则不书。祸、福，不告，亦不书，惩不敬也。”《左传》这些归纳总结，旨在阐明《春秋》记天子、鲁公、诸侯、夫人的崩薨卒葬之书否、名否、葬之速缓、礼之得失等都是有例可循的。与之类似，《左传》还归纳总结了《春秋》的诸侯会盟、征伐、朝聘、祭祀等等凡例。

拟定凡例是历史撰述规则性、条理性的重要保证，后世史家多继承《春秋》所发端的条例之法。《文心雕龙》卷十六《史传》篇说：“《春秋》经传，举例发凡；自《史》《汉》以下，莫有准的。至邓粲《晋纪》，始立条例。”指出邓粲《晋纪》始立条例，是上继《春秋》经传、下启后世史书凡例的。《史通》卷四《序例》则认为是干宝《晋纪》始立条例，称：“令升（干宝）先觉，远述丘明，重立凡例，勒成《晋纪》。”《文心雕龙》与《史通》的说法虽有所出入，但都肯定了史书设立条例是受到了《春秋》《左传》的影响。有的史书虽然没有像邓粲、干宝那样明白地标明凡例，但也通过其他形式继承了条例之法，像“沈（约）《宋（书）》之志序，萧（子显）齐之序录，虽皆以序为名，其实例也”[1]。

宋代《春秋》学兴盛，史家修史更加重视取法《春秋》拟定义例。如欧阳修归纳《春秋》义例加以效仿，著《新唐书》《五代史记》。曾参加《新唐书》修撰的吕夏卿也用《春秋》笔法编写了《唐书直笔》，书中引用《春秋》原例来解释自己所拟定的编修《唐书》的凡例。南宋朱熹著《资治通鉴纲目》，其《纲目凡例》规定凡例之谨严烦琐可谓至极，可以说是将《春秋》笔法发展到无以复加的程度。关于宋代史学与《春秋》凡例问题，详见《〈春秋〉笔法与史学求真》一章。

---

[1] 刘知幾：《史通》卷四《序例》，浦起龙注释本，上海古籍出版社2009年版。

三、"三礼"对传统史体的影响

"三礼"指《仪礼》《礼记》和《周礼》。[1]"三礼"对正史书志有重大影响。其中《仪礼》是今文经；《周礼》是古文经；《礼记》从内容上看今、古文相兼，在学派上属今文。《仪礼》在《汉代》只称《礼》《礼经》或《士礼》，晋代始称《仪礼》，共 17 篇，主要记士的日常礼仪。《礼记》是对《仪礼》经文的解释，主要有《大戴礼记》和《小戴礼记》两种传本。《周礼》，原名《周官》，即《汉书·艺文志》六艺类所记"《周官》六篇"。陆德明《经典释文叙录》称："王莽时，刘歆为国师，始建立《周官经》，以为《周礼》。"《周礼》于是列入礼经，记述职官与相应的政治、经济制度。"三礼"的成书时代历来多聚讼，难考其详，但这并不影响其对传统史体发挥影响。

首先，正史的书志记述典制等内容，受"三礼"影响较大。刘知幾《史通》卷三《书志》论述了"三礼"对正史书志的影响："夫刑法、礼乐、风土、山川，求诸文籍，出于"三礼"。及班、马著史，别裁书志。考其所记，多效《礼经》。"司马迁《史记》有"八书"，王鸣盛指出其受"三礼"影响，称"《史记》八书，采《礼记》、《大戴礼》、《荀子》、贾谊《新书》等书而成"[2]。班固撰《汉书》，改"书"为"志"，丰富了正史书志的内容。

具体来讲，正史《刑法志》的创立与《周礼》有关。《周礼》的《秋官司寇》记述了掌管刑法的职官体系，同时也记述了相应的刑法制度，是中国早期集中记述刑法制度的篇章。后世正史的《刑法志》以刑法制度为记述内容，应当是受了《周礼》的影响。正史立《刑法志》始于班固。《汉书·刑法志》记载了自传说中的黄帝至当时的刑法状况，其内容

[1] 将"三礼"合称，始于东汉郑玄，清人皮锡瑞说："郑君（玄）并注三书，后世盛行郑注，于是三书有三礼之名，非汉初之所有也。"（《经学通论·论汉初无三礼之名》）关于"三礼"及其成书时代，历代聚讼很多，皮锡瑞认为："三礼皆周时之礼，不必聚讼，当观其通。"（《经学通论·论三礼皆周时之礼不必聚讼当观其通》）本文即据此意合论之。

[2] 王鸣盛：《十七史商榷》卷三《史记三·八书所本》，上海古籍出版社 2013 年版。

与《秋官司寇》相类。并且，《汉书·刑法志》引用了《周官》“五听”“八议”“三刺”“三宥”“三赦”之法的内容，这说明《汉书·刑法志》与《周官》关系密切。《汉书·刑法志》在记述刑法制度的同时，又着重叙述历代刑法的君臣决定过程，并且加入了史家的评论，这无疑是对《周礼》记述的完善和发展。从《汉书》开始，《刑法志》的体例得以确立，后世正式立《刑法志》者，大致与其相同。

正史《礼仪志》的记述取自“三礼”者颇多。《礼仪志》是正史书志的重要组成部分，有的史书称《礼志》，因与《乐志》联系密切，因此有的史书合二者为《礼乐志》。像《汉书》设《礼乐志》，《后汉书》设《礼仪志》而无《乐志》，《晋书》立《礼志》和《乐志》分别记述礼、乐。历代史家都很重视《礼》《乐》二志，《汉书》卷二二《礼乐志》指出其原因在于：“‘六经’之道同归，而《礼》《乐》之用为急。治身者斯须忘礼，则暴嫚入之矣；为国者一朝失礼，则荒乱及之矣。”这种说法肯定了“六经”中礼乐内容对史学的影响，集中记述礼制的“三礼”当然作用更明显。《仪礼》主要围绕士的生活记述相关礼法，《礼记》对之进行解释，都从等别有差的角度来进行。大体来说，正史的《礼志》所记范围以君主为中心，主要记述等级制下的礼乐制度，在内容上继承了《仪礼》和《礼记》，又进一步突出了以维护君权为目的的内容。

正史的《百官志》，有的史书称为《职官志》，受到《周礼》的重大影响。范晔《后汉书》首创《百官志》（《后汉书》中《志》的部分原作者为司马彪），后世史家多因循之。《后汉书·百官志》追溯《百官志》产生的历史渊源：“昔周公作《周官》，分职著明，法度相持，王室虽微，犹能久存。……唯班固著《百官公卿表》，记汉承秦置官本末，讫于王莽，差有条贯；然皆孝武奢广之事，又职分未悉。世祖节约之制，宜为常宪，故依其官簿，粗注职分，以为《百官志》。”[1] 这就是说，《周礼》开记述职官之先河，《汉书》以《百官公卿表》继之，到《后汉书》正式确立了正史《百官志》的体例。

刘知幾认为正史书志中“风土、山川”的部分也出自“三礼”，这是有道理的。正史书志记风土、山川主要是在《地理志》《沟洫志》这些地

[1]《后汉书》志第二四《百官一》，中华书局1965年版。

理类书志中。如前所述，正史的地理类书志受到了《尚书·禹贡》的影响。在《尚书·禹贡》之外，“三礼”中也有一些关于风土、山川的内容，同样对正史的地理类书志有所影响。《汉书·地理志》引用了《周礼》中关于地理职官的内容：“有职方氏，掌天下之地，辨九州之国。……而保章氏掌天文，以星土辨九州之地，所封封域皆有分星，以视吉凶。”《汉书·地理志》也提到关于行政区划的记载是“考迹《诗》《书》，推表山川，以缀《禹贡》《周官》《春秋》，下及战国、秦、汉焉”。《晋书·地理志》有的地方也引述《周礼》，如叙及青州则称“《周礼》：‘正东曰青州’”。另外，正史地理类书志与《诗经》也有一定的关系。《汉书·地理志》述及各地区及其风物，往往引述《诗经》。其记叙秦地农业时，引述《诗经·豳风·七月》，称：“《豳诗》言农桑衣食之本甚备。”述及河东又引《诗经》，称：“河东土地平易，有盐铁之饶，本唐尧所居，《诗·风》唐、魏之国也。”

其次，《周礼》启发了后世职官类史著和典制体史著的撰述。《周礼》记述了一个宏大的官制体系，也是中国上古时代唯一一部系统叙述政治、经济制度的典籍。但《周礼》并未提及所述为何时典制，刘歆指此书为周公之典，此后学者多认为《周礼》记述的是西周之礼。《周礼》分为《天官冢宰》《地官司徒》《春官宗伯》《夏官司马》《秋官司寇》《冬官司空》六篇，记述天、地、春、夏、秋、冬六官，每官下辖六十官，共三百六十官。也有人据此认为《周礼》是“以人法天”，用天、地、春、夏、秋、冬六官象征天地四方六合，用三百六十官象征周天三百六十度，所以“周官”指“周天之官”。在这个宏大的官职体系下，《周礼》又介绍了相关的政治、经济制度。《周礼》记述职官和典制之体对后世职官类和典制体史著影响颇深：其一，《周礼》开启了职官类史书撰述的先河。《周礼》是最古老的专记职官的著作。《四库全书总目》卷七九《职官类》论职官类史书，称：“世所称述《周官》外，惟《唐六典》最古耳。”可见，《唐六典》是职官类史书的代表作之一。《四库全书总目》记载《唐六典》是“唐元宗明皇帝御撰，李林甫奉敕注。其书以三师、三公、三省、九寺、五监、十二卫列其职司官佐，叙其品秩，以拟《周礼》。”开元十年（722 年），唐玄宗手写六条纲目，称为理典（即“治典”，唐人避高宗讳易“治”为“理”）、教典、礼典、政典、刑典、事典，令陆坚以类相从、撰录以进，历经多人撰述完成。唐玄宗欲依《周礼》太宰六典之文，成唐六官之典，但唐代官制与《周官》迥异，修撰者只得“以令式入六司，像《周礼》六官之制，其沿革并入注”，修成此书。《唐六典》虽然极力效仿《周礼》，但实际上是以唐代诸司及各级官佐为纲目的。即便如此，仍然可以从中看出《周礼》对职官类史书的重大影响。

其二，《周礼》对典制体史著有重大影响。《四库全书总目》根据《周礼》将后代“以国政朝章六官所职者”归为“政书类一”[1]，实际上就是典制体史书，可见《周礼》对后世典制体史书的出现有重大影响。唐代刘秩仿《周礼》著《政典》，开后世典制体撰述的先声。《旧唐书》卷一四七《杜佑传》称：“初，开元末，刘秩采经史百家之言，取《周礼》六官所职，撰分门书三十五卷，号曰《政典》，大为时贤称赏。”刘秩之后，杜佑作《通典》参考《政典》体例，又“统前史之书志，而撰述取法乎《官礼》”[2]，正式创立了典制体史书。这两部具有典制体史书里程碑意义的史著，其实都是取法《周礼》的，可见典制体史书的创立是与《周礼》的影响密不可分的。

第二节　理学撰述与史体的发展

陈寅恪先生曾说，“中国史学莫盛于宋”[3]。而宋代史学的兴盛，与作为宋代经学和时代哲学思潮的理学的影响密切相关。一方面，这一时期的理学家们普遍重视“考古今，察物情，揆人事”[4]，以史学作为“格物穷理”的一种重要方式；另一方面，这一时期的史学往往又是以理学观念作为指导思想的，形成了史学与理学相互促进的局面，出现了一大批像欧阳修、司马光、范祖禹、李焘、李心传、朱熹等人那样理学家和史学家一身二任的著名学者。表现在这一时期的历史编纂学上，其一，

[1] 永瑢等：《四库全书总目》卷八一《史部三十七·政书类一》序，中华书局1965年版。
[2] 章学诚：《文史通义》卷四《释通》，叶瑛校注本，中华书局1994年版。
[3] 陈寅恪：《金明馆丛稿二编》，上海古籍出版社1980年版，第240页。
[4] 《程氏粹言》卷一《论学篇》，见《二程集》，中华书局1981年版。

理学格物致知的求理思维特征，促使这一时期的通史撰述盛极一时；其二，出于求理的需要而进行的理学撰述，不但推动了传统的编年体史书得到进一步的发展，而且导致了纪事本末体、纲目体、学案体等新史体的出现；其三，由理学带动的《春秋》学的勃兴，使得史法、义例在历史编纂上受到空前的重视。

一、理学与通史撰述的兴盛

通史撰述在司马迁著《史记》后直至宋代以前，长期处于沉寂局面。其间虽有梁武帝的《通史》、北魏的《科录》以及唐人李延寿的《南史》《北史》，但前两部书是杂抄，李延寿的书时间跨度太短，严格来说都不能算作通史，只有唐朝杜佑的典制体通史《通典》成就较大。这种局面到了宋代有了改观，产生了一批通史著作。而宋代史学通史撰述的兴盛，当与这一时期理学的发达有着密切的关系。理学的求理思维具有通天通地、贯通古今的特征，作用于史学，表现为一种通识意识，具体到对史体的影响上，则表现为重视通史撰述。

理学将理视作万物的本源、宇宙的本体、世界的主宰，并且认为万物一理、理一分殊，将包括自然与社会在内的万事万物都纳入天理支配的范畴。一代理学宗师周敦颐著《太极图说》，认为宇宙万物都是由阴阳互动而“生化”的，他的《太极图说》即是要“究天人合一之原”[1]。张载的《西铭》将《易传》的“天人合一”、《中庸》的“性”与“道”，还有“三礼”中的“大同”“宗法”等思想会于一炉，得出“民吾同胞，物吾与也”的结论，提出了自然与社会一体的世界观。邵雍的《皇极经世书》用卦象推衍尧帝甲辰至后周显德六年（959年）己未的人事来验证天时之理，编排出从“开物”到“闭物”的宇宙运动周期，将自然与社会的发展视作一个统一的过程，认为社会的历史运动与自然发展具有同步的规律。二程明确提出理是宇宙的本体，认为“理一分殊”，无论自然还是社会中的事物都具有共同的根源——也就是理。理学集大成者朱熹将理视作万物本源与普遍规律：“合天地万物而言，只是一个理”，“未有

[1] 王夫之：《张子正蒙注》卷九《乾称上》，中华书局1975年版。

天地之先，毕竟也只是理。有此理，便有天地；若无此理，便亦无天地，无人无物，都无该载了！有理，便有气流行，发育万物。”[1] 理是独立于万物的存在，不仅产生了万物，又普遍存在于万物之中。

理学家们力求探明这种通天通地、贯通古今的理，在历史观与求理方法上都对史学产生了重大影响。既然理的存在是宇宙中跨越时间与空间的普遍存在，那么史学作为求理的重要手段，理所当然也要有通识意识、在历史撰述中贯通天人古今，这就促进了通史撰述的兴盛。像司马光的《资治通鉴》、胡宏的《皇王大纪》、苏辙的《古史》和郑樵的《通志》等史著，都反映了这一时期史家的通识意识。

司马光不仅是杰出的史学家，同时也是一位重要的理学家，朱熹曾把他与周敦颐、张载、劭雍和二程并列为道学（理学）“六先生”。贯通意识深刻影响了司马光的史学著述，所作《资治通鉴》共 294 卷，记载从战国时韩、赵、魏三家分晋（前 403 年）至五代周世宗显德六年（959 年）1362 年的史事，是一部编年体通史巨著。

司马光认为，万物都有共同的起源，万物也都有共同的规律，即理或道。对于这种理或道，在天的方面，司马光主要从易学上加以论述；在人的方面，则是通过史学来考察。司马光作为一个理学家与史学家一身二任的大学者，其易学和史学都是为了探求致治之理的。司马光从易学角度认为，天理表现于人类社会即是礼法等级秩序。他将礼法秩序附会于自然之理，在《温公易说·易总论》中讲：“《易》者，道也。道者，万物所由之涂也。孰为天，孰为人，故《易》者，阴阳之变也，五行之化也。出于天，施于人，被于物，莫不有阴阳五行之道焉。……礼乐刑德，阴阳也；仁义礼智信，五行也。义不出于数乎？”司马光的易学从抽象概括的角度阐明了他义理化的万物起源与规律之说，最终落实到人事之理，也就是现实的礼法等级秩序。司马光的史学则通过历史叙述，力图从人事的角度，详尽阐明他所认为的人事中的易道之理。司马光的兴衰之理很大程度上正是他从易学中得来的礼法等级秩序。《资治通鉴》开篇即指出礼法等级秩序是易道法则，是人类社会的致治之理：“文王序《易》，以乾坤为首。孔子系之曰：‘天尊地卑，乾坤定矣，卑高以陈，贵

[1] 《朱子语类》卷一，岳麓书社 1997 年版。

贱位矣。’言君臣之位犹天地之不可易也。《春秋》抑诸侯，尊王室，王人虽微，序于诸侯之上，以是见圣人于君臣之际，未尝不惓惓也。”[1]司马光认为易道是永恒不变的：“推而上之，邃古之前而《易》已生；抑而下之亿世之后而《易》无穷。”[2]司马光的这种易学观念作用于史学，就表现为采用通史撰述方式，力图在漫长的历史运动中把握永恒不变的盛衰之理。司马光的易学试图从哲学上把握天人之道，而《资治通鉴》则试图通过跨越千年的历史撰述来详细总结归纳致治之道。应该说，司马光的易学奠定了其史学的哲理基础，其易学上的贯通意识也造就了其史学上的通识意识。

胡宏也是宋代重要的理学家和史学家，所著通史著作《皇王大纪》，记述了上起盘古、下迄周末之事。该书明确认为包括人类社会在内的宇宙万物都起源于阴阳之动，人们要探求万物规律——也就是理，才能顺应天地，求得发展，表现出了浓厚的理学色彩。《皇王大纪·序》说：

> 天道保合而太极立，氤氲升降而二气分。天成位乎上，地成位乎下，而人生于其中，故人也者，父乾母坤，保兹天命，生生不穷者也。天始万物，日月星辰施其性；地生万物，水火金木运其气；人主万物，仁义礼智行其道。君长陪贰，由道以纪纲，人生而理其性，然后庶绩熙、万物遂，地平天成而人道立。三皇五帝、三王五伯者，人之英杰为君为长，率其陪贰，应时成物，如春之生、夏之长、秋之利、冬之贞也。自尧而上，六阏逢无纪。尧之初载甲辰，迄于赧王乙巳，二千有三十年。一代之盛衰，一周人事之治乱，备矣。万世不能易其道者也。……是故万物成于性者也，万事贯于理者也，万化者一体之所变也，万世者一息之所累也。[3]

上述可以看出，胡宏受理学思想影响，认为天人具有共同的本源，因此也具有共同的规律。在胡宏看来，“仁义礼智”“君长陪贰”的纪纲就

[1] 司马光：《资治通鉴》卷一《周纪一》，中华书局 1956 年版。

[2] 司马光：《温公易说·易总论》，上海古籍出版社 1989 年影印本。

[3] 胡宏：《皇王大纪》，见《四库全书·史部三》，《四库全书》本。

是人类社会与天地相一致的理，而这种理又是永恒的，“万世不能易其道”。胡宏认为，从尧至周赧王的历史，详尽地反映了人类社会自产生以来的致治之理：“一代之盛衰，一周人事之治乱，备矣。”因此，胡宏选择了通史撰述的方式，打破朝代断限，以反映一个完整的天理循环、历史盛衰过程。

郑樵是宋代著名史学家，其著作《通志》深具会通精神。郑樵治学，一方面对理学有所批判；另一方面，又不能不受到时代理学思潮的影响。其会通思想，与当时的理学思想有着一定的联系。郑樵在《通志·总序》中写道：“会通之义大矣哉！自书契以来，立言者虽多，惟仲尼以天纵之圣，故总《诗》《书》《礼》《乐》而会于一手，然后能同天下之文；贯二帝、三王而通为一家，然后能极古今之变；是以其道光明百世之上，百世之下不能及。”抛开郑樵对孔子的评价不论，可以看出，郑樵的“会通之义”要求博观通览，以求穷尽事物的变化之理。郑樵在《通志·总序》中关于会通的论述主要是从会聚文献的角度来说的，这种文献学思想实际上是郑樵哲学思想的一种体现，而这种哲学思想或多或少会受到那个时代理学哲学思潮的影响。郑樵相信“惟初太始，道立于一，造分天地，化成万物”[1]的万物共源之说，也认为“万物之理不离五行”[2]，即万物有共通之理。圣人作《易》，穷尽了万物变化之理：“卦初有三画，犹以为未足以尽万物变通之理，必重为六画，而后天下之能事毕矣”[3]。“周公被文王之化而作爻辞。故于三百八十四爻，各有辞，效天地阴阳君臣人事，万物变化之理尽矣”[4]。郑樵既肯定万物变化之理可以被把握，又认为对万物之理的穷尽要建立在博观通览的基础上，不仅要推语言之理，还要识名物之状，因为“五方之名本殊，万物之形不一。必广览动植，洞见幽潜，通鸟兽之情状，察草木之精神，然后参之载籍，明其品汇”[5]。从万物共源、万物通理，到博观通览以求理，我们不难看出郑

---

[1] 郑樵：《通志》卷三五《论一二之所生》，中华书局 1987 年影印版。

[2] 郑樵：《通志》卷七四《灾祥序》，中华书局 1987 年影印版。

[3] 郑樵：《六经奥论》卷一《卦辞作于文王》，《四库全书》本。该书作者存在争议，可能有些并非郑樵言论。

[4] 郑樵：《六经奥论》卷一《爻辞作于周公》，《四库全书》本。

[5] 郑樵：《通志·总序》，中华书局 1987 年影印版。

樵的思路与理学格物致知以求理的相通之处。郑樵的《通志》包罗万象，拓展了史书记载和史学研究的范围，纵横社会、天文、地理、动物、植物、文学、音韵众多领域，又注重原始察终，探求记述对象的源流与发展。郑樵的这种通史撰述视野是与理学的影响有一定关系的。

综上所述，宋代众多史家选择通史撰述的方式，与理学影响下形成的反映历史盛衰之变、求得贯通天人之理的指导思想有关，具有一定的必然性。理学影响下的历史通识意识，是宋代通史撰述兴盛的极重要的原因。

二、理学与编年体的振兴

《春秋》《左传》开创了编年体史书，汉代以后，虽有荀悦《汉纪》、袁宏《后汉纪》等一些编年体名著的继起，但远不及纪传体史书的兴盛。北宋建立后，宣扬《春秋》大一统之义的《春秋》学发达，理学影响下的历史通识意识得到强化，理学家的一些著作对编年体史书起了启发和示范作用，编年体史书由此振兴。

宋代编年体史书迭出，其中成就最高者当属司马光的《资治通鉴》。《资治通鉴》不仅继承、发展了史书的编年体，也影响了一批编年体史书的产生。司马光自己编成《资治通鉴》后，又撰《资治通鉴考异》30卷、《稽古录》20卷，都是采用编年体。协同司马光编纂《资治通鉴》的刘恕，著有《通鉴外纪》10卷，其中《包犧以来纪》1卷、《夏纪》与《商纪》1卷、《周纪》8卷；南宋李焘著《续资治通鉴长编》520卷，接《资治通鉴》记述建隆至靖康之事，是中国史学史上卷帙空前浩繁的编年体皇朝史著作；李心传又撰《建炎以来系年要录》，仿《资治通鉴》体例，接《续资治通鉴长编》记载宋高宗朝36年的史事。除这几部与《通鉴》有关系的较著名的编年体著作外，宋代编年体史著还有很多。比较具有代表性的有：胡宏的《皇王大纪》80卷，其记述上起盘古、下至周末；熊克的《中兴小纪》（原书40卷，取名《中心小历》，《中兴小纪》为乾隆时《永乐大典》辑本书名），记载建炎丁未年（1127年）至绍兴壬午年（1162年）之事；吕祖谦的《大事纪》12卷，取《史记》年表所书，编年系月记载春秋之后的事，上起周敬王三十九年（前481年）、下至汉武帝征和三年（前90年）；陈均的《宋九朝编年备要》30卷，记载宋高祖至宋钦宗九朝史事，等等。

宋代编年体史书的振兴，与这一时期的理学思潮密切相关：

其一，宋代《春秋》学发达，推动了编年体史书的编纂。理学家推崇《春秋》经，阐发其大一统之义，史学因此也格外重视《春秋》。“宋初三先生”、理学先驱人物之一的孙复即作《春秋发微》，立足北宋统一天下的政治要求，阐发尊王攘夷之义。程颐作《春秋传》，发明《春秋》大义，将《春秋》学纳入理学体系。朱熹认为《春秋》反映了理学上的天理，说：“《春秋》本是严底文字，圣人此书之作，遏人欲于横流，遂以二百四十二年行事寓其褒贬。”[1]《春秋》学对编年体史书的促进作用主要有两点：一是《春秋》的编年体本身为史家起到了垂范作用；二是《春秋》以来的编年纪事形式有利于突显大一统之义。《公羊传》发明《春秋》经的大一统之义，即是从《春秋》中新君即位必书“元年春，王正月”开始的。《公羊传》认为这种做法大有深意，是通过纪年来表示君王禀元奉天而开初，由此凸显了这种纪年表述的尊王寓义。这种观念经由公羊学宣扬，深入人心。实际上，编年体史书每记一年都要有纪年，以君王纪年的表述本身就成为尊王与正统的一种象征。因此，编年体史书从纪年方式上讲，有利于表达尊王与正统之义，所以朱熹在《通鉴纲目·序例》中说“表岁以首年，而因年以著统”。宋代《春秋》学的发达，促使更多史家偏重于编年体史书撰述。

其二，理学家的一些具有纪事系年特点的著作，也对编年体史书起了推动作用。如邵雍的《皇极经世书》是一部贯通天人古今的著作，其用人事验证天理，表达了理学家天人一理的思想。《皇极经世书》在体裁上采用了编年体，“纪年甚有法”[2]，在严密的纪年中，蕴含了系统的天人一理观念。邵雍的这一撰述方法对当时的史学家有启发作用，像胡宏的《皇王大纪》、张栻的《经世纪年》和吕祖谦的《大事记》等编年体史著，都在一定程度上受到了它的影响。胡宏认为邵雍“精及天地之数”[3]，因此自

[1] 《朱子语类》卷八三，岳麓书社 1997 年版。

[2] 《朱子语类》卷一〇〇，岳麓书社 1997 年版。

[3] 胡宏：《胡宏集》卷四《皇王大纪论·开辟纪年》，吴仁华点校本，中华书局 1987 年版。

己撰《皇王大纪》采用了邵雍《皇极经世书》的纪年。张栻也在《经世纪年·序》中推崇邵雍“穷往知来精极于数”，采用邵雍的纪年。吕祖谦的《大事记》不仅采用了编年记事之体，也把《皇极经世书》作为史料的来源。

其三，作为编年体史书最杰出代表的司马光的《资治通鉴》，其采取编年叙事的方法也与理学的影响有关。司马光采用编年体的撰述方式，与当时《春秋》学推崇的尊王之义有关。司马光将礼法等级秩序上升到天理的高度，认为位于礼法等级秩序顶端的是君主，决定社会治乱兴衰的关键在于君主，君主要“治人而成天地之功”[1]。而编年体的纪年之法，源于理学所推崇的《春秋》，是最能凸显尊王之义的，司马光因此而选择编年体的撰述方式，也就在情理之中了。

三、理学与新史体的产生

理学不仅影响了传统通史的撰述和编年体的发展，也促成了新史体的产生。宋代纲目体、学案体和纪事本末体的产生，都与理学的影响有关。

（一）理学与纲目体史书体裁的创立

朱熹撰《资治通鉴纲目》，创立了纲目体史书体裁。朱熹是宋代理学的集大成者，同时也是一位卓有成就的史学家。《资治通鉴纲目》一书由朱熹与学生赵师渊共同完成，其中的《凡例》则是朱熹手订。《资治通鉴纲目》的撰写，与朱熹的理学思想直接相关。朱熹将史学视作理学的一个部分，认为史学是求理的一种途径，必须用理学思想来衡量和指导史学，要站在天理的高度来认识历史、研究历史。这样一种理学观念反映在历史撰述上，就是注重用天理来指导史书修撰，用经学来统领史学。朱熹的学生李方子在《资治通鉴纲目后序》中指出，朱熹史学追求的是“义正而法严，辞核而旨深，陶镕历代之偏驳，会归一理之纯粹”。这就是说，其史学是要以探求天理、“会归一理”为目的的，而“义正而法严，辞核而旨深”便是达到这一目的的方法。

[1] 司马光：《温公易说》卷二，上海古籍出版社1989年影印版。

朱熹编纂《资治通鉴纲目》的最初动机，是不满于司马光《资治通鉴》的正统观，认为《资治通鉴》在正闰、改元等方面取“《春秋》之义”做得很不够，需要“修正处极多”。朱熹在其《资治通鉴纲目序例》中表明其撰写《通鉴纲目》的旨趣，就是要从天理的高度来认识历史，通过“表岁以首年，而因年以著统。大书以提要，而分注以备言。使夫岁年之久近、国统之离合、事辞之详略、议论之同异，通贯晓析，如指诸掌”，进而达到“岁周于上而天道明矣，统正于下而人道定矣。大纲概举而鉴戒昭矣，众目毕张而几微著矣”的目的。朱熹把“正统”视作天理的要求和社会安定的需要，毫不讳言自己编纂《资治通鉴纲目》就是为了彰显“正统”之义。

朱熹不满《资治通鉴》而别为一书的另一个原因在于，他认为《资治通鉴》虽已裁汰大量与“资治”关系不密切的史事，但仍然太冗长，既不利于帝王案头阅读，也不符合史书的明理要求。为了矫正《资治通鉴》的弊端，达到以史明理的目的，朱熹以“纲举目张”的叙事原则指导《资治通鉴纲目》的编纂，主张用“错综”的方法改造编年体的叙事缺陷。朱熹说：“错者，杂而互之也。综者，条而理之也。”[1] 也就是说，要在传统编年体的基础上，条理出一种更易记述历史的新史体。《资治通鉴纲目》的叙事方法是“表岁以首年，而因年以著统。大书以提要，而分注以备言”。叙事内容分别以“纲”和“目”加以条理，“纲”为史事提纲，“目”为“纲”的具体叙述。这种史书体裁叙事的特点与好处是“纲举而不繁，目张而不紊，国家之理乱，君臣之得失，如指诸掌”[2]。这样的史体，叙事简洁而明晰。近代史家梁启超对纲目体给予了很高的评价，称：“此法很容易，很自由，提纲处写断案，低一格作注解。在文章上不必多下工夫，实为简单省事的方法。做得好，可以把自己研究的成果，畅所欲言，比前法（《资治通鉴》的编年叙事）方便多了。虽文章之美，不如前法，而伸缩自如，改动较易，又为前法所不及。”[3] 梁启超点明了纲目体作文容易、叙事自由，又可以畅所欲言的特点，也指出

[1] 《朱熹集》卷五四，四川教育出版社 1996 年版。

[2] 黄宗羲：《宋元学案·晦翁学案附录》，中华书局 2007 年版。

[3] 梁启超：《中国历史研究法》，东方出版社 1996 年版，第 179 页。

了纲目体文学性较差的缺点。纲目体的这种特点与朱熹的史学取向有关。朱熹创立纲目体的目的就在于以史明理，表达其理学思想，因此采取了简要灵活的撰写方式来为自己的理学主张服务，而相对忽略了传统史学所重视的历史撰述的文学性。

（二）理学与学案体史书体裁的肇端

朱熹在史学上的成就还有撰成《伊洛渊源录》一书，由此发端了学案体史书体裁。该书主要是梳理二程"洛学"传承脉络及其学派学术发展情况，因二程为洛阳人，长期在洛阳居住、讲学，而伊、洛乃为洛阳附近二水，朱熹以"伊洛"代指二程，该书由此得名。朱熹在撰述该书之前，曾写信给好友吕祖谦，说明自己的撰述意图，他说："欲作《渊源录》一书，尽载周、程以来诸君子行实、文字。正苦未有此及永嘉诸人事迹首末，因书士龙，告为托其搜访见寄也。"[1] 朱熹从宋人笔记、野史、金石碑帖、诗话、语录、目录、行状、年谱、文集等文献中辑录出原始资料，编为十四卷，记载了周敦颐、程颐、程颢及其门下弟子 46 人的言行事迹。《伊洛渊源录》每一卷的结构，大体可分成三个部分：一是人物的生平事迹。这一部分一般放在卷首，或称《事状》，或称《行状》《形状略》《家传略》，有时又以《年谱》《墓志铭》等代替，保留了大量人物资料。二是人物学术著作的内容摘录，如《文集》《语录》等。三是人物的言论、交游、逸闻、逸事以及他人的评述。以卷四记程颐为例，先以《年谱》叙其生平，次有《祭文》，后用《奏状》《逸事》记其逸闻、逸事及他人评论之词。

朱熹编纂《伊洛渊源录》，除了要宣扬理学，为理学中人记言载行，还要理清理学传承脉络、确立道统。《伊洛渊源录》的"渊源"二字体现了其编纂上的特点，也就是梳理学派的学术渊源传承。道统论最早是由唐代韩愈提出来的，韩愈曾作《原道》一文，追考儒家圣人之道的传承统绪：由尧、舜、禹、汤、周文王、周武王、周公、孔子、孟子一脉相传，并表示自己要接续自孟子以后中绝了千年的道统。北宋初年，孙复、石介等大儒吸收了韩愈的道统之说，提出"圣人之道无有穷"[2]，又增

[1] 《朱熹集》卷三三，四川教育出版社 1996 年版。

[2] 石介：《徂徕石先生文集》卷一九《宋城县夫子庙记》，中华书局 1984 年版。

益韩愈的道统序列。理学兴起后，道统思想继续发展。张载发挥《易传》提出的伏羲等五帝系统，编排从伏羲至孔子的圣人之统。二程以理论道，认为“周公没，圣人之道不行；孟轲死，圣人之学不传”，以接续孟子道统自居。程颐为程颢刻墓碑称：“先生（程颢）生千四百年之后，得不传之学于遗经，志将以斯道觉斯民。……先生出，揭圣学以示人，辨异端，辟邪说，开历古之沉迷，圣人之道得先生而复明。”[1] 公卿大夫也称程颢为“明道先生”。朱熹是道统思想的集大成者，在历史上第一次提出“道统”一词。朱熹编排了完整的道统，尊崇二程在道统中的地位，又将二程之学追溯至周敦颐。在《大学章句序》中，朱熹将道统追溯至伏羲、神农、黄帝等“上古圣神”；在《中庸章句序》中，朱熹又编排出从尧、舜、禹，经孔子、子思、孟子等，直到二程的道统。朱熹还肯定胡宏以来的说法，推崇周敦颐在道统中的地位，称：“惟先生（周敦颐）道学渊懿，得传于天，上继孔颜，下启程氏，使当世学者得见圣贤千载之上，如闻其声，如睹其容。授受服行，措诸事业，传诸永久，而不失其正。其功烈之盛，盖自孟氏以来未始有也。”[2] 朱熹按照自己的道统思想编纂了《伊洛渊源录》。该书的一至六卷是全书的主体，分别记载周敦颐、程颢、程颐、邵雍、张载所谓“北宋五子”的事迹，兼收言论及门人友朋的叙述；卷七至卷十三，记载后学的有关内容；卷十四记录“身列程门而言行无所表见，甚或邢恕之反相挤害者”，这些人也都记录姓名以备考。全书的编排，以二程为核心，因为二程在朱熹的道统中居于宋儒中的最高位置。二程未曾表示过自己受教于周敦颐，也没有将周敦颐纳入自己所排列的道统。朱熹却在《伊洛渊源录》中将周敦颐列于篇首，视为理学鼻祖。张载的关学自成一家，但朱熹接受程门弟子说法，认为张载之学源于程氏，又多将关学门人归入程学。这些编排都是朱熹的道统思想使然。

朱熹以宣扬理学、著明理学统序为旨趣来编纂《伊洛渊源录》，在史书体裁、体例上是一大创新，对后世史体发生了重大影响，开启了孙奇逢《理学宗传》一类理学史著作的先声。《宋史》创立《道学传》，内容

---

[1]《程氏文集》卷一一《明道先生墓表》，见《二程集》，中华书局1981年版。

[2]《朱熹集》卷八六，四川教育出版社1996年版。

多取自《伊洛渊源录》，明显也是受其影响。更为重要的是，《伊洛渊源录》开启了学案体撰述的先河。有学者认为《伊洛渊源录》内容不够全面、体例不够严整，并不是学案体史书的开山之作。[1] 但《伊洛渊源录》确实在传统史书编纂之外另辟蹊径，内容与结构都别具一格，其在学案体史书产生与发展过程中的发凡起例之功与深远影响是应当肯定的。

(三) 理学与纪事本末体史书体裁的创立

袁枢作《通鉴纪事本末》，创立纪事本末体，也与当时的理学风气有一定的关系。宋代理学主张"格物致知"，即是通过详细考察、研究事物，获得对事理的认识。程颐注《大学》，称："所谓致知在格物者，言欲致吾之知，在即物而穷其理也。"朱熹更将"格物""致知"列入《大学》"八条目"之中。这种格物求理的思想反映在历史研究上，则要求贯通历史，尤其是穷究史事来求得天理、治道。司马光编《资治通鉴》，就反映了当时理学影响下的这种政治与史学要求。但是作为一部编年体史书，《资治通鉴》在穷究事理方面存在着一定的缺陷。袁枢为矫正编年体《资治通鉴》这一叙事缺陷，改编《资治通鉴》而为《通鉴纪事本末》，其具体做法是按照《资治通鉴》的年次，以事件为中心，吸收以时间为中心的编年体及以人物为中心的纪传体之长，自成一体，由此创立了纪事本末体这一新的史书体裁。对于《通鉴纪事本末》便于叙历史之事以明致治之理的特点，宋孝宗由衷地称赞道："治道尽在是矣。"[2]

袁枢受"即物而穷其理"的理学风气的影响而创立的纪事本末体，时人和后人是深领其义、颇加赞赏的。《宋史·袁枢传》在记袁枢撰《通鉴纪事本末》的动机与方法时说："枢常喜诵司马光《资治通鉴》，苦其浩博，乃区别其事而贯通之，号《通鉴纪事本末》。""苦其浩博"，说明袁枢希望用简明的叙事方式来总结历史盛衰，而其具体方法便是"区别其事而贯通之"。袁枢的友人杨万里在《通鉴纪事本末·序》中说："予每读《通鉴》之书，见事之肇于斯，则惜其事之不竟于斯。盖事以年隔，年以事析；遭其初莫绎其终，揽其终莫志其初，如山之峨，如海之茫，

[1] 参见周春建：《〈伊洛渊源录〉与学案体》，《湖北大学学报》(哲学社会科学版) 2006 年第 6 期。

[2] 《宋史》卷三八九《袁枢传》，中华书局 1985 年版。

盖编年系日，其体然也。今读子袁子此书，如生乎其时，亲见乎其事，使人喜，使人悲，使人鼓舞。未既，而继之以叹且泣也。”杨万里的评述，说明纪事本末体具有能够详明事情原委始终的优点。《四库全书总目》从史书编纂史的角度对《通鉴纪事本末》作了评论：“自汉以来，不过纪传、编年两法，乘除互用。然纪传之法，或一事而复见数篇，宾主莫辨；编年之法，或一事而隔越数卷，首尾难稽。枢乃自出新意，因司马光《资治通鉴》，区别门目，以类排纂，每事各详起讫，自为标题，每篇各编年月，自为首尾。……经纬明晰，节目详具，前后始末、一览了然。遂使纪传编年贯通为一，实前古之所未见也。”[1] 一方面指出了纪传体与编年体在叙事上的不足，另一方面认为《通鉴纪事本末》使“纪传编年贯通为一”，从而详明事之首尾始末，这是史书在叙事上的空前突破。清代史评家章学诚也说，袁枢创立的纪事本末体，“文省于纪传，事豁于编年”[2]，既兼有二体之长，又克服了二体之短。概括而言，纪事本末体的主要优点有三：一是选事设目自由，灵活度大；二是叙事明晰，故事化；三是叙事首尾详备，突出了事件的完整性。因此，梁启超将纪事本末体称作“旧史界进化之极轨”[3]。

袁枢创立纪事本末体，一方面与当时理学即事求理的风气有关；另一方面这种尽事之本末的历史编纂方法，反过来又便于人们读史明理。也正因此，由于宋代以后理学正宗地位的确定，以及《通鉴纪事本末》自身在历史编纂上的重大突破，这种体裁在此后可谓风靡一时，后世效仿其体例而成的仿作、续作不断涌现，形成了一个庞大的纪事本末体书系。

综上所述可知，宋代所产生的纲目体、学案体与纪事本末体等一些新的史体，在相当程度上都与这一时期理学思想与撰述的影响有着密切的关系。

---

[1] 永瑢等：《四库全书总目》卷四九《史部五·纪事本末类·通鉴纪事本末》，中华书局 1965 年版。

[2] 章学诚：《文史通义》卷一《书教下》，叶瑛校注本，中华书局 1994 年版。

[3] 梁启超：《中国历史研究法》，东方出版社 1996 年版，第 24 页。

第四章 《春秋》笔法与史学求真

孔子作《春秋》，寓于其中一定的史法、史例，这就是后世所津津乐道的《春秋》笔法。《春秋》笔法就其具体内涵而言，主要包括两个方面：一是褒贬用讳，别善恶，为尊亲贤者扬善隐恶；二是纪实直书，“尽而不污”。《春秋》的褒贬用讳和纪实直书，对于传统史学都产生了深远的影响。经过后人的不断阐发，形成了传统史学独具特色的求真理念，那就是：史书既要求真，如实记载史事；又要求义，也就是彰显儒家义理、宣扬天命王权，由此形成传统史学的二重性特征。

第一节 《春秋》之讳与史书褒贬

《春秋》的基本笔法是以义为断、褒善贬恶，旨在扬善惩恶。《春秋》的褒贬笔法，有时使史书叙事与史实有所出入，但又不是任情褒贬，而是依据儒家的政治伦理原则，通过一定的义例来寓褒贬、别善恶。《春秋》的这种笔法开启了历史撰述重视褒贬之先河。由于《春秋》在古代经学和史学上的特殊地位，这种褒贬笔法对于中国史学影响深远。

一、《春秋》经传的褒贬用讳及其对史学的影响

《春秋》为体现“大义”，重视褒贬用讳，而作为《春秋》“三传”的

《左传》《公羊传》和《穀梁传》，则最早重视阐发《春秋》的褒贬用讳。《春秋》经传的褒贬用讳，对史学有着重要影响。

（一）《春秋》的褒贬用讳及其对史学的影响

褒贬用讳是《春秋》笔法的重要方面，最能体现《春秋》“大义”。《中庸》说：“义者，宜也。”《春秋》的“大义”，就是作者的政治理想和社会伦理标准。《春秋》不是通过评论来表达这种史义，而是将这种史义标准寓于叙事之中。《春秋》的史义，其核心是以“尊尊”“亲亲”为最高原则的儒家等级礼法秩序。孔子据此分辨历史上的善恶，并通过一定的义例进行褒贬。《春秋》之讳主要是“为尊者讳、为亲者讳、为贤者讳”[1]，这是扬善；反过来，《春秋》又要对不符合儒家伦理标准的人与事予以贬斥，也就是贬恶。《春秋》在历史记述中，主要依据“大义”的标准，通过遣词造句与比次史事，来对历史善恶是非进行褒贬予夺，由此形成《春秋》义例。概言之，《春秋》的褒贬用讳，主要有以下几个方面：

其一，“称爵不一”。周代的爵位有公、侯、伯、子、男五等，《春秋》通过对诸侯的不同称爵来蕴含褒贬之义。如春秋时的吴、楚都是大国，其国君自称为王，但是，《春秋》认为它们是蛮夷之国而称其国君为“子”；齐国国君僭越周王封号自称“公”，《春秋》则称其为“侯”；宋国虽然弱小，但因为是殷商之后，乃中原正统国家，所以《春秋》称其国君为“公”。

其二，“称弑不一”。《春秋》称臣子杀国君为“弑”，有时则称“杀”，其中蕴含褒贬寓意。如隐公四年（前719年），“卫州吁弑其君完”，后又曰：“卫人杀州吁于濮。”这里，同样是弑君，《春秋》记叙不一。前者称弑，有责臣子之意，后者则不同。《公羊传》解释后者说：“其称人何？讨贼之辞也。”《穀梁传》也说：“称人以杀，杀有罪也。”可以看出，《春秋》对弑君的不同表述方式是存有褒贬之义的。孔子说“杀州吁”而不说“弑君”，是为了明确州吁有“不君”之罪；而说卫人杀之，不说具体弑君之人，则是为了强调此君乃举国共弃之。

其三，灭国之例。《春秋》记载诸侯国灭亡有不同表述方式，时常含

[1]《公羊传·闵公元年》，《十三经注疏》本，中华书局1980年影印版。

有褒贬之义。《春秋》称亡国为“灭”，往往有责罚被灭之国有失职之处的意味。如僖公五年（前655年）弦国为楚所灭，《春秋》曰：“楚人灭弦，弦子奔黄。”《左传》补充记叙：“于是江、黄、道、柏方睦于齐，皆弦姻也。弦子恃之而不事楚，又不设备，故亡。”这说明《春秋》有责备弦子自恃姻亲之国睦于齐，不事楚，又不设备的意思。又如闵公二年（前660年）卫国为狄人所灭，《春秋》则记曰：“十有二月，狄入卫。”僖公二年又记曰：“城楚丘。”《公羊传》解释“城楚丘”曰：“孰城？城卫也。曷为不言城卫？灭也。孰灭之？盖狄灭之。曷为不言狄灭之？为桓公讳也。曷为为桓公讳？上无天子，下无方伯，天下诸侯有相灭亡者，桓公不能救，则桓公耻之也。”《公羊传》指出《春秋》的记载是为齐桓公隐讳。齐桓公作为春秋五霸之一，有尊王攘夷之功，孔子赞其“正而不谲”，又说：“管仲相桓公，霸诸侯，一匡天下，民到于今受其赐。”[1]孔子此处的讳书是要为作为霸主的齐桓公隐讳不能及时保护中原国家免受少数民族侵凌之事。再如庄公四年（前690年）纪国为齐襄公所灭，《春秋》记曰：“纪侯大去其国。”《公羊传》解释说：“大去者何？灭也。孰灭之？齐灭之。曷为不言齐灭之？为襄公讳也。《春秋》为贤者讳，何贤乎襄公？复仇也。何仇尔？远祖也。哀公亨乎周，纪侯谮之。以襄公之为于此焉者，事祖祢之心尽矣。”《公羊传》认为“大去其国”之辞是《春秋》在为贤者讳，也就是为齐襄公隐讳。同时，《公羊传》认为这种隐讳还有齐襄公为先祖复仇的含义。《穀梁传》对《春秋》的这条解释与《公羊传》有所不同，认为：“大去者，不遗一人之辞也。言民之从者，四年而后毕也。纪侯贤而齐侯灭之，不言灭而曰大去其国者，不使小人加乎君子。”《穀梁传》认为这条记载是在为纪侯隐讳，但同样也肯定了《春秋》此处的为贤者讳。

其四，“据鲁亲周”。《春秋》还有一种书法，就是以鲁国为本位、尊崇周天子。“据鲁”，自然要为鲁国隐讳。鲁国242年历史上有四位国君（隐公、闵公、子般、子恶）被弑，但《春秋》俱不书，只说“公薨”或“子卒”。鲁僖公二十二年（前638年），鲁国在升陉被邾国打败，《春秋》称：“及邾人战于升陉。”对此，《穀梁传》解释说：“内讳败，举其可道

[1]《论语·宪问》，诸子集成本，中华书局1954年版。

者也。不言其人，以吾败也。不言及之者，为内讳也。”可见，这是《春秋》通过略去记载谁与邾人战及战争的结果来为鲁国隐讳。“亲周”，就是尊崇周天子。《春秋》中为天子讳最著名的例子是鲁僖公二十八年的“天王狩于河阳”。历史的真实情形是，这一年晋文公五月践土会盟、冬季温会盟，两次传见周天子。《公羊传》认为，为了“不与再致天子”，《春秋》才会在温会盟事下有此记事书法。《穀梁传》解释《春秋》的这条记载说：“全天王之行也。为若将守（狩）而遇诸侯之朝也。为天王讳也。”董仲舒在《春秋繁露·玉英》中也认为这条记载是“诡晋文得志之实，以代讳避致王也”。这里所谓“诡”，在今天看来同样是一种讳书。《史记·晋世家》也印证了这条记载是讳书：“孔子读史记至文公，曰：‘诸侯无召王’。‘王狩河阳’者，《春秋》讳之也。”按照礼法，天子被诸侯召见，有损天子尊严，因此《春秋》记为天子因狩于河阳而赴诸侯之会。类似的还有僖公二十四年所记“天王出居于郑”，《公羊传》解释这条记载说：“王者无外，此其言出何？不能乎母也。”这件事在《左传》《春秋繁露·王道》等处都有记载。实际上，周襄王是因为与同母胞弟王子带不和、兵败而逃到郑国。这样的记载实际上是在隐讳天子的丑事。[1]

《春秋》褒贬用讳，其目的是为了宣扬政治与社会伦理上的礼法等级思想。孔子生活的时代是一个礼乐崩坏的时代，“礼乐征伐自天子出”的“天下有道”的理想被“礼乐征伐自诸侯出”的“天下无道”局面所取代。[2] 孔子修《春秋》，就是要通过褒贬用讳的书法来扬善隐恶，寄寓自己的王道政治理想。孟子对孔子作《春秋》可谓心知其意，所以他说：“世衰道微，邪说暴行有作，臣弑其君者有之，子弑其父者有之。孔子惧，作《春秋》。《春秋》，天子之事也；是故孔子曰：‘知我者其惟《春秋》乎！罪我者其惟《春秋》乎！’……昔者禹抑洪水而天下平，周公兼夷狄，驱猛兽而百姓宁，孔子成《春秋》而乱臣贼子惧。”[3] 他把孔子

---

[1] 参见何根海、汪高鑫：《中国古代史学思想史》第一章，合肥工业大学出版社 2004 年版。

[2] 《论语·季氏》，诸子集成本，中华书局 1954 年版。

[3] 《孟子·滕文公下》，诸子集成本，中华书局 1954 年版。

作《春秋》以王道安天下，与历史上的大禹治水、周公治国相提并论。

《春秋》之讳也有明哲保身的意味，《春秋繁露·楚庄王》指出：

> 《春秋》分十二世以为三等，有见，有闻，有传闻。有见三世，有闻四世，有传闻五世。故哀、定、昭，君子之所见也。襄、成、文、宣，君子之所闻也。僖、闵、庄、桓、隐，君子之所传闻也。所见六十一年，所闻八十五年，所传闻九十六年。于所见微其辞，于所闻痛其祸，于传闻杀其恩，与情俱也。……然则《春秋》义之大者也。得一端而博达之，观其是非，可以得其正法。视其温辞，可以知其塞怨。是故于外，道而不显，于内，讳而不隐。于尊亦然，于贤亦然。此其别内外、差贤不肖而等尊卑也。义不讪上，智不危身。故远者以义讳，近者以智畏。畏与义兼，则世逾近而言逾谨矣。此定哀之所以微其辞。以故用则天下平，不用则安其身，《春秋》之道也。

董仲舒认为，《春秋》所记史事有孔子所见、所闻、所传闻者，对于切近的史事，则用明哲保身的态度予以避讳，这便是《春秋》对年代最近的定公、哀公之世历史的记载会“微其辞”的原因。司马迁也有类似的看法，《史记·司马相如列传》称“《春秋》推见至隐”，《匈奴列传》也说：“孔氏著《春秋》，隐桓之间则章，至定哀之际则微，为其切当世之文，罔褒，忌讳之辞也。”正如董仲舒和司马迁所指出的那样，《春秋》经文不乏“忌讳之辞”，《春秋》笔法也含有明哲保身的成分。

《春秋》褒贬用讳对后世史学影响深远，其扬善隐恶和明哲保身的两方面意图都在后世史学中体现出来，成为与传统史学求真理念发生关联的两个问题。其一，《春秋》以义为断、善恶褒贬，在发挥劝善惩恶功效的同时，也引发了与传统史学纪实求真的矛盾。褒贬书法有时会使史文表述与史事不符，像前述“天王狩于河阳”的记叙，明显与天子受召赴诸侯之盟的史事相出入。如何在求道义与求史实之间把握平衡，成为历代史家不断探索的问题。其二，《春秋》的明哲保身在后世滥为曲笔，引发了直书与曲笔的判定问题。既然后世的经史之学肯定《春秋》的明哲保身，那么如何判定后世史家类似史笔的曲直，就需要有一定的标准。《春秋》褒贬用讳对后世史学的这些影响，并不完全是《春秋》本身产生的，更多则是经由其解经之说来完成的。特别是后世对于《春秋》笔法的认识，主要依赖于《春秋》“三传”及后学的解说。

（二）“三传”对《春秋》褒贬笔法的阐发及其对史学的影响

《春秋》“三传”最早对《春秋》的褒贬笔法作了具体阐发。孟子虽然指出《春秋》蕴含大义，但没有指明《春秋》贯穿这种大义的具体笔法。《春秋》“三传”解经，对《春秋》贯穿大义的笔法义例进行了阐发和归纳。其中，《公羊传》和《穀梁传》更多从义理上解经，多有主观发挥成分；《左传》则用史事解经，并且较为系统地归纳出《春秋》褒贬用讳的各种义例。《左传》阐明《春秋》义例，往往以“凡”字引领，晋人杜预统计有“五十凡”，称为“凡例”。此外，《左传》还用“书”“不书”等来解释《春秋》义例的“变例”。刘知幾在《史通·序例》中指出，《左传》是后世史书设凡例的渊源。实际上，《左传》对《春秋》笔法义例的总结，不仅是传统史学在编纂方法上的创举，更重要的是，它处在《春秋》讳书笔法对后世史学发生影响承前启后的关节点上。

《左传》以史事解《春秋》，并归纳出《春秋》借以体现大义的凡例，成为《春秋》笔法对后世经史之学发挥影响的一座重要桥梁。晋人杜预在《春秋经传集解序》中论及《左传》的解经方法时曾说：“左丘明受经于仲尼，以为经者不刊之书也，故传或先经以始事，或后经以终义，或依经以辩理，或错经以合异，随义而发。”杜预认为《左传》解经“随义而发”的论断是有道理的。《春秋》宣公四年（前605年）记：“郑公子归生弑其君夷。”《左传》在详述相关史事之后，解释《春秋》这条记载的义例称：“凡弑君，称君，君无道也；称臣，臣之罪也。”《春秋》成公十五年（前576年）记：“晋侯执曹伯归于京师。”《左传》解释《春秋》此处的义例称：“凡君不道于其民，诸侯讨而执之，则曰‘某人执某侯’。不然则否。”《左传》通过大量类似的传文归纳《春秋》义例，点明了《春秋》称弑之例中的道义标准，使人能透过《春秋》隐讳简约的记叙，了解史文背后的具体史事，并借此领会《春秋》在叙事中所要阐明的义理。

《左传》除了总结《春秋》用讳褒贬的书法外，自身也对史书褒贬有所发展，主要有二：其一，《左传》有时在叙述史事之后，用“君子曰”的形式借他人之言谈委婉表达自己对史事的褒贬看法。“君子曰”也有“君子谓”“君子以为”“君子以知”“孔子曰”的变格。这种议论起着

“辨疑惑、释凝滞”[1]的作用，也含有褒贬意味。其二，“寓论断于序事”的褒贬书法，也就是在历史叙述中借他人言论表达史家自身褒贬论断。[2]

《公羊传》和《穀梁传》的解经性质历来得到肯定，二者相对于《左传》以事解经的方法而言，更多是以义解经，其中也包含着对《春秋》笔法的认识和发挥。《公羊传》采用设问体裁，有一个从“口说”到“著于竹帛”的流传过程，至汉景帝时写成定本。《穀梁传》也是设问体裁，大约也在汉代形成定本。《公羊传》和《穀梁传》虽然也有用史事解释《春秋》义例的情形，但更多是直接阐发《春秋》的“微言大义”。《春秋》隐公三年（前720年）记曰：“尹氏卒。”《公羊传》解释称：“尹氏者何？天子之大夫也。其称尹氏何？贬。曷为贬？讥世卿，世卿非礼也。”《公羊传》解释说，《春秋》的这条记载是从礼的标准出发讥贬世卿。这种从义理到义理的传经方式，是《公羊传》发明《春秋》书法的常见方式。《公羊传》提出《春秋》义例蕴含“大一统”的思想，值得一提。《春秋》隐公元年云：“元年春，王正月。”《公羊传》解释称：“王者孰谓？谓文王也。曷为先言王后言正月？王正月也。何言乎王正月？大一统也。”《公羊传》认为《春秋》书“王正月”是表示奉周王正朔，崇尚天下一统。《公羊传》的“大一统”思想既有天下一统的含义，也有尊王的含义，这种“大一统”思想贯穿于《公羊传》对《春秋》褒贬书法的解释中。如宣公十一年（前598年），楚庄王率诸侯军队入陈，杀死弑君的夏征舒，《春秋》记曰：“楚人杀陈夏征舒。”《公羊传》认为这是《春秋》对楚庄王的贬书：“此楚子也，其称人何？贬。曷为贬？不与外讨也。不与外讨者，因其讨乎外而不与也，虽内讨亦不与也。曷为不与？实与而文不与。文曷为不与？诸侯之义不得专讨也。诸侯之义不得专讨，则其曰实与之何？上无天子，下无方伯，天下诸侯有为无道者，臣弑君，子弑父，力能讨之，则讨之可也。”楚庄王杀弑君之臣虽然是义举，但《公羊传》认为楚庄王的行为为《春秋》所贬。《公羊传》如此断定的依据是“大一统”之义：其一，《春秋》“不与外讨”，“王者无外”[3]，诸

[1] 刘知幾：《史通》卷四《论赞》，浦起龙注释本，上海古籍出版社2009年版。
[2] 李洲良：《史迁笔法：寓论断于序事》，《求是学刊》2006年第4期。
[3] 《公羊传·僖公二十四年》，《十三经注疏》本，中华书局1980年影印版。

侯则不得擅越权限；其二，“诸侯之义不得专讨”，楚庄王的行为未经天子许可，“虽内讨亦不与也”。《穀梁传》与《公羊传》所发经义或有不同，但从义理角度阐释的方法则相类。《春秋》庄公十六年（前678年）记齐侯、宋公等诸侯“同盟于幽”。《穀梁传》解释说：“同者，有同也，同尊周也。”这里，《穀梁传》从《春秋》经文的一个“同”字引申出了“尊周”之义。对《春秋》经文的引申发挥在《公羊传》和《穀梁传》中比比皆是，时常流于无论据的主观臆测。古今学者多有不以为然者，宋人郑樵曾说：“诸儒之说《春秋》”，“有以为褒贬俱无者”。[1]

《春秋》“三传”解说经文大义，确实有不少牵强附会的地方，其中《公羊传》和《穀梁传》的荒诞尤其明显。但是，在古代经史之学的发展过程中，推崇《春秋》褒贬及“三传”阐发之义的主张占有优势，无论“三传”对《春秋》的褒贬笔法有多少夸张，它们都被后世的众多经史学者继承并发挥，由此对传统史学产生了巨大影响。《春秋》“三传”是最早解释《春秋》的著作，形成了初期的《春秋》学，《春秋》褒贬书法由此提出。因此，后世经史之学论及《春秋》的褒贬用讳，很多时候都要援据《春秋》“三传”的解释，《春秋》的讳书笔法经由《春秋》“三传”对其义例的归纳愈加彰显，并随着经学在政治与学术上的地位上升，而对传统史学发挥愈益深刻的影响。

《春秋》的褒贬笔法经由“三传”阐明，使人可以认识到其在史学求真层面上同隐瞒历史真相的曲笔是泾渭分明的。虽然《春秋》中“天王狩于河阳”之类的书法从经文本身看不出背后的史事究竟为何，但如果经传合观、明了《春秋》义例，则可知《春秋》在史事叙述中的褒贬之书，虽然不是征实的记述，却也有着严格的规则，那就是以义为断、善恶褒贬，而且只有关乎儒家伦理的问题才可以按照一定的义例加以处理。中国古代史学具有经世倾向，史学既要求真，也要求义，求真服务于求义。因此，如果用中国古代史学的标准来衡量《春秋》笔法，那么它与任情褒贬、曲笔记事有着本质的不同。其实《春秋》笔法是在追求一种道义上的真，而这种道义之真，也是古代史家的一种追求。如《春秋》宣公二年（前607年）书：“晋赵盾弑其君夷皋。”《左传》解经云：“晋

[1] 郑樵：《六经奥论》卷四《褒贬》，中华书局1987年影印版。

灵公不君……赵穿杀灵公于桃园。宣子未出山而复。太史书曰：'赵盾弑其君。'以示于朝。宣子曰：'不然。'对曰：'子为正卿，亡不越竟，反不讨贼，非子而谁？'宣子曰：'呜呼，"我之怀矣，自诒伊戚"，其我之谓矣！'孔子曰：'董狐，古之良史也，书法不隐。赵宣子，古之良大夫也，为法受恶。惜也，越竟乃免。'"从中可以看出，史家董狐为了追究道义上的责任者，而将赵穿弑君一事书为"赵盾弑其君"。这一表述不是出于史家个人的主观好恶，而是有政治伦理与规则的严格约束的。这样的表述虽然不是征实的记述，却表明了道义上的责任所在。所以孔子称赞董狐为"书法无隐"的古之良史，由此也可见孔子所谓"直书"的最高标准是道义而非史实。实际上，《春秋》纪实的"尽而不污"也是服从于求义的。从孔子对董狐的称赞可以看出，其"直书"观的旨趣在于求义，纪实则是为求义服务的。因为孔子所谓的"书法无隐"，最重要的是指道义上的真相明了，而不限于史事的阐明。其实从《左传》这条记载我们已经看到，这种追求道义之真的书法显然不是孔子自创，乃是承自董狐一脉的古代史官。这就是说，早在孔子之前的先秦史官那里，史学的求真，就不仅要求史实之真，更要求道义之真，并且道义之真高于史实之真，孔子只是继承并发扬了这一理念。因此，按照传统史学的标准，《春秋》的褒贬用讳也是一种求真的表现。"天王狩于河阳"等等记述，虽与史事相左，却说明了历史事件从道义上讲本来应有的样子。道义重于史实，这是《春秋》褒贬书法独特的求真理念，奠定了后世史学求真的基调。

《左传》的"君子曰"和"寓论断于序事"在《春秋》书法之外开创了史书褒贬的新形式，在史事记叙的当中或之后，用史事中人物的言论或他人言论表达自己的褒贬观点，达到了既不使历史记述与史实出入，又表达史家论断的效果。这样的褒贬史例在史学求真与求义之间把握了较好的平衡，为后世史学发扬光大。

二、《春秋》笔法影响下的史书褒贬

《春秋》褒贬笔法以其追求道义之真的本质，以及《春秋》的经学权威地位，在中国古代学术发展史上有着重要的影响。而传统史学向来是以资治鉴戒为宗旨，自然就自觉地承担起了发扬《春秋》以义为断、劝善惩恶的褒贬职责。由于时代和史家个体的差异性，《春秋》开创的史书褒贬在不同时代、不同史家那里也有着不同表现。

（一）汉代《春秋》学的勃兴与史学的褒贬笔法

汉代是经学兴起的时代，也是《春秋》学勃兴的时代。汉代经学对于《春秋》褒贬书法的发明，除了《春秋》“三传”之外，当属《公羊》大师董仲舒贡献最大。董仲舒的《春秋繁露》中有相当多的篇幅都是发明《春秋》“大义”的，其中也包含了对《春秋》褒贬笔法的阐发。

第一，董仲舒继承了《公羊传》以“大一统”之义阐发《春秋》褒贬的思想。《公羊传》是《春秋》“三传”中最重视阐发“大一统”思想的，并将这一思想纳入对《春秋经》的解释之中。而作为《公羊》大师，董仲舒继承了《公羊传》这一思想和方法，也将这种“大一统”之义贯穿于对《春秋》褒贬书法的阐释之中。如对于宣公十一年（前598年）《春秋》“楚人杀陈夏征舒”的记载，董仲舒就明确认定其为贬书，说：“楚庄王杀陈夏征舒，《春秋》贬其文，不予专讨也。”[1]

第二，董仲舒在《公羊传》解经的基础上，对《春秋》褒贬之例作了进一步阐发，其内容主要有：一是“诡其实以有避”[2]。董仲舒认为，《春秋》常常用史文与史事相出入的“诡书”“讳书”来使历史记述符合大义。二是“《春秋》常于其嫌得者见其不得”，“《春秋》之用辞，已明者去之，未明者著之”。[3]《春秋》中有时对同类事贬贤者而不贬不贤者，董仲舒认为，这是因为《春秋》在同类事情中重视贬斥贤者以使人明白不贤者行事的不义，对已加贬、著明大义的事情不再重复加贬。三是“《春秋》之论事莫重于志”[4]，也就是说《春秋》的褒贬，重视考察历史人物的心志而不是行为。四是“《春秋》无通辞”[5]，“辞不能及，皆在于指”[6]。《春秋》对同一对象、同类事件，有时褒、有时贬，董仲

[1] 董仲舒：《春秋繁露》卷一《楚庄王》，苏舆义证本，中华书局1992年版。
[2] 董仲舒：《春秋繁露》卷三《玉英》，苏舆义证本，中华书局1992年版。
[3] 董仲舒：《春秋繁露》卷二《竹林》，苏舆义证本，中华书局1992年版。
[4] 董仲舒：《春秋繁露》卷一《玉杯》，苏舆义证本，中华书局1992年版。
[5] 董仲舒：《春秋繁露》卷二《竹林》，苏舆义证本，中华书局1992年版。
[6] 董仲舒：《春秋繁露》卷二《竹林》，苏舆义证本，中华书局1992年版。

舒认为原因在于《春秋》的褒贬并非一成不变，而是根据具体情况加以改变，符合礼义则褒，反之则贬。[1]

第三，董仲舒认为《春秋》之讳“义不讪上，智不危身”，有明哲保身意味在内。对此前已叙及，此不赘言。

第四，董仲舒对《春秋》褒贬中的“大义”极为推崇，对其进行理论完善与发挥，其主要表现有二：一是董仲舒将公羊学神学化，用阳尊阴卑的天人感应学说来论证《春秋》褒贬中的“大义”——儒家等级礼法，他说：“君臣、父子、夫妇之义，皆取诸阴阳之道。君为阳，臣为阴；父为阳，子为阴；夫为阳，妻为阴。”[2] 二是董仲舒主张以“《春秋》决狱”，把《春秋》褒贬中的大义作为司法实践的准则和依据。他曾明确说：“《春秋》之听狱也，必本其事而原其志。”[3]

汉代《春秋》学的勃兴，影响了汉代史书的褒贬之风。司马迁著《史记》，其史书褒贬就受到《春秋》笔法的影响。司马迁有以《史记》继《春秋》之志，《太史公自序》说：“先人有言：‘自周公卒五百岁而有孔子。孔子卒后至于今五百岁，有能绍明世，正《易传》，继《春秋》，本《诗》《书》《礼》《乐》之际？’意在斯乎！意在斯乎！小子何敢让焉？”司马迁之“继《春秋》”，《春秋》的褒贬史事即是其中一个重要方面。“拨乱世反之正，莫近于《春秋》。《春秋》文成数万，其指数千”。[4] 同时司马迁推重《左传》，洞见《左传》发挥《春秋》义例。但是，《史记》对《春秋》《左传》褒贬笔法的继承，并不是一种照搬，而是吸收《春秋》经、传以及汉代《春秋》学的思想，然后形成的。《史记》虽然推崇《春秋》“微言大义”，但却少用此法，更多的是继承了《春秋》“尽而不污”的纪实精神，其褒贬之法则将《左传》的“君子曰”与“寓论断于叙事”二体发扬光大。

首先，由《左传》的“君子曰”一变而为《史记》的“太史公曰”。《左传》的论断都假以“君子曰”等形式引述他人言论发表见解，《史记》

[1] 关于董仲舒对《春秋》义例的阐发，详见赵伯雄：《春秋学史》，山东教育出版社2004年版，第149—153页。

[2] 董仲舒：《春秋繁露》卷一二《基义》，苏舆义证本，中华书局1992年版。

[3] 董仲舒：《春秋繁露》卷三《精华》，苏舆义证本，中华书局1992年版。

[4] 《史记》卷一三〇《太史公自序》，中华书局1959年版。

的“太史公曰”与之有承继关系是显而易见的。先秦典籍除《左传》外，《国语》《战国策》都有“君子曰”这种发论形式，《公羊传》和《穀梁传》也有以“公羊子”和“穀梁子”发论的形式，可见这是当时一种较有影响的议论之法，这当然会对司马迁产生影响。司马迁著《史记》，有时甚至直接用“君子曰”的形式发论，如《秦本纪》《吴泰伯世家》《鲁周公世家》《晋世家》中都有此例。《史记》的“太史公曰”，又对“君子曰”的褒贬议论之法有所发展。“太史公曰”是司马迁以史家自己的身份进行的议论，并且其使用也比《左传》的“君子曰”更为系统，能够更充分地表达史家自己的观点。可以说，史论发端于《左传》，至《史记》而逐渐成熟，成为古代史学正史论赞的先声。

其次，《史记》褒贬笔法不独发扬了《左传》“君子曰”的形式，更在历史记叙中发展了《左传》的“寓论断于叙事”笔法，形成了后世津津乐道的“太史公笔法”。从义例的角度言之，“太史公笔法”主要有三个方面：

第一，“于序事中寓论断”的褒贬书法。顾炎武曾说：“古人作史，有不待论断，而于序事之中即见其指者，惟太史公能之。《平准书》末载卜式语，《王翦传》末载客语，《荆轲传》末载鲁句践语，《晁错传》末载邓公与景帝语，《武安侯田蚡传》末载武帝语，皆史家于序事中寓论断法也。”[1] 这种褒贬书法最早见于《左传》，[2]《史记》则更加成熟，并将其广泛运用于历史撰述之中，借助于历史人物之口来表达自己的褒贬看法。“于序事中寓论断”颇具书法无隐精神，如再追溯，可及《春秋》之“据事直书”。[3] 归纳言之，《史记》的“于序事中寓论断”之法，从其书法精神而言，直承《春秋》之纪实书法；从褒贬方法来讲，则是发扬《左传》的“寓论断于叙事”。

第二，侧笔褒贬。徐复观曾提到司马迁的侧笔褒贬，称：“侧笔，则是轶出于主文之外所穿插的小故事，所以侧笔系对主文而言。史公则常用这种侧笔，以暴露人与事的真实，乃至假此拆主文的台，使主文成为

[1] 顾炎武：《日知录》卷二六《史记于序事中寓论断》，秦克诚点校本，岳麓书社1994年版。

[2] 李洲良：《史迁笔法：寓论断于序事》，《求是学刊》2006年第4期。

[3] 张高评：《〈史记〉笔法与〈春秋〉书法》，见《春秋书法与左传史学》，上海古籍出版社2005年版。

带有滑稽意味的表现。"[1]《史记》记人与事，常常辅以小事或他事，实有深意。《卫青传》全篇叙卫青因战功得宠于武帝，却在中间插入甯成说卫青结交宠妃一事，即是委婉表达对外戚靠裙带关系扶摇直上的贬斥之意。《淮阴侯列传》叙韩信以反叛罪名被诛，又记韩信不听武涉与蒯通之言背叛刘邦，逼死钟离眜以取信于刘邦，刘邦得知韩信死讯"且喜且怜之"之类，都是说明韩信含冤而死，意在同情韩信而贬斥刘邦猜忌、诛杀功臣。

第三，《史记》虽有讳书，却又往往用互见之法道出真相、以为褒贬。《史记》的一些篇章中也有为尊者讳的书法，但往往又在其他篇章中道明真相。如《高祖本纪》称刘邦"仁而爱人""常有大度"，而《萧相国世家》则记萧何拜相后系狱，《淮阴侯列传》又记韩信封王后被贬、被诛，合观可见司马迁贬刘邦刻薄猜忌之意。《史记》的这些褒贬之体有一个特点，那就是依据具体史事对同一历史人物或褒或贬。这一点，同董仲舒阐发的"《春秋》无通辞""辞不能及，皆在于指"义例有相通之处。[2]

从史学求真的角度来看，《史记》主要发扬了《春秋》的纪实精神，其褒贬之体则主要发挥了《左传》"君子曰"与"寓论断于叙事"之例。司马迁著《史记》推崇《春秋》，却几乎没有继承《春秋》的讳书褒贬之法。至于《史记》的讳书，符合《春秋》为尊亲贤者讳之义，但又以互见之法另为褒贬，不过这种讳书的用意与《春秋》用讳的明哲保身一途。司马迁在《司马相如列传》和《匈奴列传》中对《春秋》用讳以明哲保身的认识，与董仲舒《春秋繁露·楚庄王》的观点一致，更能证明这一点。《史记》推崇《春秋》"微言大义"却不重讳书，这一方面是由于司马迁崇尚直书的治史精神使然，另一方面也是由于孔子与司马迁的著述动机不同：孔子旨在为宣扬儒家礼法而作《春秋》，司马迁著《史记》重在"成一家之言"。因此，《史记》的褒贬书法在史学求真的层面上相对侧重史实，与重道义的《春秋》之讳有所不同，更接近于《左传》书法。

---

[1] 徐复观：《两汉思想史》卷三，台湾学生书局 1979 年版，第 419 页。

[2] 以上所述司马迁"于序事中寓论断"笔法，参考白寿彝：《司马迁寓论断于序事》，见《白寿彝历史论集》下，北京师范大学出版社 1994 年版。

《史记》的褒贬书法虽然与《春秋》之讳取向不同，但对后世史学也影响深远。“太史公笔法”极具史才，后世史家鲜有能者。“太史公曰”的议论之体对后世影响巨大，论赞成为后世史书进行褒贬的一种主要形式。刘知幾总结说：“班固曰赞，荀悦曰论，《东观》曰序，谢承曰诠，陈寿曰评，王隐曰议，何法盛曰述，扬雄曰撰，刘昞曰奏，袁宏、裴子野自显姓名，皇甫谧、葛洪列其所号。史官所撰，通称史臣。其名万殊，其义一揆。必取便于时者，则总归论赞焉。”[1] 由此可见，《史记》以下史家皆重纪实直书，史书以论赞为褒贬的主要形式。

（二）宋代《春秋》学的复兴与史学的褒贬书法

宋代理学勃兴，史学风气随之而变。一方面，理学促使宋代史学注重从天理的角度来总结历史兴衰，同时也引导史家用“理”的标准来评价史事。“凡古今难制之变、难断之疑，皆得参验稽决，以合于天理之正，人心之安，而后世权谋术数利害苟且之私，一毫无得参焉”[2]。另一方面，《春秋》学经过隋唐五代的衰退，在宋代重振，成为显学。不少史学家也热衷于探讨《春秋》义例，并将《春秋》义例运用于历史撰述，《春秋》义例于是成为这一时期史书褒贬的一种重要形式。

理学先驱欧阳修推崇《春秋》，通过阐发其义例，直接作为自己修史之例。欧阳修特重《春秋》别善恶、寓褒贬的书法，对之加以发挥，认为自己的《新唐书》“合于《春秋》之法”[3]，其子欧阳发等撰《事迹》也称他：“于《五代史》，尤所留心，褒贬善恶，为法精密，发论必以‘呜呼’，曰：‘此乱世之书也。’其论曰：‘昔孔子作《春秋》，因乱世而立治法；余述《本纪》，以治法而正乱君。’”[4] 在具体的历史撰述中，欧阳修效仿《春秋》文约而指博的义例，制定详核细密的书法条例，赵翼曾经详加论述：

> 不阅《旧唐书》不知《新唐书》之综核也。不阅薛《史》不知

---

[1] 刘知幾：《史通》卷四《论赞》，浦起龙注释本，上海古籍出版社2009年版。

[2] 李方子：《资治通鉴纲目·后序》，见《资治通鉴纲目》，《四库全书》版。

[3] 《新唐书》卷四《本纪第四》，中华书局1975年版。

[4] 《欧阳修全集》附录卷二，中国书店1986年版。

欧《史》之简严也。欧《史》不惟文笔洁净，直追《史记》，而以《春秋》书法寓褒贬于纪传之中，则虽《史记》亦不及也。其用兵之名有四：两相攻曰攻，如《梁纪》孙儒攻杨行密于扬州是也。以大加小曰伐，如《梁纪》遣刘知俊伐岐是也。有罪曰讨，如《唐纪》命李嗣源讨赵在礼是也。天子自往曰征，如《周纪》东征慕容彦超是也。攻战得地之名有二：易得曰取，如张全义取河阳是也。难得曰克，如庞师古克徐州是也。以身归曰降，如冯霸杀潞将李克恭来降是也。以地归曰附，如刘知俊叛附于岐是也。立后得其正者曰以某妃某夫人为皇后，如《唐明宗纪》立淑妃曹氏为皇后是也。立不以正者曰以某氏为皇后，如《唐庄宗纪》立刘氏为皇后是也。凡此皆先立一例，而各以事从之，褒贬自见。其他书法，亦各有用意之处。如《梁纪》书弑济阴王，王即唐昭宣帝也，不曰昭宣帝而曰济阴王者，逊位后梁所封之王，书之以著其实，又书弑以著梁罪也。襄州军乱，杀其刺史王班，不书王班死之，而以被杀为文者，智不足以卫身而被杀，不可以死节予之也。杀王师范，不曰伏诛而曰杀者，有罪当杀曰伏诛，不当杀则以两相杀为文也。郢王友珪反，反与叛不同，叛者背此附彼，反则自下谋上，恶逆更大也。……此可见欧《史》本纪书法，一字不苟也。其列传亦有折衷至当者。死节分明，如王彦章、裴约、刘仁赡既列之《死节传》矣，尚有宋令询、李遐、张彦卿、郑昭业等，皆一意矢节，以死殉国，而传无之，则以其事迹不完，不能立传故也。……于此可见《欧史》之斟酌至当矣。[1]

欧阳修在《新唐书》和《新五代史》中指明《春秋》书法义例的地方有六处：一，“《春秋》之法常责备于贤者”[2]。二，“昔者孔子作《春秋》而乱臣贼子惧。其于弑君篡国之主，皆不黜绝之，岂以其盗而有之

[1] 赵翼：《廿二史札记》卷二一《欧史书法谨严》，王树民校证本，中华书局 1984 年版。

[2] 《新唐书》卷二《本纪第二》，中华书局 1975 年版。

者，莫大之罪也，不没其实，所以著其大恶而不隐欤?”[1] 三，“《春秋》之法，君弑而贼不讨，则深责其国，以为无臣子也”[2]。四，“《春秋》于大恶之君不诛绝之者，不害其褒善贬恶之旨也，惟不没其实以著其罪，而信乎后世”[3]。五，“与弑即位，逾年改元，《春秋》之法，皆以君书”[4]。六，“《春秋》之法，君弑而贼不讨者，国之臣子任其责”[5]。其中第一条承自董仲舒“《春秋》常于其嫌得者见其不得”之例，第二条和第四条是欧阳修在史书修撰中重视的“不没其实”，第三条和第六条是申述《春秋》“三传”已发之例，第五条是关于纪年的书法问题。欧阳修总结并运用的这些《春秋》义例，虽然前人多有论及，但总的说来是欧阳修自己从《春秋》中用心得来的。结合赵翼的论述可以看出，《新唐书》的褒贬义例承自《春秋》，但比《春秋》更为细密，将《春秋》的褒贬之例大加发挥。欧阳修的这种做法，其利弊得失在此不论，但《春秋》义例对于后世史书褒贬体例影响之巨，以及宋人史书褒贬重《春秋》义例之风，由此可见一斑。

参与修撰《新唐书》的吕夏卿也推崇《春秋》的书法义例，取《春秋》笔法撰《唐书直笔》，旨在以规范《新唐书》的书法义例，但其关于《春秋》义例的理解与欧阳修多有不合。在一定程度上可以说，吕夏卿对史书义例的规范细密，比之欧阳修有过之而无不及，这一点可以从吕夏卿对《新唐书》本纪部分的批评看出。《新唐书》本纪部分系欧阳修执笔，《唐书直笔》对其颇有不满之意。《唐书直笔》除去后人注释，全书仅一万五千余字，其规定撰写《唐书》本纪书法义例的内容占了两卷，共计一万一千余字，而规定传、志的书法义例仅两千五百余字。吕夏卿不仅用三分之二以上的篇幅来规定本纪的书法，而且很多比欧阳修所撰《新唐书》本纪的义例更严格。如在《宰相拜复》一节中，规定了大臣被杀的书法义例：

[1] 《新唐书》卷四《本纪第四》，中华书局 1975 年版。
[2] 《新唐书》卷八《本纪第八》，中华书局 1975 年版。
[3] 《新五代史》卷二《梁本纪》，中华书局 1975 年版。
[4] 《新五代史》卷一三《梁家人传》，中华书局 1975 年版。
[5] 《新五代史》卷一三《梁家人传》，中华书局 1975 年版。

杀大臣，有罪书“伏诛”，无罪书“赐死”，非君命书“害”。《代宗纪》书曰：大历十二年，宰相元载伏诛，国法行也。《中宗纪》书曰：天授二年十月，左相岑长倩赐死，逼君命也。《中宗纪》书曰：神龙二年某月，武三思害侍中桓彦范及敬晖、袁恕己。《文宗纪》书曰：太和九年十一月，仇士良害宰相王涯及贾竦、舒元舆。书三思与士良之名，恶专戮大臣也。

余臣有罪书“诛”，无罪书“杀”。《明皇纪》书曰：天宝六载春正月，诛北海太守李邕。开元二十五年三月，杀监察御史周子谅。书“诛”者，成法不可变，王者至公之刑也。书“杀”者，触威忤旨，罹于非命，王者一时之罚也。

吕夏卿的这些书法义例严格缜密，凸显当时《春秋》学的“尊王”之义。反观欧阳修《新唐书》本纪中的书法则不甚严格，相对缺乏褒贬之例。欧阳修作本纪，杀大臣一般都用“杀”，没有吕夏卿那样细致区分的书法义例。《代宗纪》记“(大历十二年三月) 辛巳，元载有罪伏诛”，“有罪”与“伏诛”连用，更说明在这方面的记述没有褒贬之例。[1] 吕夏卿与欧阳修都仰学《春秋》书法，二者义例却有密疏之别。

在中国经学与史学史上，将《春秋》笔法发展到无以复加程度的，当属理学家兼史学家朱熹及其所作《资治通鉴纲目》。《通鉴纲目》的最初创作动机，是不满意于司马光《资治通鉴》的正统论和褒贬书法。如在对诸葛亮北伐一事的书写上，朱熹认为“三国当以蜀汉为正（属‘正统之余’例)，而温公（即司马光）乃云：‘某年某月，诸葛亮入寇。’是冠履倒置，何以示训?”[2] 又如关于纪年的书写，直接关系到名分之义，朱熹认为正统王朝书写正统之君年号即可，正统虽绝而故君尚存，则需“追记正统之年而注其下”[3]。“温公旧例，年号皆以后改者为正，此殊未安。如汉建安二十五年之初，汉尚未亡，今便作魏黄初元年。夺汉太

[1] 吕夏卿对《新唐书》的批评，参见刘丽、张剑光：《〈唐书直笔〉与〈新唐书〉的书法探究》，《郑州大学学报》2008 年第 1 期。

[2] 《朱子语类》卷一〇五，岳麓书社 1997 年版。

[3] 朱熹：《资治通鉴纲目・凡例》，《四库全书》本。

速，与魏太遽，大非《春秋》存陈之意”[1]。如此等等，朱熹认为司马光《资治通鉴》一书“推此意，修正处极多”[2]。正是由于朱熹用严格的理学标准考量《资治通鉴》，认为其多有不合正统之义的地方，因此才着意编纂《资治通鉴纲目》来加以矫正。对此他不加隐讳地说：“《通鉴》之书，顷尝观考，病其于正闰之际，名分之实有不安者，因尝窃取《春秋》条例，稍加檃栝，别为一书。”[3]

《资治通鉴纲目》一书虽为朱熹与其学生赵师渊共同撰写，但该书的《凡例》却是朱熹手订的。为了使《通鉴纲目》一书能更好地阐明《春秋》之义，朱熹强调运用《春秋》笔法来褒贬史实；而为了更好地体现《春秋》的“微言大义”，则需严格效法《春秋》的用字规则。为此，《凡例》立定了十九个条目，包括“统系”“岁年”“名号”“即位”“改元”“尊立”“崩葬”“篡弑”“废徙”“祭祀”“行幸”“恩泽”“朝会”“封拜”“征伐”“废黜”“灾祥”“罢免”和“人事”等，大多都是从正统角度立言的。在各条目的具体规定上，朱熹可谓是把《春秋》的用字规则发挥到了淋漓尽致的程度。举例如下：

“征伐”条：凡正统，自下逆上曰“反”，有谋未发曰“谋反”，兵向阙曰“举兵犯阙”。

“姓名”条：凡正统诸侯王既卒，皆以“谥”称。

“崩葬”条：凡正统曰“崩”，在外则“地”，未逾年不成君曰“薨”，失尊曰“卒”。

“祭祀”条：凡正统郊祀天地、建置迁徙皆书。

“恩泽”条：凡恩泽皆书，正统曰“赦”，非正统曰“赦其境内”。

“朝会”条：凡……正统曰“某侯来朝”……非正统而相朝者，曰“某入朝于某”。

[1]《朱熹集》卷三三，四川教育出版社1996年版。

[2]《朱子语类》卷一〇五，岳麓书社1997年版。

[3]《朱熹集》卷四六，四川教育出版社1996年版。

由此可见，《凡例》所定义例是何其谨严。

在序名分、明顺逆的同时，朱熹极力主张要严篡弑之诛。朱熹认为，对于篡位干统者，应该大书不隐，以其昭然于后世、大白于天下。他说："晋董狐、齐太史，书赵盾、崔杼弑君而不隐，史氏之正法也。正如《春秋》鲁君被弑，则书'薨'而不以'地'著之，盖臣子隐讳之义，圣人之微意也。前世史官修其本朝之史者，多取《春秋》之法，然亦非史法。又观后世之人修前代之史，乃亦有为之隐讳，而使乱臣贼子之罪，不白于世人之耳目者，则于义何所当乎？"在此，《凡例》从严篡弑之诛角度，不赞成《春秋》隐讳书法，而强调要捍卫史家书法不隐之正法。然而严篡弑之诛也是《春秋》大义，是《春秋》笔法应有之义，《春秋》对尊亲贤者扬善隐恶，对乱臣贼子也是大书特书的。正因此，《凡例》根据篡弑的不同类型，而效法《春秋》笔法来规定特定的用字，以示褒贬。如"篡贼"条规定：

> 凡正统，周秦以前列国弑君微者，曰"盗杀某君某"，史失贼，曰"某国弑其君某"，贼可见者曰"某弑其君某"，君失名则不名，贼官可见者并著之，弑君而及其亲属者，并书之，君出走而弑之，曰"某君出走某弑之"。弑其君之父母者，随事书之。秦以后以兵弑者，天子，则曰"某人弑帝于某"。……凡以毒弑者，加"进毒"字而不地，疑者曰"中毒崩"。

朱熹在此不惜笔墨、不厌其烦地把弑君类型分得如此之细，说明朱熹对弑君干统者是何等的深恶痛绝！在他看来，篡弑是大逆不道的行为，是"人伦之大变，天理所不容，人人得而诛之"[1]。

朱熹一方面严篡弑之诛，一方面则大倡节义道德。其节义道德的具体内涵主要有两个方面，其一是褒扬节义之士。朱熹对东汉名士守节总是赞叹不已，说："三代而下，惟东汉人才，大义根于其心，不顾利害，生死不变其节，自是可保。未说公卿大臣，且如当时郡守惩治宦官之亲

[1] 朱熹：《论语集注》卷七，见《四书章句集注》，新编诸子集成本，中华书局1983年版。

党，虽前者既为所治，而来者复蹈其迹。”[1]《凡例》明确规定：“凡死节者皆异文以见褒。”其二是倡导攘夷之义。宋代民族关系的紧张，使得朱熹非常重视发挥《春秋》的攘夷之义。如《凡例》的“征伐”条说：凡正统用兵于夷狄，“若非其臣子者曰‘伐’、曰‘攻’、曰‘击’，其应兵曰‘备’、曰‘御’、曰‘拒’”；相反，夷狄入中原，“凡中国有主，则夷狄曰‘入寇’，或曰‘寇某郡’，事小曰‘扰某处’。中国无主，则但云‘入边’，或云‘入塞’，或云‘入某郡，杀掠吏民’”。贬损之义昭然可见。

朱熹史学上严正统之例的史学褒贬书法，正是其理学上尊《春秋》正统之义的表现。

宋代以后，史书褒贬之法没有大的创新，《春秋》褒贬用讳之书法与论赞、“太史公书法”并列成为古代史书褒贬的三种典型形式。从史学求真的层面来说，论赞是史家在历史记述之外的主观评判，与求真问题联系最紧密的是“太史公书法”和《春秋》笔法。“太史公书法”有《春秋》“微而显”的意趣，但又是一种征实的书法。后世史书效仿《春秋》笔法及其明哲保身之意日渐泛滥成曲笔，引发了直书与曲笔的判定问题。关于这一点，中国传统史学形成了自己的看法。刘知幾认为“善恶必书”才称得上是直书，反对史家由于品德原因而有意隐讳历史真相、歪曲史事的曲笔，但刘知幾对于出于维护纲常名教的需要而隐讳史实的做法予以肯定，直接说成是直书。刘知幾对《春秋》笔法与曲笔的界定标准就是“名教”，他说：“史氏有事涉君亲，必言多隐讳，虽直道不足，而名教存焉。”[2]清人章学诚也有类似的看法。章学诚在史学求真的问题上注重史德，以孔子所谓“君子之心”作为衡量史家心术的坐标。其所说的心术又与名教密切相关，将名教作为判断心术的重要标准。[3]这实际上也肯定了为求义而失真的《春秋》笔法是直书。可见，传统史学在求真问题上的主流看法是求义重于求真，史学所求之真，最根本的是道义之真，史实之真需要服从于道义之真。这种求真观念，源自《春秋》，大行于宋代。后世对《春秋》用讳之褒贬书法不乏讥贬者，以为失之于纪

[1]《朱子语类》卷三五，岳麓书社 1997 年版。

[2] 刘知幾：《史通》卷七《曲笔》，浦起龙注释本，上海古籍出版社 2009 年版。

[3] 参见《文史通义》卷三《史德》、卷五《浙东学术》等。

实直书，但是，《春秋》用讳褒贬书法，是史家经世致用精神的体现，其求真汲汲于道义，与传统史学资鉴劝惩的治学旨趣吻合，其究明史事，最终落足于道义，也就是注重史学的现实功用。《春秋》笔法的这一特性，不仅在古代有独到的功用价值，对今天的史学也颇有意义。

第二节　《春秋》纪实与史学求真

《春秋》以“微言大义”著称，但纪实直书实为其基本书法之　。《春秋》的纪实精神，上承先秦史官，下启后世史学，是中国古代史学纪实精神传承过程中的一个重要环节。中国古代史学初期的纪实直书，经由《春秋》的彰显，光大于后世，成为历代史家治史的一个优良传统。

一、《春秋》经传的纪实求真

据事直书是先秦史官固有的精神，为《春秋》所继承。《国语·鲁语》记载曹刿提到史官的职责称：“君举必书。书而不法，后嗣何观?”意谓史官必须用征实的态度秉笔直书。实际上，这是先秦史官在修史活动中的一个优良传统。齐国崔杼弑君，齐太史兄弟据事直书而被杀。宋国的华督弑宋殇公，其后人华耦说：“君之先臣督得罪于宋殇公，名在诸侯之策。”[1] 卫国的宁殖临死前后悔自已驱逐卫国君一事，说：“吾得罪于君，悔而无及也。名藏在诸侯之策，曰‘孙林父、宁殖出其君’。”[2]“名在诸侯之策”，说明据事直书是列国史官普遍坚持的做法。

孔子作《春秋》，遵循了古代良史的纪实书法。杜预在《春秋左传序》中论及《春秋》“尽而不污”的纪实直书时称：“‘尽而不污’，直书其事，具文见意。丹楹刻桷、天王求车、齐侯献捷之类是也。”《春秋》庄公二十三年（前 671 年）云：“秋，丹桓公楹。”就是说用朱漆漆桓公宫内的柱子。《穀梁传》释称：“礼，天子、诸侯黝垩，大夫仓，士黈，

[1] 《左传·文公十五年》，《十三经注疏》本，中华书局 1980 年影印版。
[2] 《左传·襄公二十年》，《十三经注疏》本，中华书局 1980 年影印版。

丹楹，非礼也。”按照礼制，天子、诸侯的屋柱用微青黑色，大夫用青色，士用黄色，用赤色者非礼。这说明《春秋》是如实记录鲁国的非礼之举的。《春秋》庄公二十四年云：“春王三月，刻桓宫桷。”即在桓公宫内椽子上雕刻花纹。《穀梁传》释曰：“礼，天子之桷，斫之砻之，加密石焉。诸侯之桷，斫之砻之。大夫斫之。士斫本。刻桷，非正也。夫人，所以崇宗庙也，取非礼与非正而加之于宗庙，以饰夫人，非正也。刻桓宫桷，丹桓宫楹，斥言桓宫以恶庄也。”《穀梁传》指出：按礼制，天子宫内的木桷要经过砍削和打磨，并加以密石；诸侯宫内的木桷只砍削和打磨；大夫屋内的木桷只砍削光滑；士的屋内的木桷只砍掉木棍的根须。所以，在木桷上雕刻花纹不符合礼制。《春秋》记“丹桓公楹”“刻桓宫桷”，即是对鲁庄公的一种谴责。《春秋》记桓公十五年（前 697 年），“天王使家父来求车”。《左传》释曰：“天王使家父来求车，非礼也。诸侯不贡车、服，天子不私求财。”这就是说，诸侯不应当进贡车与戎服，天子不应当私自求财，《春秋》记“天王使家父来求车”是直书天子的非礼举动。《春秋》庄公三十一年云：“六月，齐侯来献戎捷。”《左传》释曰：“凡诸侯有四夷之功，则献于王，王以警于夷。中国则否。诸侯不相遗俘。”这说明齐侯把戎虏献给鲁国违背礼制，《春秋》据事直书其事。从这四条记载可以看出，《春秋》虽然为尊者讳，但对尊者非礼之举仍然直书其事，并不隐讳。

《春秋》中还有一种较为特殊的纪实书法，即“三传”阐发《春秋》有“常事不书”之例，也就是对例行的礼仪及一般性事件不予记载。如果《春秋》记载一些本来不该书的事件，实际上是在表明情况有异常，后人称之为“异辞”。《春秋》中有的“异辞”乃是实录一些应当批评的事情。如《春秋》桓公十四年（前 698 年）云：“秋八月壬申，御廪灾。乙亥，尝。”“尝”就是秋祭，本来属于《春秋》不予记载的常规祭祀活动。《公羊传》释曰：“常事不书，此何以书？讥。何讥尔？讥尝也。曰：‘犹尝乎？’御廪灾，不如勿尝而已矣。”《穀梁传》也称：“御廪之灾不志，此其志何也？以为唯未易灾之余而尝可也。志不敬也。天子亲耕以共粢盛，王后亲蚕以共祭服，国非无良农工女也，以为人之所尽事其祖祢，不若以己所自亲者也。何用见其未易灾之余而尝也？曰甸粟，而内之三宫，三宫米而藏之御廪，夫尝必有兼甸之事焉。壬申，御廪灾。乙亥尝。以为未易灾之余而尝也。”《公羊传》和《穀梁传》指出《春秋》的这条记载是为了批评鲁国统治者不护惜民力，在发生灾害后仍然进行秋祭的举动。又如《春秋》庄公二十二年（前672年）云：“冬，公如齐纳币。”纳币本来属于《春秋》不予记载的“常事”，这条记载意在说明其中的异常。《公羊传》解释说：“纳币不书，此何以书？讥。何讥尔？亲纳币，非礼也。”可见《春秋》对鲁庄公违反礼制、亲赴他国纳币的举动予以了直书。

《春秋》为尊者讳的笔法，是以维护儒家纲常伦理为前提的。因此，对于尊者不符合礼制的行为，《春秋》仍予以披露，这是对“君举必书”的先秦史官传统的继承。从《春秋》实录天子、诸侯非礼举动也可以看出，《春秋》的“求真”仍然是在道义的统领下，其或讳书、或直书，都是有感于礼乐崩坏的社会现实，为了彰显儒家的政治与社会伦理标准而作。在不违反求义的前提下，《春秋》对史事是秉笔直书的，《春秋》中有关天文现象的记载就说明了这一点。现代天文学研究发现，《春秋》中关于天文现象的记载，除去个别错简和误记，都是确实的。《春秋》所记日食37次，其中35次是真实存在的。[1] 那种将《春秋》笔法与曲笔混为一谈的观点是需要澄清的。《春秋》一方面继承了先秦史官据事直书、求史实之真的精神，另一方面又以寓褒贬的笔法进行不征实记述，但这与曲笔并不相同。

《左传》以史事解经，其纪实书法更为明显。《左传》要阐明《春秋》的“微言大义”，因此征实地记述相关史事，使人能了解历史上的情况。《春秋》僖公二十八年（前632年）书：“天王狩于河阳”，《左传》则记载了实际情形：“冬，会于温，讨不服也。……是会也，晋侯召王，以诸侯见，且使王狩。”这是《左传》为了阐明《春秋》为天子讳而用史事做出的说明。《春秋》僖公二十四年书：“夏，狄伐郑。秋七月。冬，天王出居于郑。”《左传》则详细记述了“狄伐郑”和“天王出居于郑”的原委：

郑之入滑也，滑人听命。师还，又即卫。郑公子士、泄堵俞弥

[1] 关立言：《春秋日食三十七事考》，《史学月刊》1998年第2期。

帅师伐滑。王使伯服、游孙伯如郑请滑。郑伯怨惠王之入而不与厉公爵也，又怨襄王之与卫滑也。故不听王命，而执二子。王怒，将以狄伐郑。富辰谏……王弗听，使颓叔、桃子出狄师。夏，狄伐郑，取栎。王德狄人，将以其女为后。富辰谏曰："不可。臣闻之曰：'报者倦矣，施者未厌。'狄固贪惏，王又启之。女德无极，妇怨无终，狄必为患。"王又弗听。初，甘昭公有宠于惠后，惠后将立之，未及而卒。昭公奔齐，王复之，又通于隗氏。王替隗氏。颓叔、桃子曰："我实使狄，狄其怨我。"遂奉大叔以狄师攻王。王御士将御之，王曰："先后其谓我何？宁使诸侯图之。"王遂出。及坎欿，国人纳之。秋，颓叔、桃子奉大叔以狄师伐周，大败周师，获周公忌父、原伯、毛伯、富辰。王出适郑，处于汜。

《左传》的记述说明了狄人是在天子指使下伐郑的，又说明了天子因与其弟不和而导致狄人入侵，被迫逃到郑国。可以看出，《左传》为了使《春秋》所记史事明了而作了征实记载。

值得注意的是，《左传》的纪实与《春秋》的纪实既有密切联系，又有所区别：《春秋》的求真偏重道义，《左传》则偏重史实。一方面，《左传》纪实是为了阐明《春秋》不甚明了的史文；另一方面，由于解经的性质，《左传》不能用《春秋》那样隐讳的书法，因而其叙事更加明白、更注重据事直书让史义自现。因此，《左传》的纪实虽然继承了《春秋》为求义而求真的精神，其纪实服务于《春秋》的"大义"，但在方式上则更贴近史实。《春秋》和《左传》两种殊途同归的纪实精神，树立了后世史学纪实求真的典范。

二、《春秋》纪实影响下的史学求真

《春秋》经传为求义而求真的纪实精神，对古代史学影响深远。中国古代史学以经学上的道义为根本旨趣，同时又注重用史学的征实记述来资治劝诫，以期经世致用。在中国传统史学发展史上，历代史家的求真风格或不尽相同，然推崇求真的理念则是一脉相承的。这种史学求真的理论渊源，从根本上说还是源自于《春秋》经传。

司马迁作《史记》以“继《春秋》”，自然也受到了《春秋》纪实书法的影响。《史记》作为纪传体的开山之作，是以实录而著称的。扬雄在所著《法言·重黎》中就直截了当地说：“或问《周官》，曰立事；《左氏》，曰品藻；太史迁，曰实录。”班固在《汉书》本传中也称赞司马迁《史记》说：“自刘向、扬雄博及群书，皆称迁有良史之才，服其善序事理，辨而不华，质而不俚，其文直，其事核，不虚美，不隐恶，故谓之实录。”关于司马迁史学上的求真意识，《报任安书》有一个集中表述：“网罗天下放失旧闻，考之行事，稽其成败兴坏之理，凡百三十篇，亦欲以究天人之际，通古今之变，成一家之言。”[1] 因此，司马迁的史学求真，是力图详明历史兴衰之理，而形成史家的“一家言”。为了详明历史盛衰之理，《史记》的纪实不只是停留在书法无隐的层面，而是重视运用“原始察终，见盛观衰”的方法来考察历史盛衰之变、探究历史变动之理。从《史记》的五种体例来看，其中十二本纪记述黄帝以来的历史发展大势，体现出德政与力政转换的历史变动观念；十表与十二本纪是经纬关系，将所记三千年历史划分为若干历史时期，记述变动大势；八书更是司马迁明确指出要反映“承敝易变”之理的部分；三十世家和七十列传则记述了各类历史人物在历史变动过程中所起的作用。总的来说，《史记》的各部分是一个有机体，它以纪实的笔法反映出了司马迁对历史变动之理的认识。

当然，司马迁要以《史记》“继《春秋》”，自然也要在纪实直书过程中重视体现道义。然而司马迁所强调的道义与《春秋》有所不同，《史记》虽重仁义，但也讲功利，司马迁作《史记》是有感于“废明圣盛德不载，灭功臣世家贤大夫之业不述，堕先人所言”[2]，而以历史人物在历史变动中的作用为评价标准，故而史学特色更为彰显，这方面更接近于《左传》的书法。诚如朱熹所说的，“迁之学，也说仁义，也说诈力，也用权谋，也用功利。然其本意却只在于权谋功利。……圣贤以《六经》垂训，炳若丹青，无非仁义道德之说”[3]。朱熹的说法正反映了《史记》

---

[1] 《汉书》卷六二《司马迁传》，中华书局 1962 年版。

[2] 《史记》卷一三〇《太史公自序》，中华书局 1959 年版。

[3] 《朱子语类》卷一二二，岳麓书社 1997 年版。

纪实与《春秋》纪实所蕴含道义的区别。也正是由于要反映历史兴衰之变中的历史人物的作用，这就要求《史记》能比较辩证地看待，并且如实地记述历史人物的功过是非，从而凸现其纪实的特点。如《史记》既褒扬秦始皇完成统一的历史功绩，又批判其暴政虐民；既颂扬刘邦建国兴汉的成就，又侧笔记述其猜忌、迫害功臣，如此等等。总之，《史记》所追求的历史之真，就是要尽可能地真实反映和记述历史盛衰之理以及历史人物在盛衰兴亡中的表现与作用。

班固著《汉书》同样体现了纪实精神。班固盛赞《史记》的“实录”，认为司马迁有“良史之才”，对司马迁的纪实精神予以肯定，本身就说明《汉书》是推崇直书实录的。不过《汉书》以“宣汉”为旨趣，它的纪实有其自身特点。《汉书》出于“宣汉”的需要，一方面要以神意史观来解说“汉绍尧运”的汉朝统绪；要颂扬大汉之德，希望当代君主能“扬名于后世，冠德于百王”[1]；另一方面，又重视“综其行事，旁贯‘五经’，上下洽通”[2]，企图最大限度地反映有汉一朝的历史。在班固看来，以往关于汉朝历史的记载，并没有如实地反映出大汉皇朝的历史，这本身就不是一种历史的真实。他包举一代作《汉书》，希望通过“上下洽通”来展现大汉皇朝的历史功绩，反映大汉皇朝的盛衰之变，即是一种纪实的体现。这里所谓“上下洽通”，包括博洽和贯通两个方面：只有博洽，才能全面地反映汉皇朝的历史；只有贯通，才能看出西汉历史发展的基本脉络和它的兴衰之变。《汉书》的“洽通”主要体现在十志的撰述上。十志对于西汉典章制度的叙述，主要是围绕着政治制度、经济制度和思想文化三个方面进行的。其中叙述政治制度的典制有《礼乐志》《刑法志》《郊祀志》《地理志》和《沟洫志》；叙述经济制度典制的主要是《食货志》，还有与之相匹配的《货志传》；叙述思想文化典制的有《艺文志》《律历志》《天文志》和《五行志》，此外，还有《儒林传》和一些学者传记，也是反映文化典制的重要材料。《汉书》的“洽通”也主要体现在十志和八表上。十志注重贯通古今，在“通”的过程中来了解各种典章制度的兴起与沿革情况。如《律历志》记载了自太昊至东汉

[1] 《汉书》卷一〇〇《叙传》，中华书局 1962 年版。
[2] 《汉书》卷一〇〇《叙传》，中华书局 1962 年版。

的历法运用情况；《礼乐志》则通过记载自周至东汉初年礼乐制度的演变，以说明礼乐制度对于教化天下的重要作用，等等。八表的贯通意识也很明显，如《异姓诸侯王表》记载了自虞夏以来至汉初的整个历史发展过程中，异姓诸侯王兴起、发展和最终被消灭的情况，全面系统地揭橥异姓诸侯王的兴衰之史；《百官公卿表》则记载了自伏羲、神农、黄帝以来直到汉代的官职变化情况，同时还对历代官职变化之因以及变化的影响也作了论述，等等。

此外，《汉书》也通过直书不隐和不为汉讳的纪实书法，来追求一种史实之真。《汉书》的不为汉讳，其主要表现，一是对老百姓疾苦如实加以披露，给予极大的同情。如《食货志》对西汉统治者大肆兼并土地，由此导致老百姓生活困苦作了揭露；《鲍宣传》载录鲍宣的“民有七亡、七死”论，是西汉后期政治腐败、民不聊生的真实写照。二是揭露统治阶级的奢侈无度和穷凶极恶。如《贡禹传》借贡禹之口批评统治者的奢侈腐朽；《景十三王传》则对诸侯王穷凶极恶、草菅人命作了如实反映。三是不为“文景盛世”避讳。如《贾谊传》借贾谊之口，指出文帝时期的国势已是“可为痛哭者一，可为流涕者二，可为长太息者六”。如此等等，无不体现了史家直书不隐的求真精神。

《史记》和《汉书》是正史撰述的源头，其纪实精神深刻影响了后世史学。二者的纪实精神虽源自《春秋》，但风格更近于《左传》，都注重对史实的据事直书，为后世史家所效法。

宋代理学兴起，史学出现了“义理化”倾向，史学纪实的内蕴也随之发生了变化，《春秋》倡导的道义之真更为彰显。像范祖禹的《唐鉴》、朱熹的《资治通鉴纲目》等，大力宣扬天理史观，都是一些理学化色彩极为浓厚的史学著作，其主要彰显的当然是道义之真。这种着重彰显道义之真的史学书法，在宋明理学兴盛的时代，应该说一直都占据着主导的地位。需要指出的是，宋代义理化史学并未将求义与求真对立起来，如欧阳修就认为求真是求义的基础，信史才能起到明辨善恶的作用，因此他说：“圣人之于《春秋》，用意深，故能劝戒切，为言信，然后善恶明。”[1]

[1] 《新五代史》卷二《梁本纪第二》，中华书局1974年版。

相比较而言，以司马光《资治通鉴》为代表的史书书法，虽然也重视道义之真，但更重视史实之真。而《资治通鉴》之所以深具探明史实的精神，与其撰述旨趣是分不开的。司马光在《进〈资治通鉴〉表》中明确讲自己的历史撰述是要“鉴前世之兴衰，考当今之得失，嘉善矜恶，取是舍非”，同时为了体现帝王教科书的特点，“专取关国家盛衰，系生民休戚，善可为法，恶可为戒者”。这就说明了《资治通鉴》撰述旨趣的两个方面：一是要探求历史盛衰之理，彰显史学的经世致用价值；二是要明辨善恶、引以为戒。

为了探究历史盛衰之理，发挥史学的经世致用功能，司马光明确表示要直书史事、不采《春秋》笔法，由此决定了司马光在史学求真上更偏重于史实之真的特点。司马光明确说过，他的历史撰述要“使观者自择其善恶得失，以为劝戒，非若《春秋》立褒贬之法，拨乱世反诸正也”[1]。司马光认为，叙事“无所抑扬”，才能“庶几不诬事实，近于至公”[2]。然而，司马光在史学求真上之所以会偏重于史实之真，是为了求得历史盛衰之理，而司马光所认识到的这个理，又是与《春秋》之义及宋代天理观念是有关的，由此决定了司马光的史学纪实依然会印上追求道义的色彩。如前所述，《春秋》笔法蕴含的史义是以礼制为特征的政治理想和伦理标准，司马光从历史兴衰中则得出了“礼为纪纲”的结论，认为礼具有重大的社会作用，他说：“礼之为物大矣！用之于身，则动静有法而百行备焉；用之于家，则内外有别而九族睦焉；用之于乡，则长幼有伦而俗化美焉；用之于国，则君臣有叙而政治成焉；用之于天下，则诸侯顺服而纪纲正焉。”[3] 司马光认为礼对于从修身、齐家到治国、平天下的社会生活都大有裨益，他所说的“善可为法，恶可为戒”很大程度上就是从礼的角度来予以评判。从总体上讲，《资治通鉴》的纪实风格，在史学求真层面上与《春秋》不同，偏重史实以求历史盛衰之理，但其求真的内涵包含“礼为纲纪”的思想，与《春秋》又有联系。

到了明末清初，随着实学思潮的兴起，追求史实之真又成为一种主

[1] 司马光：《资治通鉴》卷六九《魏纪一》，中华书局 1956 年版。

[2] 司马光：《资治通鉴》卷六九《魏纪一》，中华书局 1956 年版。

[3] 司马光：《资治通鉴》卷一一《汉纪三》，中华书局 1956 年版。

导史学书法，不过其中的内涵较之于司马光又有了新的时代特点。

顾炎武是明末清初学风转变的关键人物，他针对当时“以明心见性之空言，代修己治人之实学”[1] 的学风，力主实学。他主张治学以明道救世为宗旨，“君子之为学，以明道也，以救世也”[2]。顾炎武这种学术致用主张的一个重要表现就是经史并重，他认为经史之学都是用以经世的，只有疏通经史才能洞悉天下之事：“人苟遍读五经，略通史鉴，天下之事自可洞然。”[3] 从经史皆以致用的思想出发，顾炎武注重对于史实之真的探究。一方面，顾炎武把经学与史学汇归一途，从史实之真的角度来认识经学。顾炎武否定以往认为《春秋》笔法是孔子“微言大义”的主张，提出《春秋》笔法不外乎“多闻阙疑，慎言其余”[4]，把《春秋》看作是孔子记述史实的史书。传统经学认为《春秋》的书与不书及如何书是一种寓褒贬的义例，顾炎武则认为孔子只是根据旧史撰述，“史之阙文，圣人不敢益”，并没有蕴含褒贬大义。[5] 顾炎武把《春秋》视作孔子纪实的史书，又把这种理解推及“六经”，他说：“孟子曰：‘其文则史。不独《春秋》也，虽六经皆然。’”[6] 另一方面，顾炎武开清代历史考据之先河。顾炎武反对宋明理学空谈性命义理，主张恢复汉儒从小学入手、求得训诂名物真意的治学方法。他说：“愚以为读九经自考文始，考文自知音始，以至诸子百家之书，亦莫不然。”[7] 顾炎武用朴实考据的方法撰成了以《日知录》为代表的一批著作，希望探明典籍所载的史实真相，借此经世致用。

清乾嘉时期，在考据学兴盛的背景下，史学研究特别重视考实，在

---

[1] 顾炎武：《日知录》卷七《夫子之言性与天道》，秦克诚点校本，岳麓书社 1994 年版。

[2] 顾炎武：《亭林文集》卷四《与人书二十五》，见《顾亭林诗文集》，中华书局 1983 年版。

[3] 顾炎武：《亭林文集》卷六《与杨雪臣》，见《顾亭林诗文集》，中华书局 1983 年版。

[4] 顾炎武：《日知录》卷四《春秋阙疑之书》，秦克诚点校本，岳麓书社 1994 年版

[5] 顾炎武：《日知录》卷四《春秋阙疑之书》，秦克诚点校本，岳麓书社 1994 年版。

[6] 顾炎武：《日知录》卷三《鲁颂商颂》，秦克诚点校本，岳麓书社 1994 年版。

[7] 顾炎武：《亭林文集》卷四《答李子德书》，见《顾亭林诗文集》，中华书局 1983 年版。

史学求真方面更偏重于史实之真。乾嘉考史家们在治史实践中，将最早出自《汉书·河间献王传》的“实事求是”一词提升为普遍的治学理念。钱大昕明确表示自己治学要“实事求是”，[1] 王鸣盛也说治史要“以校订之役，穿穴故纸堆中，实事求是，庶几启导后人”[2]。在“实事求是”的治学理念指引下，乾嘉历史考据学者推崇直书实录。

赵翼强调修史必须直书，他说：“凡史修于易代之后，考覆既确，未有不据事直书；若实录、国史，修于本朝，必多回护。……实录、国史书法既有回护，易代后修史时，考其非实，自应改正，而直笔书之。”[3] 这里，赵翼明确把据事直书作为对后代修史的要求。钱大昕明确地说：“史者，纪实之书也。当时称之，吾从而夺之，非实也。当时无之，吾强而名之，亦非实也。”[4] 可见，钱大昕把史书看作“纪实之书”，认为修史应以征实的态度进行，反对在历史记述中做改动。王鸣盛认为：“学问之道，求于虚不如求于实，议论褒贬皆虚文耳，作史者之所记录，读史者之所考核，总期于能得其实焉而已矣。”[5] “记录考核”是传统史学求真中的史实一维，“议论褒贬”则是传统史学求真的道义一维，王鸣盛治史重“记录考核”而轻“议论褒贬”，就是在史学求真中重史实而相对轻道义。

乾嘉历史考据学者虽然在史学求真上偏重史实，却也并不是完全忽略道义，而是主张将义理蕴含于对史事的征实考察中。[6] 钱大昕明确说：“有文字而后有训诂，有训诂而后有义理”[7]，认为义理蕴含于考据当中。王鸣盛曾论述义理与考据、经济、词章的关系，认为好比是树木：

---

[1] 钱大昕：《廿二史考异·序》，上海古籍出版社 2004 年版。

[2] 王鸣盛：《十七史商榷·序》，上海古籍出版社 2013 年版。

[3] 赵翼：《廿二史札记》卷一六《旧唐书前半全用实录国史旧本》，王树民校证本，中华书局 1984 年版。

[4] 钱大昕：《潜研堂文集》卷二《春秋论》，吕友仁点校本，上海古籍出版社 1989 年版。

[5] 王鸣盛：《十七史商榷·序》，上海古籍出版社 2013 年版。

[6] 关于乾嘉考据学者于考据中求义理，参考王俊义：《钱大昕寓义理于训诂的义理观》，见《清代学术探研录》，中国社会科学出版社 2002 年版；郭康松：《清代考据学研究》，崇文书局 2001 年版，第 98—108 页。

[7] 钱大昕：《潜研堂文集》卷二四《经籍籑诂序》，吕友仁点校本，上海古籍出版社 1989 年版。

"义理，其根也；考据，其干也；经济则其枝条，而词章乃其花叶也。"[1] 这就是把义理视作考据的根源，认为考据之中即蕴含义理。又说："经以明道，而求道者不必空执义理以求之也，但当正文字，辨音读，释训诂，通传注，则义理自见而道在其中矣。"[2] 乾嘉学者注重历史考据的征实，又认为义理蕴含于考据，从史学求真的角度来说，实际上就是认为道义蕴含于史实本身。钱大昕对于义理蕴含于史实的观点，还有更明确的说法。同顾炎武一样，钱大昕否定《春秋》笔法寓含褒贬，他说："《春秋》，褒贬善恶之书也。其褒贬奈何？直书其事，使人之善恶无所隐而已矣。"钱大昕认为《春秋》的褒贬只在于"直书其事"，从而使善恶自见。他更进一步把直书实录视作史书褒贬的正确方法，称："纪其实于《春秋》，俾其恶不没于后世，是之谓褒贬之正也。"[3] 钱大昕的这种观点，从史学求真的角度来说，就是重史实一维，并且认为道义一维完全可以通过史实之真来体现，反对为求道义而舍史实。

概括言之，中国传统史学的求真有着一而二、二而三的脉络。中国传统史学求真的根基在于道义，又有求史实之真与求道义之真二维。中国传统史学求真的史实之维和道义之维都发端于《春秋》，在不同时代经学风气影响下，史家在史实与道义两维之间的偏向性不同，由此形成三维，亦即形成了历史上的三种史学求真类型：其一是《春秋》发端的以道义统史实的"微言大义"；其二是《左传》《史记》《资治通鉴》偏重史实的纪实风格；其三就是清代考据学者认为义理即蕴含于史实的求真观念。

第三节　《春秋》之义与史学二重性

《春秋》纪实涵盖的道义之真与史实之真，其实就是传统史学二重性

[1] 王鸣盛：《西庄始存稿》卷一六《王戆思先生文集序》，上海古籍出版社 1995 年影印版。

[2] 王鸣盛：《十七史商榷·序》，上海古籍出版社 2013 年版。

[3] 钱大昕：《潜研堂文集》卷二《春秋论》，吕友仁点校本，上海古籍出版社 1989 年版。

的理论源头。只是随着汉代经学的神学化后，《春秋》经传的“大义”被赋予了神意的内涵。反映在史学二重性上，其具体表现则是：一方面基于借鉴的需要而要探求历史的真实情况，另一方面又要从天意角度为帝王统治的合理性和永恒性提供论证。而传统史学这二重特性的产生，也是出于现实政治统治的需要，统治阶级“一方面要从历史中吸取真实的经验教训，要求历史的真实，追乎实录直书的精神；又一方面，要求历史著作证明自己的政权是合乎天意的”[1]。

一、汉代《春秋》之义的神学化

《春秋》经文中有一些关于灾异的记述，但“子不语怪力乱神”，这些关于灾异的记述在汉代今文经学阐发之前并没有强烈的神学色彩。汉代是经学兴起的时代，汉武帝接受公羊学大师董仲舒“罢黜百家、独尊儒术”的建议，《春秋》学由此成为显学。董仲舒一方面继承并发挥公羊学中“尊王攘夷”“大一统”等大义，另一方面又对《春秋》大义进行神学化改造，将先秦以来天人感应、阴阳五行等思想引入其中。从此，这种以神学附会《春秋》大义的风气在汉代日益兴盛。

天人感应、阴阳五行的观念发端于先秦，战国的阴阳家已形成较为系统的理论。邹衍“深观阴阳消息而作怪迂之变”，“称引天地剖判以来，五德转移，治各有宜，而符应若兹”[2]。邹衍用灾异符瑞来印证人事的做法被汉儒引入经学。董仲舒是汉代天人感应论的系统构建者，这一理论成为其构建大一统理论的宇宙观基础。天人感应论的理论出发点是宣扬“天人相通”。董仲舒说：“人之形体，化天数而成；人之血气，化天志而仁；人之德行，化天理而义。人之好恶，化天之暖清；人之喜怒；化天之寒暑；人之受命，化天之四时。”[3] 董仲舒肯定《春秋》就是从天人相通角度提出尊王之义的：“《春秋》之法，以人随君，以君随天”[4]。

---

[1] 吴怀祺：《中国史学思想史》，安徽人民出版社 1996 年版，第 89 页。
[2] 《史记》卷七四《孟子荀卿列传》，中华书局 1959 年版。
[3] 董仲舒：《春秋繁露》卷一一《为人者天》，苏舆义证本，中华书局 1992 年版。
[4] 董仲舒：《春秋繁露》卷一《玉杯》，苏舆义证本，中华书局 1992 年版。

“授命之君，天意之所予也”[1]。这是说，在天、人、君三者中，君处在上系于天、下统万民的地位，因此得出“唯天子受命于天，天下受命于天子”[2]的君权神授论。在董仲舒那里，《春秋》大一统即是从“一”“始”的根本出发以阐明王道的，他说：

> 《春秋》之文，求王道之端，得之于正。正次王，王次春。春者，天之所为也；正者，王之所为也。其意曰，上承天之所为，而下以正其所为，正王道之端云尔。然则王者欲有所为，宜求其端于天。天道之大者在阴阳。……《春秋》谓一元之意，一者万物之所从始也，元者辞之所谓大也。谓一为元者，视大始而欲正本也。《春秋》深探其本，而反自贵者始。故为人君者，正心以正朝廷，正朝廷以正百官，正百官以正万民，正万民以正四方。四方正，远近莫敢不一于正，而亡有邪气奸其间者。是以阴阳调而风雨时，群生和而万民殖，五谷熟而草木茂，天地之间被润泽而大丰美，四海之内闻圣德而皆徕臣，诸福之物，可致之祥，莫不毕至，而王道终矣。[3]

可以看出，董仲舒所说王道的起点在于“天”，君“上承天之所为，而下以正其所为”，由此即可天下大治。董仲舒将天置于至高位置，实际上是为君主寻求统治的合法性。同时，阴阳之变也被董仲舒引为其王道的依据，“天道之大者在阴阳”，所以君主承天施政，就可以调和阴阳、治平天下。

正是为了论证君主承天治民的王道，董仲舒援引《春秋》中所记的灾异来证明天人相通。《春秋繁露·王道》言《春秋》灾异称：“周衰，天子微弱，诸侯力政，大夫专国，士专邑，不能行度制法文之礼。诸侯背叛，莫修贡聘，奉献天子。臣弑其君，子弑其父，孽杀其宗，不能统理，更相伐锉以广地，以强相胁，不能制属。强奄弱，众暴寡，富使贫，

[1] 董仲舒：《春秋繁露》卷一〇《深查名号》，苏舆义证本，中华书局1992年版。
[2] 董仲舒：《春秋繁露》卷一一《为人者天》，苏舆义证本，中华书局1992年版。
[3] 《汉书》卷五六《董仲舒传》，中华书局1962年版。

并兼无已。臣下上僭，不能禁止。日为之食，星賈如雨，雨螽，沙鹿崩。夏大雨水，冬大雨雪，賈石于宋五，六鹢退飞。賈霜不杀草，李梅实。正月不雨，至于秋七月。地震，梁山崩，壅河，三日不流。昼晦。彗星见于东方，孛于大辰。鹳鹆来巢，《春秋》异之。以此见悖乱之征。”[1]董仲舒认为《春秋》中所记的灾异与当时周天王丧失权威、礼乐崩坏政治局面相应，是天人相通的表现。董仲舒还进一步认为灾异是天用以警示君王的手段，他说：“天地之物，有不常之变者，谓之异，小者谓之灾，灾常先至，而异乃随之，灾者，天之谴也，异者，天之威也，谴之而不知，乃畏之以威，诗云：‘畏天之威。’殆此谓也。凡灾异之本，尽生于国家之失，国家之失乃始萌芽，而天出灾害以谴告之；谴告之，而不知变，乃见怪异以惊骇之；惊骇之，尚不知畏恐，其殃咎乃至。”[2]既然天降灾异是为了警示君王，那么这也从一个侧面证明了君权神授。

东汉以后，经学在神学化的道路上愈行愈远，日益变得迷信化、谶纬化。所谓谶纬，“谶者诡为隐语，预决吉凶”；“纬者，经之支流，衍及旁义”，[3]是经学神秘化的产物。对于东汉谶纬大行其道的背景，《隋书·经籍志》作如是说：“王莽好符命，光武以图谶兴，(纬书)遂盛行于世。……俗儒趋时，益为其学，篇卷第目，转加增广。言五经者，皆凭谶为说。”光武帝“宣布图谶于天下”，赋予谶纬以“国宪”地位；汉章帝亲临白虎观会议，裁决今古文经学同异，也博引谶纬。[4]作为“五经”之一的《春秋》，自然也是纬书发挥的重要对象。案《后汉书·樊英传》注，东汉时关于《春秋》的纬书有13部，包括《演孔图》《元命包》《文耀钩》《运斗枢》《感精符》《合诚图》《考异邮》《保乾图》《汉含孳》《佑助期》、《握诚图》、《潜潭巴》和《说题辞》等。另外，根据侯康的《补三国艺文志》，东汉还有一部《命历序》，也是《春秋》纬，按此计算，东汉的《春秋》纬共有14部。《春秋》纬中的大部分篇幅与《春秋》经文无关，只是解说星相和灾异，但也有解经的内容。东汉《春秋》纬

[1] 董仲舒：《春秋繁露》卷四《王道》，苏舆义证本，中华书局1992年版。
[2] 董仲舒：《春秋繁露》卷八《必仁且智》，苏舆义证本，中华书局1992年版。
[3] 永瑢等：《四库全书总目》卷六“易类六”后按，中华书局1965年版。
[4] 侯外庐指出《白虎通论》百分之九十的内容出自谶纬。见侯外庐：《中国思想通史》第2卷，人民出版社1957年版，第229页。

解经的一个特点就是认为灾异是君王为政有失导致的，像《考异邮》解释《春秋》所记灾异即称："僖公[1]即位，陨霜不杀草，臣威强也。李梅冬实，李大树，比草为贵，是君不能伐也。定公即位，陨霜不杀菽，菽者稼，最强，季氏之萌"；"僖公九年（按当作二十九年）秋、昭三年冬，并大雨雹。时僖公专乐齐女绮画珠玑之好，掩月光，阴精凝为灾异。昭公事晋，阴精用密，故灾。"[2] 谶纬以天人感应为理论前提，寻找灾异与政治之间的联系，是经学神学化发展到一定程度的产物，反映了当时的学风。

由上可知，汉代统治者出于用天意来证明自身统治合法性的政治需要，推动了汉代经学的神学化，并衍为一种经学风气，《春秋》及其《春秋》之义也在这个过程中被神意化了。

二、传统史学二重性特征的形成

如前所述，随着汉代经学关于《春秋》之义神学化倾向的日趋明显，这一时期的《春秋》学研究逐渐彰显出其纪实性与神意化并重的特点。与汉代《春秋》学研究这一特点相对应，汉代史学也呈现出明显的二重性特征：史家一方面重视实录直书，另一方面又宣扬神意史观。毫无疑问，汉代史学之二重性特征的形成，与汉代《春秋》之义的神学化是有着内在联系的。而汉代史学二重性特征的形成，又对此后中国史学与史学思想的发展及其走向影响深远。纵观中国传统史学，这种实录与神意并重之二重特性是一种普遍特征。

司马迁的史学就已经具有二重性倾向：

一方面，司马迁继承《春秋》的纪实书法，强调历史撰述要直书实录；也只有通过实录，才能够认真总结历史的经验教训，探寻出历史的成败兴衰之理。司马迁创立以人物为中心的纪传体史书体裁，本身就凸显了其重人事的思想，《史记》中对于人为作用的肯定可谓在在皆是。同时，司马迁在《伯夷列传》中明确表示出对于天道的怀疑，并加以质问；

[1] 僖公应为文公，见赵伯雄：《春秋学史》，山东教育出版社2004年版，第208页。
[2] 《太平御览》卷八七八引《考异邮》，《四库全书》本。

《太史公自序》也明确说："星气之书，多杂禨祥，不经。"[1] 对于《史记》这些纪实书法及其所体现的实录精神，前已详论，此不赘言。

另一方面，司马迁史学又确实具有神意化倾向。其一，《史记》具有天命王权思想。如在《殷本纪》《周本纪》《秦本纪》和《高祖本纪》中，司马迁受到汉代今文经学家宣扬的"圣人感生"说的影响，认为商、周、秦、汉诸朝的始祖都是"感天而生"的，天神赋予了他们的肉体，当然同时也就赋予了他们或他们的后代治理万民的权利。而在《五帝本纪》《三代世表》诸篇中，司马迁又认为"自黄帝至舜、禹，皆同姓而异其国号"，即黄帝之后的帝王都是黄帝的后代。从思想深层而言，这种"有父"论其实是宣扬一种"报德"思想，正如汉儒褚少孙所说："黄帝策天命而治天下，德泽深后世，故其子孙皆复立为天子，是天之报有德也。"[2] 由此来看，司马迁的无父论或有父论，其实质都是一样的，旨在宣扬一种神秘的天命王权思想。其二，《史记》具有命定论思想。在历史变易观上，司马迁是受到了邹衍五德终始说和董仲舒"三统"说影响的，而这两种学说以天人感应与阴阳五行思想为基础，宣扬的是一种神秘主义的命定论。《史记》接受了五德终始说以得土德的黄帝为历史开端的说法，宣扬"祖黄帝"的思想，以黄帝为中华人文始祖；并依照邹衍五德终始说的五德运次叙述黄帝以来的历史。如《五帝本纪》说黄帝"有土德之瑞，故号黄帝"，《殷本纪》说"汤乃改正朔，易服色，上白，朝会以昼"。色尚白，即说商为金德。《秦始皇本纪》又说："始皇推终始五德之传，以为周得火德，秦代周德，从所不胜。方今水德之始……""秦在水德，故谓汉据土而克之。"[3] 同样，司马迁也吸收了董仲舒"三统"说的一些思想。如《天官书》说："夫天运，三十岁一小变，百年中变，五百载大变；三大变一纪，三纪而大备：此其大数也。为国者必贵三五。"并以三统循环更替而肯定汉朝得天统，他说："三王之道若循环，终而复始。周秦之间，可谓文敝矣。秦政不改，反酷刑法，岂不缪乎？故汉兴，承敝易变，使人不倦，得天统矣。"

---

[1] 《史记》卷一三〇《太史公自序》，中华书局1959年版。

[2] 《史记》卷一三《三代世表》，中华书局1959年版。

[3] 《汉书》卷二五《郊祀志赞》，中华书局1962年版。

由此可见，《史记》虽然在史学上以求真著称，然在汉代经学神意氛围之下，仍然具有一定的神意史观色彩。

班固作《汉书》，一方面如前所说，重视史学的纪实求真。《汉书》通过包举一代，系统而详尽地反映了西汉一朝历史的全貌；同时不为汉讳，力求在历史的求真中，找寻西汉皇朝的治乱兴衰之理。然而《汉书》又是以“宣汉”为旨趣的，在直书其事的同时，特别重视从神意角度来解说历史，表现出了浓厚的神意史观色彩。《汉书》也以其史学思想具有显著的二重特性，而成为中国正统史学的代表。

《汉书》史学二重性特点的形成，从理论渊源而言，当然是与《春秋》所具有的求真与求道之二重属性的影响分不开，同时也与汉代经学的神学化倾向密切相关。而从直接渊源来讲，既有时代因素，也有班固的父亲、史学家班彪二重性史学思想影响的因素。从时代因素来讲，班固所处的东汉初年，刘汉皇朝经历政权的失而复得之后不久，重建之后的刘氏政权，一方面要通过对西汉历史治乱兴衰的总结，来为新兴东汉政权的巩固提供历史借鉴，需要史学的求真；另一方面又面临着一个迫切问题，那就是要从神意角度对重建的刘汉政权的合法性做出解释。从东汉初年统治者大力提倡谶纬神学，并用其为政治统治服务的历史事实，我们已经能清楚地看到这一点。而班彪的二重性史学思想，对于班固的影响也是不能忽视的。班彪史学思想的二重性倾向集中表现在维护刘氏正统上。王莽败亡后，天下形成群雄割据之势。班彪曾避难于天水，向天水军阀隗嚣论说汉、周兴亡之异，以此规劝隗嚣投奔刘秀。他曾作过《王命论》一文，一方面称颂汉高祖的雄才大略，肯定高祖建汉的人为作用；一方面却又大力宣扬“神器有命”的思想，认为“汉德承尧，有灵命之符，王者兴祚，非诈力所致”[1]。

与司马迁《史记》相比，《汉书》一方面承继了《史记》直书其事的实录精神，对此前文已做详细论述，不再赘言；另一方面，《汉书》的神意色彩比起《史记》更为浓厚。《汉书》继承了董仲舒的天人感应思想，这在《董仲舒传》和《五行志》等篇章中都有明确的体现；《汉书》还特别重视宣扬“汉为尧后”说，以神意史观解说汉朝统绪。西汉建朝与以

[1] 《后汉书》卷四〇上《班彪列传》，中华书局1965年版。

往有很大的不同，以往的王朝建立者都是圣王之后，而刘邦则起于闾巷，无尺土之封，正如班固所说："夫大汉之开原也，奋布衣以登皇极，繇数期而创万世，盖六籍所不能谈，前圣靡得而言焉。"[1] 刘邦"无土而王"，这是时人感到困惑不解的问题。对此，班固在肯定人为因素的同时，从神意角度做出了解说。在《汉书·高帝纪赞》中，班固罗列了一个非常具体的"汉绍尧运"的刘氏家族世系，并由此认为汉高祖之所以能成就帝业，是因为"汉承尧运，德祚已盛，断蛇著符，旗帜上赤，协于火德，自然之应，得天统矣"。从理论渊源而言，班固的"汉为尧后""断蛇著符"说，主要是承继了刘歆五行相生之"五德"说的历史理论。由于《汉书》为我国封建正统史学的代表，它对于汉皇朝统绪所做的神意解释所产生的影响自然是不同凡响的。

《史记》《汉书》之后，历代历史撰述大抵不能超越其既主实录直书、又言天命正统的二重性特点。如后世正史几乎都设有《五行志》，名目、体例或稍有变化，但以灾异验人事的旨趣却并无二致；后世史书也往往认为帝王出自古圣王之后，具有应天受命的正统地位，以德运言正统成为一种史学风气。由此可见，汉代正式形成的史学二重性特征影响之深远。

从经史关系角度来看，传统史学二重性的形成，与历史学本身所具有的征实特征和自觉以经学为指导的思想旨趣有关系；而经学重求道与史学重求真的相互交融，又形成了中国传统史学独具特色的求真风格。

征实记述，也就是探求史实，是历史学的基础价值，也是传统史学的基本精神。同时，传统史学重视"求义"，则是与史家自觉重视礼法名教、强调经世致用的经学观念分不开。他们崇经存义，希求有益于当时后世。孔子作《春秋》，贯穿礼法大义，以"明三王之道"[2]，即为后世史家树立起了榜样。汉代经学兴起之后，史家们自觉将经学义理贯穿于史学求真之中。汉儒用天人感应、阴阳五行等思想阐发《春秋》之义，经学趋向神学化；与此相一致，史学也重视用神意史观来解说历史，并且由此而形成中国传统史学的一大特点。

---

[1] 《后汉书》卷四〇下《班彪列传》，中华书局1965年版。
[2] 《史记》卷一三〇《太史公自序》，中华书局1959年版。

不过，中国传统史学无论是求史实之真还是宣扬经学义理，都是以经世致用为旨归的。求道义、言天意，也是传统史学资治、教化的一种手段，也有其一定的合理性。当然，传统史学二重性中求史实之真与贯穿经学义理两个方面，既统一于资治鉴戒的经世旨趣，有时又发生矛盾。史学考察历史盛衰需要用征实的笔法实现借鉴功用，而褒贬用讳有时会导致史文与史事不符，神意史观更会曲解历史。史家们总是不断在这两方面之间寻求平衡，由此促进了史学求真理念的变化发展。“史学的两个方面的矛盾与统一，以及随着社会的发展，史学两者的矛盾的运动，是史学思想发展的内在的原因”[1]。正是在对求真与求义、人事与神意问题的不断探讨与实践过程中，传统史学形成了自己独特的求真风格，其二重性特征值得注意。

[1] 吴怀祺：《中国史学思想史》，安徽人民出版社 1996 年版，第 388 页。

第五章　通经致用与史学经世

经史之学之所以能成为中国古代两大显学，并且一直长盛不衰，这是由其具有显著的经世致用功能所决定的。经学成为两千年中国封建政治的官方统治思想，是因为经学思想中具有强烈的关乎民族和国家发展与兴衰的忧患意识，以及各种具体的治世思想与方法；而中国史学强调“史鉴”“理道”和“述德”，也表现出了强烈的经世思想与经世功能。

第一节　“六经”的经世致用思想

说到中国经史之学的经世致用，就不得不追溯到经史未分的先秦“六经”时代。《诗》《书》《礼》《乐》《易》和《春秋》“六经”（其中《乐经》散佚于秦火），既是汉代以后兴起的儒家经学的核心典籍，也是此后中国传统史学的渊源所在。“六经”所蕴含的经世致用思想非常丰富，它们或表现为一种忧患意识，由此形成重视历史借鉴的思想；或表现为一种历史通变观念，和主张因革损益的社会变革思想。“六经”的经世致用思想，无疑是后世经史之学重视经世致用的理论源头。

一、“六经”的忧患意识和历史借鉴思想

“六经”普遍具有一种忧患意识，这与先王治国之艰辛有着密切的关

系。“六经”的作者非常重视历史借鉴，希望从历史的经验教训中找到治国安邦的思想方法。

作为“六经”之首的《周易》，按照《易传》作者的说法，它的写作即是一种忧患意识使然。《易·系辞下》说：

> 《易》之兴也，其于中古乎？作《易》者，其有忧患乎？
>
> 《易》之兴也，其当殷之末世，周之盛德邪？当文王与纣之事邪？是故其辞危。危者使平，易者使倾。其道甚大，百物不废。惧以终始，其要无咎。此之谓《易》之道也。

《易经》所反映的是商、周之际政治盛衰转换的那段历史，由于商纣王的残暴统治，国家动荡不安、百姓民不聊生，所以《易经》的文辞充满着惊惧自危的色彩，饱含着一种忧患的意识。《易传》认为，只有具有危机忧患的意识，才能带来平安，而贪图安逸、心生懈怠，就必然会有倾覆的危险，这是万物具有的普遍法则。因此，始终具有一种危机忧患意识，目的就是为了避免出现危险，这是《易经》的法则，当然也就是《易经》为何“辞危”的原因所在。

《易传》对于《易经》具有忧患意识的理解，集中见于它对《易经·否》九五爻辞“其亡其亡，系于苞桑”一语的体悟。经文原意是说：快要灭亡了！快要灭亡了！国家的命运就如同系在嫩弱的苞草、桑枝上，随时都有坠地的危险。从这样一种强烈的忧患意识出发，《系辞下》借用孔子的话，详细阐述了关于居安思危的重要思想：

> 危者，安其位者也；亡者，保其存者也；乱者，有其治者也。是故君子安而不忘危，存而不忘亡，治而不忘乱，是以身安而国家可保也。

在《易传》的作者看来，能否居安思危，直接决定着个人权位、国家存亡与社会安定。因此，君子要时刻惊惧、提醒自己，如同《震·象》所说的，“君子以恐惧修省”。《伊川易传》解释说：“君子畏天之威，则修正其身，思省其过咎而改之，不唯雷震，凡遇惊惧之事，皆当如是。”

《易传·系辞下》明确认为，《易》之为书，“其出入以度，外内使知惧，又明于忧患与故”。这就是说，《易经》是通过爻画的对应变化来考察本卦与变卦的相互联系，以此确定吉凶而使人有所惊惧，使人明于忧患和变故的。

对于《易经》忧患意识产生的原因，后世持文王演《易》说者往往归于周文王个人的忧患情结；而文王何以有忧患情结，则又被归于拘于羑里之故。对于这一说法，王夫之提出了不同的看法。他明确认为将《易经》的忧患意识归因于文王拘羑里是很不妥当的，认为：“死生荣辱，君子之所弗患，而况圣人乎？”文王之所以演《易》而有忧患之辞，是因为“文王欲弔伐，则恐失君臣之大义；欲服事，则忧民之毒痛。以健顺行乎时位者难，故忧之”[1]。也就是说，文王是处在伐商与事商两难之中才心生忧患的，因为如果伐商，则有违君臣之义，而如果事商，则又等于助纣为虐、祸害百姓。文王在这样一种忧患意识下作《易经》，目的是要以此“明得失存亡之理，危辞以示警戒”[2]。如果说《易经》的忧患意识乃因文王被拘羑里的传统说法失之于偏，那么王夫之所谓文王处于伐商或者事商两难之境的因果说法也失之于小。我们应该从易道的高度来把握《易》之忧患意识，从商周更替与周初巩固统治的历史大背景去看待《易》之忧患意识。迄今为止，关于《易经》的作者是谁还存在着争议，不过多数学者认为其书非一时一人之作，大致成于西周初年。从商周更替这一时代背景去考察《易》的忧患意识，我们不难看出，它其实是反映了“小邦周”在取代商朝之后，对如何巩固统治所具有的一种普遍的忧患意识。因为“殷鉴不远”，周人因此而感到恐惧忧心，而成书于这一时期的《易经》，正是西周初年周人这种普遍社会心理的一种真实写照。因此，《易经》的忧患绝不仅仅只是文王个人之忧，乃是周初社会的一种普遍之忧，其中既有周初君臣对于能否巩固统治的忧心，也有普通百姓对于能否安居乐业的忧虑，是一种关系到国家、民族前途的大忧。成书于战国时期的《易传》，不但对于《易经》表现出来的这种忧患意识有着深刻的体悟，而且还从易道的高度强调了“惧以终始”、居安思

[1] 王夫之：《周易内传》卷六上《系辞下》，九州出版社 2004 年版。
[2] 王夫之：《周易内传》卷六上《系辞下》，九州出版社 2004 年版。

危的重要性，从而很好地发展了《易经》的这种忧患意识。

《尚书》[1] 特别是其中的“周初八诰”[2]，也充分表现出了取代“大邑商”后，“小邦周”所具有的强烈的民族忧患意识；而《尚书》这种民族忧患意识，集中反映在其重视历史借鉴的思想之中。

首先，《尚书》认为天命无常，唯德是敬。《尚书》所体现的历史观，当然是一种神意史观，它从来就没有否定过天命的存在。在它看来，历史王朝的建立是天命所归。如《多方》篇说：“天惟时求民主，乃大降显休命于成汤”，“乃惟成汤，克以尔多方，简代夏作民主”；《多士》篇则说：“有周佑命，将天明威，致王罚，敕殷命终于帝”。这就是说，无论是成汤还是武王，他们之所以能够君临天下，为民之主，都是由天命所决定的。同样，历史王朝的更替也是天命使然，三代的革代都是替天行道。如《汤誓》篇记载商汤灭夏桀时说：“格尔众庶，悉听朕言，非台小子，敢行称乱！有夏多罪，天命殛之。”而《牧誓》篇记载武王灭纣时，更是历数纣王种种罪行，说：“今商王受，惟妇言是用，昏弃厥肆祀弗答，昏弃厥遗王父母弟，不迪，乃惟四方之多罪逋逃，是崇是长，是信是使，是以为大夫卿士。俾暴虐于百姓，以奸宄于商邑。今予发，惟恭行天之罚。”在此，夏桀、商纣被讨伐，是因为他们违背天意，罪孽深重，而汤武革命则是“恭行天之罚”，是替天行道。然而，这种王朝更替的历史事实，一方面促使《尚书》的作者产生了一种忧患意识，和“天命不易”“天不可信”的思想。如《大诰》说“天棐忱辞”，《康诰》说“天畏（威）棐忱”，意思都是说天不可信。《君奭》篇则更是直接说“天命不易”“天不可信”。这里所谓“天命不易”，不是说天命不可改易，而是说天命不易保持。另一方面，也是《尚书》的作者认识到天命的转移绝不是随心所欲的，而是“皇天无亲，惟德是辅”[3]。如《康诰》认为周人之所以能代商，是因为周人有德，“惟乃丕显考文王，克明德慎罚，不敢侮鳏寡。庸庸，祗祗，威威，显民，用肇造我区夏”。从这样一种忧患意识出发，《尚书》强调以史为鉴的重要性。《召诰》篇说：

---

[1] 这里所论《尚书》，依据今文 28 篇。

[2] 指《大诰》《康诰》《酒诰》《梓材》《召诰》《洛诰》《多士》和《多方》。

[3] 《尚书·蔡仲之命》，《十三经注疏》本，中华书局 1980 年影印版。

我不可不监于有夏，亦不可不监于有殷。我不敢知曰，有夏服天命，惟有历年；我不敢知曰，不其延。惟不敬厥德，乃早坠厥命。我不敢知曰，有殷受天命，惟有历年；我不敢知曰，不其延。惟不敬厥德，乃早坠厥命。今王嗣受厥命，我亦惟兹二国命，嗣若功。……王其德之用，祈天永命。……上下勤恤，其曰，我受天命，丕若有夏历年，式勿替有殷历年。欲王以小民受天永命。

《召诰》一般认为是召公所作诰辞，由周公转达于成王。文中一再言“不敢知曰”，表明周初统治者对于天命的诚惶诚恐，而“惟不敬厥德，乃早坠厥命”，则是他们对于夏、商灭亡的一种清醒的认识。为了“受天永命”，避免重蹈夏、商灭亡的覆辙，召公、周公劝告成王一定要“其德之用”“上下勤恤”。

其次，《尚书》肯定尊天敬德，惟在保民。夏、商之时，统治者主要强调“尊天”，他们把自己的征伐活动都说成是替天行事；而到商、周替代之时，统治者更强调“敬德”，主张惟德是从。当然，周初的“敬德”，不是一种空泛的意志或道德说教，而是以君主“保民”为其实质内容的。《尚书》认为，君主保民，一要“知小人之依”和“迪民康”。《无逸》篇载周公说祖甲言：“爰知小人之依，能保惠于庶民，不敢侮鳏寡。”这里所谓“知小人之依”，就是说要知道民众的隐痛和疾苦，从而施惠于民众，体恤于鳏寡。“知小人之依”还必须要“迪民康”[1]，即要将民众引向安康的道路，这是一种更为积极进取的态度。《康诰》篇认为，商朝的先贤圣哲们都是“用康乂民作求”的，这种保民政治应该为后世君主所效仿。《酒诰》篇更是直截了当地提出：“人无于水监，当于民监”，这是一种清醒和正确的历史认识。二是“君子所其无逸”，这是对君主在个人道德上提出的要求。《无逸》篇出自周公之手，周公要君子无逸，是要成王不可贪图安逸。他告诫成王说：“天降丧于殷，罔爱于殷，惟逸。”[2]要成王吸取商朝后期的君王“惟耽乐之从”而导致国家灭亡的教训，做

[1]《尚书·大诰》，《十三经注疏》本，中华书局1980年影印版。
[2]《尚书·酒诰》，《十三经注疏》本，中华书局1980年影印版。

到“无淫于观、于逸、于游、于田，以万民惟正之供”[1]。在以周公为代表的周初统治者看来，只要君主能够做到“无逸”，那他就一定能够勤勉于政事，从而也就可以“以小民受天永命”[2]，永远保住天命不转移。三是用人“惟吉士”。《尚书》认为用人是否得当，直接关系到政治的兴衰和国家的存亡。比如商朝前期的兴盛，就是与时君重用人才分不开的。“成汤既受命，时则有若伊尹，格于皇天。在太甲，时则有若保衡。在太戊，时则有若伊陟、臣扈，格与上帝；巫咸乂王家。在祖乙，时则有若巫贤。在武丁，时则有若甘盘”[3]。而夏桀、商纣的暴亡，则是他们不用贤才的结果。如夏桀“弗作往任，是惟暴德罔后”[4]；商纣，“惟妇言是用，昏弃厥肆祀弗答，昏弃厥遗王父母弟不迪（用）……俾暴虐于百姓，以奸宄于商邑”[5]。《尚书》在用人上的一个基本观点，是主张重用有美德的人，即所谓的“吉士”（又称“常人”）。《立政》篇说：“继自今立政，其勿以憸（佞）人，其惟吉士，用励相我国家。”

《诗经》作为一部诗歌总集，乃为西周到春秋时期的作品。在《诗经》那些变风变雅的诗篇当中，蕴含了诗人深沉的忧患意识。如在《小雅·十月之交》中，诗人以其亲身感受叙述了这样一个“百川沸腾，山冢崒崩，高岸为谷，深谷为陵”的动荡之世，斥责了权臣的自私自利，从而表达了诗人忧国忧民的情怀：“悠悠我里，亦孔之痗。四方有羡，我独居忧。民莫不逸，我独不敢休。天命不彻，我不敢效。”而诸如《王风·黍离》中的诗句:“行迈靡靡，中心如醉。知我者，谓我心忧。不知我者，谓我何求。悠悠苍天，此何人哉?”《魏风·园有桃》中的诗句:“心之忧矣，聊以行国。不知我者，谓我士也罔极。彼人是哉，子曰何其？心之忧矣，其谁知之？其谁知之，盖亦勿思!”则更是反映了清醒的诗人对于国家陷入危机之中的深深的痛苦和极度的忧虑。

同时，《诗经》深沉的忧患意识，即使在以歌功颂德为宗旨的颂诗当

[1]《尚书·无逸》，《十三经注疏》本，中华书局1980年影印版。
[2]《尚书·召诰》，《十三经注疏》本，中华书局1980年影印版。
[3]《尚书·君奭》，《十三经注疏》本，中华书局1980年影印版。
[4]《尚书·立政》，《十三经注疏》本，中华书局1980年影印版。
[5]《尚书·牧誓》，《十三经注疏》本，中华书局1980年影印版。

中，也同样有所反映。如《周颂》的制作，按照《毛诗序》的说法，它是要“美盛德之形容，以其成功告于神明者也”。然而，当我们诵读这些诗篇时，感受到的却是诗人的忧患与惊惧。如《昊天有成命》说：“成王不敢康，夙夜基命宥密”；《我将》说：“我其夙夜，畏天之威”；《闵予小子》说：“维予小子，夙夜敬止”；《敬之》则说：“敬之敬之，天维显思，命不易哉。无曰高高在上，陟降厥士，日监在兹。维予小子，不聪敬止”。周初统治者深深感到天命无常的严酷现实，只有畏之敬之，才能保有周朝的统治。

孔子作《春秋》，按照孟子的说法，是缘起于“惧”乱世：“世衰道微，邪说暴行有作，臣弑其君者有之，子弑其父者有之。孔子惧，作《春秋》。”[1] 这种“惧乱世”，表达了孔子对动乱时局的一种强烈的忧患意识。而孔子作《春秋》，就是要通过对历史的叙述，来达到整饬世风的教化目的，寄寓自己构建王道社会的理想。

最早“洞察”《春秋》之义的人便是孟子，《孟子·离娄下》说：“王者之迹熄而《诗》亡，《诗》亡然后《春秋》作。晋之《乘》、楚之《梼杌》、鲁之《春秋》，一也。其事则齐桓、晋文，其文则史，孔子曰：‘其义则丘窃取之矣。’”[2] 这就是说，《春秋》之作，是旨在借助对齐桓、晋文之史事的记述，而赋予其史义的。《滕文公下》则对《春秋》史义的内涵作了进一步论述：“《春秋》，天子之事也。是故孔子曰：‘知我者，其惟《春秋》乎！罪我者，其惟《春秋》乎！’……昔者禹抑洪水，而天下平，周公兼夷狄，驱猛兽，而百姓宁，孔子成《春秋》，而乱臣贼子惧。”在此，孟子一方面肯定《春秋》书“天子之事”，起到了使“乱臣贼子惧”的目的，因而堪比历史上的大禹治水与周公兼夷狄的功绩；一方面则指出由于孔子以私家身份修撰鲁国《春秋》，这在当时是一种违反社会传统的做法，可是面对乱世，孔子又不得不然，所以孔子说知我、罪我其惟《春秋》，可想见其用心良苦。司马迁对《春秋》之义也颇有体会。他说：

夫《春秋》，上明三王之道，下辨人事之纪，别嫌疑，明是非，

---

[1]《孟子·滕文公下》，诸子集成本，中华书局1954年版。
[2]《孟子·离娄下》，诸子集成本，中华书局1954年版。

定犹豫，善善恶恶，贤贤贱不肖，存亡国，继绝世，补敝起废，王道之大者也。……《春秋》文成数万，其指数千。万物之散聚皆在《春秋》。《春秋》之中，弑君三十六，亡国五十二，诸侯奔走不得保其社稷者不可胜数。察其所以，皆失其本已。故《易》曰“失之毫厘，差以千里”。故曰“臣弑君，子弑父，非一旦一夕之故也。其渐久矣”。故有国者不可以不知《春秋》，前有谗而弗见，后有贼而不知。为人臣者不可以不知《春秋》，守经事而不知其宜，遭变事而不知其权。为人君父而不通于《春秋》之义者，必蒙首恶之名。为人臣子而不通于《春秋》之义者，必陷篡弑之诛，死罪之名。……故《春秋》者，礼义之大宗也。[1]

这段话主要表述了两层含义：一是认为《春秋》为乱世之史，其“达王事”“制义法”旨在通过书善恶之事，特别注重详明历史上乱臣贼子的无道行为及其产生的原因，以使后世君臣父子都能从中得到劝诫；二是肯定《春秋》通过明王道、辨人事而仪表天下后世，是“礼义之大宗”，因此是为人君父与为人臣子者都必须要通晓的。

由上可见，孔子作《春秋》，是希望通过书乱世之史，以为天下后世立定仪法、做出劝诫，从而建立起新的有序的王道社会理想。这便是《春秋》的史义之所在。因此，《春秋》的历史纪实只是手段，而政治教化才是目的。

二、“六经”的通变观念与因革损益思想

“六经”的经世致用思想，不仅表现为一种忧患意识和重视以史为鉴的思想，也表现为重视对历史治乱盛衰之变的总结，由此提出通变的观念和因革损益的思想。

如前所述，《周易》的中心观念即是通变。司马迁说：“《易》著天地阴阳四时五行，故长于变。”[2] 章学诚《文史通义·易教中》引孔颖达

[1] 《史记》卷一三〇《太史公自序》，中华书局1959年版。
[2] 《史记》卷一三〇《太史公自序》，中华书局1959年版。

语说："夫《易》者，变化之总名，改换之殊称。"对于《周易》的变易思想，后人将它总结为三个基本观点：简易、变易、不易。[1] 这里所谓"变易"，就是阴阳的相互依存和相互变化；所谓"不易"，是指阴阳变化中的阴阳地位和位置是不变的，阳、刚、君、父永远处于统治地位；所谓"简易"，是指无论阴阳变化如何复杂曲折，也不过只是"一阴一阳之谓道"。很显然，"三易"就是一个生生不息的变化过程。有"变"然后则"通"，《系辞下》将《易传》的变易思想集中表述为"《易》穷则变，变则通，通则久"。这就是说，当事物发展到尽头之时，就必须要进行变易；变易之后，事物的发展才会畅通无阻；畅通的事物必然会持续较长时间的发展势头。这是《易传》关于历史通变思想的典型表述。在《易传》的作者看来，大千世界与人类社会都是周流变通的。从自然界来讲，"阖户谓之坤，辟户谓之乾。一阖一辟谓之变，往来不穷谓之通"[2]。自然界的这种盈虚消长是普遍的、永恒的。而社会历史的变化与自然界的盈虚消长是相通的，《丰》卦彖辞说："日中则昃，月盈则食，天地虚盈，与时消息，而况于人乎，况于鬼神乎?"所以《革》卦彖辞明确指出："天地革而四时成，汤武革命，顺乎天而应乎人。"承认汤武革命是社会通变的需要，是顺天应人之举。

《周易》的古史观也体现了这种通变的思想。《易传·系辞下》对远古社会进化过程作过一个详细的描述。在《易传》的作者看来，远古时代的历史发展，经历了一个从原始渔猎业到原始农业、商业，从"垂衣裳而天下治"到"重门击柝，以待暴客"，从穴居野处到宫室的发明，从厚衣野葬到棺椁树封，从结绳而治到文字的产生，一言以蔽之，即从野蛮到文明、从低级到高级不断进化或发展的过程。而促成这种进化或发展的根本原因不是别的，正是古代圣贤们的"通其变"。当然，"通其变"绝不是圣贤们的随心所欲，而是以"使民不倦""使民宜之"为其原则的。

《诗经》之所以被称为史诗，是因为其内蕴着丰富的古代社会生活、

---

[1] 孔颖达《周易正义·卷首·论易之三名》说："《易纬·乾凿度》云，易一名而含三义，所谓易也，变易也，不易也。……郑玄依此义作《易赞》及《易论》云，易一名而含三义，易简一也，变易二也，不易三也。"

[2] 《周易·系辞上》，《十三经注疏》本，中华书局 1980 年影印版。

风俗习惯以及典章制度、阶级状况等史料。而《诗经》叙史的一个显著特点，是重视运用原始察终、见盛观衰的思想方法。《史记·孔子世家》记载孔子删诗："上采契后稷，中述殷周之盛，至幽厉之缺。"司马迁在此告诉人们，经孔子删裁后的《诗经》，是要体现一种从契、后稷到殷、周之盛再到幽、厉之缺的商、周民族的历史发展全程。司马迁的说法与《诗经》所体现的原始察终的历史意识是相符的，比如《大雅》篇就非常关注周族的终始之变，它不但记述了周族的发祥、创业和兴盛，也反映了周族的衰败；比如《商颂》篇，对商族的起源、发展与衰亡作了记述，等等。通过原始察终，人们可以从中认识历史发展的盛衰之变，从而更好地总结和吸取历史的经验教训。

《诗经》还重视见盛观衰。如为刺周康王而作《关雎》，《鲁诗》认为其中便内蕴了见盛观衰的历史思想。何以见得？据《史记·周本纪》载："康王即位，遍告诸侯，宣告以文武之业以申之，作《康诰》。故成康之际，天下安宁，刑错四十余年不用。"既然成康之时是盛世，为何会出现讽刺康王的《关雎》呢？合理的解释是体现了作者见盛观衰的历史意识。康王时期虽然是盛世，但康王沉溺女色而晏朝，周朝后期政治衰败的征兆在此时已有所显露。因此，《关雎》所刺，是诗家历史忧患意识的一种表现。

《仪礼》《礼记》和《周礼》之"三礼"，其在历史观上的突出表现，是注重从历史发展的观点来看待礼制的产生，肯定礼制演变的因革损益特性。[1]

首先，"三礼"肯定礼制是社会历史发展的产物。《礼记·礼运》说：

> 昔者先王，未有宫室，冬则居营窟，夏则居橧巢。未有火化，食草木之实、鸟兽之肉，饮其血，茹其毛。未有麻丝，衣其羽皮。后圣有作，然后修火之利，范金合土，以为台榭宫室牖户。以炮以燔，以亨以炙，以为醴酪。治其麻丝，以为布帛，以养生送死，以事鬼神上帝，皆从其朔。

[1] 由于"三礼"中的《仪礼》记录的只是社会生活的礼仪，而《周礼》主要叙述的是政治制度与组织结构之"礼"，它们共同构成了"礼"的基本内容，提供了一套等级礼制模式，却没有对"礼"的产生、发展、演变及其原因和实质做出历史的考察，因此，这里所论"三礼"的历史观，主要是依据作为《礼经》的传——《礼记》来加以考察的。

这段话指出远古没有宫室，饮血茹毛、衣其羽皮，是一个原始落后的时代，因而也不可能有什么礼仪制度。进入“后圣”时代后，随着火的发明和宫室的出现，也就有了祭祀的“醴酪”，而麻、丝衣帛的出现，也使养生送死和敬事鬼神成为可能。由此来看，礼仪制度的出现，是以社会发展和物质进步为前提条件的。《礼运》篇还有一段经典话语，具体讲到了社会的发展与礼仪刑政的建立之间的关系：

> 大道之行也，天下为公。选贤与能，讲信修睦，故人不独亲其亲，不独子其子，使老有所终，壮有所用，幼有所长，矜寡孤独废疾者，皆有所养。男有分，女有归。货恶其弃于地也，不必藏于己；力恶其不出于身也，不必为己。是故谋闭而不兴，盗窃乱贼而不作，故外户而不闭，是谓大同。
>
> 今大道既隐，天下为家，各亲其亲，各子其子，货力为己。大人世及以为礼，城郭沟池以为固，礼义以为纪；以正君臣，以笃父子，以睦兄弟，以和夫妇，以设制度，以立田里，以贤勇知，以功为己。故谋用是作，而兵由此起。禹、汤、文、武、成王、周公，由此其选也。此六君子者，未有不谨于礼者也。以著其义，以考其信，著有过，刑仁讲让，示民有常。如有不由此者，在执者去，众以为殃，是谓小康。

从“大同”到“小康”，从“大道之行”到“大道既隐”，貌似一种倒退，后人多以此作为儒家持倒退史观的重要证据。这里我们无意对儒家的历史观问题做出整体评价，只是就《礼运》篇这段话看：第一，其中肯定礼仪刑政是“大道既隐”时代的产物，如果我们承认礼仪刑政的出现是社会文明的标志，那么我们就不能简单地将从“大同”到“小康”说成是一种历史的倒退。第二，从“大同”到“小康”，从“大道之行”到“大道既隐”，这是历史发展的一种必然，即使如禹、汤、文、武、成王、周公这些古圣人，也只能顺应这种历史发展趋势，而“谨于礼”，以此成就他们的事业。如果我们否定礼仪刑政，也就等于否定了这些古圣王赖以建立事业的基础。

其次，“三礼”肯定礼仪制度的因革损益性。“三礼”认为，时代变动，制度也必须随之而变动，而制度的变动，需要有因有革、有损有益。“三礼”关于礼仪制度需要因革损益的论述，其最为经典的，当数《礼记·表记》篇，其曰：

> 子曰：“夏道尊命，事鬼敬神而远之，近人而忠焉，先禄而后威，先赏而后罚，亲而不尊，其民之敝，蠢而愚，乔而野，朴而不文。殷人尊神，率民以事鬼，先鬼而后礼，先罚而后赏，尊而不亲，其民之敝，荡而不静，胜而无耻。周人尊礼尚施，事鬼敬神而远之，近人而忠焉，其赏罚用爵列，亲而不尊，其民之敝，利而巧，文而不惭，贼而蔽。”
>
> 子曰：“虞夏之质，殷周之文，至矣。虞夏之文不胜其质，殷周之质不胜其文。”

在此，“三礼”借用了孔子的话语来表达自己关于礼仪制度的因革损益观点：第一，“三礼”肯定随着历史的发展和王朝的更替，各项礼仪制度也会随之而出现变化。“三礼”通过纵观上古三代以来的历史，认为这种礼仪制度的变化最为显著的特点，是有因有革、有损有益。如夏代礼仪制度出现了弊端，继起的商代便会对其进行因革损益；商代的礼仪制度出现了弊端，继起的周代就会对其进行因革损益，历史上的礼仪制度便是依此而不断变易和发展的。第二，“三礼”揭示了礼仪制度因革损益的变易趋势，那就是忠、敬、文循环与质、文互变。这里的忠与质的含义相近，《荀子·臣道》说“忠信以为质”。结合上古三代礼仪制度的推行来看，“三礼”认为夏代以忠，商代以敬，周代以文，又说虞夏以质，殷周以文。质、文政治的风格当然是不相同的，忠质之道讲究质朴，而文道注重文致。如果走向极端，它们都会出现弊端，从而给民众带来不便。而解决礼仪制度弊端的方法又从来不出文、质二途，所谓文敝而质，质敝而文。“三礼”的这种忠、敬、文循环与质、文互变思想，在汉代颇有市场。董仲舒著《春秋繁露》，就将忠、敬、文三道循环与质、文互变作为其“三统”历史变易思想的重要组成部分；司马迁作《史记》，也接受了忠、敬、文循环变易史观。第三，“三礼”认为礼仪制度的因革损益，其根本目的是为了救“民之敝”，即是要改变给民众带来不便的政治弊端，从而体现了一种重民的历史思想。

第二节　通经致用的经学传统

通经致用，顾名思义，是指通晓经术以求致用。这个“经”，是指以“六经”经传为主要代表的儒家经典；而这个“用”，其具体内涵即为儒家所说的立德与立功，或者说“内圣”与“外王”，前者主要是指个人的道德修养，后者则是指用经术经世干政。在“通经”与“致用”二者关系中，“通经”是“致用”的前提，而“致用”则是“通经”的目的。在传统经学发展史上，“通经致用”一直是作为一种中心观念和核心价值被加以标榜和提倡的。

一、内圣与外王：通经致用的两条路径

在传统观念中，人们总是将通经致用理解为通晓经术以求事功，似乎只有讲究事功的经学，才符合通经致用的治经宗旨。其实，从中国经学发展史来看，通经致用的经世传统，从来就是“沿着‘内圣’和‘外王’两个方向朝前发展，二千余年间，此伏彼起，却不绝如缕”[1]。

早在经学兴起以前的先秦时代，孔子通过整理和传授“六经”来阐发典籍的经世大义。而孔子后学的治学经世，便明显地具有“内圣”与“外王”两种不同倾向，以颜渊、曾参、子思、孟子为代表，“内圣”色彩更为明显；而以仲弓、子夏、荀子为代表，则是事功色彩更为彰著。也就是说，先秦儒家的治学，其实就已经表现出了“内圣”与“外王”两种治学的路径。

汉代经学兴起以后，人们通经致用，便是沿着先秦儒家的治学路径，向着“内圣”与“外王”两个方向发展的。康有为在《长兴学记》中，曾对先秦儒家这种治学路径及其对汉代以后汉学与宋学治经路径的影响作了这样的概括：

---

[1] 冯天瑜：《中华元典精神》，上海人民出版社 1994 年版，第 279 页。

> 孔子之学，有义理，有经世。宋学本于《论语》，而《小戴》之《大学》《中庸》及《孟子》佐之，朱子为之嫡嗣。凡宋、明以来之学，皆其所统。宋、元、明及国朝《学案》，其众子孙也，多于义理者也。汉学则本于《春秋》之《公羊》《穀梁》，而《小戴》之《王制》及《荀子》辅之，而以董仲舒为《公羊》嫡嗣，刘向为《穀梁》嫡嗣。凡汉学皆其所统。《史记》《两汉》君臣政议，其支派也，近于经世者也。[1]

在此，康有为分析了汉学与宋学的不同学术渊源，并且认为汉学是“近于经世”之学，而宋学则是“多于义理”之学。我们姑且不论康氏以“经世”与“义理”这两个名词来概述汉学与宋学治学精义之不同的说法是否妥当，也不论康氏以义理与经世相对立的观点论说汉宋之学是否准确，至少可以说明康氏已经看到了汉以降儒学发展具有“内圣”（即义理）与“外王”（即经世）之不同取向。

撇开具体学术主张不论，仅就“内圣”“外王”治经路径而言，自汉代以降，中国古代经学的通经致用，如果按照学派来划分，大致可以分为：（一）“内圣”学派：宋明理学派和心学派；（二）“外王”学派：汉代公羊学派——南宋浙东事功学派——明清之际实学派——晚清经世致用学派。[2] 如果按照经学家来划分，其主要代表人物则有：（一）“内

[1] 康有为：《长兴学记》，见《康有为学术著作选》，中华书局1988年版。

[2] 学者依据经学特点划分经学流派，向来歧见颇多，周予同作《中国经学史讲义》，专设“经学的学派”一章，指出清代与民国初年就已经有两派说、三派说、四派说和新三派说。其中两派说以《四库全书总目提要》为代表，指汉学与宋学之分；三派说以龚自珍、康有为为代表，龚自珍分经学分为汉学、宋学和清学三派，而康有为则分经学为汉学（西汉今文学）、新学（包括古文学）和宋学三派；四派说以叶德辉为代表，将经学流派分为今文学、古文学、郑氏（玄）学和朱子（熹）学四派；新三派说即周氏本人所持之说，他将经学流派分为汉学（包括今文学与古文学）、宋学和新史学三派。（见朱维铮编：《周予同经学史论著选集》，上海人民出版社1996年版，第857—861页）今人王葆玹则将经学流派分为今文经学的系统、古文经学的系统和形上学化的经学系统三大派系，并指出“所谓形上学化的经学，包括魏晋玄学、隋唐经学、宋代理学及明代心学等等，其特点是注重于形上学而轻视礼乐，或者说重视哲学而轻视类似于宗教神学的东西。大体上说，今文经学重在信仰，形上学化的经学重在哲理，古文经学则介乎两者之间。”（王葆玹：《今古文经学新论》，中国社会科学出版社1997年版，第17页）本文关于经学流派的划分，参考了冯天瑜《中华元典精神》（上海人民出版社1994年版）一书的观点。

圣”之学：韩愈——周敦颐——二程（颢、颐）——朱熹、陆九渊——王阳明；（二）“外王”之学：董仲舒——陈亮、叶适——黄宗羲、顾炎武、王夫之——龚自珍、魏源。

那么，“内圣”与“外王”这两种治经路径究竟是不是一种对立的关系？我们认为，从学术方法和主张来看，二者确实存在着明显的不同，“内圣”强调的是一种向内求的功夫，通过研读经书，讲求心性义理之学，以修身养性静心，剔除私欲杂念，最终成就高尚道德，而“外王”则重视一种向外求的功夫，强调治经以经世致用为最终目的。但是，作为通经致用的两种路径，“内圣”与“外王”又绝不是一种对立的关系。

首先，从“通经”而言。无论是“内圣”之学，还是“外王”之学，它们所通之“经”，都是以儒家“六经”为核心的经书，都以“仁义”为最高准则，都重视宣扬儒家经书提倡的纲常伦理道德。也就是说，二者研习的文本相同，遵循的是共同的伦理道德和价值观念。

其次，从“致用”而言。“外王”之学自然是以经世致用、讲求事功为其治经目的的。问题的关键是“内圣”之学究竟讲不讲究经世？对此，我们的答案是肯定的：

第一，讲究“内圣”之学的理学和心学的代表人物们，都普遍重视持守儒学的通经致用传统。二程理学虽然讲究读经修身，却也重视穷经致用，并对时人违背穷经致用传统提出批评：“今世之号为穷经者，果能达于政事专对之间乎？则其所谓穷经者，章句之末耳，此学者之大患也。”[1] 以张载为代表的理学关学派，其治经为学特点，诚如程颐所说，是“语学而及政，论政而及礼乐兵刑之学”[2]，而张载本人所谓“为天地立心，为生民立命，为往圣继绝学，为万世开太平”，则更是充分体现了张载的宏大抱负和关学通经经世的特点。理学集大成者朱熹，对于“六经”蕴含的经世之义与经世价值作如是说：“古之圣人作为六经，以教后世，《易》以通幽明之故，《书》以记政事之实，《诗》以导情性之正，《春秋》以示法戒之严，《礼》以正行，《乐》以和心。其于义理之精

[1] 《程氏遗书》卷四，见《二程集》，中华书局1981年版。
[2] 《程氏粹言》卷一，见《二程集》，中华书局1981年版。

微，古今之得失，所以该贯发挥、究竟穷极，可谓盛矣。”[1] 毫无疑问，他对“六经”内蕴的经世旨趣是心领神会的。心学的代表人物陆九渊，少年时即有经纬天下之志，认为“宇宙内事乃己分内事，己分内事乃宇宙内事”[2]。他晚年出知荆门军时，其“荆门之政”受到了当时政界的称颂，丞相周必大就称其“以为躬行之效”。[3] 而心学集大成者王阳明，其一生做了两件大事，一件是破“山中贼”，即镇压农民起义，为统治者效劳；一件是破“心中贼”，即构建心学体系。当然，我们说到宋明理学与心学代表人物重视经世问题，需要将他们与理学和心学的末流区分开来，后者是一种只空谈性命道理的空疏之学。同时，我们还应该看到，无论是程朱还是陆王，虽然他们本身并没有放弃儒家通经致用的传统，却也诚如章学诚所说：“性命之说，易入虚无”[4]。这种治经的方法，容易流于空疏也是事实。

第二，宋代理学所推崇的“四书”之学，兼有“修身”与“治平”，亦即“内圣”与“外王”两方面功能，二者形成一种内在理路。《大学》《中庸》《论语》和《孟子》“四书”，正是由于得到宋代理学家的大力提倡和推崇，才得以成为一种专门的“四书”学。理学家们之所以重视“四书”，是因为在他们看来，“四书”兼具“修身”与“治平”，亦即“内圣”与“外王”之方，是通往“六经”的阶梯，因而是士子们的必读之书。二程在评论《论语》《孟子》时说：“学者先读《论语》《孟子》，如尺度权衡相似，以此去度量事物，自然见得长短轻重。”又说：“孔子言语句句是自然，《孟子》言语句句是事实。”[5] 这是肯定了《论语》《孟子》的“应事”价值。朱熹认为《中庸》“‘放之则弥六合，卷之则退藏于密’，其味无穷，皆实学也”[6]。当然，在“四书”中“修治”之方最为彰显的，当属《大学》一书。《大学》说：“古之欲明明德于天下者，

[1] 《朱熹集》卷七八，四川教育出版社 1996 年版。

[2] 《宋史》卷四三四《陆九渊传》，中华书局 1985 年版。

[3] 《宋史》卷四三四《陆九渊传》，中华书局 1985 年版。

[4] 章学诚：《文史通义》卷三《朱陆》，叶瑛校注本，中华书局 1994 年版。

[5] 朱熹：《论语集注·读论语孟子法》，见《四书章句集注》，新编诸子集成本，中华书局 1983 年版。

[6] 朱熹：《中庸章句》，见《四书章句集注》，新编诸子集成本，中华书局 1983 年版。

先治其国；欲治其国者，先齐其家；欲齐其家者，先修其身；欲修其身者，先正其心；欲正其心者，先诚其意；欲诚其意者，先致其知；致知在格物。”这段话的内在理路是非常清楚的，即以“格物致知”为“内圣外王”的起始，通过“正心诚意修身”的“内圣”功夫，以达“治国平天下”的“外王”目的。这种由“修身”来达到“治平”，亦即通过“内圣”来开出“外王”，说明二者是一种密不可分的关系，因而都具有经世的价值。而这一套“修治”图式，已经包含了通经致用的全部内容。《大学》的“修治”之方，是理学家们最看重的，这也正是理学家于经书中最推“四书”，于“四书”中最推《大学》的原因所在。理学集大成者朱熹，平生精力主要用于《四书章句集注》的撰写和不断修订上；而于“四书”中，他对《大学》的用力又是最勤的，写了《大学章句》和《大学或问》两部书。他曾以自己用力于《大学》与司马光用力于《资治通鉴》作比，说：“某于《大学》用工甚多。温公作《通鉴》，言‘臣平生精力，尽在此书’。某于《大学》亦然。”[1] 由此可见其对《大学》的高度重视。

二、通经致用的时代特征

汉代是中国经学兴起的时代。汉武帝“罢黜百家”，表彰“六经”，定儒学为一尊，这是中国古代思想史与文化史的一大巨变。汉代经学的兴起，首先是与汉代巩固大一统政治紧密相连的。汉初有鉴于“秦过”，采取了以与民休息为要和清静无为为方的黄老政治，其结果是新兴的政权得到了巩固，出现了“文景之治”的清明统治局面。然而，汉初逐渐形成的影响中央集权的王国问题和匈奴之患，都直接威胁着大一统政权的巩固。而黄老政治的无为本色，又弱化了西汉政权进行自我解困的能力。时代政治需要大有作为，以根除这些威胁大一统政权的因素，黄老政治的式微也就成为历史发展的必然。汉武帝即位后，便果断地采纳了公羊大师董仲舒“罢黜百家，独尊儒术”的建议，确定了儒家思想作为大一统帝国的统治思想。至于儒学为何会被汉武帝选中来作为巩固西汉

[1] 《朱子语类》卷一四，岳麓书社 1997 年版。

大一统政权的官方意识形态，作为汉武帝而言，他是中国历史上雄才大略的君主，当然不会满足于持守黄老无为之术继续再做一个守成之君，而要积极有为。而儒家学说自孔子创立以来，经过长期的发展，特别是经过董仲舒的改造后，建立起了一个以阴阳五行为框架、以天人感应为特色、吸收刑名等思想于其中的神学化的新儒学体系。这种新儒学从天道观上全面论证了封建统治与中央集权制度的合理性，迎合了“欲闻大道之要”的汉武帝希望推行有为政治的需要。其次，汉代经学的兴起，使经学人士步上“修齐治平”，亦即“内圣外王”之途成为可能。汉武帝表彰“六经”的具体举措，如设置五经博士，使经学成为官学和入仕的阶梯，这自然极大地调动了士子们尊儒读经的积极性；而汉武帝超常提拔经生公孙弘，使其由一介布衣而位至公卿，这一示范效应更是激发了读书人读经的兴趣和热情。从此以后，士子们读经，已经不是为读经而读经，而是通过读经入仕，实现“修齐治平”的社会理想与人生价值。最后，汉代经学的兴起，确实也很好地起到了巩固大一统政权统治的目的。其一，汉代经学重视论证“三纲五常”的合理性和永恒性。在经学家看来，自然界中的天地阴阳有尊有卑，圣人效法天道，因此人类社会中父子君臣夫妻的尊卑之分也是天经地义、永远存在的。其二，汉代经学重视宣扬大一统思想。汉代经学兴起的机缘是巩固大一统政治的需要，大一统理论自然成为汉代经学应有之义。董仲舒就说：“《春秋》大一统者，天地之常经，古今之通谊也。”[1] 其提出“罢黜百家，独尊儒术”之思想大一统建议，便是为了服务于政治大一统的需要。

魏晋南北朝时期，随着两汉经学的谶纬迷信化和说经的日益烦琐，经学作为官方意识形态的职能已经被严重弱化，现实政治迫切需要一种新的统治思想取而代之，魏晋玄学应运而生。与汉代经学相比，魏晋南朝玄学[2]在治学上呈现出不同的特点。首先，在经典研习上，汉代经学以儒家“六经”为主要研习对象，而玄学则以《老子》《庄子》和《周易》为基本经典，亦称“三玄”，将道家思想引入儒学。其次，在治学方

[1] 《汉书》卷五六《董仲舒传》，中华书局 1962 年版。

[2] 北朝虽也受到玄风影响，但基本上持守了汉儒治经传统，由此形成南北朝经学玄化南学与训诂北学分立的局面。

法上，玄学扬弃了汉代经学的神学目的论，摒弃了汉代经学的烦琐考证，以玄谈容止来代替汉儒的讲经习礼，以思辨色彩浓厚的义理之学取代汉儒的章句之学，以追求精神超越与探寻宇宙本体来打破汉儒皓首穷经的禁锢。再次，在通经致用上，汉代经学特别是以董仲舒为代表的公羊学，重视于“外王”事功；而玄学作为一种形上哲学，关注于性命道理，因而偏重“内圣”而轻视“外王”。

当然，作为经学的一种异化，玄学经学在主旨思想上并没有走向汉代经学的对立面，也没有从根本上背离汉代经学通经致用的传统。首先，名教与自然的关系问题是这一时期玄学所探讨的中心问题。名教当然是指儒家的纲常伦理道德，只是玄学重视以道家“道法自然”的思想来解说儒家经典。如正始玄学的代表人物何晏、王弼就从“贵无论”的玄学本体论出发，提出“名教本于自然”的观点；竹林玄学的代表人物阮籍、嵇康则师法老庄，提出“越名教而任自然”的主张；西晋玄学的代表人物向秀、郭象则发挥何晏、王弼的“贵无论”而创立“独化论”，提出“名教即自然”的思想。以上玄学各派尽管在具体思想主张上不同，然而他们的思想路径是一样的，都以儒道并论，都重视从本体论的高度来谈论儒道关系。需要指出的是，由于玄学的儒道关系论所持的是一种形而上学的观点，他们视那些无形无名的道理为本，而以儒家纲常伦理道德为形而下范畴，于是乎，他们所提出的“以无为本”的主张，自然也就或多或少地贬低了儒家纲常名教在经学中的地位。其次，玄学虽然有轻视“外王”的倾向，然其经世致用色彩依然彰显。从魏晋玄学代表人物所提出的具体玄学主张，我们能够很清楚地看到这一点。如正始玄学的代表人物何晏、王弼，何晏本人就是一位政治家，王弼虽少涉政事，但非常关注时事。曹魏正始年间的主要政治任务是如何巩固局部统一，进而实现全国统一，因而曹魏政治的特点是实行名法之治，有为色彩浓厚。在何、王看来，乱世时代人们最渴望的是建立正常的封建秩序，他们提出“贵无论”，矛头所指，虽然也有名教之治的弊端，主要还是名法之治。在他们看来，有为政治的特点，是使用强制手段，这样就破坏了自然的和谐。同时，他们并不反对名教等级制度，但主张将统治与服从的关系维持在一定的限度内。“名教即自然”，即是希望建立起一个合乎自然和谐的名教秩序。到稍后于何、王的“竹林名士”阮籍、嵇康时，曹魏政权已经完全控制在司马氏手中，阮、嵇对自己破坏名教却又打着名教旗号的掌权者司马氏极度不满，于是乎，一方面表现在行为上放诞不羁，不守礼法，一方面在理论上诋毁名教，宣扬“越名教而任自然”。其实阮籍、嵇康所反对的只是司马氏的假名教，而在内心深处，他们是笃守名教、维护曹氏正统的，其玄学主张的表象与内蕴之意是相反的。西晋时期，随着门阀制度的巩固，需要人们从理论上对于这种制度的合理性做出论证，向秀、郭象的“名教即自然”论，即是为这种门阀制度的合理性张本的。郭象在《庄子注·逍遥游》中就明确认为：“圣人虽在庙堂之上，然其心无异于山林之中。”视名教为自然，即是要人们承认现实门阀制度的合理性，从而也就为门阀士族在政治上把持国家政权、在经济上垄断国家财富提供了理论依据。

隋唐是经学由南北朝时期的分立走向统一的时代。隋唐经学走向统一，既有政治因素，也有学术因素。从政治因素而言，随着隋、唐大一统政权的建立，需要经学结束魏晋南北朝的分立、分说局面，实现经义的统一，以便更好地服务于大一统政治的需要，而这也是通经致用经学传统使然。从学术因素而言，与汉代大一统政权“独尊儒术”不同，隋唐大一统政权至唐太宗时实际确立的是儒、释、道“三教”并重的政策，这种学术思想竞争的客观形势也迫使经学必须尽快进行内部统一，以形成一种强有力的力量。正是出于这种政治上的通经致用和思想学术上的竞争需要之双重考量，隋与唐初的经学借助政治力量和经学家们的努力，很快便实现了内部统一。纵观隋唐经学的统一过程，以隋朝的刘焯、刘炫，隋唐之际的陆德明，唐初的颜师古、孔颖达诸人贡献最大。作为冠冕一代的经学家，“二刘”经学学兼南北，对当时及此后的经义统一有重要影响；陆德明著《经典释文》，自言其书“古今并录，括其枢要，经注毕详，训义兼辩”[1]，在经书体例与字音的规范上对隋唐经书释义的统一有重要启发；颜师古受唐太宗之命，对五经文字进行正定，这为唐初经学统一迈出了关键一步；孔颖达受命编定《五经正义》，则最终实现了经学从文本到经义的统一。

中唐以后，随着藩镇割据局面的出现，中央集权与地方割据之间、

---

[1] 陆德明：《经典释文》卷一《序录》，中华书局1983年版。

中央政权内部之间以及内地与周边少数民族之间的诸多矛盾日益激烈，唐朝政治开始走向衰败。在这样一种政治背景之下，唐朝经学的经世致用又有了新的特点，其主要表现：其一，《春秋》学逐渐受到学者的重视。《春秋》是一部书乱世的经世之书，其主旨思想是"尊王攘夷"，这一时期经学家们重视《春秋》学，显然是针对现实中藩镇割据而发的，旨在借助于《春秋》大义以针砭时弊。这一时期《春秋》学的代表人物，以啖助、赵匡和陆淳为代表。其中啖助著有《春秋集传》、赵匡撰有《春秋阐微纂类义疏》、陆淳撰有《春秋集传纂例》和《春秋微旨》等多种，他们治《春秋》的共同特点是破除汉代经学治经思想的束缚，对"三传"进行驳诘，提出批评，主张舍传而直求《春秋》经之本意。其二，"道统"论的提出和"四书学"的发端。"道统"论的提出者是韩愈。韩愈认为，导致中唐以后政局衰败的罪魁祸首是异端邪说特别是佛教的盛行，因此他高举反佛、排佛大旗，希望重振儒家学说，恢复其"独尊"的地位。针对佛家宣扬的心法传授法统说，韩愈认为儒家有一个较佛家法统更长的道统，它自尧舜至孔孟一脉相传，而道统之内涵便是儒家的"仁义"学说，认为这才是中国学术思想的正统所在。韩愈还以儒家传道之人自居，并立志"使其道由愈而粗传，虽灭死万万无恨"[1]。"四书学"指《大学》《中庸》《论语》和《孟子》，为宋代理学所大力提倡的四部儒家经典。而中晚唐的韩愈和其弟子李翱，实乃"四书学"的发端者。韩愈、李翱等人发明"四书学"，旨在发扬经学的通经致用传统。韩愈是最早重视《礼记》中《大学》《中庸》两文的学者，认为此二文与《孟子》《易经》一样重要，并对《大学》的"正心、诚意、修身、齐家、治国、平天下"图式作了最早的揭示，认为"古之所谓正心而诚意者，将以有为也"[2]。这里所谓"有为"，自然是指"修身、齐家、治国、平天下"，指儒家的"内圣""外王"之学。李翱作《复性说》，一方面发挥了《中庸》的修养论，认为人性本善，人性之恶是为"情"所恶，如果人们加

[1] 《韩愈全集·文集》卷三《与孟尚书书》，钱仲联、马茂元校点本，上海古籍出版社1997年版。

[2] 《韩愈全集·文集》卷一《原道》，钱仲联、马茂元校点本，上海古籍出版社1997年版。

强修养，便可抵御“情”的侵扰，恢复人的善良本性。另一方面对于如何加强修养以恢复善性，李翱强调《大学》的“格物致知”功夫，将其与正心诚意联系起来，形成一种内在的修养复性的思想理路。毫无疑问，韩愈、李翱为宋代“四书学”的形成开了先河。

宋明时期经学的发展，处于时代主潮的是讲求心性的程朱理学与陆王心学，也有强调功利的北宋经世之学和南宋浙东事功之学，传统经学的通经致用在“内圣”和“外王”两方面都得到了很好的展现。关于这一时期程朱理学和陆王心学由“内圣”开出“外王”的通经致用思想理路，前文已作了论述，此不赘言。这里着重谈谈宋代事功学派对通经致用传统的继承与发扬情况。所谓事功学派，也叫功利学派，其特点是重视于从政治层面把握儒家经义，强调儒家经义在现实政治中的经世致用效能。像北宋王安石的新学、司马光的朔学和南宋陈亮的永康之学、叶适的永嘉之学等，虽然相互间的思想与政治主张有差异，却都重视于“外王”事功。

宋代事功学派的通经致用，北宋与南宋的具体表现有所不同。北宋社会积贫积弱现象严重，为了改变这种局面，一些思想家、政治家不断提出改革主张，进行变法活动。而北宋的政治改革，往往是以儒家经义为其理论依据的。王安石是中国历史上以改革著称的政治家，同时又是位颇有建树的经学家，他的变法改革主张与其经学思想有着密切的关系。在王安石主政变法期间，曾亲自主持“经义局”，重新训释《诗经》《尚书》和《周礼》，号称“新义”，颁之学官，作为士子科考必读科目。王安石训释颁行《三经新义》的目的，一方面是希望通过附会经义，以堵反对变法诸儒生之口，而使改革得以顺利推行；[1] 另一方面则是要将他的变法理论作为正统思想推行到全国。当然，王安石确实也是认为儒家经义中蕴含着治国的道理。他于“三经”中最看重《周官》，对其研究最勤，还亲自撰写了《周官新义》。他在《周官新义·自序》中说，《周官》记载的都是国家政事的根本，按此行事则“其人足以任官，任官足以行法”。说到王安石变法，就不得不提到司马光的反对。朔学以史见长，而

[1] 永瑢等：《四库全书总目》卷一九《经部·礼类一》“周官新义”条，中华书局1965年版。

其治史又是以资治为目的。《资治通鉴》作为帝王教科书，其取材标准便是“专取关国家盛衰，系生民休戚”[1]。然而，朔学的史学根基还在于其经学，司马光治史强调稽古而正名分，重视“礼为纪纲”，认为“礼之为物大矣”，小到修身齐家，大到治国平天下，它都发挥着重要的作用。[2] 那么，为何这样一位重视经世致用的经史学家，却要反对王安石变法呢？其实司马光不是反对变法，而是反对王安石尽变旧法的极端做法，他曾告诫王安石不要“用心太过，自信太厚”[3]。然而，当司马光元祐年间重新上台主政时，却也意气用事，走了王安石尽废旧法的老路而尽废王安石新法。

南宋政权南迁临安（今杭州），中原已成金人的天下，民族危机更加严重。以陈亮、叶适为代表的南宋事功学派，在政治上积极主张抗金，光复中原；在经学思想上则大力批判道德性命之学，倡导事功。陈亮为永康学派的创立者，年轻时即好“伯王大略”，胸怀中兴、复仇之大志，著有《酌古论》和《中兴五论》，纵论历史上的英雄人物。陈亮经学的最大特点，便是反对空谈性理，主张事功。他曾说：“二十年来，道德性命之学一兴，而文章政事几于尽废。”[4] 陈亮反对程朱理学视“道”为一种超乎自然与社会之上的先验的道德，而认为“道之在天下，平施于日用之间”[5]。人的喜怒哀乐皆自然生成，得其正者即为“道”，历史上英雄们的功业是“道”的具体体现。从这样一种道论出发，陈亮提出“义利双行，王霸并用”[6] 的主张。针对程朱理学以王、霸说三代、汉唐，陈亮指出三代之世杂有霸道，而汉唐之世纪纲不坠。由王霸说义利，陈亮反对理学崇义绌利、义利对立的思想，而认为义要体现在利上，利也就是义，义利双行，缺一不可。叶适为永嘉学派的代表人物，其经学以注重功利为特色。叶适认为，功利与道义其实是一种互为表里的关系，他说:“‘仁人正谊不谋利，明道不计功’，此语粗看极好，细看全疏阔。

[1] 司马光:《司马温公文集》卷一《进〈资治通鉴〉表》，商务印书馆 1937 年版。
[2] 司马光:《资治通鉴》卷一一《汉纪三》，中华书局 1956 年版。
[3] 司马光:《司马温公文集》卷一〇《与王介甫书》，商务印书馆 1937 年版。
[4]《陈亮集·廷对》，中华书局 1974 年版。
[5]《陈亮集·经书发题·诗经》，中华书局 1974 年版。
[6]《陈亮集·王寅答朱元晦秘书·又甲辰秋书》，中华书局 1974 年版。

古人以利与人而不自居其功，故道义光明。后世儒者行仲舒之论，既无功利，则道义者乃无用之虚语尔。”[1] 在叶适看来，义理与事功的关系，是道与器的关系，道不离器，义理也只有在事功中才有意义。“无验于事者，其言不合，无考于器者，其道不化，论高而实违，是又不可也”[2]。陈亮与叶适的事功思想，既是对南宋道学家们空谈性命的一种反动，也是这一时期传统经学“外王”思想的集中表现。

清代经学的发展，大致经历了从明末清初的汉宋兼采，到乾嘉时期的汉宋对立，再到清中晚期公羊学的崛起，直至清末的“中体西用”与经学式微这样一个过程。与此相对应，清代经学的通经致用，也大致经历了从明末清初的实学思潮，到乾嘉时期通经与致用的相互疏离，再到公羊学力倡经世致用，直至清末通经致用观念的消解这样一个过程。明末清初是一个“天崩地解”的时代，明清的易鼎，促使了新思潮的兴起，以黄宗羲、顾炎武和王夫之为代表，掀起了一股经世致用的实学思潮。这股新思潮之“新”，首先表现在倡导一种“新”的学风上。如顾炎武就批评晚明学风，认为“近世号为通经者，大都皆口耳之学，无得于心……尚安望其致用哉？”[3] 主张治学以求治道为务，“意在拨乱涤污，法古用夏，启多闻于来学，待一治于后王”[4]。为撰《天下郡国利病书》，他历览“二十一史，十三朝实录，天下图经，前辈文编说部，以至公移邸抄之类，有关于民生之利害者随录之，旁推互证，务质之今日所可行而不为泥古之空言”[5]。其次表现为对理学的批判上。明清之际的学者批判理学，多以其空疏不实为垢，王夫之则是从哲学上对其做出清算的第一人。在自然观上，王夫之否定了理学所主张的“理本气末”“理在气先”和“道本器末”“道在器先”的观点，而对理气、道器关系作了论述，肯定“理在其中”“理即气之理”和“天下惟器”“道者器之道”的

[1] 叶适：《习学记言序目》卷二三《汉书三·董仲舒》，中华书局 1977 年版。
[2] 叶适：《别集·进卷·总义》，见《叶适集》，中华书局 1961 年版。
[3] 顾炎武：《亭林文集》卷七《与任钧衡》，见《顾亭林诗文集》，中华书局 1983 年版。
[4] 顾炎武：《亭林文集》卷六《与杨雪臣书》，见《顾亭林诗文集》，中华书局 1983 年版。
[5] 全祖望：《鲒埼亭集》卷一二《亭林先生神道表》，上海古籍出版社 1996 年版。

观点。在矛盾关系上，肯定宇宙间阴阳之气的运动变化，认为万物生于动而不生于静，从而对理学坐而论道、空谈心性的“主静”哲学作了否定。最后表现在社会改革上，黄宗羲希望通过学校和法治来监督君权：认为学校不仅要具有“养士”的功能，还应该是“公其是非”的清议机关；认为在法治问题上，是“有治法而后有治人”[1]，肯定法制的重要性。

乾嘉时期，出现了考据学大兴的局面。从经学发展史来看，这是一个汉学崛起、汉宋对立的时代；从通经致用的角度来看，情况则比较复杂。在汉学大师中，不乏主张通经致用之人，如汉学集大成者、皖派代表人物戴震，便是“抱经世之才，其论治以富民为本”[2]。而吴派最有影响的学者钱大昕，也认为“六经”乃“圣人所以经纬天地者也，上之可以淑世，次之可以治身，于道无所不通，于义无所不该”[3]。经史学者章学诚则更是继承了由黄宗羲开创的浙东史学重视经世致用的传统。然从总体而言，这一时期的考据之学，无论是吴派还是皖派，都失去了明末清初以黄宗羲、顾炎武、王夫之为代表的经学家们通经致用的治学传统，也普遍缺乏一种积极的政治思想和爱国热情。在他们的学术研究中，出现了通经与致用相互疏离的现象，重视通经，却轻视甚至无视致用。当然，如果从纯学术角度而言，乾嘉时期通经与致用疏离这种纯学术化倾向的出现，对于中国学术走向独立是有着积极意义的。

在清代中晚期，学术史上又出现了一个新现象，那就是成为绝学已久的公羊学又重新开始兴起。公羊学初兴于汉学风靡天下的乾嘉时代，以常州学派的出现为标志，代表人物主要有庄存与、刘逢禄和宋翔凤。他们的经学研究关注社会与民生问题，企图从经学研究中寻找解救社会危机的良方。如刘逢禄就强调《春秋》“大一统”之义，所作《春秋公羊经何氏释例》明确认为“欲正士庶，先正大夫；欲正大夫，先正诸侯；欲正诸侯，先正天子”。宋翔凤也在所作《大学古义》中，反复论说为君

---

[1] 黄宗羲：《明夷待访录·原法》，《黄宗羲全集》第一册，浙江古籍出版社 1985 年版。

[2] 洪榜：《戴先生行状》，见《戴震文集》，中华书局 1980 年版。

[3] 钱大昕：《抱经楼记》，见《嘉定钱大昕全集》，江苏古籍出版社 1997 年版。

之道和为臣之道，肯定仁政爱民的重要性。鸦片战争前后，今文学家龚自珍、魏源利用公羊学倡导社会变革，而今文学家康有为、梁启超等人更是利用传统公羊“三世”说，以及西方的进化论，来宣传变革与维新思想，掀起了声势浩大的戊戌变法政治运动。与此同时，以章太炎为代表的古文经学家也积极参与戊戌变法，并且在义和团运动后开始走向资产阶级革命道路，通过阐发古文经以来宣传革命思想。可以说，在救亡图存的晚清历史背景下，无论是今文经学还是古文经学，都自觉地发扬通经致用的传统。

第三节　史学经世的基本特点

经学强调通经致用，史学也重视发挥其治世功能。实际上，史学之所以能与经学一样成为中国古代学术发展史上的一门显学，与史学本身内蕴的经世功能，以及历代政治家、思想家和史学家对其经世功能的充分认识是密不可分的。那么，以往人们对传统史学的经世功能究竟有何认识？史学在经世致用的过程中究竟表现出了哪些具体特点？

一、对史学经世功能的认识

早在“六经”时代，我们的先人就已经对史学的经世功能有了深刻的认识。《易·大畜·象传》说：“君子以多识前言往行，以畜其德”，《礼记·经解》和《易·系辞下》则提出“疏通知远”和“彰往而察来”，反映了以往人们对于史学功能的一种普遍的认识。白寿彝先生就明确指出：“历史知识的运用，主要的就是这两大类。第一类多是就事论事，第二类涉及的问题比较宽泛，其中包含有规律性的东西。”[1]

(一)“多识前言往行以畜其德”

《易传》所谓“君子以多识前言往行”，说的就是要君子多学习历史知识，而所谓“畜其德”，当然是就学习历史的目的而言的，也就是史学

[1] 白寿彝：《中国史学史》第一册，上海人民出版社1986年版，第323页。

的功能之所在。从《易传》论述的逻辑关系来讲，作为君子，就要“畜德”，而君子“畜其德”，则必须“多识前言往行”，也就是要多学习历史知识。可见学习历史知识对于保持君子品格的重要性。

值得注意的是，《易传》所说的“畜其德”之“德”，其内涵是比较宽泛的，它并不仅仅指一种个人的内在道德修养问题，还包括个人对于社会的认识，以及各种行为准则等。“这个‘德’字不光指道德、品行说，还包含有见解、器识。这一类的目的，主要是‘明是非、别善恶’和‘观成败’。‘明是非’和‘观成败’主要是指认识方面说的，‘别善恶’是从教育意义上说的”[1]。

对于《易传》所谓“德”的含义，《易传·系辞下》本身也有一个详细而明确的解说：

> 《易》之兴也，其于中古乎？作《易》者，其有忧患乎？是故《履》，德之基也，《谦》，德之柄也，《复》，德之本也，《恒》，德之固也，《损》，德之修也，《益》，德之裕也，《困》，德之辨也，《井》，德之地也，《巽》，德之制也。《履》，和而至，《谦》，尊而光，《复》，小而辨于物，《恒》，杂而不厌，《损》，先难而后易，《益》，长裕而不设，《困》，穷而通，《井》，居其所而迁，《巽》，称而隐。《履》以和行，《谦》以制礼，《复》以自知，《恒》以一德，《损》以远害，《益》以兴利，《困》以寡怨，《井》以辨义，《巽》以行权。

这段话所提到的各卦，讲的都是君子所应具有的各种德行。第一层次意思，是讲各卦在道德中的地位，如说《履》卦是道德的基础，《谦》卦是道德的枢纽，《复》卦是道德的根本，等等。第二层意思，是说各卦在道德中的价值或作用，如说《履》卦表示用礼来调和关系，《复》卦表示谨于细小事物才能明辨大的是非，等等。最后是总结，依据各卦在道德中的不同地位和作用，来确定各卦对于各种德行的培育，如要用《履》卦的原则来制约行动，用《谦》卦的姿态来折中礼节，用《复》卦的道理来回顾反省，等等。很明显，《易传》所谓“德”，不仅包括个人的修身，

[1] 白寿彝：《中国史学史》第一册，上海人民出版社 1986 年版，第 323—324 页。

也包括社会秩序的建立，还有明辨是非的问题，等等。而这一切“德”的培育，又都必须以“多识前言往行”，即学习历史，为其前提或条件。

（二）“疏通知远”与“彰往察来”

《礼记·经解》说：“疏通知远，《书》教也。”意思是说，记载历史的《尚书》可以让人们了解过去，预知未来。其实，“‘疏通知远’是先秦人运用历史知识的一种表现形式，并不仅仅限于《书》。所谓‘疏通知远’，可以包含两个意思。一个是依据自己的历史知识观察当前的历史动向，又一个是依据自己的历史知识，提出自己对未来的想法”[1]。这就是说，“疏通知远”不仅是《尚书》之教，也不仅是先秦人运用历史知识的一种表现形式，更是以往人们对于史学功能的一种普遍认识。这里“疏通知远”所包含的两层含义，即依据历史知识以观察当前历史动向和提出对未来的想法，无疑是准确的。

与《礼记·经解》“疏通知远”的说法语义相近，还有《易传》所提出的“彰往而察来”。《周易·系辞下》说：“夫《易》彰往而察来，而微显阐幽，开而当名，辨物正言，断辞则备矣。”意思是说，《易经》具有既揭示历史又考察未来，既显现细微又阐明幽隐的功能或作用。推广开来，《易经》还确定名目、分辨事物、陈述事理、判断吉凶，是十分完备的。这段话的关键点，是说《易经》具有“彰往而察来”的作用。《易传》在论述《易经》的认识价值时，同时也阐明了通过学习历史以预知未来这样一个道理。

《礼记》的“疏通知远”和《易传》的“彰往察来”，其实都是在讨论一个过去与当前和未来的关系问题。我们只有通过学习历史知识，才能对当前的动向做出判断，对未来历史发展趋向做出设想。同时，人们认识过去的目的是为了现在和将来，只有当历史知识被运用于现实与未来时，才能真正发挥它的社会价值，这才是我们学习历史的根本目的所在。

先秦时期，人们就已经自觉地运用历史知识，来对当前动向和未来的发展趋势做出判断。如孔子有鉴于“礼崩乐坏”的现实局面，因向往

---

[1] 白寿彝：《白寿彝史学论集》下，北京师范大学出版社1994年版，第668页。

历史上周朝的礼乐制度而提出“如有用我者，吾其为东周乎”[1] 的理想，虽然这一理想因不合历史发展趋势而不可能成功，孔子甚至连获得去实现这一理想的机会也没有，但毫无疑问是在自觉地将历史与现实和未来联系起来。法家代表人物商鞅力主变法的依据也是历史，《商君书》认为上世是“天地设而民生”的时代，中世是“上贤而说仁”的时代，自己所处的战国乃下世，为“贵贵而尊官”的时代。[2] 所以，他主张变法，通过严明法治以提高君主的权威。秦汉以后，从西汉史家司马迁的“述往事，思来者”[3]，到清代史评家章学诚明确以记注和撰述分史学两宗门，认为“记注欲往事之不忘，撰述欲来者之兴起”[4]，都是明确将“往事”与“来者”相联系，强调“往事”对于“来者”的重要作用。以二十四史为代表的各类史籍的撰述与流传，无非都是通过过去的历史，来告诉现实中的人们小到修身、大到治国的各种道理，为人们对现实状况与未来发展趋势做出合理的判断和预测。毫无疑问，“疏通知远”和“彰往察来”是我们先人一个基本的思维方法，同时也是他们的史学目的论。

二、史学经世的基本特点

作为中国传统史学的载体，浩如烟海的各类史著都自觉地体现其经世致用价值，这是中国传统史学一个非常显著的特点。纵观中国传统史学的发展，其经世旨趣主要表现出以下特点：

（一）以史为鉴

前已述及，中国史学以史为鉴的思想源于先秦的“六经”，“六经”典籍普遍地具有一种强烈的忧患意识和重视历史借鉴的思想。《尚书·召诰》所谓“我不可不监于有夏，亦不可不监于有殷”和《诗经·大雅·荡》所谓“殷鉴不远，在夏后之世”，集中表达了周人希望通过历史借鉴

[1] 《论语·阳货》，诸子集成本，中华书局 1954 年版。
[2] 《商君书·开塞》，高亨注译本，中华书局 1994 年版。
[3] 《汉书》卷六二《司马迁传》，中华书局 1962 年版。
[4] 章学诚：《文史通义》卷一《书教下》，叶瑛校注本，中华书局 1994 年版。

来巩固政权统治的愿望；而“殷鉴”一词便是以历史为借鉴思想的最初表述，并为后代统治者和思想家、史学家所沿用。

秦汉以后，先秦经史著作所体现的以史为鉴思想在史学的发展过程中得到了很好的继承，它几乎成为各类历史著作撰述的一个基本旨趣。西汉初年，面对中国历史上第一个大一统皇朝秦朝的速兴速亡，以陆贾、贾谊为代表的一批政治家、思想家和史学家，认真思考“过秦”这一时代主题，通过总结秦亡的历史教训，阐发自己对于历史治乱兴衰的认识。陆贾的“逆取而以顺守之”[1]和贾谊的“攻守之势异也”[2]之论，表明他们对于秦之过的认识是非常一致的。司马迁作《史记》，以“通古今之变”为其撰述旨趣之一，在谈论古今之间的关系时，他说：“居今之世，志古之道，所以自镜也。”[3]他是要将“古”作为“今”的一面镜子，体现的是一种历史借鉴的思想。班固是中国正统史学的重要代表人物，他作《汉书》的主要目的是为了“宣汉”，同时他也重视“究其终始强弱之变，明监戒焉”[4]这一史学的借鉴功能。荀悦肯定历史撰述的根本作用在于鉴戒。他说：“君子有三鉴，世人镜鉴。前惟顺（训），人惟贤，镜惟明。夏商之衰，不鉴于禹汤也。周秦之弊，不鉴于民下也。侧弁垢颜，不鉴于明镜也。故君子惟鉴之务。”[5]在这“三鉴”当中，史鉴无疑是第一位的。统治者如果不以史为鉴，不去吸取历史的经验教训，国家就不可能得到治理。荀悦正是基于这样一种认识而撰述《汉纪》，为汉献帝提供西汉一代治乱兴衰的历史经验教训。

魏晋南北朝是中国历史上第一次大分裂时期，多变的政局、错综复杂的民族矛盾和动荡不安的社会形势，使得许多士人走向了消极避世的道路，他们清谈玄理，放浪形骸。与此形成鲜明对照的，是这一时期的史学家们积极地将现实与历史相联系，希望以史为鉴，为现实政治寻找到一条出路。刘勰在《文心雕龙·史传》篇中就说：“原夫载籍之作也，

---

[1]《史记》卷九七《郦生陆贾列传》，中华书局 1959 年版。

[2] 分见《史记》卷六《秦始皇本纪》、卷四八《陈涉世家》和《汉书》卷三一《陈胜项籍传》。

[3]《史记》卷一八《高祖功臣侯者年表序》，中华书局 1959 年版。

[4]《汉书》卷一四《诸侯王表序》，中华书局 1962 年版。

[5] 荀悦：《申鉴》第四卷《杂言上》，上海古籍出版社 1990 年版。

必贯乎百氏，被之千载，表征盛衰，殷鉴兴废。”[1]《华阳国志》的作者常璩则在该书《序志》篇中明确指出，撰述历史旨在使“天人之际，存亡之术，可以为永鉴也”。从这些表述可以看出，身处乱世的史学家们希望借鉴历史的心情更为迫切，对于历史的借鉴作用认识也更为深刻。

唐朝初年一连修成八部纪传体正史，这与唐初统治者重视以史为鉴是分不开的。对于唐朝来讲，晋朝、南北朝与隋朝的历史，就是它的近现代史，李唐皇室的父祖先辈，曾在北周和隋朝官居显位，对于这些皇朝的兴亡，初唐帝王的感受自然很深，因而希望从中总结兴亡之理。早在唐武德四年（621 年），起居舍人令狐德棻就正式向唐高祖提出撰写前代史的建议：“窃见近代以来，多无正史。梁、陈及齐，尤有文籍；至周、隋遭大业离乱，多有遗阙。当今耳目犹接，尚有可凭，如更十数年后，恐事迹湮没。陛下既受禅于隋，复承周氏历数。国家二祖功业，并在周时。如文史不存，何以贻鉴今古？如臣愚见，并请修之。”[2] 在此，令狐德棻主要是从保存史料和记录皇室功业的角度提出了修撰前朝历史的必要性，不过他也明确指出史书撰写的目的是“贻鉴今古”。令狐德棻的建议被唐高祖采纳，他在所下达的《命萧瑀等修六代史诏》中，便明确提出了修史的目的是“惩恶劝善，多识前古，贻鉴将来”[3]。唐太宗也深知“以古为镜”的道理，在贞观二十年（646 年）所下达的《修晋书诏》中，他明确肯定史学的作用在于“彰善瘅恶，激一代之清芬；褒吉惩凶，备百王之令典”[4]，对史书的鉴戒功能有着非常清醒的认识。初唐统治者重视以史为鉴，尤其表现在以隋为鉴上。据史书记载，唐太宗常痛“炀帝骄暴而亡”，而谓侍臣“常宜为朕思炀帝之亡”。[5] 魏徵也曾上奏太宗，希望对隋唐易鼎的历史进行研究，以“能鉴彼所以亡，念我所以得”[6]。正是这种忧患意识，使史学得到了初唐统治者的高度重视，也由此促进了初唐史学的发展。

---

[1] 刘勰：《文心雕龙》卷一六《史传》，周振甫译注本，江苏教育出版社 2006 年版。

[2]《旧唐书》卷七三《令狐德棻传》，中华书局 1975 年版。

[3]《唐大诏令集》卷八一，中华书局 2008 年版。

[4]《唐大诏令集》卷八一，中华书局 2008 年版。

[5] 司马光：《资治通鉴》卷一九四《唐纪十》，中华书局 1956 年版。

[6]《新唐书》卷九七《魏徵传》，中华书局 1975 年版。

综上所述可知，乱世之后所建立的新皇朝，其统治初期，往往非常重视以史为鉴，这显然是服务于当时现实政治的一种需要。要巩固新兴政权，也必须要从历史的经验和教训当中得到借鉴。而纵观中国传统史学的发展，已经充分表明它很好地发挥了这一经世功能。

（二）彰善瘅恶

彰善瘅恶是传统史学的一种道德评判功能，它在维护社会的纲常伦理道德和社会的等级秩序方面发挥了重要的作用。

传统史学重视发挥道德评判功能，要追溯到孔子作《春秋》。前已述及，孔子之所以要作《春秋》，按照孟子的说法，是孔子“惧”于春秋乱世，希望通过史笔来对乱臣贼子们进行鞭笞，同时寄托他的王道社会的理想。正如《史记·太史公自序》所言，《春秋》是要“上明三王之道，下辨人事之纪，别嫌疑，明是非，定犹豫，善善恶恶，贤贤贱不肖，存亡国，继绝世，补敝起废，王道之大者也”。而《春秋》出于道德评判的需要，在史书的撰述中采用了一定的书法形式，《礼记·经解》将其概括为四个字，叫做“属辞比事”。《孔疏》说：“属辞比事，《春秋》教也者。属，合也；比，近也。《春秋》聚合会同之辞，是属辞；比次褒贬之事，是比事也。”这就是说，《春秋》是要通过遣辞造句与比次史事，亦即运用一定的书法，来对史事、人物进行褒贬与夺，而其基本原则是寓褒贬、别善恶，扬善隐恶，为尊亲贤者避讳。

北宋欧阳修作《新五代史》的动机，一方面是由于北宋初年所修撰的《旧五代史》湮没的史实较多，行文也较为平淡；另一方面，更为重要的是，欧阳修对《旧五代史》的书法极其不满。在他看来，五代是一个道德沦丧的乱世，书乱世之史，当效《春秋》褒贬书法。基于此，他仿《史记》的体例，按照孔子《春秋》的褒贬书法，重新编写了《五代史》。陈师锡在所作《五代史记序》中，对欧阳修《新五代史》的撰述动机与旨趣作了很好的概括：

> 五代距今百有余年，故老遗俗，往往垂绝，无能道说者。史官秉笔之士，或文采不足以耀无穷，道学不足以继述作，使五十有余年间废兴存亡之迹，奸臣贼子之罪，忠臣义士之节，不传于后世，来者无可考焉。惟庐陵欧阳公慨然以自任，盖潜心累年，而后成书。

其事迹实录详于旧记，而褒贬义例，仰师《春秋》，由迁、固而来，未之有也。

而作为乱世之史的《新五代史》，其书法的显著特点，则是每每皆以“呜呼”发论。欧阳修在解释采用这一书法的原因时说：“昔孔子作《春秋》，因乱世而立治法；余为《本纪》，以治法而正乱君”，故而《新五代史》“发论必以‘呜呼’，曰：‘此乱世之书也！’”[1] 同时，欧阳修还以道德标准对人物进行分门别类，创立了一些新的传名。如南方十国政权被列为世家，少数民族建立的政权及外国传被列为《四夷附录》，创立新的传名如《义儿传》《伶官传》《宦者传》《唐六臣传》《死节传》《死事传》和《一行传》等。欧阳修正是通过这些分类，以及行文中的用字差异，来进行彰善瘅恶的。

朱熹的《资治通鉴纲目》也是一部以重视道德评判而著称的史著。正如朱熹的学生李方子所说的，《资治通鉴纲目》的“大经大法”是“一本于圣人之述作”，旨在“使明君贤辅有以昭其功，乱臣贼子无所逃其罪。而凡古今难制之变，难断之疑，皆得参验稽决，以合于天理之正，人心之安”[2]。为了“会归一理之纯粹”，《通鉴纲目》在义例和书法上继承了《春秋》的传统，并且将《春秋》义例和书法发展到无以复加的程度，其褒贬与夺也随着其理学正宗地位的确立而成为后世史书书法的准绳。关于《通鉴纲目》运用《春秋》书法的具体情况，详见本书第三章内容。这一书法的基本精神，可以概括为辨正闰、明顺逆、严篡弑之诛和褒奖尊者、贤者与死节者。毫无疑问，在理学家兼史学家朱熹这里，符合天理的自然就是善，而讲求人欲的自然就是恶。朱熹史学的彰善瘅恶，其表现形式和终极目的便是要“存天理，灭人欲”。

传统史学重视发挥彰善瘅恶的道德功能，往往是与乱世联系在一起的。道理很简单，乱世也是道德沦丧的时代，由乱世而导致道德沦丧，由道德沦丧而加重国家的衰乱，由此形成一种恶性循环。这一时期史学发挥其经世致用功能，自然要重视道德评判，要以整饬人心、挽救纲常、

---

[1] 陈振孙：《直斋书录解题》卷四《正史类》，上海古籍出版社 1987 年版。

[2] 李方子：《资治通鉴纲目·后序》，见《资治通鉴纲目》，《四库全书》本。

重建道德规范与社会秩序为中心旨意。同时，作为宋代以后中国封建社会后期的官方意识形态——理学，对于传统史学道德评判功能的日益强化也产生了非常大的影响。

（三）“将施有政”

“将施有政”，即是要以历史来观照现实，为现实政治提供有益的借鉴，重视史学研究的直接政治效用。史学这一功能的发挥，往往是统治者励精图治的一种需要，或者是政治出现危机时一些思想家、史学家的学术自觉。

中晚唐政治家兼史家杜佑作《通典》，在该书《自序》中开宗明义，标明其撰述旨趣是要“征诸人事，将施有政”。为了使《通典》的撰述旨趣更加简单明了，贞元十九年（803年），也就是《通典》成书后的第三年，杜佑又将《通典》的要点辑录而成《理道要诀》一书，旨在通过“理道不录空言”，从而更加集中地探讨“礼法刑政”，以凸显“理道”的“要诀”，而使历史更加紧密地服务于现实政治，更加直接地发挥它的政治效应。杜佑所论“理道要诀”，主要包括“以食货为之首”之经济基础，选举、职官、礼、乐、兵、刑之上层建筑，以及州郡之地方建制和边防等，至于历代正史记述的律历、天文、五行、祥瑞、舆服等方面的典制，因与政治治理没有直接关系而未予采录。很显然，《通典》“以食货为之首”的做法以及对所记述典制的选取，充分体现了其“将施有政”的经邦致用的撰述旨趣。

宋代政治家兼史家司马光著《资治通鉴》，以“资治”名篇，其强调史学的政治效用意识更为强烈。司马光在《进〈资治通鉴〉表》中说到，《资治通鉴》的撰写目的是“监前世之兴衰，考当今之得失，嘉善矜恶，取是舍非，足以懋稽古之盛德，跻无前之至治”。即是要借助于历史的记述与评论，让人们从中“鉴”得以往历史的治乱兴衰，然后以古观今，“考当今之得失”，在通过对历史与现实政治的“嘉”“矜”“取”“舍”这一番工夫后，最终达到以史为用、以史资政的目的。同时，司马光撰写《资治通鉴》的直接目的，则是为了帮助统治者鉴往知来，因此在史书的选材上必须既要有所删削，更要有所突出，集中围绕或突出了两大主题——“国家盛衰”和“生民休戚”：“每患迁、固以来，文字繁多，自布衣之士读之不遍，况于人主日有万机，何暇周览？臣常不自揆，欲删削冗长，举撮机要，专取关国家盛衰，系生民休戚，善可为法，恶可为戒者，为编年一书。”这就是说，《资治通鉴》与以往史书记载繁杂史事不同，它的撰写紧扣“国家盛衰”和“生民休戚”，体现了帝王教科书的特点。这样一种鲜明的历史撰述目的，加上《资治通鉴》博大精深的史学内涵和高超的编纂技巧，有机地结合在一起，使得《资治通鉴》一书很好地凸显了史学的“资政”功能。

顾炎武是明末清初倡导经世致用之学的代表。他治学的一个基本思想，是主张“文须有益于天下”。他说：“文之不可绝于天地间者，曰明道也、纪政事也、察民隐也、乐道人之善也，若此者，有益于天下，有益于将来，多一篇，多一篇之益矣。若夫怪力乱神之事、无稽之言、剿袭之说、谀佞之文，若此者，有损于己，无益于人，多一篇，多一篇之损矣。”[1] 又说：“君子之为学，以明道也，以救世也。徒以诗文而已，所谓‘雕虫篆刻’，亦何益哉！”[2] 在此，顾炎武不但为人们区分了什么是有益于天下、有益于将来之学，什么是有损于己、不利于人之学，而且指出君子为学当以“明道”“救世”为己任。顾炎武特别强调史学的“引古筹今”价值，他说：“夫史书之作，鉴往所以训今”[3]，“引古筹今，亦吾儒经世之用”[4]。他撰写的史学名著《日知录》，其学术旨趣即是为了“明学术，正人心，拨乱世以兴太平之事”[5]。而他的历史地理名著《天下郡国利病书》，也是“感四国之多虞，耻经生之寡术”而作。该书以历史的视角，由地理而经济、由经济而政治，蕴含了丰富而深刻的经世致用思想。同时，从经世致用的角度，顾炎武批评宋明理学是一种“学无根底”“束书不观”的空疏之学，而主张以征实去伪之学取而代

[1] 顾炎武：《日知录》卷一九《文须有益于天下》，秦克诚点校本，岳麓书社1994年版。

[2] 顾炎武：《亭林文集》卷五《与人书》，见《顾亭林诗文集》，中华书局1983年版。

[3] 顾炎武：《亭林文集》卷六《答徐甥公肃书》，见《顾亭林诗文集》，中华书局1983年版。

[4] 顾炎武：《亭林文集》卷五《与人书》，见《顾亭林诗文集》，中华书局1983年版。

[5] 顾炎武：《亭林文集》卷二《初刻日知录自序》，见《顾亭林诗文集》，中华书局1983年版。

之。由于顾炎武大力提倡朴实考据的学风，从而影响了有清一代的学风，顾炎武也成为清代考据学的鼻祖。

（四）歌功颂德

传统史学还有一个显著的功能，那就是为统治者歌功颂德。这也是传统史学经世致用的一种体现。

史学家司马谈治史，就具有明显的“宣汉德”和“颂功臣”的思想。在给司马迁的临终遗言中，司马谈就讲到了历史上周公、孔子的颂德之功，以及他本人颂汉德未竟的遗憾：

> 夫天下称诵周公，言其能论歌文武之德，宣周召之风，达太王、王季之思虑，爰及公刘，以尊后稷也。幽厉之后，王道缺，礼乐衰，孔子修旧起废，论《诗》《书》，作《春秋》，则学者至今则之。自获麟以来四百有余岁，而诸侯相兼，史记放绝。今汉兴，海内一统，明主贤君忠臣死义之士，余为太史而弗论载，废天下之史文，余甚惧焉，汝其念哉！

而为了弥补自己这份遗憾，他希望司马迁“无忘吾所欲论著矣”。[1]

司马迁作《史记》以“实录”而著称，然而与乃父一样，在他的史学思想中，也存在着“宣汉德”和“颂功臣”的意识。在《太史公自序》中记与壶遂的答问，司马迁对自己这一作史动机说得很清楚：

> 汉兴以来，至明天子，获符瑞，封禅，改正朔，易服色，受命于穆清，泽流罔极，海外殊俗，重译款塞，请来献见者，不可胜道。臣下百官力诵圣德，犹不能宣尽其意。且士贤能而不用，有国者之耻；主上明圣而德不布闻，有司之过也。且余尝掌其官，废明圣盛德不载，灭功臣世家贤大夫之业不述，堕先人所言，罪莫大焉。

司马迁这段对答之语，似乎不能简单地理解为是言不由衷的。

在中国史学发展史上，明确而公开地标榜以歌功颂德为历史撰述旨

---

[1] 《史记》卷一三〇《太史公自序》，中华书局1959年版。

趣的，当属东汉史家班固。班固断汉为史作《汉书》，主旨就是要凸显西汉大一统皇朝的历史地位。对于《汉书》的这一“宣汉”旨趣，班固本人在《汉书·叙传》中作了详细阐明，他说：

> 固以为唐虞三代，《诗》《书》所及，世有典籍，故虽尧舜之盛，必有典谟之篇，然后扬名于后世，冠德于百王，故曰“巍巍乎其有成功，焕乎其有文章也！”汉绍尧运，以建帝业，至于六世，史臣乃追述功德，私作本纪，编于百王之末，厕于秦、项之列。太初以后，阙而不录，故探纂前记，缀辑所闻，以述《汉书》。

在这段话中，班固明确认为，即使如儒家心目中的尧、舜盛世，也必须要依靠典籍，才能使其“扬名于后世，冠德于百王”；对于上接帝尧统绪的汉皇朝的历史，他批评司马迁作《史记》将其“编于百王之末，厕于秦、项之列”的做法，加上汉武帝太初以后的汉史又“阙而不录”，所以他要断汉为史作《汉书》，以史家的自觉去肩负起“宣汉”的历史重任。

纵观《汉书》的“宣汉”旨趣，主要表现为以下三点：其一，断汉为史作《汉书》，凸显汉皇朝的历史地位。在班固看来，司马迁《史记》的不足有二，一是它的通史撰述方法，使得汉皇朝的历史被“编于百王之末，厕于秦、项之列”；二是《史记》所记载的汉史只限于太初年间以前。在班固看来，汉皇朝是历史上最为强盛的皇朝，像《史记》这样的汉史撰述根本无法凸显汉皇朝的历史地位。其二，《汉书》重视以神意史观来解说汉皇朝的历史统绪，旨在说明刘汉帝业的合理合法性。西汉的建立者刘邦起于闾巷，无尺土之封，对于这种“无土而王”的现象，时人普遍感到困惑不解。对此，班固在《汉书》中一方面充分肯定了刘邦的人为作用，另一方面，重视以神意来进行解释。在《汉书·高帝纪赞》中，班固铺陈了一个非常具体的汉绍尧运的刘氏家族世系，并由此认为汉高祖之所以能成就帝业，是因为“汉承尧运，德祚已盛，断蛇著符，旗帜上赤，协于火德，自然之应，得天统矣”。《汉书》为中国封建正统史学的代表，它对于汉皇朝历史统绪的神意解释对后世影响很大。其三，《汉书》重视“上下洽通”，最大限度地反映有汉一代的历史。《汉书》撰述的一个基本原则，便是“综其行事，旁贯‘五经’，上下洽通”[1]。这里所谓“上下洽通”，是强调《汉书》载记史实既要博洽，又要贯通。只有博洽，才能全面地反映汉皇朝的历史；而只有贯通，才能看出西汉历史发展的基本脉络和它的兴衰之变。

[1] 《汉书》卷一〇〇《叙传》，中华书局 1962 年版。

第六章 近代化过程中经史关系的嬗变

这里所谓近代化过程，在时间上是指从1840年鸦片战争到1919年五四运动前夕。这一时期的经学，走过了一个从变化、改造，到最终退出历史舞台的过程，而这一时期的史学，也经历了一个由传统史学到近代资产阶级新史学的转轨。在近代经史关系的嬗变过程中，一方面，从经史之学所关注的社会主题而言，这一时期进步的经史学家普遍重视发扬通经致用和史学经世的传统精神，关心国家的前途和命运，积极宣扬救亡图存的思想，并且提出了许多具体的变革和维新主张。另一方面，从经史关系而论，随着近代经学观念的转变和传统经学逐渐走向没落，最终完成了由经学到史学的转变；与此同时，史学也最终摆脱了经学的羁绊，同时开始运用进化论的观点来研究和解说中国历史，初步建立起了近代新史学理论体系。

第一节 救亡图存背景下的近代经史之学

救亡图存时代背景下的近代经史之学，其学术主潮所呈现的最为显著的特点，是紧紧跟随着时代变动的步伐，积极服务于救亡图存的需要，呈现了经史之学重视经世致用的特点。

一、倡导变革：近代经学的进步主张

1840年的鸦片战争无疑是中国历史的重大转折，从此以后，中国开始一步步地变成半殖民地半封建社会，屈辱的近代历史由此开始。面对民族危机的到来，进步人士积极投身于救亡图存的时代潮流之中。近代经学也奋起有为，发挥通经致用的传统，积极倡导社会变革；一些经学家还投身于社会变革与革命的实践中。

(一) 龚自珍、魏源的"以经术为治术"

龚自珍（1792—1841年），字璱人，号定庵，浙江杭州人，清代晚期进步思想家、今文经学家。尽管龚自珍对当时西方的资本主义发展情况不了解，也未曾亲见鸦片战争的失败和丧权辱国的《南京条约》的签订，却已经以其敏锐的政治眼光看到了封建衰世的到来。作为一名具有强烈忧患意识的思想家，龚自珍一方面写了《明良论》等文，对官吏只顾贪污中饱，不顾国家前途和人民的疾苦，以及不知廉耻、献媚图荣等腐败现象作了淋漓尽致的揭露，指出整个国家的"官吏士民，狼艰狈蹶，不士、不农、不工、不商之人，十将五六；又或飧烟草，习邪教，取诛戮，或冻馁以死，终不肯治一寸之丝、一粒之饭以益人"[1]。很显然，这是一个已经到了崩溃边缘的大乱将起的衰世。"衰世"之论的提出，"既是龚自珍对当时社会形势的性质判断，又是他批判各种痈疽、黑暗的基点。'衰世'这一概念，是龚自珍对近代社会史、政治史、文化史研究所作的贡献，一经出现，就为同时代人和后代人们所首肯，影响深远"[2]。

在批判之余，龚自珍又为救治这样一个"衰世"而积极寻求良方。他撰写的《乙丙之际箸议》等文，通过反思历史，总结历代治乱兴衰经验，而提出挽救社会危机的唯一办法就是改革。他说：

> 一祖之法无不敝，千夫之议无不靡，与其赠来者以劲改革，孰若自改革？抑思我祖所以兴，岂非革前代之败耶？前代所以兴，又

[1] 龚自珍：《西域置行省议》，见《龚自珍全集》上册，中华书局1959年版。
[2] 陈铭：《龚自珍评传》，南京大学出版社1998年版，第132—133页。

非革前代之败耶？何莽然其不一姓也？天何必不乐一姓耶？鬼何必不享一姓耶？奋之，奋之！[1]

在此，龚自珍饱含激情地强调了改革对于革除弊政、兴旺国家的重要性。

龚自珍社会改革论的思想武器则是传统的《公羊》“三世”说。以东汉《公羊》家何休为代表的传统《公羊》“三世”说，其本质特征是肯定历史的变易和进化，认为社会历史是按照“据乱世——升平世——太平世”向前发展的。龚自珍深刻领会《公羊》哲学“变”的精髓，却又不拘泥于《公羊》陈说，而提出了以“治世——乱世——衰世”（或“早时——午时——昏时”）来描述历史进程的新“三世”说。龚自珍说：“吾闻深于《春秋》者，其论史也，曰：书契以降，世有三等。三等之世，皆观其才。才之差，治世为一等，乱世为一等，衰世别为一等。”[2] 又说：“岁有三时：一曰发时，二曰怒时，三曰威时；日有三时：一曰早时，二曰午时，三曰昏时。”认为“早时”，政权强大，政在“京师”，“鄙夫、皂隶”不足以受到重视；至“午时”，中央政权仍能控制局面，“京师”仍是全国的中心，在野势力尚不能构成对中央政权的威胁；到了“昏时”，社会的是非、善恶、美丑等等都颠倒了，“京师”与“山中”的力量也发生了变化，天崩地塌的时代也就到来了。[3] 龚自珍“三世”循环理论中的所谓“衰世”，不仅指历史上曾经出现过的现象，也是针对当时政治局势而论的，是对现实政治的有感而发。历史不幸被龚自珍言中了，在他死后不过十年，“山中之民”——太平军真的掀起了一场规模宏大的农民起义。如果说传统的《公羊》“三世”说体现的是一种乐观主义和理想主义，那么，经过龚自珍改造之后的新“三世”说则主要体现的是一种忧患意识和危机意识，它反映了这一时期民族危机的紧迫感。而从目的论来说，龚自珍对传统《公羊》“三世”说的改造是一种革命性的改造，它突显了一种社会变革思想于其中：既然这是一个大乱将起的“衰世”“昏时”，要想度过危机，办法只有一个，那就是进行变革。道理

[1] 龚自珍：《乙丙之际箸议第七》，见《龚自珍全集》上册，中华书局1959年版。
[2] 龚自珍：《乙丙之际箸议第九》，见《龚自珍全集》上册，中华书局1959年版。
[3] 龚自珍：《尊隐》，见《龚自珍全集》上册，中华书局1959年版。

很简单，因为“自古及今，法无不改，势无不积，事例无不变迁，风气无不移易”[1]。只有变法革新，才能使社会由衰而盛，重新步入“治世”时代。

魏源（1794—1857年），字默深，湖南邵阳人，是与龚自珍同时代的忧国忧民的进步思想家、今文经学家，也是龚自珍的挚友，时有“龚、魏”之称。魏源对龚自珍关于时局所做出的大乱将起的“衰世”的判断深有同感，同时提出了自己对于时局的“六荒”之论，即堂陛玩愒、政令丛琐、物力耗匮、人才嵬茶、谣俗浇漓和边场弛警，并警告统治者易姓亡国的危险已经来临：

> 稽其籍，陈其器，考其数，诹诸百执事之人，卮何以漏？根何以蠹？高岸何以谷？荃茅何以莸？堂询诸庭，庭询诸户，户询诸国门，国门询诸郊野，郊野问诸四荒，无相复者；及其复之，则已非子、姬之氏矣。[2]

面对这样一个“衰世”，与龚自珍一样，魏源也是“以经术为治术”[3]的，寄希望于从经学当中找寻救世救民的良方。魏源对当时大行其道的汉学和宋学是持批判态度的，认为它们都是脱离实际的空疏无用之学。他批评汉学“以诂训音声蔽小学，以名物器服蔽‘三礼’，以象数蔽《易》，以鸟兽草木蔽《诗》，毕生治经，无一言益己，无一事可验诸治者乎?”[4]宋学也是“上不足制国用，外不足靖疆圉，下不足苏民困”的无用之学。[5]魏源推崇西汉兴起的今文经学，认为今文经学讲究微言大义和通经致用。他说：

> 夫西汉经师，承七十子微言大义，《易》则施、孟、梁丘皆能以占变知来。《书》则大小夏侯、欧阳、倪宽皆能以《洪范》匡世主。

---

[1] 龚自珍：《上大学士书》，见《龚自珍全集》下册，中华书局1959年版。
[2] 魏源：《默觚》，见《魏源集》上册，中华书局1976年版。
[3] 魏源：《默觚》，见《魏源集》上册，中华书局1976年版。
[4] 魏源：《默觚》，见《魏源集》上册，中华书局1976年版。
[5] 魏源：《默觚》，见《魏源集》上册，中华书局1976年版。

《诗》则申公、辕固生、韩婴、王吉、韦孟、匡衡皆以三百五篇当谏书。《春秋》则董仲舒、隽不疑之决狱。《礼》则鲁诸生、贾谊、韦玄成之议制度，而萧望之等皆以《孝经》《论语》保傅辅道，求之东京，未或有闻焉。[1]

士之能九年通经者，以淑其身，以形为事业，则能以《周易》决疑，以《洪范》占变，以《春秋》断事，以《礼》《乐》服制兴教化，以《周官》致太平，以《禹贡》行河，以三百五篇当谏书，以出使专对，谓之以经术为治术。[2]

魏源对西汉以降经学流变逐渐背离经世致用的传统深以为忧，说："西京微言大义之学，坠于东京；东京典章制度之学，绝于隋、唐；两汉故训声音之学，熄于魏、晋；其道果孰隆替哉！"[3] 他主张由"诂训声音"复归到东汉，再由典章制度复归到西汉：

今日复古之要，由诂训声音以进于东京典章制度，此齐一变至鲁也；由典章制度以进于西汉微言大义，贯经术、政事、文章于一，此鲁一变至道也。[4]

而魏源欲以东汉复西汉的今文经学代表作便是《诗古微》和《书古微》，二书皆收入《皇清经解续编》之中。前者旨在表微西汉今文学派韩、鲁、齐三家诗说，后者旨在发挥西汉《尚书》今文家说，并提出应黜出伪古文《尚书》，其目的都是要否定古文经学的正统地位，以此确定今文经学的地位，二书对推动晚清今文经学运动有重要意义。

魏源推崇西汉今文经学，不仅看重其讲究微言大义，通经致用，还因为其宣扬的"三统"说主张变易救弊，学者普遍认为，"今文'三统'说，是魏源变易思想的主要来源"[5]。魏源认为历史是不断发展的，不

[1] 魏源：《两汉经师今古文家法考叙》，见《魏源集》上册，中华书局1976年版。
[2] 魏源：《默觚》，见《魏源集》上册，中华书局1976年版。
[3] 魏源：《两汉经师今古文家法考叙》，见《魏源集》上册，中华书局1976年版。
[4] 魏源：《两汉经师今古文家法考叙》，见《魏源集》上册，中华书局1976年版。
[5] 汤志钧：《近代经学与政治》，中华书局2000年版，第109页。

可泥古守旧。他对时人所谓“世愈古而治愈盛”的观点持否定态度，认为：“三皇之事，若有若无；五帝之事，若存若灭；三王之事，若明若昧；时愈古则传愈少，其与天地不朽者果何物乎？”[1] 明确肯定后世之事有胜于三代者，如“文帝废肉刑，三代酷而后世仁也；柳子非封建，三代私而后代公也；世族变为贡举，与封建之变为郡县何异？三代用人，世族之弊，贵以袭贵，贱以袭贱，与封建并起于上古，皆不公之大者”[2]。魏源强调变法救弊，认为既然历史是发展变化的，就应该顺应时代的变化而变更制度法令，他说：“天下无数百年不弊之法，无穷极不变之法，无不除弊而能兴利之法，无不易简而能变通之法。”[3] 充分肯定了变法救弊的必要性。而魏源变法救弊的理论依据便是西汉今文的“三统”说。众所周知，西汉《公羊》大师董仲舒大力宣扬的“三统”说，讲的就是“承应天命”而建的新朝怎样改正朔、易服色、变易救弊，是一种改制学说。魏源认为，既然夏、商、周三代分属黑、白、赤三统，其制度皆有因革损益，那么后世变革也就是天经地义的事了。所以他说：“以三代之盛，而殷因于夏礼，周因于殷礼，是以《论语》‘监二代’，荀卿‘法后王’，而王者必敬前代二王之后，岂非以法制因革损益，固前事之师哉！”[4]

（二）康有为的“托古改制”

康有为（1858—1927 年），字广厦，号长素，广东南海人。作为清末维新派的代表，康有为利用今文经学，积极宣扬“托古改制”，将今文经学与政治改革更加紧密地结合起来，由此掀起了一场轰轰烈烈的维新变法政治运动，对于近代中国产生了深远的影响。

康有为早年师从朱次琦。朱次琦的治经特点是兼采汉宋、今古，而倡导经世致用，这样的治学路径与思想对于青年康有为是有很大影响的，促使他在了解各派经学的同时，养成了重视经世致用的学术精神。据《康南海自编年谱》记载，康有为早年就曾读过《周礼》《王制》等书，

[1] 魏源：《默觚》，见《魏源集》上册，中华书局 1976 年版。
[2] 魏源：《默觚》，见《魏源集》上册，中华书局 1976 年版。
[3] 魏源：《筹鹾》，见《魏源集》下册，中华书局 1976 年版。
[4] 魏源：《明代食兵二政录叙》，见《魏源集》上册，中华书局 1976 年版。

对今古文经典都有涉猎。青年时期的康有为就已表现出了对古文经学“琐碎而破道”的不满，并且开始有意要“舍弃考据帖括之学”了。[1]随着时间的推移，康有为的经学倾向性变化愈加明显，并最终转而专注于重视经世致用的今文经学。

康有为由早年兼采今古文转而只推崇今文经学之经学路径变化的原因，首先当然要从时代因素去找寻。鸦片战争以后，中国时局危机日益加深，救亡图存的任务日益艰巨。始于19世纪60年代由洋务派掀起的洋务运动，寄希望于通过学习西方的科学技术来解决危机，结果却并没有使中国走出困局；随后而起的资产阶级维新派，又寄希望于通过宣传维新思想，进行自上而下的政治改良，以解决政治与民族危机。作为维新派的代表人物，康有为在继承龚自珍、魏源等人“以经术为治术”主张的同时，自然也选择了讲究微言大义和经世致用的今文公羊学。也就是说，康有为之所以推崇今文经学，是出于政治上救亡图存的需要，同时也与龚自珍、魏源等今文经学家经学思想的影响分不开。

值得注意的是，在康有为推崇并大力宣扬今文经学的过程中，今文经学家廖平的经学思想对他也是有一定影响的。据廖平1896年所作《经话甲编》说，他曾于1888年著今文学《知圣》和古文学《辟刘》；后来又在1906年所作《四益馆经学四变记》中说：“外间所传之《改制考》，即祖述《知圣篇》，《伪经考》即祖述《辟刘篇》。”这里所谓《改制考》与《伪经考》，指康有为所写的《孔子改制考》（1897年）和《新学伪经考》(1891年)，而《知圣篇》和《辟刘篇》乃廖平从自己早年所著《今古学考》(1886年）一书中离析成的二文（廖氏自述时间是1888年)。究竟康有为二书是否是从廖平二文推衍而出，此乃晚清学术史一公案。康氏弟子梁启超后来作《清代学术概论》追述说：“今文学运动之中心，曰南海康有为。然有为盖斯学之集成者，非其创作者也。有为早年，酷好《周礼》，尝贯穴之著《政学通议》，后见廖平所著书，乃尽弃其旧说。”[2] 今人对廖平的《辟刘》《知圣》与康有为的《新学伪经考》和

[1] 《康南海自编年谱》，见《中国近代史资料丛刊·戊戌变法》(四)，上海人民出版社1961年版，第115页。

[2] 梁启超：《清代学术概论》，东方出版社1996年版，第69页。

《孔子改制考》之间关系多有考辨，或认为康氏二书并非出自廖氏，[1]或认为康氏二书受了廖氏二文的影响，“廖平至少充当了康有为理论体系的助产士”[2]。不过也有一致的意见，那就是康有为是因为接受了廖平的经学观点才转向今文经学的，其今文经学的渊源在廖平。

康有为利用今文经学宣传变革思想，集中体现在《新学伪经考》和《孔子改制考》的撰述上。前者攻击“新学”为伪经，旨在破除古文经学“述而不作”的传统，进而打击社会上恪守祖制的保守思想；后者不但打出“孔子改制”的旗号，而且具体提出了关于社会进化的新“三世”说——由封建专制的“据乱世”，中经君主立宪的“升平世”，最终以达民主共和的“太平世”。毫无疑问，此二书是戊戌变法前今文学家康有为系统宣传资产阶级维新思想的重要理论著作。“如果说《新学伪经考》的主要意义在‘破’，那么《孔子改制考》的主要意义在‘立’。前者旨欲除封建之旧，后者则欲‘托孔子之名’，维资本主义之新”[3]。随着 1895 年甲午战败和丧权辱国的《马关条约》的签订，康有为发起组织“公车上书”，开始积极投身于变法的实践当中。此后康有为积极组织维新团体，创办维新报刊，宣传维新思想，推动维新变法。1898 年戊戌变法时期，康有为更是成为海内外瞩目的维新领袖。

（三）章太炎的从“革政”到革命

在近代救亡图存时代背景下，倡导变革者并不仅有以龚自珍、魏源、康有为为代表的今文经学家，古文经学家们也重视变革，章太炎便是这样一位从同情、支持维新变法到坚决主张革命以推翻满清王朝的古文经学家。

章太炎（1869—1936 年），名炳麟，号太炎，辛亥革命时期杰出的资产阶级革命家。章太炎青年时期师从著名的古文经学家、一代朴学大师俞樾。然而，俞樾尊崇古文汉学的同时，也“治《春秋》，颇右公羊

[1] 参见钱穆《中国近三百年学术史》（商务印书馆 1997 年版）及房德邻《儒学的危机与嬗变》（台北联经出版社 1990 年版）等。

[2] 参见朱维铮《中国经学史十讲·重评新学伪经考》（复旦大学出版社 2002 年版）等。

[3] 汤志钧：《近代经学与政治》，中华书局 2000 年版，第 179 页。

氏”[1]。这种学无常师的治学特点对章太炎是有影响的，他在宗汉学的同时，也并不排斥讲究微言大义的今文诸说。大约在义和团运动以后，章太炎在政治上主张革命，而与康有为、梁启超等保皇派分道扬镳，同时在经学上也开始专宗古文学。

章太炎早年积极投身于维新变法运动之中。1897 年，他受梁启超之邀任职于《时务报》，并在该报及其他一些具有维新思想的报刊上发表文章，宣扬变革思想，支持康有为、梁启超等人的变法主张。值得注意的是，康、梁的变法理论武器是今文公羊学，而章太炎是持古文学的，为何经学思想方法不同却又能支持康、梁变法，并且还与梁启超共事于《时务报》(梁为该报主笔)，答案只有一个，那就是章太炎虽然反对康有为的今文公羊学，却又赞成康有为的变法主张。章太炎本人于 1899 年 1 月 13 日在《台湾日日新报》上撰写《〈康氏复书〉识语》一文对此作了解释(章氏曾在戊戌变法失败后短期旅居台湾)，说他与康、梁“论学虽殊，而行谊政术自合”[2]。这里所谓“论学虽殊”，指的是各宗今、古文；所谓“行谊政术自合”，则是指他们主张维新变法的思想一致。同年 11 月 23 日，章太炎还在《亚东时报》上发表《今古文辨义》一文，着重从学术角度批驳廖平的今文经学观点，却没有提及受廖平经学思想影响的康有为，并且公开表示反对借攻击今文“以攻击政党”的做法，说：“若夫经术文奸之士，藉攻击廖氏以攻击政党者，则坎井之鼃，吾弗敢知焉。”[3] 这显然是在维护康党，和当时顽固派借攻击今文学以攻击“援经论政”的维新党人的做法是截然不同的。

1900 年义和团运动爆发以后，八国联军入侵中国，清政府迅速沦为洋人的朝廷，而主张推翻清朝统治的革命思想也取代维新改良思想成为时代的主潮。此时的康有为、梁启超等人依然固守着“奉戴光绪”进行改良的理念，而成为保皇派；章太炎则以其强烈的民族主义思想转变为坚定的革命派，从此与康、梁决裂。这种政治上的决裂，使得章太炎在经学上也毫无顾忌地对今文经学进行抨击。此后的章太炎，便具有了学

---

[1] 章太炎：《太炎文录初编》卷二《俞先生传》，上海书店 1992 年版。

[2] 章太炎：《〈康氏复书〉识语》，《台湾日日新报》1899 年 1 月 13 日。

[3] 章太炎：《今古文辨义》，见《章太炎政论选集》上册，中华书局 1977 年版。

问家与革命家的双重身份。作为学问家的章太炎，他捍卫古文经，驳难今文经；作为革命家的章太炎，他撰写了大量的反满、反清文章，批判保皇思想，宣扬革命，同时积极投身于推翻满清政府统治的实践当中。

综上所述可知，近代经学无论是今文学还是古文学，虽然之间存在着学术纷争，但在民族危亡的共同时代背景下，都普遍重视发挥经术经世的传统，积极倡导社会政治变革，并且投身于变革的实践当中，一部分人由此走向资产阶级革命的道路。

二、救亡图存：近代史学经世致用的主题

中国传统史学有浓厚的经世致用思想，人们重视于以史为鉴、以史资政和彰善瘅恶。到了近代，随着民族危机的加深，传统史学经世致用思想发展为以救亡图存为核心的爱国主义史学思想。面对鸦片战争以来中国对外军事的屡屡失败，以及因外国资本主义国家的蚕食和瓜分而屡屡出现的中国边疆地区的危机，近代史学开始特别关注于对边疆史地和外国历史的研究，希望从中找寻出危机的根源，提供解决之方。

（一）重视边疆史地的研究

经学家兼史学家龚自珍是鸦片战争前夕最早关注并重视考察边疆史地的学者之一。面对嘉道年间清朝政局的日益衰败，对边疆地区的安定，他深以为忧，曾经撰写《西域置行省议》《御试安边绥远疏》和《上镇守吐鲁番领队大臣宝公书》等文，一方面对清朝前中期巩固边防的举措给予很高的评价；另一方面提出了改变当时对新疆所采取的羁縻政策，以加强对西北地区统治的一些合理建议，如建议改新疆为行省，迁徙内地之民定居屯田，加强民族之间的和睦等等。此外，龚自珍在担任《大清一统志》校对官时，订正了旧志疏漏之处 18 条，其中《最录平定罗沙方略》一条证明了尼布楚、雅克萨本是中国的领土。其间还撰写了《蒙古图志》一书，虽然此书后来遭火烧毁而未成，但从留存的《拟进上〈蒙古图志〉表文》可知，龚自珍对于西北塞外风土人情、山川河流及宗教民族等，都是颇为了解的。可见，他对西北形势是非常关注的。

在关注塞防的同时，龚自珍也没有忘记海防。他曾经告诫担任两广总督的阮元，要关注英国的动向，及早做好防御准备。在代阮元所作的

《涿州卢公神道碑铭》中，龚自珍力陈海防危机的严重性和加强防备的必要性。林则徐到广州禁烟时，龚自珍又写了《送钦差大臣侯官林公序》，不但坚决支持林则徐禁烟，而且提醒他要加强武备。

后来的历史已经证明，龚自珍关注塞防与海防是非常有远见的，也饱含着爱国之情。

鸦片战争后，随着边疆地区危机的加深，研究边疆史地形成一股潮流，涌现出了一大批研究边疆史地的学者，姚莹、张穆和何秋涛便是其中的代表。

姚莹（1785—1852年），字石甫，一字明叔，号展如，安徽桐城人。姚莹边疆史地研究的代表作是《康輶纪行》。该书乃姚莹于道光二十四年（1844年）至二十六年入川、藏期间所作札记的汇编，共六卷，所述内容分六个部分：乍雅使事始末、剌麻及诸异教源流、外夷山川形势风土、入藏诸路道里远近、泛论古今学术事实和沿途感触杂撰诗文。[1] 该书对西藏的历史、地理、宗教、政治和戍守等多有记载，是一部系统反映西藏历史与现状的重要史地著作。

由于姚莹在鸦片战争时期担任台湾兵备道，曾亲自率领军民多次击退英军的进攻，因此，他对于边疆危机的感受有着更为深切的感受。《康輶纪行》的写成，可以说是一个偶然。《南京条约》签订后他被投降派诬以“冒功欺罔”而贬官四川，后来又两次“宣谕”西藏，由此才有了实地考察川、藏的机会。

《康輶纪行》可以说是姚莹“冀雪中国之耻”的发愤之作，更是其“喋血饮恨”之作。鸦片战争的失败，曾亲身参战的姚莹有着切肤之痛。他深深感到一向以天朝自居的清朝，不但对外国的情况一无所知，即使对本国边疆地区的历史地理也并不了解。他写作《康輶纪行》的目的，就是要厘清西南地区的历史地理，进而搞清楚与西藏相邻的印度以及俄罗斯等国的情况，特别是英国为何觊觎西藏，做到知彼知己，制定出正确的反击外来侵略的策略。

张穆（1805—1849年），字诵风，一字石州、硕洲，晚号靖阳亭长，山西平定人。张穆边疆史地研究的代表作是《蒙古游牧记》。该书始撰于

[1] 姚莹：《康輶纪行·自叙》，同治六年（1867年）重刻本。

道光十七年（1837年），至道光二十六年修成十六卷，前后“致力十年，稿草屡易”，其中前十二卷已经定稿，后四卷“尚未排比”，因三年后病逝而未完成定稿工作，后经何秋涛以十年之功补辑而成。《蒙古游牧记》的最初撰述动机，按照张穆《自序》的说法，是考虑到内地各行省府厅州县都有“志乘”，以“辨方纪事，考古镜今”，而蒙古地区则无专门的“志乘”之书，虽然官修的《大清一统志》《清会典》有所涉及，但不便于考索之用。[1] 也就是说，他撰写此书，是要填补关于地方“志乘”撰写中蒙古地区的空白。由于蒙古的地域辽阔，加上它与清朝的特殊关系，因而《蒙古游牧记》在地方“志乘”撰述中是具有特殊地位的。关于《蒙古游牧记》的框架结构与编次，《自序》作如是说：

> 今之所述，因其部落而分纪之。首叙封爵、功勋，尊宠命也；继陈山川、城堡，志形胜也；终言会盟、贡道，贵朝宗也。详于四至、八到以及前代建置，所以缀古通今，稽史籍，明边防，成一家之言也。

《蒙古游牧记》的史料价值很高，它不但注意吸收前人和时贤有关蒙古史和元史的撰述成果以及清代官修《大清一统志》《清会典》中有关蒙古的资料，还重视采纳历代正史有关北方和东北方各民族的史地传记，甚至还征引了各种稗官野史、碑碣方志等材料。

从《蒙古游牧记》记述的内容来看，它不但系统记载了内外蒙古地区自古代至清朝道光年间的地理沿革和重大史事，还特别关注蒙古与历代统一皇朝，特别是清朝的密切关系，其间蕴含了作者主张政治大一统的思想和爱国情怀。如该书卷一首叙蒙古科尔沁部右翼中旗：“（右翼中旗）本靺鞨地，辽为黄龙府北境，金属上京路，元废。札萨克和硕土谢图亲王游牧。”而关于土谢图亲王的来历，乃“天命十一年，以奥巴先诸蒙古来降，妻以庄亲王舒尔哈齐女孙，授和硕额驸，封土谢图汗。子巴达礼，崇德元年叙功，封札萨克和硕土谢图亲王，去汗号，诏世袭罔替，掌右翼五旗事。”这段记载反映了科尔沁部，特别是右翼中旗，在清朝初

[1] 张穆：《蒙古游牧记·自序》，山西人民出版社1991年版。

年与清廷之间的特殊关系，同时也等于回答了为何要首叙科尔沁及其右翼中旗的原因。又如关于土尔扈特部回归，该书不但对过程作了详细记载，而且特别强调渥巴锡率部回归之举是归顺而非归降："始逆命而终徕服，谓之归降；弗加征而自臣属，谓之归顺。若今之土尔扈特携全部，舍异域，投诚向化，跋涉万里而来，是归顺，非归降也。"张穆之所以要斤斤计较于"归顺"还是"归降"，显然是为了要凸显土尔扈特部的爱国之情。

何秋涛（1824—1862年），字愿船，福建光泽人。何秋涛的边疆史地研究，除了补辑《蒙古游牧记》外，还撰成《朔方备乘》一书。该书是何秋涛于咸丰八年（1858年）在咸丰初年所编成的六卷本《北徼汇编》一书基础上扩写而成的，共有八十卷。《北徼汇编》的最初写作动机，是出于关注地居"北徼"的俄罗斯的需要："益究经世之务，尝谓俄罗斯地居北徼，与我朝边卡相近，而诸家论述，未有专书，乃采官私载籍，为《北徼汇编》六卷。"[1] 而作为扩写本的《朔方备乘》，依然以中俄边界为中心，具体考察了清朝东北、北部、西部的疆界历史与现状。

《朔方北乘》最有价值的部分，是关于中俄关系的考察。何秋涛对于北部边防问题的重要性有着清醒的认识，认为"边防之事，有备无患"，"西北塞防，乃国家根本"。[2] 正是基于这样的认识，他撰写了《北徼界碑考》《北徼条例考》《北徼喀伦考》《雅克萨城考》《尼布楚城考》《艮维窝集考》《艮维诸水考》和《库页附近诸岛考》等篇目，以丰富的史实、详尽的考证，阐释了中俄边界关系的历史与现状；明确记载了清初沙俄向中国东北边界扩展，以及中俄交兵，中国取得自卫反击战争胜利后主动做出一定的让步，而与俄国划定边界、分界立碑的历史事实。同时，何秋涛还撰写了《俄罗斯馆考》《俄罗斯学考》《俄罗斯互市始末》和《俄罗斯进呈书籍记》等篇目，对康熙年间两国定界议和后的经济文化友好往来情况作了如实记述。

何秋涛撰述《朔方备乘》的经世致用意识是很明显的，他通过对清

[1] 黄彭年：《刑部员外郎何君墓表》，见缪荃孙辑：《续碑传集》卷二十，宣统二年（1910年）刻本。

[2] 何秋涛：《朔方备乘》卷一一《北徼形势考》，光绪七年（1881年）畿辅志局刻本。

代前期中俄关系的历史考察，既肯定了维护边境对于巩固清朝大一统政治的重要作用，也是希望当政者能够从历史当中汲取经验教训，能像康熙帝那样奋发有为。何秋涛对“北徼”的关注并非杞人忧天，就在《朔方备乘》成书的当年，清政府就被迫与沙俄签订了《瑷珲条约》和《天津条约》，紧接着又有1860年的《中俄北京条约》和1864年的《中俄勘分西北界约记》，致使大量的边界领土被割让，成为近代中国耻辱历史的一部分。

19世纪70年代以后，随着外国资本主义侵略的逐渐深入，中国边疆地区的危机进一步加深，一批具有爱国思想的学者继承了前辈经世致用传统，继续致力于边疆史地的研究，做出了新的贡献，丁谦便是其中的重要代表人物。

丁谦（1843—1919年），字益甫，浙江嵊州人。丁谦边疆史地研究的代表作是《蓬莱轩地理学丛书》，该书刊印于光绪二十八年（1902年）。《蓬莱轩地理学丛书》共有二集、六十九卷，其内容主要分为三个部分：

其一是对《汉书》《魏略》（鱼豢）、《魏书》《周书》《隋书》和新旧《唐书》的《西域传》进行地理考证，辨析西域历代政区沿革。丁谦考证诸《西域传》，非常重视汲取前人和近人的研究成果，同时又注意参证西方学者的史著，用他自己的话来说，是“合中西各史书，参互推究，始渐得其端绪”[1]。在此基础上，丁谦辨前人之误、驳前人之非，像《昭武诸国非康居之考辨》《西域无回回国回回教考》等文，便是对前人旧说的具体纠误，其间蕴含了不少真知灼见。

其二是对蒙元史地的考证。随着沙俄、英国等西方列强对中国蒙古边疆的觊觎，一些学者出于了解西北史地的需要，格外关注对蒙元史的研究。丁谦在蒙元史的研究上也着力颇多，写了许多考证文字，主要有《元秘史地理考证》《元史外夷传地理考证》《元史特薛禅曷思麦里速不台郭宝玉等传地理考证》《元太祖成吉思汗编年大事记》《元初漠北大势论》以及耶律楚材等人游记地理考证，对蒙元史事、舆地进行了详细的考证，对前人许多记载进行了纠误补遗，为后人进一步研究蒙元史提供了非常珍贵的资料。

---

[1] 丁谦：《蓬莱轩地理学丛书·凡例》，浙江图书馆1915年刊印本。

其三是对域外史地的研究。丁谦考证西北舆地，对与之有关联的域外地区的史地也重视加以研究。如在《晋书·四夷传地理考证》中，他便利用西方学者的著作，考证了古代大秦帝国的历史演变情况，说："大秦即西史之罗马，其本部为今之意大利国。当其盛时，兼有欧南、亚西、非北三洲诸地。迨汉之末，国大纷乱，内则军士操立帝之权，外则蛮族有侵陵之患。……而罗马之不复统一，实基于此。"其考证的结论是基本上符合历史实际的。又如《宋书·夷貊传地理考证》通过考证古代通往大秦之路，指出了何秋涛的错误说法："从安息国周回绕海，乃到大秦，何秋涛谓海即黑海，海北即俄南地，此由未见西史，但据地图，而为此意度之辞也。"如此等等，丁谦利用西书研究域外史地成果颇丰，对后人了解域外史地有重要价值。

（二）重视外国史地的研究

魏源的《海国图志》是近代中国第一部系统研究外国史地的巨作。该书的撰述，最初是受林则徐的重托，并且也是在林则徐编纂的《四洲志》及《华事夷言》的基础上写成的，道光二十二年（1842年）初成五十卷，道光二十七年增补成六十卷，咸丰二年（1852年）扩成一百卷。《海国图志》虽说是受人之托而撰，但魏源的撰述宗旨是非常明确的，《原叙》说："是书何以作？曰：为以夷攻夷而作，为以夷款夷而作，为师夷长技以制夷而作。"[1]

《海国图志》的内容主要包括以下几个方面：一是《筹海篇》，集中阐发鸦片战争的经验教训，提出自己的攻夷、款夷之法。二是《各国沿革图》，绘制时参考了大量中外史籍与地图。三是分述各国史地情况，这是全书的重点部分，叙述的地区依次是南洋、印度、非洲各国、欧洲各国、南北美洲各国，以南洋、印度、英吉利的叙述最详。四是表，共三种，其一是《南、西洋各国教门表》，列各国宗教；其二是《中国西洋纪年表》，将中西纪年从汉平帝元年（1年）至道光二十一年（1841年）加以对照；其三是《中国西历异同表》，将道光十八年至道光二十年的中西历加以对照。五是《国地总论》，其中附有利玛窦《地图说》、艾儒略《四海总说》、南怀仁《坤舆图说》、玛吉士《地理备考叙》和《地球总

[1] 魏源：《海国图志·原叙》，咸丰二年（1852年）古微堂重刊本。

论》等珍贵资料。六是《筹海总论》，辑录有关筹海的论述以及清朝官员涉及筹海的奏疏。七是《夷情备采》，辑录了《澳门月报》的涉夷资料，以及《华事夷言》《贸易通志》和美国人伯驾所译《各国律例》的相关资料。八是《西洋技艺杂述》，《海国图志》五十卷本涉及此内容仅一卷，百卷本则增至十七卷，由此可见魏源对于"师夷长技"的逐渐重视。

《海国图志》的重要价值，一是记述了世界各国的历史、地理、文化及科技等情况，尽可能地对所认识的西方与世界作全面的介绍，对当时国人了解西方与世界有重要作用；二是该书提出的"以西洋谭西洋""师夷长技以制夷"的思想，激发了人们的攘夷爱国热情，直接影响了此后出现的洋务运动和维新运动，并且在近代中国有着持续、久远的影响。

在魏源《海国图志》问世之后，关于外国史地研究的著作相继涌现，其中以徐继畬的《瀛寰志略》、王韬的《法国志略》和《普法战纪》、黄遵宪的《日本国志》最具代表性。

徐继畬（1795—1873 年），字健男，号松龛，山西五台人，是魏源同时代的学者。因长期在福建、广东沿海地区做官，并且亲身参与鸦片战争时期的抗英斗争，得以有机会接触外部世界。1844 年，他从英国传教士雅俾理那里了解到许多外国历史地理知识，并且见到了绘刻极细的外国地图，从此开始潜心收集外国资料，并根据积累的资料撰写成了《瀛寰志略》十卷，于道光二十八年（1848 年）刊刻。

《瀛寰志略》虽然部头不大，不足 15 万字，然而它的价值不容低估。该书最大特点是以地图为纲，通过 42 幅地图，对世界五大洲近 80 个国家的区域地理、历史沿革、经济文化和风土人情进行了系统的介绍，其中尤以对亚洲、欧洲和北美洲的介绍最为详尽。全书所附 42 幅地图，除去日本与琉球那一幅图是取自中国资料以外，其余都是从西方地图册中临摹来的。在徐继畬看来，"泰西人善于行远，帆樯周四海，所至辄抽笔绘图，故其图独为可据"[1]。这个看法当然是符合实际的，由此也保证了该书地图的准确性。

《瀛寰志略》的价值，首先是重视叙述与地图相结合，而所附地图基本上又都出自西人地图的临摹，从而使得它对世界的介绍更有直观性、

---

[1] 徐继畬：《瀛寰志略·自序》，上海书店 2001 年版。

简洁性和准确性。其次是注意介绍西方的经济和民主政治制度，认为欧洲人“以商贾为本计，关有税而田无赋。航海贸迁，不辞险远，四海之内，遍设埔头”，这在一定程度上道出了西方人重商经济的特点。同时，徐继畬介绍了欧美各国民主制度的形式、职能、程序以及具体实施情况，表现出了对西方民主制度的关注。这种从政治制度与经济特点上对西方的关注，无疑是徐继畬高出同时代人的地方。再次，与魏源的《海国图志》一样，《瀛寰志略》也对后来的洋务运动和维新运动有着直接的影响，《瀛寰志略》曾经是洋务派所办的同文馆的教科书之一。据康有为、梁启超的后来追述，他们早年热衷于阅读《瀛寰志略》《海国图志》等书籍，从中颇受教益。[1]

王韬（1828—1897年），原名畹，字利宾，号兰卿，后改名韬，字子潜，号仲弢，江苏甫里人，是近代中国早期改良主义思想家、著名学者。一生著述丰富，主要史学著作有《法国志略》《普法战纪》《扶桑游记》《弢园文录外编》和《弢园尺牍》等，其中《法国志略》《普法战纪》是王韬系统介绍西方历史的姊妹篇，也是其史学代表作。

王韬的西学知识与他的经历有关。自道光二十九年（1849年）起，他就到上海，在英国传教士麦都思创办的墨海书馆从事编译工作，历时13年，接触西方近代科学文化，学术思想与价值观念由此而发生变化。同治元年（1862年）因上书太平军事发，被清政府通缉而逃往香港，协助英国人理雅各翻译中国儒家经典。同治六年，他随理雅各到英国译书，前后两年。在此期间，他游历了法、意、俄等国，全面而系统地接触和考察了西方文化，回国后便开始大力宣扬维新思想，主张变法图强。光绪五年（1879年），受邀请游历东瀛，对明治维新后的日本进行了系统考察，维新意识更为强烈。

《法国志略》和《普法战纪》二书，便是王韬游历法国，系统考察法国的历史地理、社会状况与风土人情之后，分别于同治九年（1870年）和十年编成的。其中《法国志略》初撰本凡十四卷，主要依据的材料有

[1] 参见《康南海自编年谱》，见《中国近代史资料丛刊·戊戌变法》（四），上海人民出版社1961年版；梁启超：《三十自述》，见《饮冰室合集·文集》卷一一，中华书局1989年版。

江苏巡抚丁日昌所编纂的《地球图论》(译作) 中的《法国图说》部分,以及他游历欧洲的所见所闻。光绪十六年 (1890 年),王韬又参考日本史家冈千仞、高桥二郎的《法兰西志》,冈本监辅的《万国史记》,江南制造总局整理的《西国近事汇编》,以及当时各种中西报纸等材料,将该书扩增为二十四卷本。《普法战纪》初撰本也是十四卷,光绪十二年增至二十卷。

《法国志略》和《普法战纪》二书的价值,首先是较为系统地宣扬了西方资产阶级君主立宪制度。王韬将当时西方的政体分为三种:君主制、民主制和君民共主制,他赞成君民共主制,也就是君主立宪制。从拥护君主立宪出发,他反对法国大革命前波旁王朝的君主专制统治,并对当时西方与中国政体的差异进行对比,认为西方是"保民以辅君",而中国则是"尊君以临民",[1] 对中国的专制体制作了批判,以此寄寓自己对变法维新的向往。其次是重视宣扬反侵略斗争的爱国思想。如《法国志略》为英法百年战争中涌现出的法国女英雄若安 (即贞德) 立传,以表彰她的爱国行为。而《普法战纪》则赞扬了法国人民为保卫家园英勇抗击普鲁士侵略的斗争精神,记述了法国人民反对国王割地妥协的史实,这显然是对清朝政府割地赔款做法的谴责。

黄遵宪 (1848—1905 年),字公度,别号人境庐主人,广东嘉应 (今梅州) 人。作为近代中国早期改良主义思想家,其关于外国史地研究的代表作是《日本国志》。光绪三年 (1877 年),黄遵宪出任清政府驻日使馆参赞。当时的日本,正是明治维新之后不久,西方思想广为传播,民权运动普遍高涨,这引起了黄遵宪的关注,开始留心于日本的历史与现状。光绪五年,他写成《日本杂事诗》,以诗为纲,以注的形式记录日本历史特别是明治维新以来的历史,肯定日本"锐意学习西法"的维新运动,主张中国应仿效日本进行一场维新运动。光绪八年,黄遵宪又写成《日本国志》初稿。光绪十三年四易其稿后,终于完成,光绪二十一年在广州刊印问世。《日本国志》全书四十卷,因主要内容是介绍日本的典章制度,所以是仿照中国传统典制体的写法,除卷首有中日朝代纪年对照

[1] 王韬:《重订法国志略》卷三《前加颁的氏纪》,光绪十六年 (1890 年) 长洲王氏淞隐庐铅印本。

表《中东年表》外，其余分为国统、邻交、天文、地理、职官、食货、兵志、刑法、学术、礼俗、物产和工艺等十二个志。如同《日本杂事诗》一样，该书也是采取详今略古的写法，详细介绍了明治维新以来的日本史实，为中国人了解日本社会与历史提供了详细的资料。

《日本国志》的主要价值，在于对日本明治维新的全面考察，包括维新的原因、维新后推行的政治和经济制度、各种新的法制等，肯定日本在明治维新之后之所以国富兵强，是因为它取消了闭关锁国政策，重视学习西方列强。而在史学思想上，黄遵宪肯定历史的变易与进化，认为日本明治维新以来的史实已经证明，只有维新变法，社会才能进步。《日本国志》所体现的重视变革与学习西方思想，对此后的维新运动和戊戌变法有着重要的思想指导作用。

第二节　近代经史之学的嬗变与转向

随着近代以来对公羊学朴素进化论的重新阐释（主要是今文经学）和对西方资产阶级进化论的引进，近代经史之学发生了嬗变和转向，经学逐渐衰落并开始向史学转向，而传统史学在摆脱经学的羁绊后也步上了近代新史学之路。

一、今文经学向近代史学的转变

在促进今文经学向近代史学的转变过程中，如果说康有为是思想导师，他的今文经学直接动摇了传统经学的基础，并由此开启了经学向史学的转变，那么以崔适、梁启超和夏曾佑为代表的经史之学，便大致反映了今文经学向近代史学转变的过程。崔适主要还是以今文经学兼及史学，他的经史之学反映了经学的衰落和向近代史学转变的开始；梁启超是使史学真正摆脱经学的羁绊而独立，并初步构建起了近代新史学体系的第一人；夏曾佑则是最早进行新史学撰述的实践者，所著《中国历史教科书》以进化论为思想指导，以章节体为编纂形式，已经明显具有了近代新史学著作的基本特征。

（一）康有为的今文经学与近代经史之学的转向

康有为在维新变法期间，撰写了两部被誉为时代狂飙的重要著作——《新学伪经考》和《孔子改制考》，“二考”珠联璧合，前者主在清算古文经学，导致了人们对于“卫道”经书的怀疑和经学的动摇；后者旨在宣扬孔子托古改制，由此否定先秦古史的真实性，这种疑古直接给予了近代中国史学以转变的动力。

1891 年刊行的《新学伪经考》，其主要内容是认为古文经乃为西汉刘歆所编造，旨在服务于王莽篡汉的需要，因而是王莽新朝之学，故曰“新学”；既然古文经不是孔子所做，自然也就是“伪经”。《新学伪经考》的价值当然不在学术考辨，若以此论定，它其实是最能反映康氏主观武断的学风特点的，正如梁启超所说：

> 《伪经考》之著，二人者多所参与，亦时时病其师之武断，然卒莫能夺也。……乃至谓《史记》《楚辞》经刘歆羼入者数十条，出土之钟鼎彝器，皆刘歆私铸埋藏以欺后世。此实为事理之万不可通者，而有为必力持之。实则其主张之要点，并不必借重于此等枝词强辩而始成立，而有为以好博好异之故，往往不惜抹杀证据或曲解证据，以犯科学家之大忌，此其所短也。[1]

《新学伪经考》的真正价值，是要推翻古文经学系统，打击那些尊崇古经、抱残守缺、顽固不化的汉学、宋学家们，促使人们怀疑经典，由此动摇封建统治赖以维持的思想基础，进而震荡整个封建制度。而从史学价值来讲，则是开启了近代学者重新审查古籍、认识古籍，破除尊古、泥古的新的史学风气。从某种意义上说，《新学伪经考》也是五四以后古史辨派掀起疑古之风的思想先驱者。

1897 年刊行的《孔子改制考》，则是从思想上直接给予史学以转变动力的真正意义上的第一部著作。周予同说：

> 康有为是经学家而非史学家；《孔子改制考》是在打通《春秋》

[1] 梁启超：《清代学术概论》，东方出版社 1996 年版，第 70 页。

《公羊传》《王制》《礼运》《论语》以及其他各经各子，以为倡言变法改制的张本。康氏著作的目的在于假借经学以谈政治；但康氏著作的结果，却给予史学以转变的动力，破坏儒教的王统与道统，夷孔子与先秦诸子并列，使史学继文字学之后逐渐脱离经学的羁绊而独立。[1]

在周氏看来，康有为著《孔子改制考》的目的是借经学来谈政治改制问题，结果却成了近代史学转变的动力。

《孔子改制考》这部今文学著作之所以能成为经学向近代史学转变的动力，源自于它对中国古代历史的解说。康有为认为，孔子以前那些所谓的家喻户晓的中国上古历史，其实都是孔子为了救世改制而假托出来的宣传作品，都是蒙昧无稽的。而后代经学家、史学家深信不疑的先秦典籍《尚书》中的许多篇章，如《尧典》《皋陶谟》《益稷》《禹贡》《洪范》等，其实也都是孔子所作。只有秦汉以后的史书，才是可信的。康氏说："六经以前，无复书记，夏殷无征，周籍已去，共和以前，不可年识，秦汉以后，乃得详记。"[2] 那么，先秦的历史又是怎样被编造出来的呢？康氏说，这是周秦诸子百家为了创立自己的教义，企图将他们各自设计出的理想化的社会制度假托为古代曾经有过的社会制度，旨在取得人们的信任。像墨子假托夏禹、老子假托黄帝、韩非附会古圣等等，[3] 皆是如此。由于祖述尧舜、宪章文武的孔子所创的儒教，其教义更为完善、政教礼法更为系统、信奉的后学众多，才最终在汉武帝时获得了"独尊"的地位，孔子也因此成为"万世教主"。[4] 康有为还进一步指出，孔子身处乱世，他是出于改制以救世的需要而托古的，因为人们总是喜欢"荣古而虐今，贱近而贵远"，要想提出自己的改制主张，"非托之古，无以说人"。[5] 而孔子所托之古，也就是所谓的尧舜盛世，其实是孔子的一种理想或虚构，并非历史的真实。也就是说，孔子是出

[1] 朱维铮编：《周予同经学史论著选集》，上海人民出版社 1996 年版，第 523 页。
[2] 康有为：《孔子改制考》，中华书局 1958 年重印本，第 1 页。
[3] 康有为：《孔子改制考》，中华书局 1958 年重印本，第 67—82 页。
[4] 康有为：《孔子改制考》，中华书局 1958 年重印本，第 165 页。
[5] 康有为：《孔子改制考》，中华书局 1958 年重印本，第 48 页。

于救世而改制、出于改制而托古、出于托古而制作六经和编造古史。于是乎，孔子这位长期以来一直被儒家后学奉为“述而不作”“信而好古”的古代文献保存者，却成了六经的制作者、先秦古史的缔造者、托古改制的“万世教主”。

对于《孔子改制考》之于思想界的影响，梁启超有一个总体评价，认为主要表现为以下四个方面：

> 一、教人读古书，不当求诸章句训诂名物制度之末，当求其义理。所谓义理者，又非言心言性，乃在古人创法立制之精意。于是汉学、宋学，皆所吐弃，为学界别辟一新殖民地。
>
> 二、语孔子之所以为大，在于建设新学派（创教），鼓舞人创作精神。
>
> 三、《伪经考》既以诸经中一大部分为刘歆所伪托，《改制考》复以真经之全部分为孔子托古之作，则数千年来共认为神圣不可侵犯之经典，根本发生疑问，引起学者怀疑批评的态度。
>
> 四、虽极力推挹孔子，然既谓孔子之创学派与诸子之创学派，同一动机，同一目的，同一手段，则已夷孔子于诸子之列。所谓“别黑白定一尊”之观念，全然解放，导人以比较的研究。[1]

周予同则对《孔子改制考》之于近代新史学的产生的影响给予了充分的肯定，他说：

> 这一部书，与其说是研究孔子，兼及诸家；不如说是借假孔学，表现自身。然而这一部书却给予中国史学的转变以极有力的影响；我们甚至于可以说，如果没有康氏的《孔子改制考》，决不会有现在的新史学派，或者新史学的转变的路线决不会如此。[2]

在戊戌变法前后，康有为还依据公羊学所谓据乱、升平、太平之“三世”说和《礼记·礼运》中的“大同”“小康”说的朴素进化观，以

[1] 梁启超：《清代学术概论》，东方出版社 1996 年版，第 72 页。
[2] 朱维铮编：《周予同经学史论著选集》，上海人民出版社 1996 年版，第 519 页。

及所接触的一些西方资产阶级进化论的观点，对中国历史乃至人类社会的历史进行了新的解说，由此开启了一种新史学观念。

1897年刊印的《春秋董氏学》就已经开始对《公羊》“三世”与《礼运》“小康”“大同”作了糅合。康氏说：

> 三世为孔子非常大义，托之《春秋》以明之。所传闻世为据乱，所闻世托升平，所见世托太平。乱世者，文教未明也；升平者，渐有文教，小康也；太平者，大同之世，远近大小如一，文教全备也。[1]

这就清楚地表明，康有为是以《公羊传》的“所传闻世”为“乱世”；以《公羊传》的“所闻世”为“升平世”，亦即《礼记》的“小康”之世；以《公羊传》的“所见世”为“太平世”，亦即《礼记》的“大同”之世。汤志钧认为，这样糅合，“是康有为前所刊布的书籍中所没有的”[2]。而在稍后的《礼运注》（1897年撰成）中，康有为结合中国历史，对其构建的“三世”蓝图作了这样的描述：

> 吾中国二千年来，凡汉、唐、宋、明，不别其治乱兴衰，总总皆小康之世也。凡中国二千年儒先所言，自荀卿、刘歆、朱子之说，所言不别其真伪精粗美恶，总总皆小康之道也。……今者，中国已小康矣，而不求进化，泥守旧方，是失孔子之意而大悖其道也，甚非所以安天下乐群生也，甚非所以崇孔子同大地也。

在此，康有为是以中国两千年封建社会为“小康”之世，而认为当今应该实现君主立宪的资本主义制度，社会才能逐渐进化而至“大同”之世。

从以上二书可知，在《春秋董氏学》中，康有为已经将传统《公羊学》的据乱——升平——太平“三世”说，发展成为据乱——小康——大同之“三世”说，体现了一种历史进化、发展的观点。而在《礼运注》

[1] 康有为：《春秋董氏学》卷二《春秋例第二·三世》，中华书局1990年版。

[2] 汤志钧：《近代经学与政治》，中华书局2000年版，第170页。

中，康有为又进一步以“小康”（升平世）和“大同”（太平世）来作为中国的“古”与“今”、君主专制与君主立宪之区隔，认为当今应该实行君主立宪制度，表达了维新派的一种政治理想。《礼运注》代表了康氏戊戌变法前的“三世”主张。

大约在1902年左右，康有为又撰成了《大同书》，这是康氏今文学又一部颇有影响的力作。该书既汲取了古代儒家的社会理想，又融入了西方资产阶级的天赋人权与平等理念，以及空想社会主义等思想内容，在此基础上构建了一个人人平等、民主、自由、幸福的理想社会——大同世界。《大同书》分为10部，包括甲部“入世界观众苦”、乙部“去国界合大地”、丙部“去级界平民族”、丁部“去种界同人类”、戊部“去形界保独立”、己部“去家界为天民”、庚部“去产界公生业”、辛部“去乱界治太平”、壬部“去类界爱众生”和癸部“去苦界至极乐”。其基本内容主要涉及三个方面，一是揭示由于人世间的不平等而产生了人们的种种苦难和悲惨；二是提出去除上述“九界”以实现自由、平等、和平、民主；三是对未来社会作了具体描绘：无帝王君长、政府民选，无贵贱之分、一切平等，人尽其才、职业平等，男女平等、婚姻自由，即是一个天下为公的民主共和的社会。

毫无疑问，《大同书》理想化色彩很浓厚。与先前的《礼运注》所反映的“三世”说相比，《大同书》中体现的“三世”说又有了一些新的变化。《礼运注》的“三世”说只是以“小康”与“大同”说明社会历史从君主专制到君主立宪的过程，而《大同书》则在此基础上进一步对未来社会作了展望和描述。它们的共同之处，是都汲取了西方资产阶级的进化论和民主思想。从《春秋董氏学》到《礼运注》再到《大同书》，我们可以非常清晰地看到康有为历史进化观的形成和发展轨迹。

如上所述，从理论来源来讲，康有为的进化论主要来自两个方面，其一是《公羊》家传统的“三世”论，其二是西方的进化论。前者是作为《公羊》家的康有为之本色，后者则是他积极向西方学习的结果。康氏接触西方比较早。早在1879年时，康氏就曾游历香港，亲眼见到这块英国殖民地上所实行的资本主义制度，从此开始转向西方寻求真理。1882年，康氏经过繁华的上海，对西方行政制度有了进一步的了解。据康有为《自编年谱》的说法，1884年中法战争那年，他就已经开始“悟大小齐同之理”，次年“从事算学，以几何著《人类公理》”，而有了“大同”思想。而这种了解和学习西方的结果，促使康有为对西方列强宰割中国局面下所谓的“平等公同”和“人类公理”进行思考，以及对民族危亡的担忧。此外，严复翻译的赫胥黎《天演论》（成于1896年），对于康有为接受资产阶级进化论也是有重要影响的。据梁启超《与严幼陵先生书》说：“南海先生读大著后，亦谓眼中未见此等人。”[1]

康有为宣扬资产阶级进化论的政治目的，在戊戌变法以前主要是为维新变法张本，希望通过维新变法以实现由君主专制到君主立宪的过渡；在戊戌变法失败以后，随着资产阶级革命时代的到来，康有为虽然进一步提出了未来民主共和的“大同”理想社会构想，但却固守着这种循着一定轨道而不能超越的进化之理，结果成了时代的落伍者。而康有为宣扬的进化史观，无疑是对以往中国传统历史观的颠覆。传统主流历史观，由于受到经学特别是古文经学的影响，是普遍认为世愈古而治愈盛，肯定五帝、三王时代的政治，主张法先王。康有为大张旗鼓地宣传历史进化论，肯定历史是沿着据乱——升平——太平，也就是君主专制——君主立宪——民主共和的轨迹向前发展的，正如周予同所说的：“康氏的进化论不仅在中国史学界引起一大波澜，对于民族的复兴也无异于一针强心剂。”[2]

综上所述，今文经学家康有为之于经学向近代史学转变的影响，一是其孔子作“六经”说对先秦古史的否定，这是对传统经学古史观念的否定，促使了人们对于古代典籍的重新审视与考察，开启了近代疑古思潮；二是其进化史观，为中国历史的叙述与解释辟出了一条新径。合而言之，康氏今文学直接推动了近代经学向史学的转变，推动了“新史学”思潮的兴起。

（二）今文经学向近代史学转变的过程

在康有为之后，最终促成今文经学向近代史学转变的代表性人物主

---

[1] 梁启超：《与严幼陵先生书》，见《饮冰室合集》文集之一，中华书局1989年版。

[2] 朱维铮编：《周予同经学史论著选集》，上海人民出版社1996年版，第526—527页。

要有三位，他们是崔适、梁启超和夏曾佑。其实他们三个人都是一身二任式的学者：在经学上，他们都崇奉今文；同时他们又都是颇有建树的史学家。相比较而言，崔适的今文经学家本色更浓，而梁、夏的史学成就更大，是近代新史学的重要开创者。

崔适（1852—1924 年）字怀瑾，一字觯甫，浙江吴兴人。崔适也是著名古文经学家俞樾的弟子，与章太炎为同门，是一位古文经学基础深厚的学者。后来却因受到康有为《新学伪经考》的影响，而改治今文经学，成为“清末今文学派最后的经学家”[1]。崔适一生著述很多，而其今文学的代表作则是《史记探源》和《春秋复始》二书。前书成于 1910 年，是以今文学的观点来探讨《史记》的本质问题；后书成于 1914 年，是一部纯粹的经学著作，它依据今文经的观点来探讨《春秋穀梁传》的本质问题。这两部书确定了崔适在近代今文经学及其经学向史学转变过程中的地位，“崔氏所以能取得清代今文学最后的经师的地位以此，崔氏所以与转变期的史学有关也以此”[2]。

《史记探源》探讨《史记》，是结合《汉书》来进行的。《史记》和《汉书》都是纪传体史书，前者是纪传体通史，后者是断代史；二书在关于西汉开国到汉武帝时期的历史记载是重叠的，《汉书》多照抄《史记》内容。以往人们对《史记》和《汉书》的评价都是从史学角度立论，《史记探源》则一反前人的做法，从经学角度来探讨。在《史记探源》一书中，崔适明确指出，《史记》属于经今文学著作，《汉书》属于经古文学著作。并且断然认为，《史记》中大凡与今文学的说法不一致，却与古文说及《汉书》相吻合的，便一定是刘歆窜乱过的。那么刘歆为何要窜乱《史记》呢？崔适认为，刘歆既然已经“颠倒五经”，就必然会波及《史记》，旨在为其已经颠倒了的经书提供佐证。该书《窜乱》篇对刘歆之所以要窜乱诸经及《史记》作如是说：

刘歆之续《史记》，非不足于太史公也，亦既颠倒“五经”，不得不波及龙门以为佐证，而售其为新室典文章之绝技也。其所以颠

[1] 朱维铮编：《周予同经学史论著选集》，上海人民出版社 1996 年版，第 528 页。
[2] 朱维铮编：《周予同经学史论著选集》，上海人民出版社 1996 年版，第 528 页。

倒“五经”者，刘向在成帝世，刺取春秋灾异作《洪范五行传》，端绪虽纷，要以讥切世卿比例王氏为宗旨。歆主翊戴新室，务与向说相反，于是夺孔子之《春秋》而归之鲁史，自造《书序》百篇而托之孔子。……如是则孔子之宗旨顿谕，而刘向之传说皆谬矣。又须多造古文经传，广树证据，而辞繁旨博，非歆一人之力所能胜任也，乃征天下有通逸《礼》、古《书》《毛诗》《周官》《尔雅》、天文、图谶、钟律、月令、兵法、史篇文字者，皆诣公公车，至者前后千数，皆令记说廷中，将令正乖谬、一异说云。……于是群经皆受其窜乱，而《史记》为“五经”门户，则亦不得不窜乱矣。

按照崔适的说法，刘歆是为了王莽代汉的需要而伪造经传的，而出于伪造经传的需要则又不得不窜乱《史记》以广树证据。并且明确指出当时这种伪造经传而广树证据的做法绝非刘歆一人所为，而是一个大的“文化工程”，涉及的有“千数人”。从学术思想渊源来讲，《史记探源》明显是受到康有为《新学伪经考》的启发。康氏《新学伪经考》中有一篇题为《史记经说足证伪经考》，就已经说过《史记》“多为刘歆所篡改，而大体明粹。以其说与《汉书》相较，真伪具见”之类的话，崔适《史记探源》中采用的许多论据，也都是沿袭了康氏《新学伪经考》的陈说，或者在此基础上加以补充。而崔适治学的武断特性，也颇有康氏之风。

《春秋复始》的主要论点认为《穀梁传》是古文学，也是出自刘歆的伪造。崔适说：“歆造《左氏传》，以篡《春秋》之统，又造《穀梁传》为《左氏》驱除，故兼论《三传》则申《左》，并论《公》《穀》则右《穀》。”[1] 那么刘歆又是怎么伪造出《穀梁传》的呢？崔适认为，《左传》《国语》都是“周末之异闻，非春秋之信史”。“刘歆得之，以为事实既不相同，义理更可立异，而复杂取传记，附以臆说，伪造《左》《穀》二传，藉以破坏《春秋》”。[2] 众所周知，传统观点一直认为《左传》《公羊传》和《穀梁传》为《春秋》“三传”，《左传》为古文学，《公》《穀》为今文学。《春秋复始》不但认为古文经是伪说，而且认为《穀梁

[1] 崔适：《春秋复始》卷一《穀梁氏亦古文学》，北京大学出版社 1918 年铅字排印本。
[2] 崔适：《春秋复始》卷一《以春秋为春秋》，北京大学出版社 1918 年铅字排印本。

传》也是古文学，乃刘歆伪造，于是乎，《春秋》“三传”就剩下《公羊传》是真经、《春秋》正传了，甚至提出《公羊传》应当正名为《春秋传》。很显然，《春秋复始》是希望通过对《春秋》“三传”进行正本清源，以此确立今文《公羊传》的正宗地位。

崔适《史记探源》与《春秋复始》二书的写作，其实是反映了近代经学的动摇和向史学的转变。首先从治学方法来讲，“今文经学在经部范围之内，无论分经的或综合的研究，都已没有发展的余地，于是转而治史，首及于《史记》，把《史记》和《汉书》的今古文问题也提出来了。看来似乎是扩大了经学的领域，由经及史，实际上却正反映了不能只从经书中考证经书，‘皓首穷经’，是不易找到出路了”[1]。其次，从学术怀疑角度而言，今文学不但斥古文经为伪书，甚至连一向被认为是今文经的《穀梁传》也被说成是古文经，成了造伪之作，于是乎，被认为是经书的典籍范围缩小了，诸经的疑问被加深了，经书的权威被动摇了。

梁启超（1873—1929 年），字卓如，号任公，又号饮冰子、饮冰室主人，广东新会人。梁启超是受到近代今文学（主要是康有为的今文学）的影响，而真正促使传统中国史学脱离经学的羁绊，开创近代新史学的代表人物。所著《新史学》，初步构建起了近代资产阶级新史学的理论体系。

梁启超早年在广州万木草堂师从康有为，开始接触到康有为的公羊学和维新思想，并且是康有为宣传维新变法的重要代表作《新学伪经考》与《孔子改制考》的协助编纂者。后来积极投身于维新宣传活动和戊戌变法政治实践当中，时人将其与康有为并称为“康梁”。变法失败以后，流亡日本，大力宣传西学。由于政治上坚持立宪保皇，受到革命派的批判。晚年致力于学术研究，一生著述甚丰，大多为史学著作。

虽然梁启超最终由康有为的经学弟子转变成为新史学的开山人物，但从思想渊源来讲，梁氏这种转变，与他受康有为的影响而系统接受今文学思想是密不可分的。因为他的新史学史观都是建立在进化论基础之上的，而这种进化论思想最初便导源于今文《公羊》“三世”朴素的进化观。

[1] 汤志钧：《近代经学与政治》，中华书局 2000 年版，第 363—364 页。

1901 年，梁启超在《清议报》上发表了《中国史叙论》一文，别开生面地把整个中国历史划分为“上世史”“中世史”和“近世史”三大阶段，亦即“中国之中国”“亚洲之中国”和“世界之中国”，“封建”“帝制”和“立宪”之相互对应的三大阶段。梁启超已经意识到中国地缘环境的逐次变迁、民族内部的长期混合及其与政体依次嬗变之间的相互关系，由此而呈现出历史演变的阶段性特征。

1902 年，梁启超写成《新史学》，这是一篇号召史界革命的檄文，也是要求以进化史观为指导建立近代新史学体系的宣言书。

首先，它对过往两千年中国之旧史学的各种积弊作了清算。《新史学》提出旧史学有“四弊”“二病”。这“四弊”，其一是“知有朝廷而不知有国家”，一部二十四史，只不过是“二十四姓之家谱而已”，是相斫书、墓志铭、蜡人院的偶像。其二是“知有个人而不知有群体”，不知道叙述群体“相交涉相竞争相团结之道”，以及“所以休养生息同体进化之状”；其三是“知有陈迹而不知有今务”，不重视当代史的撰述；其四是“知有事实而不知有理想”，不懂得史同于人，亦有精神的道理。“二病”，则是指“能铺叙而不能别裁”，“能因袭而不能创作”。[1]

其次，大力宣扬进化论，以进化史观作为近代“新史学”的指导思想。梁启超认为，历史学的本质就是考察历史进化之理，他说：“进化者，往而不返者也，进而无极者也。凡学问之属于此类者，谓之历史学。”[2] 这就明确指出了历史学的研究必须以进化论作为指导思想。梁启超对于旧学术多持批判态度，却对《公羊》“三世”说赞赏有加，肯定它的进化意义。他说：“三世者，进化之象也。所谓据乱、升平、太平，与世渐进是也。三世则历史之情状也。……三世之义，既治者则不能复乱；藉曰有小乱，而必非与前此之乱等也。”[3] 在《新史学》一文中，梁启超通过对新史学研究对象的论述，系统阐明了关于历史进化论的基本观点：其一，“叙述进化之现象”。梁启超认为，世界万物的变化现象不外乎有两种，一是“循环之状”，一是“进化之状”，研究循环现象的

[1] 梁启超：《新史学》，见《饮冰室合集》文集之九，中华书局 1989 年版。
[2] 梁启超：《新史学》，见《饮冰室合集》文集之九，中华书局 1989 年版。
[3] 梁启超：《新史学》，见《饮冰室合集》文集之九，中华书局 1989 年版。

属于天然学，亦即自然科学；研究进化现象的属于历史学，亦即历史科学。其二，“叙述人群进化之现象”。梁启超认为：“进化云者，一群之进也，非一人之进也。”历史学所关注的，“惟人群之事”，如果事情并不关乎人群，哪怕是“奇言异行”，“必不足以入历史之范围”。其三，“叙述人群进化之现象而求得其公理公例者也”。梁启超认为，历史研究的目的，是要寻求一种理性的认识，这就将历史认识上升到了哲学层面。梁氏一方面将历史哲学与“良史”问题结合起来，他说：“是故善为史者，必研究人群进化之现象，而求其公理公例之所在，于是有所谓历史哲学者出焉。历史（撰述）与历史哲学虽殊科，要之，苟无哲学之理想者，必不能为良史，有断然也。”另一方面，梁氏还将历史哲学与史学功能问题结合了起来。他明确指出，历史研究之所以要“求得其公理公例”，一是要说明历史变化的成因与影响，“以过去之进化，导未来之进化”，“使后人循其理、率其例，以增幸福于无疆”；二是如果历史叙述只是叙事而不能明理，就如同一个人“有魄无魂”，了无生气。

毫无疑问，在《新史学》一文中，梁氏批判“旧史学”的激烈言辞多有偏颇失当之处，具体论断也过于武断，明显带有一种感情色彩，而且将所谓新旧史学截然对立起来，这种割裂古今的做法也并非一种科学的方法（梁氏后来对此也有察觉，并且作了修正和补充）。梁启超以进化史观作为新史学指导思想，然而在将优胜劣败的生物进化原理直接运用到人类历史发展的解释当中时，并没有区别自然与人类社会的公理公例的不同，没能阐明物质生产活动同人类进化之间的关系，这说明其运用进化论尚有生吞活剥之嫌。然而，梁启超通过发表《新史学》，高举史界革命的大旗，大力宣扬进化史观，猛烈抨击封建史学，从历史理论、历史编纂、史学性质和史学功用等多方面勾画出新史学的总体面貌与特征，对于近代中国史学的转型，起到了开山辟路的作用。学者认为《新史学》的发表，“标志了中国古典史学的终结，标志中国史学开始走上近代化的历程”[1]。

夏曾佑（1865—1924年），字遂卿，一作穗卿，浙江杭州人。夏氏好学深思，兴趣广泛。可能是受到同乡前辈龚自珍、邵懿辰的影响，好谈

[1] 刘新成主编：《历史学百年》，北京出版社1999年版，第8页。

今文学。1891 年，夏曾佑在北京结识了维新人士梁启超、谭嗣同，遂成为终身挚友。梁启超追忆当时情景时说：“启超屡游京师，渐交当世士大夫，而其讲学最契之友，曰夏曾佑、谭嗣同。”[1] 他们聚在一起，一方面关心国家与民族前途，积极宣传维新思想，投身维新活动；一方面彻夜长谈，相互切磋辩难，砥砺学术。此时的梁启超对于夏曾佑的学识见地是颇为钦佩的，他后来回忆说，“十次有九次我被穗卿屈服，我们大概总得到意见一致。”又说：“穗卿是我少年做学问最有力的一位导师。”[2] 在戊戌变法前，夏曾佑积极参与维新变法的宣传活动。1896 年，他与梁启超、汪康年一同发起，在上海创办《时务报》；1897 年，他与严复等人创办《国闻报》；其间他还被孙宝琦创办的育才馆聘为教员。值得注意的是，夏曾佑与严复交往并成为至交，对其经由今文学的朴素进化论进而服膺西方资产阶级进化论，是有着重要影响的。严复翻译了《天演论》《群学肄言》《原富》《社会通诠》和《法意》等一批西方学术名著，夏曾佑不但通读，还为其中一些著作写了书序或按语，由此可以说，正是严复，使得夏曾佑有了接触和了解西学、接受西方进化论的机会。同时，严复在翻译其中一些著作时，也曾与夏曾佑相互切磋。据夏循垍所撰《夏穗卿传略》记载，严复在译《天演论》《原富》等书时，常“与先生反复商榷而成篇”[3]。正是这种相互切磋，加深了夏曾佑对于西学和西方进化论的理解。

戊戌变法失败以后，夏曾佑先后外任安徽祁门知县、直隶知州。1902 年母亲去世后，他丁忧居上海，开始潜心研究中国古代史，写了《最新中学中国历史教科书》(简称《中国历史教科书》，后改名为《中国古代史》）一书。该书原计划写作五册，实际完成三册，至隋代为止。第一册初版于光绪三十年（1904 年），第二、三册初版于光绪三十二年。《中国历史教科书》（以下皆用简称）是夏曾佑留下的唯一一部著作，而正是这部著作，确定了夏曾佑由今文学走向史学，并且作为近代中国新史学重要开创者的历史地位，人们赞誉该书为近代中国“第一部有名的

[1] 梁启超：《清代学术概论》，东方出版社 1996 年版，第 76 页。
[2] 梁启超：《亡友夏穗卿先生》，《东方杂志》第 21 卷第 9 号。
[3] 《史学年报》第 3 卷第 2 期（1940 年）。

新式通史”[1]。

首先，从《中国历史教科书》的撰述旨趣来看，夏曾佑将自己对国家与民族前途的关心融入历史撰述当中，希望借助于对历史的探讨，来观察民族的前途和命运。该书《叙》文中说：

> 智莫大于知来，来何以能知，据往事以为推而已矣。故史学者，人所不可无之学也。……洎乎今日学科日侈，日不暇给，既无日力以读全史，而运会所遭，人事将变。目前所食之果，非一一于古人证其因，即无以知前途之夷险，又不能不亟读史，若是者将奈之何哉？是必有一书焉，文简于古人，而理富于往籍，其足以供社会之需乎！

众所周知，戊戌变法失败后的中国，可谓是危机重重，险象环生。作为一位忧国忧民的经史学家，夏曾佑希望通过撰述一部“文简于古人，而理富于往籍”的史书，让人们认识到虽然眼下命运多舛，却也正处在一个转折的关头，要让“识者知其运之将转矣，又未始无无穷之望也”，以此鼓舞人们的信心。

其次，从《中国历史教科书》的内容来看，夏曾佑不但采用今文学的观点，而且重视运用进化史观来解说中国历史。对于《中国历史教科书》采用今文学的观点，夏曾佑对此说得很清楚：“本编亦尊今文学者，惟其命意与国朝诸经师稍异，凡经义之变迁，皆以历史因果之理解之。”[2] 这就是说，他尊崇今文学，采纳今文学的观点，但又有所变化。从《中国历史教科书》的具体论述上，我们也能很清楚地看到夏曾佑受今文经学观点的影响。如该书第一编第一章“传疑时代”关于尧、舜的叙述，其说法与康有为《孔子改制考》如出一辙，他说：“儒家言政治者，必法尧、舜。……九流百家托始不同，墨子言禹，道家言黄帝，许行言神农，各有其所宗。即六艺之文，并孔子所述作，而托始亦异。”又如第一编第二章“化成时代”关于周秦之际学派的论述，夏曾佑从今文

[1] 齐思和：《近百年来中国史学的发展》，《燕京社会科学》1949 年 10 月第 2 卷。
[2] 夏曾佑：《中国历史教科书》第 2 册，光绪三十二年（1906 年）版，第 159 页。

学角度对《汉书·艺文志》经史混乱的书籍分类提出批评，他说："著录百家之书，始于《汉书·艺文志》，后人皆遵用其说。然《艺文志》实与古人不合。……因（刘）向（刘）歆之大蔽，在以经为史。古人以六艺为教书，故其排列之次，自浅及深，而为《诗》《书》《礼》《乐》《易象》《春秋》。向、歆以六艺为史记，故其排列之次，自古及今，而为《易》《书》《诗》《礼》《乐》《春秋》。……既已视之为史，自以为九流之所共矣，然又何以自解于附《论语》《孝经》于其后乎？其不通如此。"很显然，这样的评述完全是戴上今文学眼镜来看的。

《中国历史教科书》最突出的特点，即是采用进化史观来解说中国的历史。如上所述，夏曾佑青年时即习今文学，后来又受到康有为《孔子改制考》等今文学著作的影响，今文公羊学的朴素进化观早已被他所接受。后来居京时期，又接触了大量西方资产阶级进化论思想。正因此，他以"进化论的思想，以为本书的骨架，实是当然的事"[1]。纵观《中国历史教科书》一书进化史观的具体表现：其一，以世运之说，将中国历史的进化过程分为三个大时期，肯定近代中国处于"更化之期"。该书以自蒙昧至周末为上古之世，自秦至唐为中古之世，自宋至今为近古之世。每一个大时期，又分为若干阶段，上古之世分为两个阶段，由世界之初至西周为传疑时期，春秋战国为化成之期，中国的文化是在这个时期造成的；中古之世有三个阶段，自秦至三国为极盛之期，自魏晋至隋为中衰期，唐室一代为复盛时期；近古之世分为两个阶段，五季宋元明为退化之期，清朝 261 年历史为更化之期。所谓更化，是指历史出现转机，"将转入他局"。其二，在具体历史评述上，体现了进化的思想。如关于伏羲、神农时代的历史，认为伏羲时代历史已经离开渔猎社会而进入游牧社会，婚姻关系上已经由乱婚进入嫁娶时代；神农时代的历史已经由游牧社会进入耕稼社会，也就是农业时代。夏曾佑明确指出，中国上古历史的这种进化，乃"万国各族所必历"，所不同的只是"为时有迟速"。又如在第一章之"古今世变之大概"一节中关于清朝 261 年更化期历史的评述，夏曾佑认为它的前半段历史，是学问、政治集秦以来之大成，而后半段历史，则无论世局还是人心，皆开秦以来所未有，"此盖处

[1] 朱维铮编：《周予同经学史论著选集》，上海人民出版社 1996 年版，第 532 页。

秦人成局之已穷，而将转入他局”。其三，明确以西方进化论之核心观点——优胜劣败来解说历史与社会的发展。夏曾佑说：“循夫优胜劣败之理，服从强权，遂为世界之公例。威力所及，举世风靡，弱肉强食，视为公义，于是有具智仁勇者出，发明一种反抗强权之学说，以扶弱而抑强，此宗教之所以兴，而人之所以异于禽兽也。”[1] 在此，夏曾佑认为宗教可以反抗强权，其认识显然是不正确的，但他强调优胜劣败、弱肉强食乃世界之公例，希望发明一种学说以抵抗帝国主义的强权，其拯救危局之用心是好的。

此外，《中国历史教科书》在历史编纂上，已经明显具有近代新史学的特征。首先从史书体裁而言，该书采用章节体裁，全书由篇、章、节组成；每册正文之前皆有序、凡例或者按语；所作的注文，旨在交代引用材料的来源。其次从通史撰述来讲，中国传统史学中的通史是与断代史相对应的贯通古今的历史撰述，而夏曾佑的《中国历史教科书》则是接受了西方史学的影响，其通史是相对于专史而言的，是对政治、经济、学术、宗教等等内容的贯通。如关于宗教方面，该书具体叙述了孔子以前的原始宗教、秦汉的方士、汉代道教的产生与佛教的输入情况；又如学术及其与宗教的关系，该书对老、孔、墨三家之“道”，周、秦之际的学派，西汉今文学与方士的关系，东汉古文学与方术的分离等问题，都设立了专题来进行讨论。这样一种新型的通史撰述，一般认为是经由西方传入日本，再由日本传入中国的。周予同对于夏曾佑《中国历史教科书》所受到的学术思想影响作了这样的总结：“夏氏《中国古代史》（即改名前的《中国历史教科书》）一书，在内容或本质方面是中国经今文学与西洋进化论思想的糅合……在形式或体裁方面，实受日本东洋史编著者的影响。”[2] 这一说法是很有见地的。

[1] 夏曾佑：《中国历史教科书》第2册，光绪三十二年（1906年）版，第217页。

[2] 朱维铮编：《周予同经学史论著选集》，上海人民出版社1996年版，第534—535页。

二、古文经学改造经学为史学

在近代中国经学史上，章太炎是当之无愧的学术领军人物。然而从经学研究来看，章太炎其实是经历了一个从今古畛域不明到专宗古文的过程；从经史之学来说，他的古文经学研究，最终是将古文经学改造成了史学，在推动近代经学向史学转向过程中发挥了重要作用。与章太炎齐名、被人们并称为“二叔”[1]的刘师培，则既是近代著名的古文经学家，也是资产阶级新史学的代表人物，可比作古文经学阵营中的夏曾佑。刘师培所撰《中国历史教科书》为新史学的构建做出了突出的贡献。

（一）章太炎改造古文经学为史学

章太炎早年治经的特点是杂采今、古文的，究其原因，既有学术师承的因素，也与时代政治有密切的关系。从师承来讲，主要是受其师俞樾的影响。俞樾的学术是自顾炎武、戴震、王念孙、王引之等一脉相承的，为晚清一代朴学大师。他为学虽然尊崇古文经，强调古文经学的治学方法，但又是一位思想开通的学者，并不一味地排斥今文经学。章太炎后来回忆其师说：“然治《春秋》，颇右公羊氏，盖得之翔凤云。为学无常师，左右采获，深疾守家法、违实录者。”[2]章太炎1890年就到杭州诂经精舍跟随俞樾等经师学习，对俞樾的学术深为钦佩。前后8年的诂经精舍受学，奠定了章太炎扎实的古文经学基础，也使早年章太炎对于今文经即多有采获。戊戌变法前后，政坛上叱咤风云的人物当属今文学家康有为、梁启超，章太炎的经学路数虽然与他们不同，但政治立场一致，同为变法的积极拥护者和参与者，这也使得他与康、梁之间的学术并不那么界限分明。

不过，章太炎说自己是“二十四岁，始分别古今文师说”[3]。这年是光绪十七年（1891年），亦即康有为《新学伪经考》出版之年。可能是看到《新学伪经考》之后，章太炎开始视今文经学为“诡诞”“恣肆”

[1] 章太炎字枚叔，刘师培字申叔，两人同为近代国学大师、古文经学家。

[2] 章太炎：《太炎文录初编》卷二《俞先生传》，上海书店1992年版。

[3] 章太炎：《太炎先生自定年谱》，《近代史资料》1957年第1期，第116页。

了。“始分别古今文师说”一语又载于《年谱》光绪二十二年，在此语之后，章太炎说：“谭先生好称阳湖庄氏，余侍坐，但问文章，初不及经义。与穗卿交，穗卿时张公羊、齐诗之说，余以为诡诞。专慕刘子骏，刻印自言私塾。”这里所谓谭先生即谭献、穗卿为夏曾佑，都是力主今文学的。在同年的《年谱》中，章太炎又回忆说：“初，南海康祖诒长素著《新学伪经考》，言今世所谓汉学，皆亡新王莽之遗；古文经传，悉是伪造。其说本刘逢禄、宋翔凤诸家，然尤恣肆。”

然而，章太炎以1891年为自己经学学术旨趣的分水岭，并不完全与事实相符。首先，从章太炎早年经学思想来看。1893年以前写成的、被收于《诂经精舍课艺》的7篇读书札记，虽然是古文经的治学路数，却并不排斥今文，对宋学有可取之处也加以采用，甚至有调和古今的倾向。[1] 而对于同样是在诂经精舍期间撰述的《膏兰室札记》和《春秋左传读》二书，也有学者认为其中《膏兰室札记》之《孝经本夏法说》篇和《春秋左传读》一书中好几处地方，都明显可以看出章氏是赞成康有为等今文家所大力宣扬的“孔子改制”说的，甚至反映出章氏在政治上追随康、梁，是以其学术见解为依据的。[2] 其次，从戊戌变法前后章太炎的政治活动和经学思想来看，当时，章太炎是倾心并追随今文家康有为的。章太炎最初走出书斋投身于维新政治活动，便是1897年应今文家康有为弟子、时任《时务报》主笔的梁启超之邀，而告别其师俞樾、离开了潜心学习8年的诂经精舍（俞樾因此不悦），到杭州任职于《时务报》的。章氏随后在该报以及《经世报》《实学报》《译书公会报》上发表文章，积极宣传维新思想。此时的章太炎似乎难以让人将他与视康有为之今文学为“恣肆”联系在一起。而从这一时期章氏的经学思想来看，多少也与今文学有沾染。如在《时务报》上发表的《论学会大有益于黄人亟宜保护》一文，就用了“大一统”“通三统”等公羊家言，以及喜言灾异的《齐诗》（章氏“以革政挽革命”说，即本于《齐诗》五际之说）等今文经说。[3] 1900年刊行的《訄言》初刻本，其中《公言》篇用“通

[1] 汤志钧：《近代经学与政治》，中华书局2000年版，第250—251页。
[2] 张勇：《戊戌时期章太炎与康有为经学思想的歧义》，《历史研究》1994年第3期。
[3] 汤志钧：《近代经学与政治》，中华书局2000年版，第261页。

三统”的观念来弥合今古文；[1]《客帝》篇“不但也谈‘素王’，还引《中候》和《春秋繁露》”[2]。此外，如《尊荀》篇之“黑绿不足代苍黄”，出自《孝经纬援神契》；《订实知》篇称“孔子吹律而知姓”，出自《孝经纬钩命诀》。说明直到此时，章氏还在用今文学来宣传他的“革政”思想。[3]

当然，章太炎1891年后并没有完全与今文学作别，甚至还援引今文学，但这并不影响章太炎的古文经学思想立场。事实上，在戊戌变法前后，章太炎与康有为还是“论学殊”而“革政”同的。“章太炎在诂经精舍肆业期间，崇奉左氏，驳难庄、刘，右《左传》，辟《公羊》，他和治今文的康有为是‘论学殊’的”。“章太炎虽在自己的论著中一度援用今文经说，也只是为了变法的需要，而未放弃他古文学派的根本立场”。[4]如前所述，章氏著《膏兰室札记》，自名其室为“膏兰”，是因东汉今文大师何休有“左氏膏肓”之见，而有感于晚清今文经对古文经的冲击，取此名以表示要与之相抗争的态度；撰述《春秋左传读》，主要是针对清代常州学派代表人物刘逢禄而发，以期釜底抽薪；《訄言》初刻本对康有为今文学也有排斥，“此最彰著者可于《独圣》见之”[5]。

学界一般认为，义和团运动以后，章太炎的政治立场开始由“革政”转为“革命”，而1900年7月与国会的“割辫与绝”，则“是章太炎投身革命的开始，是他和‘革政’决绝的表白”[6]。随着政治观念的转变，章太炎的经学思想也发生转变，开始由古今畛域难分到专宗古文，对今文经学进行了毫无顾忌地批评。此后章太炎与康有为、梁启超之间的交锋，便是古文学与今文学、革命与改良之间的交锋了。

如前所述，康有为、梁启超宣传他们的“三世”“三统”等今文经学

[1] 刘巍：《从援今文义说古文经到铸古文经学为史学——对章太炎早期经学思想发展轨迹的探讨》，《近代史研究》2004年第3期。

[2] 汤志钧：《章太炎在台湾》，《社会科学战线》1982年第4期。《中侯》即《尚书纬》。

[3] 张勇：《戊戌时期章太炎与康有为经学思想的歧义》，《历史研究》1994年第3期。

[4] 汤志钧：《近代经学与政治》，中华书局2000年版，第260页、263页。

[5] 参见刘巍：《从援今文义说古文经到铸古文经学为史学——对章太炎早期经学思想发展轨迹的探讨》，《近代史研究》2004年第3期。

[6] 汤志钧：《近代经学与政治》，中华书局2000年版，第281页。

思想，往往都是从历史的角度做出说明的，20 世纪伊始，今文学就开始向新史学转向了，而古文家本来就是以孔子为“史家宗主”，章太炎自然也非常重视从历史观方面对今文学做出批判。

1901 年梁启超发表《中国史叙论》，次年又发《新史学》，它标志着近代以进化史观为指导的新史学的建立。然而，梁氏新史学的进化史观，依然是一种循序渐进的进化史观，旨在为其实行国民立宪政体的政治主张服务的。这一时期的章太炎，不但已经成为一位专宗古文的资产阶级革命者，而且已经阅读了大量的西学著作，对于西方的进化论、甚至一些社会主义学说都有了一定的了解。如早在《膏兰室札记》中，章太炎就依据西方 19 世纪天文学的天体运动理论，对中国传统天道观念作了批判。1899 年上半年旅台期间，更是依据西方近代胚胎学、生物学和进化论原理，对于生命、物种和人类起源与发展问题进行了专门的探讨，如《菌说》[1] 一文便是专讲进化论的，详细论述了物种进化的自然历程。[2] 针对康有为等今文学家所宣扬的历史观，章太炎于 1901 年撰写了一篇专门探讨治史方法的文章《征信论》，强调治史必须重视研究“制度变迁，推其沿革；学术异化，求其本师；风俗殊尚，寻其作始”，而不能用一种“成型”去改削历史，不能用社会学一般性结论去取代对历史因果关系的分析，也不能强行去比附历史。[3] 有学者认为，《征信论》所表达的治史观点，“是对中国封建官方史学的否定，也是对康有为主观主义治史方法和庸俗致用观的批评”[4]。1902 年，章太炎又针对梁启超的新史学构想及其政治用意，专门致书与其讨论历史写作的宗旨以及《中国通史》写作问题。书信所反映的主旨思想，是强调通史撰述的意义：“一方以发明社会政治进化衰微之原理为主，则于典志见之；一方以鼓舞民气、启导方来为主，则亦必以纪传见之。”同时表示自己准备写一部百卷通史，并具体开列了目录，包括五表、十二志、十记、八考纪、二十七别录。[5] 这个目录与后来的《訄言》修订本所附《中国通史目

[1] 《清议报全编》卷五，横滨新民社辑印本。

[2] 姜义华：《章太炎评传》，百花洲文艺出版社 1995 年版，第 44—45 页。

[3] 章太炎：《太炎文录初编》卷一《征信论下》，上海书店 1992 年版。

[4] 姜义华：《章太炎评传》，百花洲文艺出版社 1995 年版，第 81 页。

[5] 章太炎：《致梁启超书》，见《章太炎政论选集》上册，中华书局 1977 年版。

录》大致相同，后者应该是据此改定的。如果从历史编纂形式而言，应该说章太炎恪守传统典制纪传史体，当然没有梁启超、夏曾佑等人新史学章节体新颖和进步；如果从历史观来讲，二者都重视汲取西方资产阶级进化史观；如果从政治思想来讲，梁启超新史学主张的是一种渐变，是以进化到国民立宪政体为“今务”的，而章太炎则主张革命、剧变，重视“启导方来”。

1904年，章太炎的《訄言》重订本刊行。与初刻本相比，《訄言》修订本不但反映了章太炎政治观念上由“改良”到“革命”的思想进程，[1]而且“也反映了章氏经学观念上的激变，他将古文经学改造为史学的基本倾向大体奠定，与康有为分道扬镳的独立的新古文经学基本观念也作了初步的规划”[2]。从近代经史之学的嬗变角度来讲，章氏《訄言》修订本的刊行，可以被看作是近代中国古文经学向史学转化，或者说是铸古文经学为史学的重要标志。

首先，重视引述西方各种社会学理论作为自己经学思想与史学思想的立论依据。《訄言》修订本引述的西方和日本学者的著作非常多，对于西方社会学有了更深的了解。章太炎早年曾接触过斯宾塞社会学，斯宾塞是社会有机论和社会进化论的倡导者，他的学说经过日本社会学的奠基者有贺长雄的宣传，在日本很有影响。章太炎研读斯宾塞、有贺长雄等人的社会学著作后，逐渐开始对他们的机械进化论倾向感到不满。而此时章氏又接触到美国社会学奠基人吉丁斯的社会学理论，赞成其宣扬的社会是通过“类群意识”而凝结和永存下去的说法，认为其说要优于斯宾塞。[3]不过章太炎最推崇的还是岸本能武太的社会学理论，认为岸本1900年出版的《社会学》，“实兼取斯、葛（章氏将吉丁斯译为葛通哥斯——引者注）二家，其说以社会拟有机，而曰非一切如有机，知人类乐群，亦言有非社会性，相与偕动，卒其祈向，以庶事进化，人得分职

---

[1] 汤志钧：《从〈訄言〉的修订看章太炎的思想演变》，《文物》1975年第11期。

[2] 刘巍：《从援今文义说古文经到铸古文经学为史学——对章太炎早期经学思想发展轨迹的探讨》，《近代史研究》2004年第3期。

[3] 章太炎：《社会学自序》，见岸本能武太：《社会学》卷首，章炳麟译，光绪二十八年（1902年）出版。

为侯度，可谓发挥通情知微知章者矣”[1]，并将此书译成中文出版。章太炎在日本期间，还广泛接触了社会主义学说，这促使章氏重新认识西方资本主义，从而认识到西方社会所存在的“贫富悬绝”问题，启发他对未来中国社会构建的思考。[2]

其次，通过对孔子、儒家、“六经”及其相互关系的梳理，铸古文经为史学。

第一，针对今文学所谓“六经皆孔子所作”，而提出“六经非儒家所独擅”的观点。晚清今文学是极端尊孔的，康有为视孔子为儒家的创始人，认为“六经”乃孔子为托古改制而作。对此，章太炎明确表示不同的看法。早在1899年发表的辩诘廖平今文学的《今古文辨义》一文中，章氏就提出了“孔子自有独至，不专在六经；六经自有高于前圣制作，而不得谓其中无前圣之成书”[3]。而在《訄言》修订本中，《清儒》篇则明确提出六经“达于九流，非儒家擅之也”的观点；作为中国学术史论首篇的《订孔》篇更是具体阐述了孔子之与六经的关系：

> 六艺者，道、墨所周闻。故墨子称《诗》《书》《春秋》，多太史中秘书。女商事魏君也，衡说之以《诗》《书》《礼》《乐》，从说之以《金版》《六弢》（《金版》《六弢》，道家大公书也，故知女商为道家）。异时老、墨诸公，不降志于删定六艺，而孔氏擅其威。遭焚散复出，则关轴自持于孔氏，诸子欲走，职矣。

这段话清楚地告诉人们，道、墨诸子其实都是有闻于“六经”的，孔子只不过是删定“六经”罢了。

第二，针对今文学所谓以孔统儒、经儒合一论，而对儒学和经学作了区隔，对孔子作了重新定位。在《清儒》篇中，章太炎认为通行本《十三经》经儒不分，应该对它们做出区别。他赞成章学诚“六经皆史”论中的说法，认为“六艺者，官书，异于口说”。像《十三经》中的

---

[1] 章太炎：《社会学自序》，见《章太炎政论选集》上册，中华书局1997年版。

[2] 姜义华：《章太炎评传》，南京大学出版社2002年版，第76页。

[3] 章太炎：《今古文辨义》，见《章太炎政论选集》上册，中华书局1977年版。

“《孟子》故儒家，宜出”。而已被《七略》纳入六艺之一种的《孝经》和《论语》，也不能简单被视为经书，其证据是“礼堂六经之策，皆长二尺四寸”，而“《孝经》谦半之。《论语》八寸策者，三分居一，又谦焉。以是知二书故不为经，宜隶《论语》儒家，出《孝经》使传《礼记》通论”。在《订孔》篇中，章太炎对孔子作了重新定位，于儒学之外，以孔子与道、墨诸子等量齐观；在儒学之内，认为他比不上孟子，更比不上荀子。他说：“《论语》者晻昧，《三朝记》与诸告饬、通论，多自触击也。下比孟轲，博习故事则贤，而知德少歉矣。”又认为“荀卿学过孔子”。章太炎关于孔子、儒学与经学的言论，在当时今文学看来，无疑是“离经叛道”的。然从史学的角度而言，它实际上是“表达了一种别出心裁的返本复始的历史观念，我们可以称之为经儒分判的观念”[1]。

第三，提出孔子乃“良史”说，构筑起古文学史学系统。视孔子为史家，乃古文学的一个基本立场。在《訄言》初刻本《独圣》篇中，章太炎就认为孔子“宪章其（指尧舜）业，以为六艺，使其道不至于遂逸，则犹史佚之于文、武也，亦庸能驾轶之乎?”[2] 将孔子作“六经”等同于史官所为。修订本《订孔》篇不但提出了孔子为“良史”说，而且还排出了古代史学的传承体系：“孔氏，古良史也。辅以丘明而次《春秋》，料比百家，若旋机玉斗矣。谈、迁嗣之，后有《七略》。孔子死，名实足以伉者，汉之刘歆。”这段话表达了这么几层意思，一是认为孔子是史家，《春秋》是史著，应该通过古文《左传》去了解《春秋》之学，这就不但对史书《春秋》的最初传承作了交代，而且确定了作为古文主要经典《左传》的地位；二是认为通过司马谈、迁父子撰述《史记》传承《左传》史学，而古文学的创始人刘歆继起撰《七略》，成为足以与孔子看齐的人物，由此确立了刘歆及其《七略》的地位。值得注意的是，史学传承当然少不了司马迁著《史记》这一环，所以章氏必须将其纳入系统之中。对于司马迁《史记》的经学倾向，章氏在《春秋左传读》中作

[1] 刘巍：《从援今文义说古文经到铸古文经学为史学——对章太炎早期经学思想发展轨迹的探讨》，《近代史研究》2004 年第 3 期。

[2] 《章太炎全集》（三），上海人民出版社 1984 年版，第 103 页。

如是说："史公极尊《左氏》，不治《公羊》。"[1] 我们且不说章氏的说法是否正确，不过他将《史记》划入《春秋》古文学系统则是显然的。由此可以一言以蔽之，章氏是站在古文学的立场上构建起自孔子以来的古代史学传承统绪的。而这样一来，一部古文经学的历史，也就成了一部史学发展史了。

第四，阐发"六经皆史"，提出"夷六艺于古史"论。"夷六艺于古史"论的基本内容，是要肯定"六经"的历史文献性质，它无疑是章太炎铸经学为史学的核心思想之一，对此《绪论》一章已作详述，此不赘言。

（二）刘师培对构建新史学的贡献

刘师培（1884—1919 年），又名光汉，字申叔，号左庵，江苏仪征人。刘师培出生于仪征的经学世家，自曾祖父刘文淇开始，至刘毓崧、刘寿曾祖孙三代，均以治《左传》名闻一时，著有《左传旧注疏证》。刘师培的父亲刘贵曾，曾协助其兄刘寿曾整理该书，对古文经说也颇有研究，自撰有《左传历谱》。从小耳濡目染，以及传承祖业的愿望，促使刘师培走上了治古文经学的道路。

刘师培持守古学、反对今学的经学观点，集中反映在《汉代古文学辨诬》和《论孔子无改制之事》中。二书的基本经学观点有：第一，对今文经学的古文伪经说进行了批判，肯定古文优、今文劣。刘师培反复论证了在刘歆之前，古文经就早已与今文经并存，它们并非刘歆所伪造。而且还从版本和内容上进一步肯定古文经要优于今文经，并且具体提出了今文经劣于古文经的四项理据：一是晚出，二是荒诞，三是历经数世口传，四是说解分歧。[2] 换言之，即是说古文经的内容比起今文经要真实可靠。第二，对今文经学家的孔子改制说进行了批判。刘师培坚守古文家孔子之于"六经""述而不作"的观点，认为"孔子以前久有六经，孔子之于六经也，述而不作"[3]，并非孔子为改制而作。认为所谓孔子"素王"说、创法改制说，纯粹都是今文家附会之说；相反，孔子不但不是一个改革家，而且是个守旧派，孔子自谓"吾从周"，故而"谓之改古

[1] 《章太炎全集》（二），上海人民出版社 1982 年版，第 64 页。
[2] 刘师培：《汉代古文学辨诬》，见《刘申叔遗书》下册，江苏古籍出版社 1997 年版。
[3] 刘师培：《汉代古文学辨诬》，见《刘申叔遗书》下册，江苏古籍出版社 1997 年版。

制不可，谓之改周制犹不可"[1]。然而，刘师培的学术志向是要做一个"通儒"，而不是"小儒"，因而他的经学研究既宗古文，又兼取今文，淡泊门户之见。他曾说："仅通一经，确守家法者，小儒之学也；旁通诸经，兼取其长者，通儒之学也。"[2] 在他看来，古文虽优，也有其短，今文虽短，也有其长，应该兼收并取。[3]

刘师培的历史观，深深地打上了其经学思想的印记，他从传统经学"攘夷""民本"思想中，找寻出时代需要的民族、民主观念。

首先，刘师培作《攘书》《中国民族志》和《读左札记》等，具体阐发民族思想，旨在排满反满。《攘书》就说"攘字即为攘夷之攘"，认为"自孔子言裔不谋夏，夷不乱华，而华夷之防，百世垂为定则"[4]。在他看来，无论是今文经还是古文经，"区析华戎"都是它们的共同大义，如在《春秋》"三传"中，今文《公羊传》和《穀梁传》攘夷"粹言"尤多，而古文《左传》"亦首严华夷之界"。[5] 从经学发展史来看，西汉经学重视"辨别内外"，旨在"振大汉之天声，伸攘狄之大义"[6]。宋元之世，先是宋代理学家"以古经有攘狄之义也，于是引伸之，光大之，上竞于朝，下争于野"，以"倡内夏外夷说"，接着是元朝"汉族守其遗训者，卒成明太祖光复之勋"。[7] 针对清朝统治及其民族压迫政策，刘师培鼓动汉族复仇，而复仇之说依然典出儒家经说："复仇之说，则今文、古文二家均持其义。今文《公羊》说有百十复仇之语，古文《周礼》说则以复仇之义不过五世，五世之外，施之于己则无义，施之于彼则无罪。立说虽殊，然私仇犹复，况于公仇。"由此得出结论："故复仇以百世为限，满洲之仇不可忘；即以五世为限，满洲之仇亦不可不复。"[8]

---

[1] 刘师培：《论孔子无改制之事》，见《刘申叔遗书》下册，江苏古籍出版社 1997 年版。

[2] 刘师培：《群经大义相通论》，见《刘申叔遗书》上册，江苏古籍出版社 1997 年版。

[3] 刘师培：《经学教科书第一册序》，《政艺通报》第 23 号。

[4] 刘师培：《攘书》，见《刘申叔遗书》上册，江苏古籍出版社 1997 年版。

[5] 刘师培：《读左札记》，见《刘申叔遗书》上册，江苏古籍出版社 1997 年版。

[6] 刘师培：《两汉学术发微论》，见《刘申叔遗书》上册，江苏古籍出版社 1997 年版。

[7] 刘师培：《中国民族志》，见《刘申叔遗书》上册，江苏古籍出版社 1997 年版。

[8] 刘师培：《普告汉人》，《民报》临时增刊《天讨》，科学出版社 1957 年版。

其次，刘师培还从古经中揭示出中国古代所谓的民主思想，《中国民约精义》和《攘书》即反映了这方面的思想。刘师培认为，早期君民关系的出现和国家的产生，其中就蕴含着一种民主意识。他说："上古初民，纷扰不可终日，宁乃相约公戴一人以长，之后遂有君主之名。"又说："国家者，由民人团体结合力而成者也。君为民立，无人民则无国家，此古今之通义，而万世不易之理也"。"一己之力，不足以去人人之国之害，遂以人人之力共去人人之国之害，其事半，其功倍，实天下之至便。是民约之成立，皆由于人民自利之谋"。[1] 这就是说，君主的产生和国家的形成，其实都是人民的约定；而这种约定，有时是有利于人民自身利益的。只是后来随着君权的加强，阻止了人民的议政与进言，民约精神遭到了破坏。在此，刘师培表达了对于民主政治的向往。刘师培又认为，古代家庭伦理也体现了一种民主意识。他说："人与人接，伦理以生"，并借用焦循语说："与人相接，以我之所欲所恶推之于彼，彼亦以所欲所恶推之于我，各行其恕，自相让而不相争，相爱而不相害，平天下所以在絜矩之道也。"[2] 在刘师培看来，所谓父为子纲、夫为妻纲的家庭伦理观念的出现，致使早先家庭伦理民主意识遭到破坏，那都是君主专制主义加强的结果。在此，刘师培已经意识到了家庭伦理民主意识之于国家社会伦理民主意识之间的关系，表达了希望重建一个理性和民主社会的愿望。

当然，刘师培在近代中国从古文经学转向新史学的过程中所做出的杰出贡献，莫过于《中国历史教科书》的撰述。该书撰述于 1905 年至 1906 年间，共分三册，第一册为原始社会到殷周时期的历史，第二、三册为西周时期的历史。它是 20 世纪初中国资产阶级新史学的代表作之一，系统反映了刘师培的新史学思想。具体思想内涵分述如下：

第一，对中国旧史学叙述内容进行批判，提出了关于历史教科书的叙述对象。刘师培认为："读中国史书有二难：上古之史多荒渺，而记事互相歧；后世之史咸浩繁，而记事多相袭。中国廿四史，既不合于教科，《通鉴》《通典》《通考》亦卷帙繁多。"又说旧史学的叙事特点是详于君

[1] 刘师培：《中国民约精义》，见《刘申叔遗书》上册，江苏古籍出版社 1997 年版。
[2] 刘师培：《攘书》，见《刘申叔遗书》上册，江苏古籍出版社 1997 年版。

臣、事迹和后代，而略于人民、典制和古代，“中国史书之叙事，详于君臣而略于人民，详于事迹而略于典制，详于后代而略于古代”。认为这样一种历史叙述，体现了重视君臣与事迹、忽视人民与典制的特点。指出他所编写的《中国历史教科书》，“用意则与旧史稍殊”，叙事主要涵盖了五个方面，即“一、历代政体之异同。二、种族分合之始末。三、制度改革之大纲。四、社会进化之阶级。五、学术进退之大势”[1]。《中国历史教科书》正是按照这样一个目标去努力实践的，该书涉及的内容包括上古到西周的田制、官制、兵制、礼制、刑法、学术、风俗、学校、文字、商业、农器、工艺、宫室、衣服、饮食等社会各方面的演化过程，正如有学者指出的：“总体上看，教科书既非单纯之政治史，亦非军事史，而近乎内容宽泛的殷周文明史。……视野之开阔，在晚清时期中国史教科书中首屈一指，理应给予高度评价。”[2]

第二，强调要以进化论作为观察和研究历史的指导思想。在20世纪初的中国，刘师培堪称汲取西学最迅速、最广泛的学者，大凡西方和日本有关社会学、政治学、哲学和法学等各种书籍，像西方达尔文的《物种起源》、赫胥黎的《天演论》、斯宾塞的《社会学原理》、甄克思的《社会通诠》、卢梭的《民约论》、孟德斯鸠的《法意》等，日本学者岸本能武太的《社会学》、白河氏的《支那文明论说》等，均有涉猎，并在所著各种书籍中广泛加以引用。《中国历史教科书》是刘师培运用西方社会学的进化观点来研究中国历史的代表之作。在该书《凡例》中，刘师培明确指出：

> 西国史书多区分时代，而所作文明史复多分析事类。盖区分时代近于中史编年体；而分析事类则近于中国“三通”体也。今所编各课，咸以时代区先后，即偶涉制度文物于分类之中，亦隐寓分时之意，庶观者易于了然。[3]

---

[1] 刘师培：《中国历史教科书·凡例》，见《刘申叔遗书》下册，江苏古籍出版社1997年版。

[2] 李洪岩、仲伟民：《刘师培史学思想综论》，《近代史研究》1994年第3期。

[3] 刘师培：《中国历史教科书·凡例》，见《刘申叔遗书》下册，江苏古籍出版社1997年版。

这就是说，他要以西方社会进化的观点来揭示中国社会历史的演进与典章制度的演变。《中国历史教科书》试图以甄克思《社会通诠》关于图腾社会到宗法社会的一般描述，来具体勾勒中国上古时期历史的进化过程。该书将上古图腾社会分为三个阶段：伏羲之世的渔猎时代、神农之世的游牧耕稼并行时代、夏禹之世以耕稼为主的时代。并具体分析了图腾社会的社会组织结构，认为耕稼时代以前的历史是母系社会，人们"知有母不知有父，血胤相续，咸以女不以男"；到了虞夏时代，"由女统易男统"，家族制度由此形成；伴随着家族制度的形成，自然也就出现了重视宗子的宗法制度和世袭制度，而"世袭制度之起原，亦即君主政体之起原也"，这种君主政体"萌芽于唐虞，至夏殷而渐备"。[1] 此外，教科书还对所涉及的上古至西周的官制、礼制、田制、兵制、商业、学校、文字、工艺、风俗、饮食、宫室等的进化历程都做了具体论述，向人们展现了一幅上古至西周社会全面进化的图景。

第三，提出了新史学的史料观。《中国历史教科书》的编写，参考和征引的史料非常丰富，按照刘师培本人的说法，"所采取书计数百种"[2]。教科书征引的资料如此丰富，是与刘师培的新史料观所分不开的。具体而言，其新史料观主要表现在两个方面：其一是不分经史子集，皆广泛加以征引。在刘师培看来，旧史学以叙述王朝政治为中心，而新史学重视人民、社会、典制、民族的历史，这就要求新史学撰述必须重视发掘新史料，举凡经史子集，都可以加以征引。同时，作为宗古文经的史学家，刘师培本来就肯定"六经皆史"的说法，视孔子为史学家。正因此，刘师培能够充分认识到经史子集特别是经书的史料价值和考证历史功能，故而教科书在叙述西周历史时，"取裁以六经为最多"，又"多采三礼"。[3] 刘师培甚至关注到文献之外的各种文物的史料价值，他曾专门研究过古代的石刻和镂金，自觉地将古代各种文物作为史料来加以运用。其二是重视参考和征引域外典籍。刘师培说："今日治史，不专赖中国典籍。西人作中国史者，详述太古事迹，颇足补中史之遗。今所

[1] 刘师培：《中国历史教科书》，见《刘申叔遗书》下册，江苏古籍出版社 1997 年版。
[2] 刘师培：《中国历史教科书》，见《刘申叔遗书》下册，江苏古籍出版社 1997 年版。
[3] 刘师培：《中国历史教科书》，见《刘申叔遗书》下册，江苏古籍出版社 1997 年版。

编各课，于征引中国典籍外，复参考西籍兼及宗教社会之书，庶人群进化之理可以稍明。”[1] 在《中国历史教科书》一书中，刘师培便参考并征引了大量西方社会学、政治学、哲学和法学等方面的著作，包括像甄克思的《社会通诠》、赫胥黎的《天演论》、卢梭的《民约论》、孟德斯鸠的《法意》和日人白河氏的《支那文明论说》等。这些著作直接影响了刘师培关于中国古史的史实解说与体系构建。

综上所述，在近代经史之学的嬗变过程中，一方面，今文学的极端尊孔、视孔子为“万世教主”的结果，却是引起人们对于古代典籍的重新审查和对于古史的考证，促成了经学向史学的转向；与今文学相对立的古文学，以历史学家的眼光重新审视孔子与儒家，打破权威，构筑起孔子历史之学传承统绪，更是直接铸古文经学为史学了。另一方面，无论是今文学还是古文学，都普遍重视汲取西方资产阶级社会进化论，以此作为对旧史学进行批判的武器，和构建新史学的指导思想。20 世纪初新史学的出现，标志着近代经史之学嬗变的完成，它在促成经学式微与转向史学的同时，也促使了传统史学转向近代资产阶级新史学。

[1] 刘师培：《中国历史教科书》，见《刘申叔遗书》下册，江苏古籍出版社 1997 年版。

本卷主要参考书目

（一）“六经”经传与先秦著作

《周易》，《十三经注疏》本，中华书局 1980 年影印版。
《尚书》，《十三经注疏》本，中华书局 1980 年影印版。
《诗经》，《十三经注疏》本，中华书局 1980 年影印版。
《礼记》，《十三经注疏》本，中华书局 1980 年影印版。
《左传》，《十三经注疏》本，中华书局 1980 年影印版。
《公羊传》，《十三经注疏》本，中华书局 1980 年影印版。
《穀梁传》，《十三经注疏》本，中华书局 1980 年影印版。
《论语》，诸子集成本，中华书局 1954 年版。
《老子》，诸子集成本，中华书局 1954 年版。
《墨子》，诸子集成本，中华书局 1954 年版。
《国语》，上海古籍出版社 1995 年版。
《韩非子》，陈奇猷校注本，中华书局 1958 年版。
《庄子》，诸子集成本，中华书局 1954 年版。
《孟子》，诸子集成本，中华书局 1954 年版。
《荀子》，诸子集成本，中华书局 1954 年版。
《吕氏春秋》，诸子集成本，中华书局 1954 年版。

(二) 二十四史相关著作

《史记》，中华书局1959年版。
《汉书》，中华书局1962年版。
《后汉书》，中华书局1965年版。
《三国志》，中华书局1959年版。
《魏书》，中华书局1974年版。
《宋书》，中华书局1974年版。
《南齐书》，中华书局1972年版。
《隋书》，中华书局1973年版。
《旧唐书》，中华书局1975年版。
《新唐书》，中华书局1975年版。
《新五代史》，中华书局2002年版。
《宋史》，中华书局1977年版。
《明史》，中华书局1975年版。

(三) 历代史学著作

《两汉纪》，中华书局2002年版。
刘知幾：《史通》，浦起龙注释本，上海古籍出版社2009年版。
杜佑：《通典》，中华书局1984年版。
胡宏：《皇王大纪》，《四库全书》本。
邵雍：《皇极经世书》，《四库全书》本。
司马光：《资治通鉴》，中华书局1956年版。
司马光：《稽古录》，北京师范大学出版社1988年版。
范祖禹：《唐鉴》，上海古籍出版社1984年版。
朱熹：《资治通鉴纲目》，《四库全书》本。
郑樵：《通志》，中华书局1987年影印本。
马端临：《文献通考》，中华书局1991年版。
薛应旂：《宋元通鉴》，明天启六年（1626年）刻本。
黄宗羲：《明儒学案》，中华书局1985年版。
顾炎武：《日知录》，秦克诚点校本，岳麓书社1994年版。

顾炎武：《天下郡国利病书》，《四部丛刊》本。
王夫之：《读通鉴论》，中华书局 1998 年版。
王夫之：《宋论》，中华书局 2008 年版。
赵翼：《廿二史札记》，王树民校证本，中华书局 1984 年版。
钱大昕：《廿二史考异》，上海古籍出版社 2004 年版。
王鸣盛：《十七史商榷》，上海古籍出版社 2013 年版。
章学诚：《文史通义》，叶瑛校注本，中华书局 1994 年版。
章学诚：《章学诚遗书》，文物出版社 1985 年版。
魏源：《海国图志》，咸丰二年（1852 年）古微堂重刊本。
姚莹：《康辖纪行》，同治六年（1867 年）重刻本。
张穆：《蒙古游牧记》，山西人民出版社 1991 年版。
何秋涛：《朔方备乘》，光绪七年（1881 年）畿辅志局刻本。
丁谦：《蓬莱轩地理学丛书》，浙江图书馆 1915 年刊印本。
徐继畬：《瀛寰志略》，上海书店 2001 年版。
王韬：《重订法国志略》，光绪十六年（1890 年）长洲王氏淞隐庐铅印本。
梁启超：《中国历史研究法》，东方出版社 1996 年版。
梁启超：《中国近三百年学术史》，东方出版社 1996 年版。
梁启超：《清代学术概论》，东方出版社 1996 年版。
夏曾佑：《中国历史教科书》，光绪三十二年（1906 年）版。
《古史辨》七册合订本，上海古籍出版社 1982 年版。
顾颉刚：《汉代学术史略》，东方出版社 1996 年版。
陈寅恪：《金明馆丛稿二编》，上海古籍出版社 1980 年版。
钱穆：《中国近三百年学术史》，商务印书馆 1997 年版。

（四）历代经、子、集著作

陆贾：《新语》，王利器校注本，中华书局 1986 年版。
贾谊：《贾谊集》，王洲明、徐超校注本，人民文学出版社 1996 年版。
董仲舒：《春秋繁露》，苏舆义证本，中华书局 1992 年版。
桓宽：《盐铁论》，中华书局 1985 年版。

王符：《潜夫论》，岳麓书社 2008 年版。
何休：《春秋公羊传解诂》，徐彦注疏本，上海古籍出版社 1990 年影印版。
荀悦：《申鉴》，上海古籍出版社 1990 年版。
阮籍：《阮籍集》，上海古籍出版社 1978 年版。
嵇康：《嵇康集》，戴明扬校注本，人民文学出版社 1962 年版。
刘勰：《文心雕龙》，周振甫译注本，江苏教育出版社 2006 年版。
陆淳：《春秋啖赵集传纂例》，中华书局 1985 年版。
陆德明：《经典释文》，中华书局 1983 年版。
韩愈：《韩愈全集》，钱仲联、马茂元校点本，上海古籍出版社 1997 年版。
《唐大诏令集》，中华书局 2008 年版。
石介：《徂徕石先生文集》，中华书局 1984 年版。
欧阳修：《欧阳修全集》，中国书店 1986 年版。
程颢、程颐：《伊川易传》，《四库全书》本。
程颢、程颐：《二程集》，中华书局 1981 年版。
司马光：《司马温公文集》，商务印书馆 1937 年版。
司马光：《司马文正公传家集》，商务印书馆 1937 年版。
司马光：《温公易说》，上海古籍出版社 1987 年影印本。
司马光：《潜虚》，上海古籍出版社 1989 年影印本。
黄伦：《尚书精义》，《四库全书》本。
叶时：《社经会元》，《四库全书》本。
李光：《读易洋说》，《四库全书》本。
杨万里：《诚斋易传》，《四库全书》本。
杨万里：《诚斋集》，《四库全书》本。
薛应旂：《方山薛先生全集》，明嘉靖刻本。
王应麟：《玉海》，江苏广陵古籍刻印社 1985 年版。
朱熹：《朱熹集》，四川教育出版社 1996 年版。
朱熹：《朱子语类》，岳麓书社 1997 年版。
朱熹：《四书章句集注》，新编诸子集成本，中华书局 1983 年版。
朱熹：《四书或问》，黄昆校点本，上海古籍出版社 2001 年版。

陈亮：《陈亮集》，中华书局 1974 年版。
叶适：《习学记言序目》，中华书局 1977 年版。
叶适：《叶适集》，中华书局 1961 年版。
杨万里：《诚斋集》，《四库全书》本。
刘羲仲：《通鉴问疑》，江苏广陵古籍刻印社 1990 年版。
王阳明：《王阳明全集》，上海古籍出版社 1992 年版。
王世贞：《弇州山人四部稿》，明万历刻本。
王世贞：《纲鉴会纂》，明刊本。
胡应麟：《少室山房集》，《四库全书》本。
李贽：《藏书》，中华书局 1959 年版。
李贽：《焚书》，中华书局 1961 年版。
顾炎武：《顾亭林诗文集》，中华书局 1983 年版。
黄宗羲：《黄宗羲全集》，浙江古籍出版社 1985—1994 年版。
黄宗羲：《南雷文定》，《四部丛刊》本。
黄宗羲：《黄梨洲文集》，中华书局 1959 年版。
王夫之：《周易内传》，九州出版社 2004 年版。
王夫之：《诗广传》，中华书局 1959 年版。
阮元主编：《清经解》，上海书店 1988 年版。
钱大昕：《潜研堂文集》，吕友仁点校本，上海古籍出版社 1989 年版。
钱大昕：《嘉定钱大昕全集》，江苏古籍出版社 1997 年版。
王鸣盛：《西庄始存稿》，上海古籍出版社 1995 年影印本。
戴震：《戴震文集》，中华书局 1980 年版。
严可均校辑：《全上古三代秦汉三国六朝文》，中华书局 1995 年版。
戴望：《颜氏学记》，中华书局 1958 年版。
段玉裁：《说文解字注》，上海古籍出版社 1981 年版。
龚自珍：《龚自珍全集》，中华书局 1959 年版。
魏源：《魏源集》，中华书局 1976 年版。
康有为：《康有为学术著作选》，中华书局 1988 年版。
康有为：《春秋董氏学》，中华书局 1990 年版。
康有为：《大同书》，上海古籍出版社 2005 年版。
康有为：《孔子改制考》，中华书局 1958 年版。

康有为：《新学伪经考》，中华书局 1959 年版。
梁启超：《饮冰室合集》，中华书局 1989 年版。
章太炎：《章太炎全集》，上海人民出版社 1982—1986 年版。
章太炎：《太炎文录初编》，上海书店 1992 年版。
章太炎著、汤志钧编：《章太炎政论选集》，中华书局 1977 年版。
崔适：《史记探源》，北京大学 1922 年版。
崔适：《春秋复始》，北京大学 1918 年铅字排印版。
刘师培：《刘申叔遗书》，江苏古籍出版社 1997 年版。
皮锡瑞：《经学通论》，中华书局 1954 年版。
皮锡瑞：《经学历史》，中华书局 1959 年版。
钱玄同：《钱玄同文集》，中国人民大学出版社 1999 年版。
王国维《观堂集林》，中华书局 1959 年版。

（五）现当代史学史著作

蒙文通：《中国史学史》，上海人民出版社 2005 年版。
金毓黻：《中国史学史》，商务印书馆 2003 年版。
白寿彝：《中国史学史》第一册，上海人民出版社 1986 年版。
白寿彝：《中国史学史教本》，北京师范大学出版社 2000 年版。
白寿彝：《白寿彝史学论集》，北京师范大学出版社 1994 年版。
白寿彝：《中国史学史论集》，中华书局 1999 年版。
赵光贤：《古史考辨》，北京师范大学出版社 1987 年版。
周一良：《魏晋南北朝史论集》，北京大学出版社 1997 年版。
逯耀东：《魏晋史学的思想与社会基础》，台湾东大图书有限公司 2000 年版。
饶宗颐：《中国史学上之正统论》，上海远东出版社 1996 年版。
刘家和：《史学经学与思想》，北京师范大学出版社 2005 年版。
吴怀祺主编：《中国史学思想通史》（10 卷本），黄山书社 2001—2005 年版。
吴怀祺：《中国史学思想史》，安徽人民出版社 1996 年版。
吴怀祺：《易学与史学》，台北大展出版社有限公司 2004 年版。
吴怀祺：《郑樵评传》，广西教育出版社 1997 年版。

刘新成主编：《历史学百年》，北京出版社 1999 年版。
何根海、汪高鑫：《中国古代史学思想史》，合肥工业大学出版社 2004 年版。
陈桐生：《史记与今古文经学》，陕西人民教育出版社 1995 年版。
许凌云：《经史因缘》，齐鲁书社 2002 年版。
张大可：《司马迁评传》，南京大学出版社 1994 年版。
杨耀坤、伍野春：《陈寿裴松之评传》，南京大学出版社 1998 年版。
瞿林东、李珍：《范晔评传》，南京大学出版社 2006 年版。
许凌云：《刘知幾评传》，南京大学出版社 1994 年版。
郭峰：《杜佑评传》，南京大学出版社 2004 年版。
黄进德：《欧阳修评传》，南京大学出版社 1998 年版。
李昌宪：《司马光评传》，南京大学出版社 1998 年版。
徐有富：《郑樵评传》，南京大学出版社 1998 年版。
赵兴勤：《赵翼评传》，南京大学出版社 2002 年版。
仓修良、叶建华：《章学诚评传》，南京大学出版社 1996 年版。

（六）现当代经学与思想史著作

蒋伯潜：《十三经概论》，上海古籍出版社 1983 年版。
蒋伯潜、蒋祖怡：《经与经学》，上海书店出版社 1997 年版。
蒙文通：《经学抉原》，上海人民出版社 2006 年版。
徐复观：《徐复观论经学史二种》，上海书店出版社 2005 年版。
朱维铮编：《周予同经学史论著选集》，上海人民出版社 1996 年版。
朱维铮：《中国经学史十讲》，复旦大学出版社 2002 年版。
吴雁南等：《中国经学史》，福建人民出版社 2001 年版。
吴雁南主编：《清代经学史通论》，云南大学出版社 2001 年版。
蔡方鹿：《朱熹经学与中国经学》，人民出版社 2004 年版。
王葆玹：《今古文经学新论》，中国社会科学出版社 1997 年版。
严正：《五经哲学及其文化学的阐释》，齐鲁书社 2001 年版。
汤志钧：《近代经学与政治》，中华书局 2000 年版。
朱伯崑：《易学哲学史》，华夏出版社 1995 年版。
郑万耕：《易学源流》，沈阳出版社 1997 年版。

赵伯雄：《春秋学史》，山东教育出版社 2004 年版。
蒋庆：《公羊学引论》，辽宁教育出版社 1995 年版。
赵生群：《〈春秋〉经传研究》，上海古籍出版社 2000 年版。
沈玉成、刘宁：《春秋左传学史稿》，江苏古籍出版社 1992 年版。
侯外庐：《中国早期启蒙思想史》，人民出版社 1956 年版。
侯外庐等：《宋明理学史》（上、下），人民出版社 1984、1987 年版。
任继愈：《中国哲学发展史》（魏晋南北朝），人民出版社 1988 年版。
冯天瑜：《中华元典精神》，上海人民出版社 1994 年版。
徐复观：《两汉思想史》，台湾学生书局 1979 年版。
周桂钿：《秦汉思想史》，河北人民出版社 2000 年版。
孔繁：《魏晋玄谈》，辽宁教育出版社 1991 年版。
房德邻：《儒学的危机与嬗变》，台北联经出版社 1990 年版。
匡亚明：《孔子评传》，南京大学出版社 1990 年版。
陈鼓应、白奚：《老子评传》，南京大学出版社 2001 年版。
王永祥：《董仲舒评传》，南京大学出版社 1995 年版。
黄朴民：《何休评传》，南京大学出版社 1998 年版。
张立文：《朱熹评传》，南京大学出版社 1998 年版。
祁润兴：《陆九渊评传》，南京大学出版社 1998 年版。
张祥浩：《王守仁评传》，南京大学出版社 2006 年版。
许苏民：《顾炎武评传》，南京大学出版社 2006 年版。
徐定宝：《黄宗羲评传》，南京大学出版社 2002 年版。
萧萐父、许苏民：《王夫之评传》，南京大学出版社 2002 年版。
陈铭：《龚自珍评传》，南京大学出版社 1998 年版。
马洪林：《康有为评传》，南京大学出版社 2007 年版。
蒋广学：《梁启超评传》，南京大学出版社 2005 年版。
姜义华：《章太炎评传》，百花洲文艺出版社 1995 年版。
支伟成：《清代朴学大师列传》，岳麓书社 1998 年版。